江苏文库 研究编 江苏文化专门史

江苏文脉整理与研究工程

江苏吴方言史

蔡华祥 等 著

江苏人民出版社

图书在版编目(CIP)数据

江苏吴方言史 / 蔡华祥等著. -- 南京：江苏人民出版社, 2025.7. -- (江苏文库). -- ISBN 978-7-214-29830-0

Ⅰ. H173

中国国家版本馆 CIP 数据核字第 202553T38A 号

书　　　名	江苏吴方言史
著　　　者	蔡华祥　等著
出版统筹	张　凉
责任编辑	周晓阳
装帧设计	姜　嵩
责任监制	王　娟
出版发行	江苏人民出版社
地　　　址	南京市湖南路1号A楼,邮编:210009
照　　　排	江苏凤凰制版有限公司
印　　　刷	苏州市越洋印刷有限公司
开　　　本	718毫米×1000毫米　1/16
印　　　张	27.25　插页4
字　　　数	400千字
版　　　次	2025年7月第1版
印　　　次	2025年7月第1次印刷
标准书号	ISBN 978-7-214-29830-0
定　　　价	108.00元

(江苏人民出版社图书凡印装错误可向承印厂调换)

江苏文脉整理与研究工程

总主编

信长星　　许昆林

第二届学术指导委员会

主　任　莫砺锋

委　员　（按姓氏笔画排序）
　　　　　邬书林　　宋镇豪　　张岂之　　茅家琦
　　　　　郁贤皓　　袁行霈　　莫砺锋　　赖永海

编纂出版委员会

主　　编　徐　缨　夏心旻

副 主 编　梁　勇　赵金松　章朝阳　樊和平　程章灿

编　　委　（按姓氏笔画排序）
　　　　　　马　欣　王　江　王卫星　王月清　王华宝
　　　　　　王建朗　王燕文　双传学　左健伟　田汉云
　　　　　　朱玉麒　朱庆葆　全　勤　刘　东　刘西忠
　　　　　　江庆柏　许佃兵　许益军　孙　逊　孙　敏
　　　　　　孙真福　李　扬　李贞强　李昌集　佘江涛
　　　　　　沈卫荣　张乃格　张伯伟　张爱军　张新科
　　　　　　武秀成　范金民　尚庆飞　罗时进　周　琪
　　　　　　周　斌　周建忠　周新国　赵生群　赵金松
　　　　　　胡发贵　胡阿祥　钟振振　姜　建　姜小青
　　　　　　贺云翱　莫砺锋　夏心旻　徐　俊　徐　海
　　　　　　徐　缨　徐小跃　徐之顺　徐兴无　陶思炎
　　　　　　曹玉梅　章朝阳　梁　勇　彭　林　蒋　寅
　　　　　　程章灿　傅康生　焦建俊　赖永海　熊月之
　　　　　　樊和平

分卷主编　徐小跃　姜小青（书目编）
　　　　　　周勋初　程章灿（文献编）
　　　　　　莫砺锋　徐兴无（精华编）
　　　　　　茅家琦　江庆柏（史料编）
　　　　　　左健伟　张乃格（方志编）
　　　　　　王月清　张新科（研究编）

出版说明

江苏文化源远流长、历久弥新,文化经典与历史文献层出不穷,典藏丰富;文化巨匠代有人出、彪炳史册,在中华民族乃至整个人类文明的发展史上有着相当重要的地位。为科学把握江苏文化的内涵与特征,在新时代彰显江苏文化对中华文化的贡献,江苏省委、省政府决定组织实施"江苏文脉整理与研究工程",以梳理江苏文脉资源,总结江苏文化发展的历史规律,再现江苏历史上的文化高地,为当代江苏构筑新的文化高地把准脉动、探明趋势、勾画蓝图。

组织编纂大型江苏历史文献总集《江苏文库》,是"江苏文脉整理与研究工程"的重要工作。《文库》以"编纂整理古今文献,梳理再现名人名作,探究追溯文化脉络,打造江苏文化名片"为宗旨,分六编集中呈现:

(一)书目编。完整著录历史上江苏籍学人的著述及其历史记录,全面反映江苏图书馆的图书典藏情况。

(二)文献编。收录历代江苏籍学人的代表性著作,集中呈现自历史开端至一九一一年的江苏文化文本,呈现江苏文化的整体景观。

(三)精华编。选取历代江苏籍学人著述中对中外文化产生重要影响、在文化学术史上具有经典性代表性的作品进行整理,并从中选取十余种,组织海外汉学家翻译成各国文字,作为江苏对外文化交流的标志性文化成果。

(四)方志编。从江苏现存各级各类旧志中选择价值较高、保存较好的志书,以充分发挥地方志资治、存史、教化等作用,保存江苏的地方文献与历史文化记忆。

（五）史料编。收录有关江苏地方史料类文献，反映江苏各地历史地理、政治经济、文化教育、宗教艺术、社会生活、风土民情等。

（六）研究编。组织、编纂当代学者研究、撰写的江苏文化研究著作。

文献、史料、方志三编属于基础文献，以影印方式出版，旨在提供原始文献，以满足学术研究需要；书目、精华、研究三编，以排印方式出版，既能满足学术研究的基本需求，又能满足全民阅读的基本需求。

"江苏文脉整理与研究工程"工作委员会

江苏文库·研究编编纂人员

主　编

王月清　张新科

副主编

徐之顺　姜　建　王卫星　胡发贵　胡传胜　刘西忠

一脉千古成江河

——江苏文库·研究编序言

樊和平

"江苏文脉整理与研究工程"是江苏文化史上继往开来的一个浩大工程。与当下方兴未艾的全国性"文库热"相比,江苏文脉工程有三个基本特点:一是全面系统的整理;二是"整理"与"研究"同步;三是以"文脉"为主题。在"书目编—文献编—精华编—史料编—方志编—研究编"的体系结构中,"研究编"是十分独特的板块,因为它是试图超越"修典"而推进文化传承创新的一种学术努力。

"盛世修典"之说不知起源于何时,不过语词结构已经表明"盛世"与"修典"之间的某种互释甚至共谋,以及由此而衍生的复杂文化心态。历史已经表明,"修典"在建构巨大历史功勋的同时,也包含内在的巨大文化风险,最基本的是"入典"的选择风险。《四库全书》的文化贡献不言自明,但最终其收书的数量竟与禁书、毁书、改书的数量大致相当,还有高出近一倍的书目被宣判为无价值。"入典"可能将一个时代的局限甚至选择者个人的局限放大为历史的文化局限,也可能由此扼杀文化多样性而产生文化专断。另一个更为潜在和深刻的风险,是对待传统的文化态度。文献整理,尤其是地域典籍的整理,在理念和战略上面临的最大考验,是以何种心态对待文化传统。当今之世,无论对个体还是社会,传统已经不仅是文化根源,而且是文化和经济发展的资源甚至资本。然而一旦传统成为资源和资本,邂逅市场逻辑的推波助澜,就面临沦为消费和运作对象的风险,从而以一种消费主义和工具主义的文化态度对待文化传统和文献整理。当传统成为消费和运作的对象,其文化价值不仅可能被误读误用,而且也可能在对传统的消费中使文化坐吃山空,造就出文化上的纨绔子弟,更可能在市场运作中使文化不断被糟蹋。"江苏文脉整理与研究工程"的"整理工程"以全面系统的整理的战略应对可能存在的第一种风险,即入典选择的风险;以"研究工程"应对第二种可能的风险,即消费主义与工具主义的风险。我们不仅是既往传统的继承者,更应当是未来传统的创造者;现代人的使命,不仅是继承优秀传统,更应当创造新的优秀传统,这便是传统的创造性转化与创新性发展的真义。诚然,创造传统任重道远,需要经过坚忍不拔的卓越努力和大浪淘沙般的历史积淀,但对"江苏文脉整理与研究工程"而言,无论如何必须在"整理"的同时开启"研究"的千里之行,在研究中继承和发展传统。这便是"研究编"的价值和使命所在,也是"江苏文脉整理与研究工程"在"文库热"中于顶层设计层面的拔群之处。

一 倾听来自历史深处的文化脉动

20世纪是文化大发现的世纪,20世纪以来西方世界最重要的战略,就是文化战略。20世纪20年代,德国社会学家马克斯·韦伯的《新教伦理与资本主义精神》,揭示了西方资本主义文明的文化密码,这就是"新教伦理"及其所造就的"资本主义精神",由此建构"新教伦理+资本主义"的所谓"理想类型",为西方资本主义进行了文化论证尤其是伦理论证,奠定了20世纪以后西方中心论的文化基础。20世纪70年代,哈佛大学教授丹尼尔·贝尔的《资本主义文化矛盾》,揭示了当代资本主义最深刻的矛盾不是经济矛盾,也不是政治矛盾,而是"文化矛盾",其集中表现是宗教释放的伦理冲动与市场释放的经济冲动分离与背离,进而对现代西方文明发出文化预警。20世纪70年代之后,亨廷顿的《文明的冲突与世界秩序的重建》将当今世界的一切冲突归结为文明冲突、文化冲突,将文化上升为西方世界尤其是美国国家战略的高度。以上三部曲构成西方世界尤其是美国文化帝国主义的国家文化战略,正如一些西方学者所发现的那样,时至今日,文化帝国主义被另一个概念代替——"全球化",显而易见,全球化不仅是一种浪潮,更是一种思潮,是西方世界的国家文化战略。文化虽然受经济发展制约甚至被经济发展水平所决定,但回顾从传统到现代的中国文明史,文化问题不仅逻辑地而且历史地成为文明发展的最高最难的问题,正因为如此,文化自信才成为比理论自信、道路自信、制度自信更具基础意义的最重要的自信。

在全球化背景下,文脉整理与研究具有重大的国家文化战略意义,不仅必要,而且急迫。文化遵循与经济社会不同的规律,全球化在造就广泛的全球市场并使全球成为一个"地球村"的同时,内在的最大文明风险和文化风险便是同质性。全球化催生的是一个文化上的独生子女,其可能的镜像是:一种文化风险将是整个世界的风险,一次文化失败将是整个人类的文化失败。文化的本质是什么?梁漱溟先生说,文化就是人的生活的根本样法,文化就是"人化"。丹尼尔·贝尔指出,文化是为人的生命过程提供解释系统,以对付生存困境的一种努力。据此,文化的同质化,最终导致的将是人的同质化,将是民族文化或西方学者所说地方性知识的消解和消失;同时,由于文化是人类应对生存困境的大智慧,或治疗生活世界痼疾的抗体,它所建构的是与自然世界相对应的精神世界和意义世界,文化的同质性将导致人类在面临重大生存困境时智慧资源的贫乏和生命力的苍白,从而将整个人类文明推向空前的高风险。应对全球化的挑战和西方文化帝国主义的国家战略,"江苏文脉整理与研究工程"是整个中华民族浩大文化工程的一部分和具体落实,其战略意义绝不止于保存文化记忆的自持和自赏,在这个全球化的高风险正日益逼近的时代,完整地保存地方文化物种,认同文化血脉,畅通文化命脉,不仅可以让我们在遭遇全球化的滔滔洪水之时可以于故乡文化的山脉之巅"一览众山小"地建设自己的精神家园和文化根据地,而且可以在患上全球化的文化感冒甚至某种文化瘟疫之后,不致乞求"西方药"来治"中国病",而是根据自己的文化基因和文化命理,寻找强化自身的文化抗体和文化免疫力之道,其深远意义,犹如在今天经过独生子女时代穿越时光隧道,回首当年我们的"兄弟姐妹那么多"

和父辈们儿孙满堂的那种天伦风光,不只是因为寂寞,而且是为了中华民族大家庭的文化安全和对未来文化风险的抗击能力。

"江苏文脉整理与研究工程"是以江苏这一特殊地域文化为对象的一次集体文化自觉和文化自信,与其他同类文化工程相比,其最具标识意义的是"文脉"理念。"文脉"是什么?它与"文献"和文化传统的关系到底如何?这是"文脉工程"必须解决的基本问题。

庞朴先生曾对"文化传统"与"传统文化"两个概念进行了审慎而严格的区分,认为"传统文化"可能是历史上曾经存在过的一切文化现象,而"文化传统"则是一以贯之的文化道统。在逻辑和历史两个维度,文化成为传统都必须同时具备三个条件:历史上发生的,一以贯之的,在现实生活中依然发挥作用的。传统当然发生于历史,但历史上发生的一切,从《道德经》《论语》到女人裹小脚,并不都成为传统,即便当今被考古或历史研究所不断发现的现象,也只能说是"文化遗存",文化成为传统必须在历史长河中一以贯之而成为道统或法统,孔子提供的儒家学说,老子提供的道家智慧,之所以成为传统,就是因为它们始终与中国人的生活世界和精神世界相伴随,并成为人的生命和生活的文化指引。然而,文化并不只存在于文献典籍之中,否则它只是精英们的特权,作为"人的生活的根本样法"和"对付生存困境"的解释系统,它必定存在于芸芸众生的生命和生活之中,由此才可能,也才真正成为传统。《论语》与《道德经》之所以成为传统,不只是因为它们作为经典至今还为人们所学习和研究,而且因为在中国人精神的深层结构中,即便在未读过它们的田夫村妇身上,也存在同样的文化基因。中国人在得意时是儒家,"明知不可为而偏为之";在失意时是道家,"后退一步天地宽";在绝望时是佛家,"四大皆空"。从而建立了与自给自足的自然经济结构相匹合的自给自足的文化精神结构,在任何境遇下都不会丧失安身立命的精神基地,这就是传统。文化传统必须也必定是"活"的,是在现实中依然发挥作用的,是构成现代人的文化基因的生命因子。这种与人的生活和生命同在的文化传统就是"脉",就是"文脉"。

文脉以文献、典籍为载体,但又不止于文献和典籍,而是与负载它的生命及其现实生活息息相关。"文脉"是什么?"文脉"对历史而言是

"血脉",对未来而言是"命脉",对当下而言是"山脉"。"江苏文脉"就是江苏人的文化血脉、文化命脉、文化山脉,是历史、现在、未来江苏人特殊的文化生命、文化标识、文化家园,以及生生不息的文化记忆和文化动力。虽然它们可能以诸种文化典籍和文化传统的方式呈现和延续,但"文脉工程"致力探寻和发现的则是跃动于这些典籍和传统,也跃动于江苏人生命之中的那种文化脉动。"江苏文脉整理与研究工程"的最大特点就在于它是"文脉工程"而不是一般的"文化工程",更不是"文库工程"。"文化工程""文库工程"可能只是一般的文化挖掘与整理,而"文脉工程"则是与地域的文化生命深切相通,贯穿地域的历史、现在与未来的生命工程。

"江苏文脉整理与研究工程"是"整理"与"研究"的璧合,在"研究工程"中能否、如何倾听到来自历史深处的文化脉动,关键是处理好"文献"与"文脉"的关系。"整理工程"是对文脉的客观呈现,而"研究工程"则是对文脉的自觉揭示,若想取得成功,必须学会在"文献"中倾听和发现"文脉"。"文献"如何呈现"文脉"? 文献是人类文明尤其是人类文化记忆的特殊形态,也是人类信息交换和信息传播的特殊方式。回首人类文明史,到目前为止,大致经历了三种信息方式。最基本也是最原初的是口口交流的信息方式,在这种信息方式中,信息发布者和信息传播者同时在场,它是人的生命直接和整体在场并对话的信息传播方式,是从语言到身体、情感的全息参与,是生命与生命之间的直接沟通,但具有很大的时空局限。印刷术的产生大大扩展了人类信息交换的广度和深度,不仅可以以文字的方式与不在场的对象交换信息,而且可以以文献的方式与不同时代、不同时空的人们交换信息,这便是第二种信息方式,即以印刷为媒介的信息方式或印刷信息方式。第三种信息方式便是现代社会以电子网络技术为媒介的信息方式,即电子信息方式。文献与典籍是印刷信息方式的特殊形态,它将人类文化史和文明史上具有特殊价值的信息以印刷媒介的方式保存下来,供后人学习和研究,从而积淀为传统。文字本质上是人的生命的表达符号,所谓"诗言志"便是指向生命本身。然而由于它以文字为中介,一旦成为文献,便离开原有的时空背景,并与创作它的生命个体相分离,于是便需要解读,在解读中便可能发生误读,但无论如何,解读的对象并不只是文字本身,而是文字背后的生命现象。

文献尤其是典籍是不同时代人们对于文化精华的集体记忆,它们不仅经受过不同时代人们的共同选择,而且经受过大浪淘沙的历史洗礼,因而其中不仅有创造它的那个个体或文化英雄如老子、孔子的生命表达,而且有传播和接受它的那个民族的文化脉动,是负载它的那个民族的文化生命,这种文化生命一言以蔽之便是文化传统。正因为如此,作为集体记忆的精华,文献和典籍是个体和集体的文化脉动的客观形态,关键在于,必须学会倾听和揭示来自远方的生命旋律。由于它们巨大的时空跨度,往往不能直接把脉,而需要具有一种"悬丝诊脉"的卓越倾听能力。同时,为了把握真实的文化脉动,不仅需要对文献和典籍即"文本"进行研究,而且需要对创造它们的主体包括创作的个体和传播接受的集体的生命即"人物"进行研究。正如席勒所说,每个人都是时代的产儿,那些卓越的哲学家和有抱负的文学家却可能成为一切时代的同代人。文字一旦成为文献或典籍,便意味着创作它的个体成为一切时代的同代人,但无论如何,文献和它们的创造者首先是某个时代的产儿,因而要在浩如烟海的文献和典籍中倾听到来自传统深处的文化脉动,还需要将它们还原到民族的文化生命之中,形成文化发展的"精神的历史"。由此,文本研究、人物研究、学派流派研究、历史研究,便成为"文脉研究工程"的学术构造和逻辑结构。

二 中国文化传统中的江苏文脉

江苏文脉是中国文化传统的一部分,二者之间的关系并不只是部分与整体的关系,借助宋明理学的话语,是"理一"与"分殊"的关系。文脉与文化传统是民族生命的文化表达和自觉体现,如果只将它们理解为部分与整体的关系,那么江苏文脉只是中国文化传统或整个中华文化脉统中的一个构造,只是中华文化生命体中的一个器官。朱熹曾以佛家的"月映万川"诠释"理一分殊"。朗月高照,江河湖泊中水月熠熠,此番景象的哲学本真便是"一月普现一切水,一切水月一月摄"。天空中的"一月"与江河中的"一切水月"之间的关系是"分享"关系,不是分享了"一月"的某一部分,而是全部。江苏文脉与中国文化传统之间的关系便是"理一分殊",中国文化传统是"理一",江苏文脉是"分殊",正因为如此,关于江苏文脉的研究必须在与整个中国文化传统的关系中整体性地把握和展开。其中,文化与地域的关系、江苏文化在中华文化发展中的贡献和地位,是两个基本课题。

到目前为止的一切人类文明的大格局基本上都是由以山河为标志的地理环境造就的,从轴心文明时代的四大文明古国,到"五大洲四大洋"的地理区隔,再到中国山东—山西、广东—广西、河南—河北,江苏的苏南—苏北的文化与经济差异,山河在其中具有基础性意义。在这个意义上,可以将在此以前的一切文明称为"山河文明"。如今,科技经济发展迎来一个"高"时代:高铁、高速公路、电子高速公路……正在并将继续推倒由山河造就的一切文明界碑,即将造就甚至正在造就一个"后山河时代"。"后山河时代"的最后一道屏障,"山河时代"遗赠给"后山河时代"的最宝贵的文明资源,便是地域文化。在这个意义上,江苏文脉的整理与研究,不仅可以为经过全球化席卷之后的同质化世界留下弥足珍贵的"文化大熊猫",而且可以在未来的芸芸众生饱尝"独上高楼,望尽天涯路"的孤独之后,缔造一个"蓦然回首"的文化故乡,从中可以鸟瞰文化与世界关系的真谛。江苏独特的地域环境与江苏文化、江苏文脉之间的关系,已经不是所谓"一方水土一方人"所能表达,可以说,地脉、水脉、山脉与江苏文脉之间的关系,已经是一脉相承。

我们通过考察和反思发现,水系、地势、山势、大海,是对江苏文脉尤其是文化性格产生重大影响的地理因素。露水不显山,大江大河入大海,低平而辽阔,黄河改道,这一切的一切与其说是自然画卷和自然事件,不如说是江苏文脉的大地摇篮和文化宿命的历史必然,它们孕生和哺育了江苏文明,延绵了江苏文脉。历史学家发现,江苏是中国惟一同时拥有大海、大江、大湖、大平原的省份,有全国第一大河长江,第二大河黄河(故道),第三大河淮河,世界第一大人工河大运河,全国第三大淡水湖太湖,全国第四大淡水湖洪泽湖。江苏也是全国地势最低平的一个省区,绝大部分地区在海拔50米以下,少量低山丘陵大多分布于省际边缘,最高峰即连云港云台山的玉女峰也只有625米。丰沛而开放的水系和低平而辽阔的地势馈赠给江苏的不只是得天独厚的宜居,更沉潜、更深刻的是独特的文化性格和文脉传统,它们是对江苏地域文化产生重大影响的两个基本自然元素。

不少学者指证江苏文化具有水文化特性,而在众多水系中又具长江文化的特性。"水"的文化特性是什么?"老聃贵柔",老子尚水,以水演绎世界真谛和人生大智慧。"天下莫柔弱于水,而攻坚强者莫之能胜。"柔弱胜刚强,是水的品质和力量。西方文明史上第一个哲学家和科学家泰勒斯向全世界宣告的第一个大智慧便是:水是万物的始基。辽阔的平原在中国也许还有很多,却没有像江苏这样"处下"。老子也曾以大海揭示"处下"的智慧:"江海所以能为百谷王者,以其善下之,故能为百谷王。"历史上江苏的文化作品、江苏人的文化性格,相当程度上演绎了这种"水性"与"处下"的气质与智慧。历史上相当时期黄河曾经从江苏入海,然而黄河改道、黄河夺淮,几番自然力量或人力所为,最终黄河在江苏留下的只是一个"故道"的背影。黄河在江苏的改道当然是一个自然事件或历史事件,但我们也可能甚至毋宁将它当作一个文化事件,数次改道,偶然之中有必然,从中可以发现和佐证江苏文脉的"长江"守望和江南气质。不仅江苏的地脉"露水不显山",而且江苏的文化作品,江苏人的文化性格,一句话,江苏文脉,也是"露水不显山",虽不是"壁立千仞",却是"有容乃大"。一般说来,充沛的水系,广阔的平原,往往造就自给自足的自我封闭,然而,江苏东临大海,无论长江、淮河,还是历史上的黄河,都从这里入大海,归大海,不只昭示江苏的开放,而且演绎江苏文化、江苏文脉、江苏人海纳百川的博大和静水深流的仁厚。

黄河与长江好似中华文脉的动脉与静脉,也好似人的身体中的任督二脉,以长江文化为基色的江苏文化在中华文脉的缔造和绵延中作出了杰出贡献。有学者指出,在中国文明史上,长江文化每每在黄河文化衰弱之后承担起"救亡图存"的重任。人们常说南京古都不少为小朝廷,其实这正是"救亡图存"的反证,"天下兴亡,匹夫有责"的口号首先由江苏人顾炎武喊出,偶然之中有必然。学界关于江苏文化有三次高峰或三次大贡献,与两次大贡献之说。第一次高峰是开启于秦汉之际的汉文化,第二次高峰是六朝文化,第三次高峰是明清文化。人们已对六朝文化与明清文化两大高峰对中国文化的贡献基本达成共识,但江苏的汉文化高峰及其贡献也应当得到承认,而且三次文化高峰都发生于中国社会的大转折时期,对中国文化的承续作出了重大贡献。在秦汉之际的大变革和大一统国家的建构中,不仅在江苏大地上曾经演绎了波澜壮阔的对后来中国文明产生深远影响的历史史诗,而且演绎这些历史史诗的主角刘邦、项羽、韩信等都是江苏人,他们虽然自身不是文化人,但无疑对中国文化产生了深远影响。董仲舒提出"罢黜百家,独尊儒术"的主张,奠定了大一统的思想和文化基础,他本人虽不是江苏人,却在江苏留下印迹十多年。江苏的汉文化高峰对中国文化的最大贡献,一言概之即"大一统",包括政治上的大一统和思想文化上的大一统。六朝被公认为中国文化发展的高峰,不少学者将它与古罗马文明相提并论,而六朝文化的中心在江苏、在南京。以南京为核心的六朝文化发生于三国之后的大动乱,它接纳大量流入南方的北方士族,使南北方文化合流,为保存和发展中国文化作出了杰出贡献。明朝是中国历史上第一次在南京,也是第一次在江苏建立统一的帝国都城,江苏的经济文化在全国处于举足轻重的地位,扬州学派、泰州学派、常州学派,形成明清时期中国文化的江苏气象,形成江苏文化对中国文化的第三次重大贡献。三大高峰是江苏的文化贡献,在重大历史转折关头或者民族国家危难之际挺身而出,海纳百川,则是江苏文化的精神和品质,这就是江苏文脉。也正因为如此,江苏文化和江苏文脉在"匹夫有责"的担当精神中总是透逸出某种深沉的忧患意识。

　　江苏文脉对中国文化的独特贡献及其特殊精神气质在文化经典中得到充分体现。中国四大文学名著,其中三大名著的作者都来自江苏,这就是《西游记》《红楼梦》《水浒》,其实《三国演义》也与江苏深切相关,虽然罗贯中不是江苏人,但以江苏为作品重要的时空背景之一。四大名著中不仅有明显的江苏文化的元素,甚至有深刻的江苏地域文化的基因。《西游记》到底是悲剧还是喜剧?仔细反思便会发现,《西游记》

就是文学版的《清明上河图》。《清明上河图》表面呈现一幅盛世生活画卷,实际却是一幅"盛世危情图",空虚的城防,懈怠的守城士兵……被繁华遗忘的是正在悄悄到来的深刻危机。《西游记》以唐僧西天取经渲染大唐的繁盛和开放,然而在经济的极盛之巅,中国人的精神世界却空前贫乏,贫乏得需要派一个和尚不远万里,请来印度的佛教,坐上中国意识形态的宝座,入主中国人的精神世界。口袋富了,脑袋空了,这是不折不扣的悲剧。然而,《西游记》的智慧,江苏文化的智慧,是将悲剧当作喜剧写,在喜剧的形式中潜隐悲剧的主题,就像《清明上河图》将空虚的城防和懈怠的士兵淹没于繁华的海洋一样。《西游记》喜剧与悲剧的二重性,隐喻了江苏文脉的忧患意识,而在对大唐盛世,对唐僧取经的一片颂歌中,深藏悲剧的潜主题,正是江苏文脉"匹夫有责"的担当精神和文化智慧的体现。鲁迅说,悲剧将人生的有价值的东西毁灭给人看。《西游记》是在喜剧形式的背后撕碎了大唐时代人的精神世界的深刻悲剧。把悲剧当作喜剧写,喜剧当作悲剧读,正是江苏文化、江苏文脉的大智慧和特殊气质所在,也是当今江苏文脉转化发展的重要创新点所在。正因为如此,"江苏文脉研究"必须以深刻的哲学洞察力和深厚的文化功力,倾听来自历史深处的江苏文化的脉动,读懂江苏,触摸江苏文脉。

三 通血脉,知命脉,仰望山脉

江苏文化的巨大魅力和强大生命力,在数千年发展中已经形成一种传统、一种脉动,不仅是一种客观呈现的文化,而且是一种深植个体生命和集体记忆的生生不息的文脉。这种文化和文脉不仅成为共同的价值认同,而且已经成为一种地域文化胎记。在精神领域,在文化领域,江苏不仅有灿若星河的文学家,而且有彪炳史册的思想家、学问家,更有数不尽的才子骚客。长江在这片土地上流连,黄河在这片土地上改道,淮河在这片土地上滋润,太湖在这片土地上一展胸怀。一代代中国人,一代代江苏人,在这里缔造了文化长江、文化黄河、文化淮河、文化太湖,演绎了波澜壮阔的历史诗篇,这便是江苏文脉。

为了在全球化时代完整地保存江苏文脉这一独特地域文化的集体记忆,以在"后山河时代"为人类缔造精神家园提供根源与资源,为了继承弘扬并创造性转化、创新性发展中国优秀传统文化,2016年江苏启动了"江苏文脉整理与研究工程"。根据"文脉"的理念,我们将研究工程或"研究编"的顶层设计以一句话表达:"通血脉,知命脉,仰望山脉。"由此将整个工程分为五个结构:江苏文化通史,江苏历代文化名人传,江苏文化专门史,江苏地方文化史,江苏文化史专题。

"江苏文化通史"的要义是"通血脉",关键词是"通"。"通"的要义,首先是江苏文化与中国文明的息息相通,与人类文明的息息相通,由此才能有民族感或"中国感",也才有世界眼光,因而必须进行关于"中国文化传统中的江苏文脉"的整体性研究;其次是江苏文脉中诸文化结构之间的"通",由此才是"江苏",才有"江苏味";再次是历史上各个重要历史时期文化发展之间的"通",由此才能构成"史",才有历史感;最后是与江苏人的生命与生活的"通",由此"江苏文脉"才能真正成为江苏人的文化血脉、文化命脉和文化山脉。达到以上"四通","江苏文化通史"才是真正的"通"史。

"江苏文化专门史"和"江苏文化史专题"的要义是"知命脉",关键词是"专",即"专门"与"专题"。"江苏文化专门史"在框架上分为物质文化史、精神文化史、制度文化史、特色文化史等,深入研究各类专门史,总体思路是系统研究和特色研究相结合,系统研究整体性地呈现江苏历史上的重要文化史,如哲学史、文学史、艺术史等,为了保证基本的完整性,我们根据国务院学科分类目录进行选择;特色研究着力研究历史上具有江苏特色的历史,如民间工艺史、昆曲史等。"江苏文化史专题"着力研究江苏历史上具有全国性影响的各种学派、流派,如扬州学派、泰州学派、常州学派等。

"江苏地方文化史"的要义是"血脉延伸和勾连",关键词是"地方"。"江苏地方文化史"以现省辖市区域划分为界,13市各市一卷。每卷上编为地方文化通史,讲述地方整体历史脉络中的文化历史分期演化和内在结构流变,注重把握文化运动规律和发展脉络,定位于地方文化总体性研究；下编为地方文化专题史，按照科学技术、教育科举、文学语言、宗教文化等专题划分，以一定逻辑结构聚焦对地方文化板块加以具体呈现，定位于凸显文化专题特色。每卷都是对一个地方文化的总结和梳理，这是江苏文化血脉的伸展和渗入，是江苏文化多样性、丰富性的生动呈现和重要载体。

"江苏历代文化名人传"的要义是"仰望山脉"，关键词是"文化"。它不是一般性地为江苏历朝历代的"名人"作传，而只是为文化意义上的名人作传。为此，传主或者自身就是文化人并为中国文化的发展、为江苏文脉的积累积淀作出了重要贡献；或者虽然自身主要不是文化人而是政治家、社会活动家等，但对中国文化发展具有重大影响。如何对历史人物进行文化倾听、文化诠释、文化理解，是"文化名人传"的最大难点，也是其最有意义的方面。江苏历史上的文化名人汗牛充栋，"文化名人传"计划为100位江苏文化名人作传，为呈现江苏文化名人的整体画卷，同时编辑出版一部"江苏文化名人辞典"，集中介绍历史上的江苏文化名人1000位左右。

一脉千古成江河，"茫茫九派流中国"。江苏文脉研究的千里之行已经迈出第一步，历史馈赠我们一次千载难逢的宝贵机遇，让我们巡天遥看，一览江苏数千年文化银河的无限风光，对创造江苏文化、缔造江苏文脉的先行者们献上心灵的鞠躬。面对奔涌如黄河、悠远如长江的江苏文脉，我们惟有以跋涉探索之心，怵惕敬畏之情，且行且进，循着爱因斯坦的"引力波"，不断走近并播放来自江苏文脉深处的或澎湃，或激越，或温婉静穆的天籁之音。

我们一直在努力；

我们将一直努力！

目 录

绪　论 ··· 001
 一、江苏吴方言史鸟瞰 ·· 003
 二、先秦吴越语的非华夏语特征 ······································ 003
 三、汉语吴方言的源头及演进脉络 ·································· 004
 四、现代吴方言的地理人口及语言特征 ···························· 007

第一章　百越遗风　源远流长：先秦两汉时期的吴方言 ······ 010
 第一节　先秦吴方言 ·· 010
 第二节　两汉吴方言 ·· 030

第二章　南染吴越　双语并行：魏晋南北朝时期的吴方言 ······ 048
 第一节　魏晋南北朝吴方言形成中的移民因素 ··············· 048
 第二节　晋代郭璞注与江东方言 ·································· 065
 第三节　南朝吴歌里的"侬" ······································· 085

第三章　吴音已定　再度融合：隋唐宋元时期的吴方言 ······ 092
 第一节　隋唐吴方言 ·· 092
 第二节　宋代吴方言 ·· 110
 第三节　元代吴方言 ·· 139

第四章 吴侬软语 繁荣兴盛:明清时期的吴方言(上) …………… 150
第一节 《吴音奇字》 ……………………………………………… 150
第二节 《吴下方言考》 …………………………………………… 164
第三节 《荆音韵汇》 ……………………………………………… 176
第四节 《明清吴语词典》 ………………………………………… 183

第五章 吴侬软语 繁荣兴盛:明清时期的吴方言(下) …………… 197
第一节 《菽园杂记》 ……………………………………………… 197
第二节 《新方言》 ………………………………………………… 204
第三节 明清时期地方志所录吴方言 …………………………… 216

第六章 走向现代 多元演进:近现代时期的吴方言 ……………… 319
第一节 《现代吴语的研究》 ……………………………………… 319
第二节 《苏州同音常用字汇》 …………………………………… 337
第三节 近现代吴方言的其他相关研究 ………………………… 346

主要参考文献 …………………………………………………………… 404

后记 ……………………………………………………………………… 412

绪　论

历史发展表明,中华民族是多元融合发展而成的,汉民族使用的汉语也是多元融合而成的,并且呈现出"南染吴越,北杂夷虏"[①]的特征,这里的"吴"及"吴越"就跟本书所论的江苏吴方言史密切相关。从宏观上看,我国境内的汉语方言可以分为官话方言和非官话方言(东南方言)。官话方言显示了汉语的统一性,从东北、西北,再到中原、西南,各地人民都可以用自己的母语方言进行较为有效的沟通。而位于东南的吴方言、闽方言、粤方言等最为复杂,不同方言人群彼此间沟通较为困难,其中以吴方言的历史最为悠久。今江苏省境内就分布了吴方言、江淮官话(洪巢片、泰如片)、中原官话和不同类型的方言岛,如苏南的河南话方言岛、江淮官话方言岛、闽南话方言岛、苏北的海门话方言岛以及南通盐城沿海一带的三峡移民方言岛等。江苏是官话方言向东南复杂方言过渡的重要区域,方言类型分布呈现出多样性和复杂性。方言是语言分化的结果,方言分区是根据语言内部差异在地理上划分的区域。方言的分布和行政区划有一定的关系,但并不完全一致。有时一个行政区域内可能有多种方言,有时一种方言也可能跨越多个行政区域。[②]《江苏建置志》载"康熙六年(1667年)七月,清廷召集在京的议政王、贝勒、大臣、九卿、科道等议定:'应将河南等十一省俱留布政使各一

[①] (南北朝)颜之推:《颜氏家训》,昆明:云南大学出版社2003年版,第183页。
[②] 颜逸明:《吴语概说》,上海:华东师范大学出版社1994年版,第4页。

员,停其左、右布政使之名,至江南、陕西、湖广三省,俱有布政使各二员,驻扎各处分理,亦应停其左、右布政使之名,照驻扎地名称布政使。'于是,驻于苏州府的江南右布政使便取其管辖的江宁、苏州两府之首字,定名为江苏布政使,'江苏'之名即自此始。"① 今江苏吴方言区春秋战国时代先后属吴国和越国;秦代大部分属会稽郡;汉代属扬州;三国时期属吴国;隋代属常州、吴郡;唐代、北宋属常州、苏州;南宋属常州府、平江府;元代属常州路、平江路;明代、清代属常州府、苏州府。

  吴方言起源于江苏。吴方言作为吴文化的主要载体和表现形式,承载了丰富而独特的历史文化信息,是中华优秀传统文化的有机组成部分。吴方言及其历史的调查研究,不仅有利于促进地域文化交流与融合,也有利于传承中华优秀传统文化。近年来,国家对方言文化的关注度越来越大。2017 年 1 月,中共中央办公厅、国务院办公厅印发《关于实施中华优秀传统文化传承发展工程的意见》,明确指出要"大力推广规范使用国家通用语言文字,保护传承方言文化"。其中,"保护传承方言文化"作为中华优秀传统文化传承发展的组成部分,首次出现在党和政府的文件里,这标志着我国将从国家层面,以更大范围、更大力度、更加科学有效的方式来支持方言文化的创造性转化、创新性发展。② 吴文化是重要的"中华优秀传统文化",吴方言自身是吴文化的有机组成部分,语言是文化的载体,吴方言是"皮",吴文化是"毛","皮之不存,毛将焉附"。吴方言及其历史的研究有其重要的语言学价值和历史文化价值。吴方言史的研究包括两个层面:一是吴方言自身发展的历史;二是调查研究吴方言的历史。前者涵盖了其在语音、词汇、语法等层面上演变的过程;后者则是侧重整理不同历史时期吴方言的重要研究成果,两者相互关联,互有交叉。江苏吴方言史,作为江苏文化专门史的一种,其研究试图梳理评介历代前贤的江苏吴方言研究成果,从而展示江苏吴方言的历史变迁及其方言文化的传承脉络。

---

① 江苏省地方志编纂委员会:《江苏建置志》,南京:江苏人民出版社 2013 年版,第 85 页。
② 王莉宁、康健桥:《中国方言文化保护的现状与思考》,《语言战略研究》2022 年第 4 期。

一、江苏吴方言史鸟瞰

吴方言以商周时期吴国的国号为名,最早发端于今江苏苏州、无锡一带。现代吴语发端于先秦古吴语,但古吴语和现今吴语的语言性质不同,古吴语不断受到政治、经济、文化和移民等因素的影响,经历了从少数民族语到华夏语分支的演变过程。商周先秦时期的吴语是百越民族语言的一种。其时吴越之间交往密切,吴越文化圈逐渐形成,当时吴国、越国通行的吴语、越语可以合称为古吴越语。先秦时的古吴语隶属于古越语。三国魏晋时期,政权更迭频繁。政权的变迁和人口迁徙,成为触发吴语演变的关键历史因素。西晋永嘉至南朝宋泰始年间的"永嘉南迁",是中国历史上第一次大规模的汉人移民浪潮。其中的东线移民对汉语吴方言的形成产生重大影响,直接导致了郭璞书中的江东地区出现"双语并行"的局面。吴方言作为不同于古吴语的汉语方言形成于魏晋南北朝时期。这一时期在以京城建业(今江苏省南京市)为中心的吴地还流行一种民歌《吴声歌曲》,以吴方言为基础形成了独特的文学样式。隋唐以后中原政权稳定,形成稳定的大一统局面,吴方言也获得了稳步的发展。江南地区发展繁荣,经济发达,吴侬软语兴盛,出现了许多记录吴方言的专书,如《吴音奇字》《吴下方言考》《荆音韵汇》等等。

二、先秦吴越语的非华夏语特征

先秦时期吴语和越语已经融合为一种语言,可以称之为吴越语,是先秦吴方言的直接来源。吴国先后经历两次迁都,在春秋后期实力壮大。此后勾践卧薪尝胆灭吴,吴国为越国所统治,吴越逐渐一体化。彼时古越国的领土大致东可抵达东海、黄海,西至皖淮、鄱阳湖,北边可以到达齐鲁之地。吴越之地的势力范围不断扩大,越国成为雄踞东南的强大诸侯国。相对地,春秋战国时期的古吴越语应该可以在上述区域通行。

吴方言历史悠久、源远流长。现代吴方言保留不少先秦古吴语底层特征,也继承了其语言分布的主要疆域。秦汉以前所谓"吴语"实指一种"夷语",即百越语言,具有非华夏语、非汉语的性质,并且跟当今的侗族、壮族有着历史渊源。先秦时期吴越等国没有文字,词汇主要靠音译。华夏语的音译词从侧面证明了吴越语同华夏语的区别。① 在古吴越语研究材料中,《越人歌》十分重要,越国船夫对楚国王子所唱之歌使用的就是吴越语,且所吟之词体现出吴越语和壮语的关联。东汉《越绝书·吴内传》记载了越王勾践的"维甲"令,也是用汉字记录的古吴越语的文献。《越绝书》仅仅比《越人歌》晚四年,可以看作同一时期的古吴越语史料。② 部分音译的人名、地名也为吴越语是非华夏性质的语言提供了证据。

春秋战国时期诸侯各国通过战争、联姻等各种方式进行了融合和统一,文化和语言趋同是大趋势。吴国为越国所灭,越国又为楚国所灭,最终秦始皇一统中国。楚国和吴国、越国地理毗邻,加之不断的征战和经济文化交流,吴国、越国受到华夏中原语言文化的影响,是以楚国为中介实现的。语言学家拟测,"秦代稍前"③,先秦吴越语演变发展成了类似楚语的华夏南方方言,即今天的吴方言。

三、汉语吴方言的源头及演进脉络

秦始皇统一中国后,"车同轨,书同文",秦汉时期中央加强了对地方的管理。文字的统一对方言有向心性的约束作用,吴越语跟北方汉语之间的接触融合也在进一步加深。汉代扬雄著《方言》,通过全国各地的词汇调查,明确了吴越方言区域,同时也揭示了吴越方言同其他方言的关系。其中,以江淮地区为桥梁,楚方言对吴方言的影响最大。其次为南楚方言。许慎的《说文解字》所引方言词语与《方言》可以相互佐证、互为参考。晋代郭璞为《尔雅》《方言》作注,跟吴越方言对应的江东

---

① 丁启阵:《秦汉方言》,北京:东方出版社1991年版,第8页。
② 郑张尚芳:《句践"维甲"令中之古越语的解读》,《民族语文》1999年第4期。
③ 鲁国尧:《"颜之推谜题"及其半解(上)》,《中国语文》2002年第6期。

方言出现的次数最多。一方面与郭璞自河东南迁以后,长期生活在江东有关。另一方面也说明了自三国孙吴以后,江东得到了进一步的开发,经济发达,其方言地位正在逐步提高。① 此江东方言跟汉代扬雄所著《方言》里中原地区的方言有诸多相同之处。三国魏晋南北朝时期的吴语就是江东方言,即今天汉语吴方言的直接源头,其地域以苏州、绍兴一带为核心,延伸到长江中下游流域。南北朝时期,颜之推著《颜氏家训》,全篇共涉及差不多四十条字音,真实地反映了南北朝时期的语言生活,关注了南北朝时期吴语的语音特点,提供了这一时期吴方言的语音材料。

魏晋南北朝时期的战乱、移民及政权的更迭,使得这一时期的吴方言的地理分布范围和语言特征发生了质的变化。由于战乱、灾荒饥馑以及政权的南迁,北方士族和百姓大量南迁。中国历史上第一次大规模的汉人移民大浪潮大约发生在 4—5 世纪,西晋永嘉至南朝宋泰始年间,史称"永嘉南迁"。这次移民是由北向南发生的,大致有四大迁出地。东线对吴语的影响最大。东线以循邗沟和淮河流域东南向的支流为主,向东南方向迁移,因此处于邗沟南端的今江苏扬州及长江对岸的今镇江、常州一带,成为山东及苏北移民的集合地。又因为江苏省为最后定都的地方,所以迁徙来江苏的人数最多,呈现聚族迁徙的特征。永嘉之乱促使北方的世家大族迁移到吴地,成了东晋南朝时期的主要统治者。操北方汉语人群无论在政治上,还是在人口上,都处于主导地位,北方汉语成为优势语言,得到普及和推广。南来的北方士族持有以洛阳话为代表的中原共同语,他们把共同语带到南方并加以传播,这就使得吴方言区更加广泛地流行着中原汉语。但是,一般百姓还是使用吴方言。由于北方移民的迁入,南方社会语言生活的面貌发生了质的改变,从而形成了"江左士族操北语,而庶人操吴语"②的局面。北方移民的南迁对吴方言的地理区域分布造成了一定的影响,具体表现在两个方面:一是江东方言区(东晋)的形成,二是推动吴语区的下移。北方士族南来,使北语在南方成为士族语言,只有一般老百姓才用吴语,做

---

① 李恕豪:《从郭璞注看晋代的方言区划》,《天府新论》2000 年第 1 期。
② 陈寅恪:《东晋南朝之吴语》,《金明馆丛稿二编》,北京:生活·读书·新知三联书店 2001 年版,第 306 页。

官的江南人大多数也用北语。经过东晋到隋代差不多三百年的演变，中原的北语势力渐大，成为一般人用的语言。《颜氏家训·音辞》记载了当时"南染吴越，北杂夷虏"①的语言景观。南方汉语和北方汉语都因战争、移民等因素，语言面貌发生了重大改变。就南方吴越地区而言，北人与吴人多年杂居的情况下，语言发生融合同化，操吴语的人受中原汉语的影响，是必然的。同样，北语在与吴语长期接触、交流下，也会受到吴语的影响。此时的语言并行，不是简单的北语与吴语并存，而是在长期使用过程中互相影响、互相渗透、互相融合。直到南朝后期，北方移民的北方汉语逐渐替换原来吴地庶民的本土方言，经过一定的融合，最终形成了新的汉语吴方言。

唐宋时期，政治统一，经济繁荣，吴方言呈现稳定发展的状态。北宋末期，金人南侵，北宋宗室向南迁移至杭州，吴方言再次受到中原文化的巨大影响，因而现今杭州方言都有较多不同于嘉兴等周边方言的特征，如具有儿尾这一北方汉语的特点。明清时期，朴学兴盛，出现了包括吴方言在内的大量语言文字研究成果，如《吴音奇字》《吴下方言考》《荆音韵汇》等，近代以来又出现了《现代吴语的研究》这样的科学语言学巨著，吴方言及吴文化的研究在汉语言及汉文化的研究领域里处于领先地位。唐宋以后一直到明清，所谓"吴语"仅指太湖流域的方言，最多兼及宁绍平原的方言。清末民初学者章太炎将汉语方言分为十种，其中之一是："江南，苏州，松江，常州，太包，浙江湖州、嘉兴、杭州、宁波、绍兴为一种"。② 其范围仅相当于今吴方言区的太湖片。今吴方言区的温州片、台州片和丽衢片的丽水小片，与福建归为一种。今吴方言区的婺州片、丽衢片的衢州小片(包括江西的广信和饶州)、今徽语区的严州小片，则与徽州、宁国归为一种。现代吴方言的分布区域，包括江苏长江以南镇江以东部分，崇明岛，江北沿岸靖江、启东、海门三县市和南通东部，浙江省大部分地区和江西省的少数地区。对比发现，先秦古吴语的分布范围要远大于现代吴方言的分布范围，现代吴方言分布在相当于古吴越两国核心区域的范围内。

---

① (南北朝)颜之推：《颜氏家训》，昆明：云南大学出版社2003年版，第183页。
② 游汝杰：《吴语方言学》，上海：上海教育出版社2019年版，第312—313页。

四、现代吴方言的地理人口及语言特征

新中国成立以前,汉语方言的分区常以行政区划等进行相对粗疏的分类。经过赵元任、罗常培、吕叔湘、丁声树、李荣、袁家骅等学者的反复研究讨论,学术界一般将现代汉语分为 7 大方言区,即北方方言(也称官话方言)、吴方言、湘方言、赣方言、客家方言、闽方言和粤方言。吴方言,又称吴语、江浙话、江南话,大致分布在江苏省东南部、上海市、浙江省大部分地区,以及江西省的上饶、玉山、广丰,福建省的蒲城、安徽省的泾县、铜陵、石台等地。根据《中国语言地图集》,吴方言的分布面积约 13.8 万平方千米,使用人口约 7300 万。江苏省共有 23 个市、县分布有吴方言,面积约 2 万平方千米,人口 1677 万。根据语言特征,可以把吴方言分为太湖、台州、金衢、上丽、瓯江、宣州 6 个片区。江苏吴方言大多隶属于太湖片,常被称为北部吴语,内部语言特征较为一致,通话度较高。常州(钟楼区、天宁区、戚墅堰区、新北区),武进,溧阳,金坛东部,宜兴,江阴,丹阳,溧水东庐等乡镇,高淳东部,张家港西部以及南通通州区金沙镇及其东部,海门偏北部分、启东偏北部分、靖江靠北大部分,属于吴方言太湖片毗陵小片,该片区以常州话为代表。苏州市区、虎丘区、吴中区、相城区、张家港东部,常熟,吴江,昆山,太仓,无锡市区、惠山、锡山,常州(除钟楼区、天宁区、戚墅堰区、新北区以外地区),属于吴方言太湖片苏嘉湖小片,以苏州话为代表。启东偏南大部、海门偏南大部、如东东南少部、张家港的少量崇明移民,属于吴方言太湖片上海小片,以上海话为代表。另外,高淳西部、溧水偏南少部分地区属于吴方言宣州片太高小片,使用人口约 33 万。

《中国语言地图集》总结了 10 条吴方言的共同特征,其中语音特征 9 条,词汇语法特征 1 条,现简述如下:①

(1) 古全浊声母仍保留独立的声类,未并入古清声母,但是实际音

---

① 中国社会科学院语言研究所等编:《中国语言地图集·汉语方言卷》,北京:商务印书馆 2012 年版,第 105—106 页。

值正处于清化过程中，出现非均质的状态，塞音比擦音浊，非起首位置比起首位置浊。

（2）古微、日、疑母今有文白读，白读为鼻音，分别为[m n/ȵ ŋ/ȵ]，文读为口音，分别为[v z/ʑ ø]。南部白读音多于北部。

（3）见晓组开口二等有文白读，白读为舌根[k]组声母拼洪音韵母，文读为舌面[tɕ]组声母拼细音韵母。南部吴语的白读比北部多，有的地方只有白读，没有文读。

（4）鼻音、边音和零声母因声调阴阳的不同而分成两类，逢阴调类，声母前有一定程度的紧喉现象；阳调类则带浊喉擦音[ɦ]。多数方言这两类声母有辨义作用，因此是两套声母。如温岭、崇明等地，也有的方言没有辨义作用，如苏州。

（5）单元音韵母多。古蟹摄没有[i]尾，古效流摄没有[u]尾，古咸山摄也没有[-m -n]尾。如上海"对蟹"[tᴇ⁼]，"手流"[sɤ⁼]，"胆咸"[tᴇ⁼]。但有少数方言例外。

（6）止蟹摄合口三等见系部分口语常用字（如"贵、亏、跪、围、鳜~鱼"）有文白读，白读为[y]韵母，文读为合口呼韵母[u-]。如苏州"贵"文读[kuᴇ⁼]，白读[tɕy⁼]；金华"围"文读[˗ui]，白读[˗y]。

（7）蟹摄开口一等咍、泰二韵不同音，咍韵字元音较高，泰韵字元音较低。北部限于端系。如苏州"戴"[tᴇ⁼]≠"带"[ta⁼]。南部端见系都不同。如遂昌"菜"[tsʻei⁼]≠"蔡"[tsʻa⁼]，"溉"[kei⁼]≠"盖"[ka⁼]。古咸山摄逢见系一等与二等不同韵，如宜兴"含"[˗ɦɪ]≠"咸"[˗ɦa]，"肝"[˗kɪ]≠"间"[˗ka]，主要元音不同，但都是开口呼；咸摄一等覃韵端、见系同韵，谈韵端系则与二等见系同韵。如"潭"[˗dɪ]≠"谈"[˗da]。

（8）"鸟"字有古端母一读；"打"字读如梗摄。都跟《广韵》一致。如苏州"鸟"[˗tiæ]；"打"[˗tɑ]，与"冷"[˗lɑ]同韵。

（9）声调为四声八调，即古平上去入依声母清浊各分阴阳，清阴浊阳，阴高阳低，显示出比较整齐的格局。少数方言八调"不全"，"不全"者中最多的是"缺"阳上。连读变调复杂。进入语流后，绝大多数字的声调会变，同一种连调组合还常有多种连调模式，致使吴语区的人对很少单用的字说不清单字调。

（10）词汇和语法方面也有一些共同的成分，例如：有一些有代表性的词汇，如：面脸、橱、柁、阔、镬锅、着穿；否定词"不"读齿唇音声母[f]或[v]，字应是"弗"或"勿"；多"头"尾。如：斧头、竹头、纸头、一块头、三斤头；动词重叠多，重叠后能带补语。如：吃吃、看看，（钱）用用就无不哉（没有了），拿伊掼摙脱（把它扔了）。助词"的"的声母为舌根音[k g ɦ]之类。

江苏吴方言分别属于太湖片的毗陵小片、苏嘉湖小片和上海小片。该片的连读变调类型属前变型，即主要由前字决定变调调型。所谓前字决定变调调型，包含两层意思：一是整个字组怎么变，主要由前字的调类决定；二是变调后的调型往往是前字单字调调型的延伸，后字则失去原有调值，被包容在字组声调中。另外，各小片之间还有一些内部差异。

苏嘉湖小片的特点有：

（1）遇摄三等精组读不圆唇的[i]。如苏州"需＝西"[ₒsi]。

（2）"八"的韵母主要元音特殊，不读低元音[ɑ]或[a]（"八"所在的山摄开口黠韵其他字跟绝大多数方言一样，主要元音也读低元音）。

毗陵小片的特点有：

（1）果摄一等见系跟遇摄一等见系不同音。如常州"河"[ₒɦɤɯ]≠"湖"[ₒɦu]。

（2）鱼韵庄组字（如"锄、梳"）没有[ɿ]的白读。"鱼"没有成音节鼻音的白读。

（3）"月亮"说"亮月"，"锅"说"锅"或"锅则"。"东西"，"老鼠"的说法跟北京话一样。

（4）第三人称单数说"他"或跟"他"相近的字。方位词"上"说成"娘"[niaŋ]："柁娘"，"地娘"。"子"尾说成"则"[tsəʔ]。

（5）表示消极性的结果补语，相当于北京话"V 掉了"，本小片说"落"[loʔ]："吃落连（吃掉了）"，"坏落连（坏掉了）"。

上海小片吴方言主要包括长江以北的启东、海门等地，主要特点有：

（1）效摄今主要元音读[ɔ]，无例外。

（2）"茄子"说"落苏"，"梨"叫"生梨"，"小孩"说"小囡"。

第一章　百越遗风　源远流长：
先秦两汉时期的吴方言

　　方言，古已有之。《礼记·王制》载有"五方之民，言语不通，嗜欲不同"①。东汉许慎又云，"诸侯力政，不统于王……言语异声，文字异形"②。早期吴方言的发展可以分为上古时期，包括周秦（公元前11世纪至公元前3世纪）和两汉（公元前2世纪至公元2世纪）。③ 吴方言的发展经历了从百越语言向华夏汉语方言不断融合演变的历史过程。

第一节　先秦吴方言

　　文化的首要载体就是语言，地域文化不同，往往方言也有大的差别。春秋战国时期的诸国形成了7个文化圈，即以周为中心的"中原文化圈"、中原北面的"北方文化圈"、今山东省范围内的"齐鲁文化圈"、长江中游的"楚文化圈"、淮水流域和长江下游的"吴越文化圈"、西南的"巴蜀滇文化圈"、西北的"秦文化圈"。④ 其中的吴越文化圈就包括了吴

---

① 冯国超主编：《礼记》，长春：吉林人民出版社2005年版，第72页。
② 洪诚选注：《中国历代语言文字学文选》，南京：凤凰出版社2000年版，第92—93页。
③ 袁家骅等：《汉语方言概要》，北京：语文出版社2001年版，第16页。
④ 李学勤：《东周与秦代文明》，上海：上海人民出版社2016年版，第12页。

国和越国,两国通行的吴越方言(包括吴方言)必然不同于其他文化圈的方言,并且在现代吴方言里也可能留下一些"蛛丝马迹"。先秦吴方言的地理分布范围要比今天吴方言的地理分布范围大得多,尤其是长江以北、淮河以南的大片地域。《左传》,又称《春秋左氏传》,旧传为春秋时期左丘明所著,近人认为是战国时人所编。哀公十二年记载,"卫侯会吴于郧""吴人藩卫侯之舍""太宰嚭说,乃舍卫侯,卫侯归,效夷言"。①《左传》所述的"夷言"即春秋时期的古吴方言,"郧"地在江淮间,位于今江苏省海安市。今江苏淮安的地名"盱眙"也有学者考证出是先秦吴方言的底层词。

一、吴国、越国与吴越方言

吴国建立于商代后期,也称句吴、攻吴,约公元前12世纪至公元前473年为周王朝的姬姓国。据西汉司马迁的《史记》记载,吴国的始祖是周太王公亶父的长子、王季历之兄太伯(又称"泰伯")及其弟仲雍。吴国一开始定都于梅里(大致位于今江苏省无锡市),传至诸蕃,迁都到吴(大致位于今江苏省苏州市),其国境主要分布在以太湖流域为中心的长江下游地区,即今江苏、上海及浙江、安徽的一部分。春秋中后期吴国国力强盛,是当时的重要诸侯国之一。公元前506年吴王阖闾伐楚,攻入楚国国都郢,后来阖闾之子夫差在夫椒之战中击败越国,艾陵之战击败齐国,跟晋国争霸,其势力范围一度扩张到淮河流域和今山东省南部。公元前473年,吴国被越王勾践灭国。②

> 吴太伯,太伯弟仲雍,皆周太王之子,而王季历之兄也。季历贤,而有圣子昌,太王欲立季历以及昌,于是太伯、仲雍二人乃奔荆蛮,文身断发,示不可用。……太伯之奔荆蛮,自号句吴。荆蛮义之,从而归之千余家。……太伯居梅里,在常州、无锡县东南六十里。至十九世孙寿梦居之,号句吴。("句者,夷之发声,犹言于越耳。")寿梦卒,诸樊南徙吴。至二十一代孙光,使子胥筑阖闾城都

---

① 赵生群:《春秋左传新注》,西安:陕西人民出版社2008年版,第1043页。
② 葛剑雄:《简明中国移民史》,福州:福建人民出版社1993年版,第42页。

之,今苏州也。①

越国则起源于夏代,在春秋以前也是中国东南方的重要诸侯国。据《史记》《吴越春秋》等史书的记载,越国的始祖是夏代君主少康的庶子于越(又称"无余"),是大禹的直系后裔,分封于会稽(约为今浙江省绍兴市),其势力范围便以大禹王陵为中心。春秋末期,越王允常跟吴国发生了矛盾,并互有攻伐。公元前496年,允常之子勾践继位为越王,此时的越国极其强盛。公元前473年,越国先消灭吴国,然后北渡淮河,在徐州与齐国、晋国会盟。越国的势力范围曾北达齐鲁,东濒东海,西达今皖淮、赣鄱等地,雄踞东南。约公元前306年,越国为楚国所灭,但越君仍在以会稽为中心的浙江东部地区割据,直到公元前222年,秦迫使越君投降,越灭,置会稽郡。②

  禹周行天下,还归大越,登茅山以朝四方群臣,封有功,爵有德。崩而葬焉。至少康,恐禹迹宗庙祭祀之绝,乃封其庶子于越,号曰无余。③

  越王勾践,其先禹之苗裔,而夏后帝少康之庶子也。封于会稽,以奉守禹之祀。文身断发,披草莱而邑焉。④

吴国、越国的早期形成都跟中原地区华夏贵族的迁徙相关,吴国的建立源于周太王公亶父的儿子太伯、仲雍南下江南,越国则可以追溯到夏后帝少康时期,由少康庶子于越建立。同为吴越文化圈的吴国、越国的语言也有很强的相似性。

  吴王夫差将伐齐,子胥曰:"不可!夫齐之与吴也,习俗不同,言语不通,我得其地不能处,得其民不得使。夫吴之与越也,接土邻境,壤交通属,习俗同,言语通,我得其地能处之,得其民能使之。"⑤

---

① (西汉)司马迁:《史记》,北京:中华书局2006年版,第190页。
② 葛剑雄:《简明中国移民史》,福州:福建人民出版社1993年版,第42—43页。
③ 周生春:《吴越春秋辑校汇考》,上海:上海古籍出版社1997年版,第108页。
④ (西汉)司马迁:《史记》,北京:中华书局2006年版,第272页。
⑤ 王范之选注:《吕氏春秋选注》,北京:中华书局1981年版,第171页。

> 且吴与越,同音共律,上合星宿,下共一理。①

> 吴越为邻,同俗并土……吴越二邦,同气共俗,地户之位,非吴则越。②

荀子(约公元前313—公元前238),名况,战国末年赵国人。他在讨论各地的习俗时,将"越"(吴越地区)、"楚""夏"或"雅"(华夏中原地区)对举,说明吴越的习俗(包括语言)跟"楚""夏"有较大的不同。

> 居楚而楚,居越而越,居夏而夏,是非天性也,积靡使然也。(《荀子·儒效》)③

> 越人安越,楚人安楚,君子安雅。是非知能材性然也,是注错习俗之节异也。(《荀子·大略》)④

吴国和越国的习俗较为一致,跟齐国不同。荀子用"越"跟"夏""楚"并举,吴国最终被越国所灭,此时的"越"应该包含了先前的越国和吴国。同理,此时的越方言(也可称吴越方言)包括吴方言,跟现代吴方言包括古越地(约为今浙江省)方言的情况正好相反。

据司马迁《史记·吴太伯世家》的记载,吴国跟中原各诸侯国有密切的交往。公元前544年,吴国季札出使了鲁国、齐国、郑国、卫国、晋国等,尤其在鲁国观周乐、舞,作出了精彩的评价,并得到了中原各国士大夫的赞誉。

吴楚相邻,在语言上也有相近之处。《吴越春秋》为东汉赵晔所撰,是一部以记述春秋战国时期吴、越两国史事为主的历史学著作。其中有一则《渔父歌》,是春秋时期的吴地民歌,体裁风格与《楚辞》的各章篇目相近,而与《诗经》的风格差异较大。

> 与胜行去,追者在后,几不得脱。至江,江中有渔父,乘船从下方溯水而上。子胥呼之,谓曰:"渔父渡我!"如是者再。渔父欲渡

---

① (东汉)赵晔:《吴越春秋》,北京:中华书局2019年版,第145页。
② 李步嘉:《越绝书校释》,武汉:武汉大学出版社1992年版,第134页、第153页。
③ (战国)荀子:《荀子》,北京:中华书局2015年版,第111页。
④ (战国)荀子:《荀子》,北京:中华书局2015年版,第44页。

之,适会旁有人窥之,因而歌曰:"日月昭昭乎侵已驰,与子期乎芦之漪。"子胥即止芦之漪。渔父又歌曰:"日已夕兮,予心忧悲,月已驰兮,何不渡为?事寝急兮,当奈何?"子胥入船,渔父知其意也,乃渡之千浔之津。①

伍子胥是春秋时期的楚国人,身为吴人的"渔父知其意",似乎也可以作为吴语跟楚语相近的旁证。伍子胥到了吴国后,受到吴王的重用,语言交流是必不可少的,史书并未提到交流有障碍。范蠡是楚国宛地三户人,后来成为越王勾践的重要谋臣,也不存在语言交流的问题。可见,华夏对东南地区的文化影响,是以楚文化作为桥梁而实现的。② 先秦吴方言跟中原的华夏语言较远,跟楚语较近。从地理上看,先秦时期楚语(即楚方言)是华夏和吴越中介性的语言。吴国、越国跟楚国一样,在政治和文化上认同华夏,成为华夏王朝重要的诸侯国。春秋后期,吴国国力强盛,曾打败过楚国、越国。到公元前473年,吴国又被越国所灭。越灭吴后,不断扩张,到公元前333年,越王无强反被楚威王击杀。吴越山水相连,互有攻伐,人民交往也十分频繁,语言上的接触和融合也是自然而然的。

先秦时期古吴方言和古越方言已经融合为吴越方言(或称吴越语),当时吴国的吴方言和越国的越方言是吴越方言的次方言。吴越方言里既有当时土著(主要是百越)语言的成分,也有华夏语的成分,尤其是吴国、越国的先祖及当时的贵族都是认同地处中原的夏商周文化,吴国、越国也通行殷商以来的汉字。因此,学术界就有"先秦古吴越语是华夏语方言说"。从文化上看,先秦时期吴越文化就已经成为中华文化的重要一支,从政治上看,吴越两国都以中原王朝为宗。伍子胥奔吴也可以看出吴楚交流的频繁和密切。伍子胥是楚人,使用已经华夏化的楚方言,同吴越渔夫、吴王交谈起来并没有语言隔膜,可以进行顺畅的谈话并能相互理解,伍子胥的哥哥伍尚投奔吴国也没有遇到语言问题。吴越被楚灭后,吴越长期作为楚地属国,受到楚文化影响,本身也在不

---

① 周生春:《吴越春秋辑校汇考》,上海:上海古籍出版社1997年版,第28页。
② 李学勤:《东周与秦代文明》,上海:上海人民出版社2016年版,第147页。

断地被融合、同化,这一时期发生语言的替换也是有可能的。退一步说,至少"吴越朝廷及都邑之前的用语"已经属于华夏方言的一支。① 吴楚交流没有碰到语言障碍,"吴越上层人物所使用的语言都是和楚语相近的吴越汉语方言,都是中原华夏汉语的分支"。② 不过从逻辑上看,吴方言跟楚方言相近只是其中一种可能。另外的可能是,伍子胥兄弟作为楚国的上层贵族掌握了吴楚两种方言或语言,即双语者。这类似于前文提及的季札,他出使中原诸国观礼使用的语言,最大可能是华夏的"雅言",不大可能使用他的母语先秦吴语。再者,吴楚两国边境地区的"渔父",既有可能是吴人,也有可能是楚人,或者精通两国方言,也是可能的。

我国乃至世界上第一部词典《尔雅》就收录了不少先秦吴方言词语。《尔雅》最早收录于《汉书·艺文志》,但未载作者姓名。据考证,《尔雅》成书于战国末年,全书19篇,收录共计2219个词条,有5239个词。③ 词语来源有三大类别:一是经典常用的古语词;二是常言通语;三是方俗异语。东汉刘熙最早指出《尔雅》里有方言词语。20世纪的学者也大多承认《尔雅》中有方言。王国维在《尔雅草木虫鱼鸟兽释例》中说:"物名有雅俗,有古今。《尔雅》一书,为通雅俗古今之名而作也。其通之也谓之释,释雅以俗,释古以今。"胡朴安在《尔雅之注本》中说:"训诂之书莫先于《尔雅》。《尔雅》者所以通古今之异言,释方俗之殊语。"清代章黄学派的代表人物黄侃在《尔雅略说》中说:"《尔雅》之作,本鸟齐一殊言,归于统绪。……然而五方水土,未可强同,先古遗言,不能悉废;综而集之,释以正义,比物连类,使相附近,此谓《尔雅》。"其他如今人刘叶秋的《中国字典史略》、何九盈的《中国古代语言学史》、胡奇光的《中国小学史》、濮之珍的《中国语言学史》、赵振铎的《训诂学史略》、李开的《汉语语言研究史》、李恕豪的《中国古代语言学简史》也都明确指出《尔雅》中包含有方言词。④

---

① 李新魁:《吴语的形成和发展》,《学术研究》1987年第5期,第122—127页。
② 颜逸明:《吴语概说》,上海:华东师范大学出版社1994年版,第21页。
③ 华学诚:《周秦汉晋方言研究史》,上海:复旦大学出版社2007年版,第46页。
④ 华学诚:《周秦汉晋方言研究史》,上海:复旦大学出版社2007年版,第47—48页。

但是《尔雅》并没有明示哪些词语是当时的方言词,要识别其中方言词可以采取五个步骤。第一步,用扬雄《方言》与《尔雅》对照,凡两书被释词和解释词相同的录出;第二步,用许慎《说文解字》与《尔雅》对照,凡《说文解字》讲到方俗语而该词又在《尔雅》中的录出;第三步,用《尔雅》郭璞注与《尔雅》本文对照,凡郭氏指出《尔雅》本文词语属于方言的录出,包括仅指出方俗语而未标明方言使用区域的;第四步,用汉晋学者注疏中的方言资料与《尔雅》对照,凡所言及的方言词语见于《尔雅》又未标明是汉晋方言者录出;第五步,以出土文献与上述考证结果相印证,主要根据秦简和楚简帛资料。① 以此可得《尔雅》共计211个方言词语。根据这些方言词语,可以拟测出战国时期的方言分区,北区有燕朝方言、秦晋方言、周韩郑方言、宋卫方言、齐鲁方言,南区有荆楚方言、吴越方言。荆楚方言和吴越方言同属南方大区,也意味着两者的相似度较高。② 《尔雅》记录了先秦吴方言(吴越方言)词语,现择其要者列举如下:

融:融,长也。(《尔雅·释诂》)郭注:"宋、卫、荆、吴之间曰融"。

茹:啜,茹也。(《尔雅·释言》)《方言》卷七:"吴、越之间凡贪饮食者谓之茹。"

展:展,信也。(《尔雅·释诂》)《方言》:"展,信也。""荆吴、淮汭之间曰展。"

名词:

楠:梅、楠。(《尔雅·释木》)邢昺《尔雅疏》引孙炎注:"荆州曰梅,扬州曰楠。"(信阳一号墓遣策〇二一:"一瓶梅酱。")

纶:緷,纶也。(《尔雅·释言》)郭注:"江东谓之纶。"

不律:不律谓之笔。(《尔雅·释器》)《说文·聿部》"聿"字下:"楚谓之聿,吴谓之不律。""笔"字下:"秦谓之笔。"《尔雅》本条郭璞注:"蜀人呼笔为不律,语之变转也。"按,"不律"为"笔"之方言缓读。

---

① 华学诚:《周秦汉晋方言研究史》,上海:复旦大学出版社2007年版,第49—53页。
② 华学诚:《周秦汉晋方言研究史》,上海:复旦大学出版社2007年版,第78页。

鹭：鹭，春鉏。(《尔雅·释鸟》)……孔颖达疏引陆机云："鹭，水鸟也。好而洁白，故谓之白鸟。齐鲁之间谓之春鉏，辽东、乐浪、吴、扬人皆谓之白鹭。"

　　濯：濯，大也。(《尔雅·释诂》)《方言》卷一："濯，大也。荆、吴、扬、瓯之郊曰濯。"①

二、吴越方言的非华夏语属性辨析

　　现代语言学意义上的"方言"大体上有三层意思：(1)方言是同一个语言的地方变体，特别是语音方面，往往是其他地方的人觉得难以听懂的。(2)方言是不见于书面语的特殊口语，是不够文雅的土语。(3)方言间在语音、词汇、语法各方面互有异同，一种语言往往有两个或两个以上的方言，就是在人口很少、分布面积很小的地点，居民的话也可能因年龄、性别、职业、阶层和阶级的区别而有所不同。② 不过中国古代文人观念里"语言""语""言语""方言""方语"等似乎是近义词，不像在现代汉语里有严格的区别。③ 古人只有雅俗的区别，并没有现代语言学的标准语与方言的区别。学界的另一种观点是先秦吴国、越国使用的吴越语是跟华夏语不同的语言，不是华夏语的方言。先秦时期吴国人和越国人都是百越系统的部族，虽然吴国的开国国君及越国的最早统治者都是中原人，但是由于人口数量有限，其后裔也逐渐融入当地的百越民族。④ 吴越虽长期充当楚的属国，但楚对吴越的统治力并不强。"楚虽南下征伐越人，但与于越相距较远，对宁绍平原不会有太大影响，且古书也没有楚人把宁绍平原纳入统治范围的记载；句吴也不可能接受楚的统治，且楚东进时，句吴已开始强盛。"⑤因为民族和语言之间具有较为显著的对应关系，所以自然可以推论出"先秦古吴越语不是华夏语的方言"的观点。古吴越语是不同于华夏语的一支南方民族语

---

① 华学诚：《周秦汉晋方言研究史》，上海：复旦大学出版社2007年版，第51—70、169页；管锡华译注：《尔雅》，北京：中华书局2014年版，第630页。
② 袁家骅等：《汉语方言概要》，北京：语文出版社2011年版，第1页。
③ 鲁国尧：《"方言"的涵义》，《语言教学与研究》1992年第1期，第126—136页。
④ 葛剑雄：《简明中国移民史》，福州：福建人民出版社1993年版，第42页。
⑤ 殷树林：《吴语形成时代新考》，《语言文化研究辑刊》2014年第2期，第7—21页。

言,春秋战国时期的吴越语不是华夏语方言。太伯仲雍避贤而奔吴,他们本身携带的华夏语言文化与土著语言文化必然产生冲突,但这并不意味着华夏语必然占据上风。按理说,政治上的主导优势会对语言文化的发展产生重要影响,华夏语更应该占据统治地位,从而影响当地的百姓。但是由于迁移来的人口有限,迁移来的中原人反而更容易被当地的风俗文化所同化,其后代也逐渐融入了百越诸族当中。① 因此,古吴越语在先秦时期具有少数民族语言属性,并未演变为华夏语的方言。先秦古吴越语的主体成分是百越语,而因移民等原因接触产生的华夏语部分则是外来成分。

  楚灭舒、蓼及滑汭,盟吴越而还。(《左传·宣公八年》)②

  从楚"盟吴越而还"可以看出,吴越未被楚国加以实质性统治。吴与越在文化习俗上有很多相似性,与华夏截然不同。③ 比如,两国都精于铸剑;两国都大量使用石锛和有段石锛;两国都善于驾舟,习于水战;两国都曾穴居或住"干栏"式房屋;两国都大量使用几何印纹陶器和原始瓷器;两国都断发文身,雕题黑齿;两国语言相通,且与华夏族语言不同。此时"吴越尽管有自己的民族语言,并可能曾发明自己的文字,但至少到春秋时期,他们也与我国其他民族一样,都在使用华夏文字,并以华夏语作为官方语言"。④ 吴国、越国的建立是由同属于"百越"的吴、越两个民族进行的,并且"这两个民族无论在语言上或者是在风俗习惯上都与华夏各国不一样",古吴越地区的语言是具有少数民族语言属性的属于汉藏语系壮侗语族的古吴越语,都不是华夏语。⑤ 吴越两国虽然都算得上是华夏的后裔,吴为周太王长子太伯之后,越为夏少康庶子之裔,但是两国语言则显然和华夏语言有所差距。⑥ 甚至有学者认为先秦时期的吴越语跟楚语也不相同,楚语虽然有自己的特征,如楚辞多用

---

① 殷树林:《吴语形成时代新考》,《语言文化研究辑刊》2014年第2期,第11页。
② (春秋)左丘明著,杜预注:《左传》,上海:上海古籍出版社2016年版,第346—347页。
③ 殷树林:《吴语形成时代新考》,《语言文化研究辑刊》2014年第2期,第16页。
④ 董楚平:《吴越文化新探》,杭州:浙江人民出版社1988年版,第183页。
⑤ 刘君惠等:《扬雄方言研究》,成都:巴蜀书社1992年版,第272页。
⑥ 蒙文通:《越史丛考》,北京:人民出版社1983年版,第17页。

"兮"字等,但是楚语仍属于华夏语的次方言。①

史籍涉及吴越地区的词汇大多依靠音译。华夏语(或汉语)的音译从侧面也证明了吴越语同华夏语的区别。②《春秋》《史记》《越绝书》等将国名译作"越",但是《汉书》译作"粤",后代则在此基础上"越""粤"并用。不仅如此,"吴、于越(龄越、虞越)、句(勾)、鸿、吾、工(攻)、姑、乌、诸、戈均是同一族称——'越'的音译异写。""越"与"于越(放越)",是华夏文字对于越人同一语音的急、缓两译。③ 这些音译现象证明,吴越地区使用的语言并不属于华夏共同语范围,并且导致了不少音译词语的出现。

从现代中国境内的语言和方言的现状来看,可以作两个猜想。猜想一是先秦吴方言既有北方中原华夏语的成分,也有当地土著(百越)语言的成分。时间线越往前推,华夏语移民越少,百越语的成分就越多。即便如此,到了春秋战国时期,南方吴国、越国百姓所使用的古吴方言跟北方操华夏语的北方人应该是不能直接通话的。猜想二是先秦时期吴国、越国的贵族阶层有相当一部分人是双语(或双方言)人群,既能使用华夏语,也能使用吴方言,并且在政治和文化上尊崇中原的华夏王朝,认同吴越文化是中华文化的一部分。即先秦时期吴国、越国的统治阶层在政治和文化上认同中原王朝,并使用汉字,但这一时期普通百姓所使用的古吴方言(或吴越语)所含百越语(非华夏语)的成分较多。

先秦吴方言具有大量百越语的成分,古吴方言有跟现代侗台语同源的可能。侗台语民族是有着相同的历史渊源和语言文化的多个民族的集团。该语族的命名不太统一,如侗台、壮泰、傣泰或卡岱,甚至有的叫作岱台、傣掸等等。近年来,随着侗台语民族研究的深入,特别是壮学的发展,这些概念有逐渐统一的趋势。一般来说,国内的侗台语民族叫作壮侗语民族,国外的则仍然称为侗台语民族。④ 语言学家大都将侗

---

① 朱俊明:《古越族起源及与其他民族的融合》,《百越民族史论集》,北京:中国社会科学出版社1982年版,第281页。
② 丁启阵:《秦汉方言》,北京:东方出版社1991年版,第8页。
③ 陈鸿钧:《越为音译》,《广东史志》2001年第1期,第49页。
④ 潘汁:《侗台语民族、百越及南岛语民族关系刍论》,《广西民族研究》2005年第4期,第132页。

语归入汉藏语系,侗傣语族或侗台语族,新中国成立以后,它才被划为汉藏语系壮侗语族侗水语支。① 总的来看,壮语、侗语或者侗台语都属于壮侗语族的范畴。汉字不能直接反映语音信息,由于先秦语音材料缺失,对于壮侗民族语言的研究便主要集中在古吴越语(先秦吴方言)与现代侗台语族的对应关系上。纵向进行的文献分析在时间线上主要有两个极点,一是古吴越语,二是现代壮侗语族语言。古吴越语的研究材料较少,主要记载于《春秋》《左传》《国语》等史书中,比较重要的材料有《越人歌》以及部分记载于史书中的零散语言材料。

(一)《越人歌》

《越人歌》(全称《榜枻越人拥楫歌》)是春秋时期一位越国船夫对楚国王子所唱的歌,载于西汉刘向所著的《说苑》卷十一《善说》。记录这首越国民歌,用的是汉字音译,同时有楚语翻译。这首民歌的作者是一位榜枻越人,他使用的语言就是当时的吴越语(先秦吴方言)。语言学家用上古音对《越人歌》进行了构拟和破译,并跟壮语词进行逐个对照,发现《越人歌》与壮语有一定的对应关系。②

> 襄成君始封之日,衣翠衣,带玉剑,履缟舄,立于流水之上。("流"原作"游",从《拾补》改。)大夫拥钟锤,县令执桴号令,呼谁渡王者。于是也,楚大夫庄辛过而说之,遂造托而拜谒,起立曰:"臣愿把君之手,其可乎?"襄成君忿,作色而不言。庄辛迁延沓手而称曰:"君独不闻夫鄂君子皙之泛舟于新波之中也?乘青翰之舟,极芘芘,张翠盖而檎犀尾,班丽褂衽,会钟鼓之音毕。榜枻。越人拥楫而歌,歌辞曰:'滥兮抃草滥,予昌枑泽予昌州,州𩣑州焉乎秦胥胥,缦予乎昭澶秦逾,渗惿随河湖。'鄂君子皙曰:'吾不知越歌,子试为我楚说之。'于是乃召越译,乃楚说之曰:'今夕何夕兮,搴舟中流(原作'搴中洲流',从孙诒让《札迻》改),今日何日兮,得与王子同舟。蒙羞被好兮,不訾诟耻。心几顽而不绝兮,得知王子。山有木兮木

---

① 张民:《试较侗语和越语的渊源关系》,《贵州民族研究》1989 年第 3 期,第 159 页。
② 韦庆稳:《试论百越民族的语言》,《百越民族史论集》,北京:中国社会科学出版社 1982 年版,第 292 页。

有枝,心说君兮君不知。'于是鄂君子皙乃揄修袂行而拥之('揄'原作'擒',从《拾补》改),举绣被而覆之。鄂君子皙亲楚王母弟也,官为令尹,爵为执圭,一榜枻越人,犹得交欢尽意焉。今君何以逾于鄂君子皙,臣何以独不若榜枻之人,愿把君之手其不可何也?"襄成君乃奉手而进之曰:"吾少之时,亦尝以色称于长者矣,未尝遇僇如此之卒也。自今以后,愿以壮少之礼,谨受命。"①

《渔父歌》反映了先秦吴方言与楚语(华夏方言)相近的一面,《越人歌》则说明古吴越语仍保留了很多非华夏语的成分。《越人歌》的歌词是"滥兮抃草滥,予昌枑泽予昌州,州䱎州焉乎秦胥,缦予乎昭澶秦逾,渗惿随河湖。"应为汉字记录的古越语的语音。《越人歌》可分析为五句,详细语音语义如下:②

表1-1 《越人歌》第一句例释

原文记音	滥	兮	抃	草	滥
上古读音	ɦgraams	ɦee	brons	tshuu?	ɦgraams
汉语释义	夜晚	哎(语助词)	欢欣,陶醉的	遇见	夜晚

表1-2 《越人歌》第二句例释

原文记音	予	昌	枑	泽	予	昌	州
上古读音	la	thjang<khljang	gaah	draag	la	thjang	Tju<klju
汉语释义	我俩,我	很会,多么	害羞,难为情	我们,我		很会,善于	摇船

---

① (西汉)刘向撰,赵善诒疏证:《说苑疏证》,上海:华东师范大学出版社1985年版,第310—311页。
② 郑张尚芳:《〈越人歌〉解读》,《郑张尚芳语言学论文集》,北京:中华书局2012年版,第643—646页。按,另有韦庆稳:《试论百越民族的语言》,《百越民族史论集》,北京:中国社会科学出版社1982年版,第293—297页;白耀天:《〈榜枻越人歌〉的译读及其有关问题》,《广西民族研究》1985年第1期,第35—49页。本书从郑张尚芳先生说。构拟出《越人歌》的上古读音后,需要联系古越语的后代语言进行释读。郑张尚芳先生对比的是现代泰语,韦庆稳、白耀天二先生对比的是现代壮语及其方言。

表 1-3 《越人歌》第三句例释

原文记音	州	餡《《玉篇》"口敢切"》	州	焉	乎	秦	胥
上古读音	tju	khaam?	tju	jen	ɦaa	dzin	sa
汉语释义	摇船	渡越	摇船	漫长,久久	哪	愉快	满意,称心

表 1-4 《越人歌》第四句例释

原文记音	缦	予	乎	昭	澶	秦	逾
上古读音	moons	la	ɦaa	tjau<kljau	daan	dzin	lo
汉语释义	污秽的	我们,我	语助词	王子,君	阁下,您	熟悉	知晓,了解

表 1-5 《越人歌》第五句例释

原文记音	渗	惿	随	河	湖
上古读音	sruɯms	dje?<glje?	ljoi	gaai	gaa
汉语释义	隐藏	心	始终不断	思慕	语助词

材料来源 郑张尚芳：《〈越人歌〉解读》，《郑张尚芳语言学论文集》，北京：中华书局2012年版，第643—646页。

《越人歌》的现代汉语释义如下：

> 夜啊,欢乐遇见的夜晚！
> 我多么害羞啊,我又很能摇船。
> 慢悠悠地摇船横渡啊,满怀喜欢！
> 污秽的我啊,尊贵的王子殿下竟蒙相识了,
> 藏在心底的,是我始终不渝的思恋。①

(二) 地名、人名

一个部落、民族集团,其族名的主要功能是在族际交往中起区别作用。我国少数民族,尤其是南方少数民族,本无族名,在与外族发生接

---

① 郑张尚芳：《〈越人歌〉解读》，《郑张尚芳语言学论文集》，北京：中华书局2012年版，第646页。

触时自称"人"或者"我们",由此音译(多为汉字译音)而成族名。① 吴人越人只有语言而没有文字,导致吴人越人的地名和上层人物的人名以及越人的一些重要活动借用了汉字,如吴越地名、人名多冠以"句""工""攻""姑""鸿""吾"等字,亦即典籍中常见的"勾"字。上述诸字同音,都是对同一族名的音译异写,但求其声,不拘其形。② 这些音译现象,尤其是一音多译的地名、人名的出现,显示了华夏与吴越在语音交际上的隔膜,证明了当时的吴越语是非华夏语言。地名是原住民给地理实体所取的名称,往往能反映当地居民较早的语言信息。即使移民迁入当地,地名仍会因为名从主人而得以保留。人名也跟地名类似,即使语言被替换,也会因为其无可替代性而保留。语言学家采用历史比较的研究方法,通过对先秦古吴越的上古拟音和现代侗台语的历史比较,发现这一时期吴越语非华夏语的语言特征较为显著,跟现代侗台语同源。吴国传承至今的地名有"姑苏"(位于今江苏省苏州市姑苏区)、"无锡""盱眙"(位于今江苏省盱眙县,位于长江以北)等。

姑苏——苏州被称为"姑苏"是得名于姑苏山,《史记·河渠书》"上姑苏,望五湖"即登此山。而它的得名则是因为这里建有"姑胥之台"。《越绝书·吴地传》:"胥门外有九曲路,阖庐造以游姑胥之台,以望太湖。""秋冬治城中,春夏治姑胥之台。旦食于纽山,昼游于胥母。射于躯陂,驰于游台,兴乐越宿走马长洲。"可见这本是一处吴王游乐的别宫。"胥"对译为古越语(包括古吴语)sa 为"称心满意",那么别宫的得名是由于它能使吴王称心、玩得高兴。上古"胥"sa、"苏"*saa 只是长短元音的区别,因为是译音,可以换用。"姑"*kaa,一般认为是词缀,台语 kaʔ-、kraʔ-词头确很发达,依此说"姑胥"*kaa-sa 即等于称心。此外,泰文今 traʔ 头字中有古本作 kraʔ 的,今 traʔ 作单词用有地块义,那么"姑"也许是对 traʔ"地块"的古代形式 kraʔ,则"姑苏"即含有令人称心之地之意了。

---

① 李锦芳:《越称"瓯"、"僚"解》,《民族论坛》1996 年第 4 期,第 87 页。
② 陈鸿钧:《越为音译》,《广东史志》2001 年第 1 期,第 49 页。

无锡——《汉书·地理志》："无锡,有历山,春申君岁祠以牛。"《越绝书·吴地传》作"盛祠以牛"。《吴地记》说"历山又名西神山",说明此山神灵在当时当地影响非同小可。"无"与"巫"同源("无"字本即古巫舞象形)。《越绝书·记地传》:"巫山者,越魑、神巫之官也,死葬其上。"这说明山可以因葬巫得名。又"江东中巫葬者,越神巫无杜子孙也"。古越人崇巫信鬼非常厉害,神巫"无杜"的"无"即对巫的尊称。因此"无锡"可能即得名于历山之巫。因为"锡"从"易"声,"易"古音 *leeg,"锡"古读 *sleeg。与"历"古音 *reeg 相近。"历山"的意思是鬲山(永康也有历山,又名釜历山,即因其状如覆釜故名)。"无、巫"古音 ma,与泰文"师巫"hmɔɔ(包括巫、占卜者、医生、律师)同源;釜最古为"鬲" *reeg,也与武鸣壮语"炒菜锅"reek[8] 相同。可见侗台语有些词跟汉语同根。

盱眙(缓伊)——《左传·襄公五年》经文:"仲孙蔑、卫孙林父会吴于善道。"善道即今江苏省盱眙县。"道"字《谷梁传》《公羊传》作"稻",稻是"道"的同音假借字,因古地志如阮胜之《南兖州记》明说"盱眙本吴善道地",应以"善道"为准。《谷梁传》:"吴谓善'伊',谓稻'缓',号从中国,名从主人",据上应改为"谓道'缓'"。

吴人的古越语说法跟今侗台语仍同。"缓"字古音 *Gwoom→ɦwaan,与侗台语"道路"仫佬 khwən¹、普标 qhuan¹、侗语 khwən¹、泰文 hon¹、壮语 hon¹ 相近。"伊"古音 *ʔli→ʔi,与侗台语"善,好"仫佬 ʔi¹、普标 ʔai¹、侗语 lai¹、泰文 ʔdi 相近。

照侗台语语法,名词的修饰成分后置,好道路的语序应为"道路·好","善道"在古越语中应作"缓伊",唐陆德明《释文·谷梁音义》说"吴谓之伊缓"是陆氏不明此理,误以汉语语序代替古越语词序的结果。原文并未说"伊缓",正因语序不同,特意两字分开解释。按原语应为"缓伊",因后来秦代将善道改名"盱台"(再后来将台字也类化加上目旁作"眙",但各字书都特别指明盱眙的"眙"仍然音"怡")。盱台读作"吁怡"(古音 *hwa-lɯ),正是"缓伊"(古音 hwaan-ʔli)的另一译法。不过"缓伊"是鲁译而"盱眙"是秦译,鲁人秦人听感不同而有差异,但可看出原来是同一词语。大概"善道"

这个译意地名在当地行不开,结果还是"名从主人"改译为"盱眙"的。虽然"缓伊、盱眙"用字不同,但可看出原来是同一词语,这个词语无论音义、词序全都符合侗台语的说法。①

国号"句吴、句无、句章"。

句吴、句无、句章——"句"本有三等、一等不同读法,后世为区别,一等又转注变写为"勾"。"句吴"金文常作"攻敔、工虞",是"句"音与"吴"声母连读合音而为"工"字(即 *koo+ŋ[a]→kooŋ),可见这类"句"都应读如一等"勾"音 *koo。此字与泰文"氏族、宗族、群"koo相当(koo另有草木丛义,族群义当来于彼)。《方言》十三:"吴,大也"。吴自认太伯之后,是大宗,故名;或者因虞国南支而称。总之"句"是宗族氏族之义,不是虚的词头。"句吴"据前条可能指"师巫之族"。句无之东有句余,在余姚鄞县一带古代靠海之处,则可能表盐之氏族。阚骃《十三州志》:"句践之地,南至句余,其后并吴,因大城句余,章伯功以示子孙,故曰句章。""章伯功"即彰明霸功,泰文"明亮"也说 cangh,与"彰" *tjang 音义相同。句践胜后封其一有功宗支于此,而号之为有光彩的"彰明之族"也是可能的。总之,其命名格式还是中心词在前,修饰成分在后,合于古越语语法。②

史书记载的吴国王公贵族的名字或谥号,如"周章、周繇、寿梦、州于、朱句""阖庐""菼烛卯"等。

周章、周繇、寿梦、州于、朱句——周章是吴的始封祖,周繇是中间一代,至寿梦则称王,州于是《左传·昭公二十年》对吴王僚的称呼。以上这些字,古汉语都是幽部章母字,都可对泰文 caux"君王、王子;首脑,长官;主人"。朱句是越王翁的又称。"朱"对 caux,而"朱句"在金文中也写作"州勾",可见"朱、州"可以互译,都是此

---

① 郑张尚芳:《古越语地名人名解义》,《温州师范学院学报(哲学社会科学版)》1996年第4期,第8—13页。按,带"*"的音节是郑张尚芳先生构拟的上古音。
② 郑张尚芳:《古越语地名人名解义》,《温州师范学院学报(哲学社会科学版)》1996年第4期,第8—13页。

一尊称的对音(其实此字也跟汉语"主"*tjo 同源,相当汉语称"主子、主上")。寿梦,《史记正义》:"《左传》及《世本》又云:吴'孰姑',寿梦也,世谓'孰梦诸'也,《春秋传》'寿'作'孰',音相近。'姑'之言'诸'也,《毛诗传》读'月诸'为'月姑',是以知姑为诸也。则知孰姑、寿梦一人耳。又名乘。"则"孰、寿"也应对 caux("孰"*djug 是"寿""djuh"的入声)。《左传·哀公十三年》记吴俘越帅"畴无余",越俘"吴太子友、王孙弥庸、寿于姚",其中"畴无余、寿于姚"首字也都应对 caux。畴无余名字中用了始祖无余名,寿于姚的"于"*ʔa 相当后来吴语"阿",即名阿姚。

诸稽、诸咎、诸樊——《国语·吴语》记越王"令诸稽郢行成于吴",《史记·越王句践世家》作"使范蠡与大夫柘稽行成为质于吴",为质一般为世子,则"大夫"可能是"大子"之误。今金文有越王"者旨于赐"器,"者旨"即"诸稽","于赐"即"郢"。因为"赐"*sleeh 与"郢"*leŋʔ 对转,"于"古音 ʔa 只是词头"阿"。《竹书纪年》句践太子为鹿郢,"鹿"相当泰文"儿子"luuk,为常见的表子爱称词头。《越语》《史记》则作"鼫与","鼫"音常支切*djag,相当"柘"*tjag"诸"*tja 的另一译法,"与"laʔ 则是"郢"*leeŋ 的别译(《左传·哀公二十四年》又作"适郢"。"适"音之石切*tjeg,也是"诸柘"等别译,译音用字可以任意)。"诸、柘"等都近于泰文 cah"首长",而"稽"*klii 为枪矛刀剑。则"诸稽"之义相当于"首长·兵器",看来鹿郢可能曾担任相当于司马之类的职务,故称诸稽郢。诸咎是越王翳的太子,全名诸咎粤滑,后弑父自立。"咎"古音*guuʔ,音近泰文 khaaux"米粮","诸咎"可能义为首长·粮食,表示诸咎可能任过相当于司徒之类职务。诸樊是吴王寿梦太子,可能也任过某首长职务而得称"诸"(他另有本名"遏")。如果"樊"*ban 对泰文 ʔbaan"房屋",则诸樊可能相当于司空之职,因古代可以职名氏,所以汉语才有司马、司徒、司空等姓氏,而徐国也有令尹以诸稽为氏。

阖庐——吴公子光夺取王位后,改称"阖庐"("庐"或作"闾"),汉字义"关屋子、关门"定非取义所在。"阖"*gaab 音可对泰文

grɔɔb"盖罩"、gɔɔb"管制",或 gab"狭小",而"庐"*ra 可对泰文 raa"放松"、raah"开放",表示他被压制而得解放,由隘小而将肆意张大的心情。

无颛谥号"菼烛卯"——《史记》引《纪年》:"无颛八年薨,是为菼烛卯。"这是勾践之后另一位被谥为宗神的越王,其义自不会是芦苇虫子什么的。比较泰文,"烛"*tjog 可对 cook"首领","卯"*mruu? 可对 hmɔ?"适当的、合格的"。则知原是合适的领袖之意,自为一个评价很不错的谥号。吴王僚曾命公子烛庸率师伐楚,这个"烛"*tjog 与"烛"同音,应当也是首领之意。①

三、吴越方言的华夏化进程

先秦时期吴国方言和越国方言已经融合为一种语言,可以称之为吴越方言或吴越语,吴方言、越方言分别是吴越方言的次方言,两者较为接近,可以通话。吴越方言是先秦吴方言的直接来源。一方面,融合后的吴越方言(古吴方言)属于百越性质的语言(现代侗台语的祖语);另一方面,由于北方诸国有更高的文化权威,吴越两国(尤其是吴国)的上层贵族对此也是高度认同的,因此吴越的语言文化虽有自己的特色,但是华夏化是一个大的方向,并且吴方言的华夏化程度比越方言更高。楚语的华夏化在先,楚与吴越相邻,后又击败征服了吴越,因此吴越语的华夏化实际上以楚语化作为媒介。

学界一般认为先秦及更早时期的吴越属于史书所记载的百越族,跟当今的侗族、壮族"同属一源,同操一语,同居一地"。"古之越语,是今之侗语的母语,而且属于独立语言生存于远古"。"现谨就文献之载,和与侗语有关的吴方言,作为沉淀于这一方言的越语,与侗语作一比较,借以印证两者的族属及其历史渊源"。② 可见,先秦吴方言与侗语的祖语有很强的渊源关系。汉语的"稻",《谷梁传》称,吴人"谓稻,缓"。"缓"上古与厚、后等字声属喉音匣母,音读自必与厚、后等字相同,而与

---

① 郑张尚芳:《古越语地名人名解义》,《温州师范学院学报(哲学社会科学版)》1996年第4期,第8—13页。
② 张民:《试较侗语和越语的渊源关系》,《贵州民族研究》1989年第3期,第159页。

今壮侗语族各族谓"稻"之音读相差无几,如壮语、布依语、傣语、水语等,"古越人中的部分人为今壮侗语族所属各族的先民,已为众所公认"。① 吴越地区一些在春秋吴国、越国时代就已产生的地名反映了先秦吴方言的壮侗语特征。"江苏无锡等地的地名,跟侗台语的词根相同;畴无余名字中用了始祖无余名,寿于姚的'于'相当后来吴语'阿',即名阿姚"。② 先秦吴方言在现代吴方言里仍有遗存。

　　一个民族在何时转变自己民族的语言类型,与其文化倾向是密不可分的。先秦时期的吴、越是遭受鄙夷轻视的"夷狄"地区,吴越地区的语言作为一种文化的象征,在历史的演进中,也伴随着文化认同的转变而发生变化。因此,要区分先秦时期的吴越方言是否属于华夏化的汉语方言,应当首先明确当时吴越地区对华夏文化是否认同。作为华夏文化主导社会的一员,吴越文化置身于持续不断的华夏文化的影响和渗透之中。吴、越两国都与华夏民族在民族来源、政治制度和文化生活等诸方面皆有密切的联系。③ 先秦时期所谓蛮夷地区文化差异的存在,让处在统治阶层的中原文化不断强化自己的先进性和主导性,促进了华夏文化的传播。当时的中原诸夏自居于一种文化上的中心地位,此时的华夏民族有了"文化正统"的概念。"春秋时代曾有'用夏变夷'之说,中原诸夏的征服扩张过程,也是华夏文明向四周辐射的过程。在频繁的文化交往中,华夏族的许多典章制度、哲学思想、语言文字、宗教信仰、文学作品以及神话传说逐渐传向周边各民族,并为他们所吸收,以致不少周边民族通过'移风易俗'最终融合在华夏民族之中。"④在这样的背景之下,先秦吴方言被华夏化也是必然的趋势。吴国、越国的人民长期处在"夏尊夷卑"的思想之下,为了迎合主流社会的要求,也会不断地朝向华夏文化靠拢。先秦时期的吴人尽管被华夏视为不同的人群,但同时又视夷狄为外人,认为自己是华夏文化圈中的一员。⑤ 尽管针对

---

① 白耀天:《〈榜枻越人歌〉的译读及其有关问题》,《广西民族研究》1985年第1期,第36页。
② 郑张尚芳:《古越语地名人名解义》,《温州师范学院学报(哲学社会科学版)》1996年第4期,第12页。
③ 刘君惠等:《扬雄方言研究》,成都:巴蜀书社1992年版,第273页。
④ 吴昕:《先秦时期的文化交融与中原文化认同》,《新闻爱好者(理论版)》2008年第10期,第42页。
⑤ 李渊:《论先秦时期夷狄认同华夏的观念》,《河北学刊》2015年第3期,第176页。

吴国贵族血统的争论始终存在，从史料看，吴国贵族自身是认同自己文化中的华夏血脉的，因而吴方言才会更多地接受华夏雅言的影响。正是由于文化的认同度高，才会出现季札点评华夏礼乐的精彩历史片段。如果没有对华夏文化的高度认同感，季札是不可能作出如此精妙的评论的。

这一点也可以从《渔父歌》中得到佐证。《渔父歌》与《越人歌》的创作年代相近，但是两者的语言特征已经有很大的差别。当时吴国的语言文化都受到楚文化的影响，吴国的民族语言可能仍然在使用，但作为华夏的一种方言的吴方言也在使用，甚至部分下层人民也使用吴方言了。而越（至少是越的部分地区）却仍然保存着自己的民族语言和文化。① 不过仅仅因为渔父唱的歌与《楚辞》里的语言十分相似，就认为吴人的语言与楚人的语言很相近，属于华夏方言，这一观点也并非无懈可击。首先，从故事里看不出渔父到底是楚人还是吴人；其次，就算渔父是吴人，生活在一国边境的人是双语人，也没有什么奇怪的；再次，不能肯定这首歌未经过楚语的转述，一地民歌被其他语言（或方言）改写，在历史上是很常见的，甚至有人怀疑《诗经》里的"国风"就是转述过的。所以，有学者认为这条证据不足以说明吴国人的语言与楚国人的语言相近，也就不能说明华夏方言是吴语的前身。② 在公元前6世纪时，吴越，尤其是其中的越，无论从文化上还是语言上讲，都尚未完全华夏化。一种观点认为，吴越放弃自己的民族语言而使用受楚方言影响的华夏吴越方言，至少是在公元前306年楚灭越以后。③

进一步地说，非华夏语的吴越语和其后的华夏语古吴方言，其区域原本北抵淮河。④ 这暗含了三层意思：首先，吴越语不是汉语，吴越语和华夏语是两种语言；其次，非华夏语的吴越语和华夏语的古吴方言在时间发展上有先后关系，可以推断出古吴方言是当时的华夏语跟吴越语接触融合产生的，最终形成了带有吴越语底层的华夏语古吴方言；再

---

① 刘君惠等：《扬雄方言研究》，成都：巴蜀书社1992年版，第275页。
② 殷树林：《吴语形成时代新考》，《语言文化研究辑刊》2014年第2期，第19页。
③ 刘君惠等：《扬雄方言研究》，成都：巴蜀书社1992年版，第275页。
④ 鲁国尧：《鲁国尧语言学论文集》，南京：江苏教育出版社2003年版，第148页。

次,非汉语的吴越语和华夏语古吴方言跟北方华夏语以淮河为界,淮河以南是古吴方言,淮河以北是华夏语。如果把"夷言"判定为非华夏语,那么属于"夷言"的古吴语自然也不是华夏语。并且,非华夏语的吴越语在先秦以前就已长期存在。那么,本为非华夏语的吴越语是如何演变为华夏语的古吴方言的呢? 自淮河以南至浙江的居民是在何时放弃吴越语,而改说华夏语,从而形成华夏语的古吴方言的呢? 另一种观点认为"大概是秦代稍前"。①

第二节 两汉吴方言

"秦代稍前",自淮河以南至浙江的居民开始放弃属于百越语族的先秦吴越语,改说汉语,从而形成汉语成分更多的汉语古吴方言。② 汉语吴方言形成的历史涉及三个时间节点:战国时期的东楚至汉代(萌芽期)、魏晋南北朝的南朝(关键期)、唐代(完成期)。③ 可见,汉代是汉语吴方言形成和发展的重要时期。

一、扬雄《方言》与汉代吴方言

汉代方言研究绕不过扬雄的《方言》。扬雄(公元前53年—公元18年),字子云,蜀郡(今四川省成都市)人,是西汉的科学家、哲学家、文学家和语言学家。④ 王莽时期,扬雄在天禄阁校书,官至大夫。后来他因事被株连而自杀,几死。扬雄少时好学,博通群书,擅长辞赋,作有《长杨赋》《羽猎赋》《甘泉赋》等等。后来他认为"辞赋非贤人诗赋之正",谓为"雕虫篆刻,壮夫不为",遂薄辞赋,转而研究哲学和语言文字学。在哲学方面,著《法言》《太玄》,提出以"玄"为宇宙万物根源的哲学观点,强调如实地认识自然现象的必要,并认为"有生者必有死,有始者必有

---

① 鲁国尧:《鲁国尧语言学论文集》,南京:江苏教育出版社2003年版,第148页。
② 鲁国尧:《鲁国尧语言学论文集》,南京:江苏教育出版社2003年版,第148页。
③ 董楚平、金永平等:《吴越文化志》,上海:上海人民出版社1998年版,第298页。
④ 刘君惠等:《扬雄方言研究》,成都:巴蜀书社1992年版,第1页。

终",驳斥了神仙方术的迷信。① 在语言文字学方面,作《方言》。《方言》全称《輶轩使者绝代语释别国方言》,被誉为中国方言学史上第一部"悬之日月而不刊"的著作,是世界上第一部方言学著作。扬雄《答刘歆书》中有"尝闻先代輶轩之使,奏籍之书皆藏于周秦之室"。可知,在周朝时期,君主就会派輶轩使者乘轻车到各地采风,收集民歌、童谣和方言等,并将它们收集整理在专门的地方,以作朝廷考察民情的依据。不过周室所收藏的方言调查资料很多都散佚了。扬雄的同乡严君平(庄遵)和林间翁孺二人保存了一千多字的残篇,传给了扬雄,因而《方言》材料来源广泛,既有其同乡严君平和林间翁孺二人保存的语言材料,还可能包括扬雄从当时的国家图书馆"石室"中得到的材料及其亲自调查得来的材料。《方言》经过了27年的调查和整理,原书15卷,收录9000余字,今本《方言》13卷,收1.19万多字,大约后人有所增补。《四库全书总目提要》认为经过"反复推求,其真伪皆无显据。姑从旧本,仍题雄名"。书中一句"初别国不相往来之言也,今或同。而旧书雅记故俗语,不失其方,而后人不知,故为之作释也",解释了他作《方言》的目的。他利用当时各地的语言和方言词语的含义来推求古书里相当的文字,找不出相当的文字就采取直音的办法,或用同音假借,或另造新字。② 因而,《方言》被认为多奇字。

《方言》在中国语言学史上具有崇高的地位。在鸦片战争前,中国的语言研究主要集中在书面形式、经典解释以及汉字形音义关系研究上。从方法论角度看,这种研究特点为:重文字、轻语言;重古语、轻当代语;重雅言、轻方言;以及重语文事实、轻语言理论。扬雄《方言》则与此大异其趣。

扬雄的研究是开创性的。《方言》虽仿《尔雅》而作,但对《尔雅》有所超越,从而奠定了《方言》在中国语言学史上的重要地位。从整个世界范围来看,《方言》是世界上第一部方言比较词汇集。扬雄对方言的研究比古印度人、古希腊人和古代阿拉伯人要早得多。扬雄的研究工

---
① 李鸿简:《中国大百科全书·语言文字》,北京:中国大百科全书出版社1988年版,第442页。
② 何耿镛:《汉语方言研究小史》,太原:山西人民出版社1984年版,第5页。

作包括调查汉代方言词汇和对这些方言词汇在地理上的差异进行比较。既比较各地方言在构词形式和词义上的差异,也对汉语在不同历史时期的变化作历时性研究,并由此揭示出若干语言发展的重要规律。无论在描写词汇学还是在历史词汇学上,《方言》都作出了卓越的贡献。方言学的一个重要分支是方言地理学。扬雄所做的工作与近代方言地理学的目的和方法相符合,可见扬雄的工作是天才的、具有开拓性的。可惜扬雄以后几乎无人深究《方言》的旨意,竟然使得扬雄开创的汉语方言学渐渐变得晦暗无光。毫无疑问,《方言》是语言学史上一部"悬之日月而不刊"的奇书。①

扬雄所著《方言》中的地域范围分布较广,从东齐海岱到秦陇凉州,从燕赵之地到沅湘九嶷,从吴越东瓯再到梁益蜀汉,南北东西相距千里。因而他采用了将古国名同区域较大的地名相结合的方式记录语言。《方言》所记词语通行区域的不同,代表在语音和语义上也有一定的差异。扬雄注意到了字词间存在的大同小异,并用如下方式加以表述:

(一)针对一个地区的通用语言,扬雄用"通语""凡语""通名"等名称来解释。而通语可分为小地区范围内的词语和在广大地区普遍使用的词语。

> 忧,俺,怜,牟,爱也。韩郑曰忧,晋卫曰俺,汝颖之间曰怜,宋鲁之间曰牟,或曰怜。怜,通语也。(《方言·卷一》)
>
> 硕,沈,巨,濯,讦,敦,夏,于,大也。齐、宋之间曰巨,曰硕。凡物盛多谓之寇。齐、宋之郊,楚、魏之际曰伙。自关而西,秦、晋之间凡人语而过谓之遁,或曰佥。东齐谓之剑,或谓之弩。弩犹怒也。陈、郑之间曰敦,荆吴扬瓯之郊曰濯,中齐、西楚之间曰讦。自关而西,秦、晋之间,凡物之壮大者而爱伟之,谓之夏,周、郑之间谓之嘏。郴,齐语也。于,通词也。(《方言·卷一》)
>
> 逴,塞也。自关而西,秦、晋之间,凡塞者或谓之逴,体而偏长短亦谓之逴。(《方言·卷二》)

---

① 刘君惠等:《扬雄方言研究》,成都:巴蜀书社1992年版,第3—4页。

猤,透,惊也。宋、卫、南楚凡相惊曰猤,或曰透。(《方言·卷二》)①

(二) 针对某个地方、多个地方之间的方言词语,则单独列出。

扉,屦,麄,履也。徐兖之郊谓之扉,自关而西谓之屦。中有木者谓之复舄,自关而东复履。其痒者谓之靴下,襌者谓之鞮,丝作之者谓之履,麻作之者谓之不借,粗者谓之屦,东北朝鲜……楚、江、沔之间总谓之麄。西南、梁、益之间或谓之屦,或谓之麖。履,其通语也。徐土、邳、沂之间,大麄谓之硬角。(《方言·卷四》)

私,策,纤,葆,稚,杪,小也。自关而西,秦、晋之郊,梁、益之间凡物小者谓之私;小或曰纤,缯帛之细者谓之纤。东齐言布帛之细者曰绫,秦晋曰靡。凡草生而初达谓之葆。稚,年小也。木细枝谓之杪,江淮、陈楚之内谓之篾,青齐、兖冀之间谓之葼,燕之北鄙、朝鲜洌水之间谓之策。故《传》曰:慈母之怒子也,虽折葼笞之,其惠存焉。(《方言·卷二》)

襜褕,江淮、南楚谓之襠襦,自关而西谓之襜褕,其短者谓之裋褕,以布而无缘,敝而紩之,谓之褴褛。自关而西谓之袪裋,其敝者谓之緻。(《方言·卷四》)②

(三) 针对古今语和古雅之别语等,当时语言中残存的古语成分,也列出说明。

敦,丰,厖,夽,幠,般,嘏,奕,戎,京,奘,将,大也,凡物之大貌曰丰。厖,深之大也。东齐、海、岱之间曰夽,或曰幠。宋、鲁、陈、卫之间谓之嘏,或曰戎。秦、晋之间凡物壮大谓之嘏,或曰夏。秦、晋之间,凡人之大谓之奘,或谓之壮。燕之北鄙,齐楚之郊或曰京,或曰将。皆古今语也,初别国不相往来之言也,今或同。而旧书雅记,故俗语,不失其方,而后人不知,故为之作释也。(《方言·卷一》)

---

① 华学诚、游帅译注:《方言》,北京:中华书局2022年版,第8页、第25页、第26页、第44页、第45页。
② 华学诚、游帅译注:《方言》,北京:中华书局2022年版,第40页、第41页、第90页、第108页。

徦,䢔,怀,摧,詹,戾,艐,至也。邠唐、冀兖之间曰徦,或曰䢔。齐、楚之会郊,或曰怀。摧;詹;戾,楚语也;艐,宋语也。皆古雅之别语也,今则或同。(《方言·卷一》)①

(四) 针对纵横两个方面因语音转变出现的词语,用"转语""语之转""代语"说明。

　　庸谓之倯,转语也。(《方言·卷三》)
　　煟,火也,楚转语也,犹齐言㷄也。(《方言·卷十》)
　　䛎哰,謰謱,拏也。东齐、周、晋之鄙曰䛎哰,䛎哰亦通语也。南楚曰謰謱,或谓之支注,或谓之詀謕,转语也。拏,扬州、会稽之语也。或谓之惹,或谓之䛴。(《方言·卷十》)②

《方言》中利用地名并举的形式,显示出了汉代方言的地域特征,如赵魏、齐鲁、东齐海岱、荆吴江淮等。近现代以来,根据扬雄《方言》所记的方言词语及地理信息,林语堂、罗常培、周祖谟、司礼义(Paul L-M Serruys)、刘君惠等学者对西汉时期的汉语方言进行了分区。③ 这项工作始于林语堂,他把西汉的方言区分为十四系,其中"吴扬越方言区"为第十二区,具体分区是:(1) 秦晋方言区——秦、西秦、晋(亦称汾唐);(2) 梁及楚之西部方言区——梁(亦称西南蜀、汉、益);(3) 赵魏自河以北方言区——赵、魏;(4) 宋卫及魏之一部方言区——卫、宋;(5) 郑韩周方言区——郑、韩、周;(6) 齐鲁方言区(鲁亦近第4区)——齐、鲁;(7) 燕代方言区——燕、代;(8) 燕代北鄙朝鲜洌水方言区——北燕、朝鲜;(9) 东齐海岱之间淮泗方言区(亦名青徐)——东齐、徐(杂入夷语);(10) 陈汝颍江淮(楚)方言区(荆楚亦可另分局一系)——陈、汝、颍、江、楚;(11) 南楚方言区——(杂入蛮语);(12) 吴扬越方言区——(扬尤近淮楚);(13) 西秦方言区——(杂入羌语);(14) 秦晋北鄙区——(杂入狄语)。

---

① 华学诚、游帅译注:《方言》,北京:中华书局2022年版,第14页、第16页。
② 华学诚、游帅译注:《方言》,北京:中华书局2022年版,第83页、第225页、第227页。
③ 刘君惠等:《扬雄方言研究》,成都:巴蜀书社1992年版,第104—106页;又见,华学诚:《周秦汉晋方言研究史》,上海:复旦大学出版社2007年版,第108—115页。

罗常培、周祖谟将西汉的汉语方言分为七个大区,其中第七区为"吴越":(1)秦晋、陇冀、梁益;(2)周郑韩、赵魏、宋卫;(3)齐鲁、东齐、青徐;(4)燕代、晋之北鄙、燕之北郊;(5)陈楚江淮之间;(6)南楚;(7)吴越。

美国语言学家司礼义(Paul L-M Serruys)分为六个大区,其中第五大区"东南诸方言"包括吴、扬、越、瓯。这六大方言区分别是:(1)西部诸方言——秦和秦晋、梁益、西南、关西;(2)中部诸方言——关东、西组(周郑洛韩)、东组(宋—卫(梁)—鲁、齐魏);(3)北部及东北诸方言——燕、燕代北燕、朝鲜洌水、晋和赵;(4)东部诸方言——东齐、海岱、徐、淮;(5)东南诸方言——吴、扬、越、瓯;(6)南部诸方言——楚:① 北楚、陈楚、汝颍,② 楚淮、江淮;③ 南楚(南楚、荆、湘沅、江沅、江澧)。

丁启阵则认可朱德熙的观点:"选择多项标准用统计方法比较不同的方言之间相似的程度,这是一种共时的对比分析。"①丁氏从这一认识出发,通过对《方言》中地名独举和并举出现情况的分析,把汉代的方言划分为八大区,第五区是"吴越方言":(1)燕朝方言——北燕朝鲜洌水;(2)赵魏方言——赵魏;(3)海岱方言——齐、海岱;(4)周洛方言——关东周洛;(5)吴越方言——吴越;(6)楚方言——楚郑;(7)秦晋方言——秦晋;(8)蜀汉方言——蜀汉。

刘君惠以扬雄《方言》材料为主,参考其他材料以及各地的人文历史如政治、经济、文化、商业、交通、移民等情况,划分出了汉代的十二个方言区,其中第十二区为"吴越方言区",包括吴、越、瓯三个次方言。具体分区是:(1)秦晋方言区——秦、晋、梁益;(2)周韩郑方言区——周、韩、郑;(3)赵魏方言区——赵、魏;(4)卫宋方言区——卫、宋;(5)齐鲁方言区——齐、鲁;(6)东齐海岱方言区——东齐、海岱;(7)燕代方言区;(8)北燕朝鲜方言区——北燕、朝鲜;(9)楚方言区——楚郢、北楚、江淮;(10)南楚方言区——江湘、沅澧、九嶷湘潭;(11)南越方言区;(12)吴越方言区——吴、越、瓯。

---

① 朱德熙:《朱德熙文集》,北京:商务印书馆1999年版,第115页。

周振鹤、游汝杰根据扬雄《方言》和许慎《说文解字》的材料,对汉代的方言区划进行拟测。在他们所绘制的《汉代方言区域拟测图》中,实际包括两种类型:一种是汉语方言区域,共有九个,即北燕、赵、齐、秦晋、汝颍、吴、蜀、楚、南楚;另一种是少数民族语言区域,共有六个,即朝鲜、北狄、西戎、越、东齐、淮夷。林语堂只是指出周边方言杂入了"夷语""狄语",周、游二人则直接指出非汉语方言的区域,尤其是"吴""越"语言性质不同,与其他各家相左。前辈学者根据扬雄所著《方言》对汉代方言区加以划分时,在个数和内涵上有一定分歧。林语堂所分方言区最多,为十四个区,并且指出十三区"西秦方言区"杂入了羌语、十四区"秦晋北鄙区"杂入了狄语;罗常培、周祖谟先生分为七区,司礼义分为六区,刘君惠分为十二区。各家对吴越方言的看法既有一致性,也有差异性。吴越方言在各家的分区体系里都得到了体现。其中周振鹤、游汝杰直接称之为"吴"方言,林语堂称之为"吴扬越方言区",罗常培、周祖谟、丁启阵直接称之为"吴越",司礼义将吴、扬、越、瓯概括为"东南诸方言",刘君惠的看法跟罗常培、周祖谟二人一致,称之为"吴越方言区"。罗常培、周祖谟所界定的吴越方言仅包括吴和越,林语堂的"吴越方言"除了吴、越外,还包括扬,并且言明扬跟楚接近,刘君惠所言"吴越方言"的次方言是吴、越、瓯,未提及扬,司礼义则将吴、扬、越、瓯并列,统称为东南诸方言。

表1-6 各家称说汉代吴方言名称汇总表

	名称	代表学者
吴越方言	吴扬越方言(扬与楚近)	林语堂
	吴越(吴、越)	罗常培 周祖谟
	东南诸方言(吴、扬、越、瓯)	司礼义
	吴越	丁启阵
	吴越(吴、越、瓯)	刘君惠
	吴方言	周振鹤 游汝杰

扬雄《方言》一书"吴"共出现了33次,不包括"吴之外鄙"1次(《方言·卷七》)。"吴"的单独出现仅1次:

厉,卬,为也。瓯越曰卬,吴曰厉。(《方言·卷六》)①

吴与越并举 10 次:

盂、桮、盏、㳿、閜、盦、䀀,杯也……其大者谓之閜。吴、越之间曰䀀。(《方言·卷五》)

胥、由,辅也。吴越曰胥,燕之北鄙曰由。(《方言·卷六》)

㑥、邈,离也……吴越曰㑥。(《方言·卷六》)

诬,諾与也。吴越曰诬。(《方言·卷六》)

缙、绵,施也……吴、越之间脱衣相被谓之缙绵。(《方言·卷六》)

譆諦,諟也。吴越曰譆諦。(《方言·卷六》)

怜职,爱也。言相爱怜者,吴、越之间谓之怜职。(《方言·卷七》)

茹,食也。吴、越之间凡贪饮食者谓之茹。(《方言·卷七》)

竘、貌,治也。吴越饰貌为竘,或谓之巧。(《方言·卷七》)

煦、煅,热也,干也。吴越曰煦煅。(《方言·卷七》)②

吴与扬并举 3 次:

茫、矜、奄,遽也。吴扬曰茫,陈、颖之间曰奄,秦晋或曰矜,或曰遽。(《方言·卷二》)

瞵、略,视也。东齐曰瞵,吴扬曰略。凡以目相戏曰瞵。(《方言·卷六》)

揞、揜、错、摩,灭也……吴扬曰揜。(《方言·卷六》)③

另有"吴扬之间""吴扬江淮之间""东齐吴扬之间"等表述,如:

猪……其子或谓之豚,或谓之貕。吴、扬之间谓之猪子。(《方言·卷八》)

---

① 华学诚、游帅译注:《方言》,北京:中华书局 2022 年版,第 163 页。
② 华学诚、游帅译注:《方言》,北京:中华书局 2022 年版,第 114 页、第 142 页、第 146 页、第 147 页、第 155 页、第 159 页、第 183 页、第 184 页。
③ 华学诚、游帅译注:《方言》,北京:中华书局 2022 年版,第 57 页、第 148 页、第 159 页。

戟……凡戟而无刃,秦、晋之间谓之釨,或谓之镈。吴、扬之间谓之戈。(《方言·卷九》)

鍑……吴、扬之间谓之鬲。(《方言·卷五》)

锴、鳝,坚也……吴、扬、江淮之间曰鳝。(《方言·卷二》)

䁋、睇、睎、眄也……吴、扬、江淮之间或曰䁋,或曰睇。(《方言·卷二》)

鹝鸠……东齐、吴扬之间谓之鹝。(《方言·卷八》)

矛,吴扬、江淮、南楚、五湖之间谓之䥟,或谓之鋋,或谓之鏦。其柄谓之矜。(《方言·卷九》)①

"越"出现13次,不包括"东越"(《方言·卷十》)、"越之垂"(《方言·卷七》)各一次。因此,在《方言》中应当把越归到吴方言中去,可以称这个方言区为吴越方言区。属于这一方言区的地名还有:扬(包括卷七东扬2次)26次、瓯2次(卷一、卷六各1次)、东瓯1次(卷二)、东越1次(卷十)、会稽2次(卷九、卷十)、丹阳2次(卷九)、东南1次(卷九)、江湖2次(卷二)、五湖1次(卷九)。除去同一条中重复者,《方言》中表示吴越方言的地名实际出现53次,其中有26次不与其他方言区的地名并举,占总数的49%。可见,西汉时期吴越方言的特点是比较突出的。② 在表示吴越方言的地名总数中,吴出现33次,占总数的62%。因此以吴县(约为今江苏省苏州市)为中心的吴方言在吴越方言中的地位相当重要。③

吴方言与楚方言的关系最密切。《方言》中代表吴方言的地名与楚郢次方言的并举为21次,由此可以看到吴方言受到了以郢都为中心的楚方言的强烈影响,吴方言与表示江淮次方言的地名并举有5次,如果把可能包括江淮与吴并举的扬州(《方言》中扬州出现了26次)考虑进去,那么就可以看出这两种方言的关系是相当密切的。如:

娃、嫷、窕、艳,美也。吴楚、衡淮之间曰娃……故吴有馆娃之

---

① 华学诚、游帅译注:《方言》,北京:中华书局2022年版,第51页、第53页、第54页、第111页、第191页、第195页、第203页、第205页。
② 刘君惠等:《扬雄方言研究》,成都:巴蜀书社1992年版,第268—269页。
③ 华学诚:《周秦汉晋方言研究史》,上海:复旦大学出版社2007年版,第122页。

宫……(《方言·卷二》)

簙谓之蔽,或谓之箘……吴、楚之间或谓之蔽,或谓之箭里,或谓之簙毒,或谓之夗专,或谓之匴璇,或谓之棋。所以投簙谓之枰,或谓之广平。所以行棋谓之局,或谓之曲道。(《方言·卷五》)

吴楚之外郊,凡无有耳者,亦谓之䎁。其言聭者,若秦晋中土谓堕耳者䎳也。(《方言·卷六》)

矔、眮,转目也。梁、益之间瞋目曰矔,转目顾视亦曰矔,吴、楚曰眮。(《方言·卷六》)

逴、骚、䠆,蹇也。吴楚偏蹇曰骚。(《方言·卷六》)

禀、浚,敬也……吴、楚之间自敬曰禀。(《方言·卷六》)

修、骏、融、绎、寻、延,长也……宋卫、荆吴之间曰融。(《方言·卷一》)

允、訦、恂、展、谅、穆,信也……荆吴、淮汭之间曰展,西瓯毒屋黄石野之间曰穆。(《方言·卷一》)

硕、沈、巨、濯、訏、敦、夏、于,大也……自关而西,秦、晋之间凡人语而过谓之过,或曰俭……荆吴、扬、瓯之郊曰濯。(《方言·卷一》)

抱嬔,耦也。荆吴、江湖之间曰抱嬔,宋、颍之间或曰嬔。(《方言·卷二》)

耸、㦝,欲也。荆、吴之间曰耸,晋赵曰㦝。(《方言·卷六》)

䩺、展,难也……荆吴之人相难谓之展,若秦、晋之言相惮矣。(《方言·卷六》)

蛩㤜,战栗也。荆吴曰蛩㤜。蛩㤜,又恐也。(《方言·卷六》)①

此外,吴方言与南楚方言并举有17次,吴方言与齐鲁宋卫青徐一带的方言也有一定的接触。"越"出现13次,其中10次与"吴"并举,2次与"扬"并举,1次与"瓯"并举。可见,越与吴越方言以外的地名没有

---

① 华学诚、游帅译注:《方言》,北京:中华书局2022年版,第23页、第24页、第25—26页、第36页、第43页、第135页、第136页、第138页、第139页、第141页、第142页、第144页、第152页。

并举的情况。瓯、东瓯、东越代表的是同一地域,在《方言》中仅出现 4 次,除一条外,都单独出现或与吴越方言内的地名并举。①

吴方言与北楚方言表面上并没有并举的情况,但是存在如"陈楚荆扬"的地名上的接触,这可以看作楚郢方言向北楚和吴的扩散,而吴方言同北楚方言实际上没有接触的情况。从表面上来看,吴方言与江淮方言的接触并不多,但是淮河以南、东海、黄海以西,直达江南整个地区都属于《禹贡》中的扬州。其中包括江淮、吴越等地。《方言》中提到扬州时,可能存在江淮与吴并举的情况。《方言》中多次出现扬州,因此吴方言与江淮方言关系密切。这种密切的关系有两方面的原因,一是两地相邻;二是交通便利,公元前 486 年,即春秋末年,吴国就在长江和淮河之间开通运河。这些都有利于吴方言与江淮方言的交融。从政治、经济、文化上来看,楚方言对吴方言的影响最大,主要通过江淮地区实现,这种影响造成了吴楚方言在词汇和语音上的显著共性。②

除了楚方言,吴方言与南楚方言的关系最为密切。这有两个原因,一是楚方言向吴、南楚方言扩散,二是吴、南楚方言有较多的直接接触。吴方言和其他北方方言的接触并不多见,春秋时运河的开凿促进了方言的接触。可以得出这样的结论:一是在吴越方言的三个次方言中,吴方言是吴越方言的基础和核心,越方言其次,瓯方言不太重要。二是吴方言与本方言区以外的其他方言接触和联系较多,而越方言和瓯方言相对孤立。三是吴越方言(主要为吴方言)与南方的楚方言,南楚方言关系最密切。与北方的宋、卫、鲁、东齐等接触不多。③

扬雄《方言》所涉及的吴方言包括吴、越、瓯等地,揭示了吴方言的分布地区。吴越的分界当以杭州湾为界,所以嘉兴、湖州都应该属于吴方言区。因此,吴指春秋时期的吴国,吴的范围大致是北界琅琊,沿着沭水南下,经新沂和靖江西部,经洪泽湖东,高邮湖西,从今江苏、安徽交界处到长江,沿长江到铜陵东部南下,大致在祁门、歙县一线朝东,从天目山或浙江直到杭州湾,在这一范围内均属于吴方言区。"吴"所涉

---

① 华学诚:《周秦汉晋方言研究史》,上海:复旦大学出版社 2007 年版,第 122 页。
② 刘君惠等:《扬雄方言研究》,成都:巴蜀书社 1992 年版,第 270 页。
③ 刘君惠等:《扬雄方言研究》,成都:巴蜀书社 1992 年版,第 271 页。

之"郊"则为吴国境内的交通要道之处,"外郊"则为吴国境外的边邑。从《方言》全书来看,吴、越往往并称,所以这里是指春秋时期的越国,而非战国时期的越国。越国的北界在杭州湾一线,浙江以南都属于越方言,它的西界沿浙江、衢江南下,不超过姑蔑一线,南面的自然疆界估计不超过今灵江、临海一线。越所涉之"郊"为越国境内的交通要道之处,"垂"则为边境地区,即这里指越国的边境地区。瓯,《方言·卷六》:"(为)瓯、越曰邛。""瓯、越"可以作为一个并列复合词处理,也可以作为两个词处理,不过从它们联用的情况来看,二地当相互毗邻,越地南面相邻的则是瓯。根据史料《史记·东越列传》和《汉书·两粤传》可推测,扬雄的"瓯"实际并不包括今天的闽南地区。①

二、许慎《说文解字》与汉代吴方言

《说文解字》是中国语言学史上的第一部文字学著作,享有崇高的地位,对后世具有深远的影响。《说文解字》是东汉许慎所著。许慎字叔重,汝南郡召陵人(今河南省漯河市郾城区东)。许慎生卒年不详,据清人考证,许氏约生于58年,卒于147年。《后汉书·儒林传》云:许慎"性淳笃,少博学经籍,马融常推敬之。时人为之语曰:'五经无双许叔重。'为郡功曹,举孝廉,再迁除洨长,卒于家。初,慎以五经传说臧否不同,于是撰为《五经异义》,又作《说文解字》十四篇,皆传于世"。其子许冲在《上〈说文解字〉表》中说:"臣父故太尉南阁祭酒慎,本从逵受古学。盖圣人不空作,皆有依据。今五经之道昭炳光明,而文字者其本所由生。自《周礼》、汉律,皆当学六书,贯通其意。恐巧说邪辞,使学者疑,慎博问通人,考之于逵,作《说文解字》。"许慎作《说文解字》,处于汉代经学繁荣时期,古文经学兴起,今文经学式微,他站在古文经学的立场上,《说文解字叙》提及:"其称《易》孟氏、《书》孔氏、《诗》毛氏、《春秋》左氏、《论语》《孝经》皆古文也,"所采纳的言说,大都为古文经学的代表。除儒家经传以外,他也采用了许多诸子百家的说法和方言俗语。他博采众人的学说,用以解释六艺群书的意义,包括天地山川、草木鸟兽、世

---

① 宋玉昆:《西汉方言区的分化》,扬州:广陵书社2007年版,第221—228页。

间人事等等,无一不包含其中。

《说文解字》,独体为文,合体为字,"说文解字"就是说解文字。全书共 15 卷,收字 9353 个字,古籀异体重文为 1163 个字。许慎按照部首偏旁归纳,将字分为 540 部。《说文解字》旨在关注文字本身,先释其字,后解释字的形体结构,有时也会指出字的读音。许慎以"六书"为原则解释字的形声义,"六书"即象形、指事、会意、形声、转注和假借六种造字法。

象形者,画成其物,随体诘诎,日月是也。

> 日,实也。太阳之精不亏。从口一。象形。凡日之属皆从日。古文,象形。(《说文解字》)
>
> 月,阙也。大阴之精。象形。凡月之属皆从月。(《说文解字》)
>
> 鸟,长尾禽总名也。象形,鸟之足似匕,从匕,凡鸟之属皆从鸟。(《说文解字》)①

指事者,视而可识,察而见意,上下是也。

> 本,木下曰本。从木,一在其下。(《说文解字》)
> 二,地之数也,从偶一。凡二之属皆从二。(《说文解字》)②

会意者,比类合谊,以见指撝,武信是也。

> 武,楚庄王曰:"夫武,定功戢兵,故止戈为武。"(《说文解字》)
> 信,诚也,从人,从言,会意。(《说文解字》)③

形声者,以事为名,取譬相成,江河是也。

> 江,水出蜀湔氐徼外岷山入海。从水,工声。(《说文解字》)
> 河,水出焞煌塞外昆仑山,发原注海。从水,可声。(《说文解字》)④

---

① (汉)许慎撰,(宋)徐铉校订:《说文解字》,北京:中华书局 2013 年版,第 73 页、第 134 页、第 137 页。
② (汉)许慎撰,(宋)徐铉校订:《说文解字》,北京:中华书局 2013 年版,第 114 页、第 287 页。
③ (汉)许慎撰,(宋)徐铉校订:《说文解字》,北京:中华书局 2013 年版,第 46 页、第 267 页。
④ (汉)许慎撰,(宋)徐铉校订:《说文解字》,北京:中华书局 2013 年版,第 224 页。

转注者,建类一首,同意相受,考老是也。

老,考也,七十曰老,从人毛匕,言须发变白也,凡老之属皆从老。(《说文解字》)

考,老也。从老省,丂声。(《说文解字》)①

假借者,本无其字,依声托事,令长是也。

令,发号也。从亼卩。(《说文解字》)

长,久远也。从兀从匕。兀者,高远意也,久则变化,亡声。厂者,倒亡也。凡长之属皆从长。(《说文解字》)②

从文字结构上讲,象形字和指事字是汉字结构的根本,在此基础上又形成了会意字、形声字等。形声字,"形"为"形符","声"为"声符",形与声相辅相成。象形、指事和会意字共占总字数的19%,形声字在《说文解字》中的比例最大。转注和假借为用字的方法。许慎利用小篆和籀文作为书写形式,用六书探求字体的本源结构,尽可能地溯源,让本字体现出本意,描绘"天地、鬼神、山川、草木、鸟兽、昆虫、杂物、奇怪、王制、礼仪、世间人事",总结词的发展规律,也可以被看作一本早期的"百科全书"。

许慎较早地认识到了"言语异声,文字异形"。在《说文解字》中,他也自觉地引证了大量的方言俗语,材料来源广泛,和扬雄的《方言》关系密切。但许慎并没有对《方言》所记载的方言俗语进行引用,可见于《方言》的材料有六十几条。

扬雄《方言》卷一:

喧、唏、怮、恒,痛也。凡哀泣而不止曰喧,哀而不泣曰唏。于方:则楚言哀曰唏,燕之外鄙,朝鲜、洌水之间少儿泣而不止曰喧。自关而西,秦、晋之间,凡大人、少儿泣而不止谓之唴,哭极音绝亦谓之唴。平原谓啼极无声谓之唴哴。楚谓之噭咷,齐、宋之间谓之喑,或谓之惄。③

---

① (汉)许慎撰,(宋)徐铉校订:《说文解字》,北京:中华书局2013年版,第171页。
② (汉)许慎撰,(宋)徐铉校订:《说文解字》,北京:中华书局2013年版,第184页、第194页。
③ 华学诚、游帅译注:《方言》,北京:中华书局2022年版,第9—10页。

许慎《说文解字》口部:

咺:朝鲜谓儿泣不止曰咺。

唴:秦晋谓儿泣不止曰唴。

咷:楚谓儿泣不止曰噭咷。

喑:齐宋谓儿泣不止曰喑。①

许慎所引《方言》,有详有略,不尽相同,不过当时扬雄所作的书没有被称为《方言》。《方言》的名字是由后世的人所取,因此上述六十几条所见在扬雄《方言》中并未标注出。在《说文解字》的释文中指明扬雄所说的方言共计13条,此13条又不见于今本扬雄《方言》中。

《说文解字》所引方言词语与扬雄《方言》"渊原从同,波澜莫二",与《方言》相同者"可资之以相参证",不同者"足补扬书之遗"。《说文解字》在描述方言词的地域分布时所涉及的地名有73个,包括古国名族名、汉代政区名、区域范围名三大类,出现次数共计194次。所引区域相对集中,以楚地为中心的词语较多,另有一些分布范围为小部分地区的方言,以许慎家乡汝南为中心。在引用的194个词中,双音节方言词只有22个,且有的双音节方言词是由单音词转化而来。与吴方言相关的地点如下:"吴"(三次)、"吴楚"(一次)、"江淮之间和江淮而南"(四次)、"江南"(两次)、"吴楚之间"(一次)、"吴楚之外"(一次),共12次。吴方言词有12条,如:"不律",义为用来书写的笔。这个词可能是楚语中先有的,"聿"为该词本字。秦语由舌头音转为唇音,文字记作"筆"(后来简化为"笔"),吴语音缓,书面则记成了"不律"。②

聿:所以书也。楚谓之聿,吴谓之不律,燕谓之弗。从聿一声。凡聿之属皆从聿。余律切。③

还有些吴方言词义跟字头本身没有意义上的联系。如:

縖:钓鱼缴也……吴人解衣相被谓之縖。

---

① (汉)许慎撰,(宋)徐铉校订:《说文解字》,北京:中华书局2013年版,第24—25页。
② 华学诚:《周秦汉晋方言研究史》,上海:复旦大学出版社2007年版,第283页。
③ (汉)许慎撰,(宋)徐铉校订:《说文解字》,北京:中华书局2013年版,第59—60页。

锜:钼锄也……江淮之间谓釜曰锜。①

"緍"本义指钓丝,吴人用来指将衣物施加于他物之上;"锜"本义作"钼锄",即锯子,江淮之间指三脚锅。

《说文解字》中所引吴方言词摘录,列出下表,从六书中分解字形结构,以形求义,探求书中保留的吴语特征:

表1-7 《说文解字》所见吴方言词表

序号	方言词	意义	读音			地域	出处
			广韵	古音	今音		
1	不律	所以书	甫鸠吕恤	帮之来物	bùlǜ	吴	聿·聿
2	瞗	瞗目顾视	徒红	定东	tóng	吴楚	目·瞗
3	瞷	眄	户闲	匣元	xián	江淮之间	目·瞷
4	摇	雉(野鸡)	余昭	余宵	yáo	江淮而南	佳·雉
5	馈	祭	求位	群微	kuì	吴	食·馈
6	柍	橦材其实(谓栋梁之材其坚实者)	于两	影阳	yǎng	江南	木·柍
7	鬡	酢母	奴礼	泥脂	nǐ	江南	髟·鬡
8	聉	凡无耳者	五滑	疑物	wà	吴楚之外	耳·聉
9	媞	母	承纸	禅支	shì	江淮之间	女·媞
10	娃	好	于佳	影支	wā	吴楚之间	女·娃
11	緍	解衣相被	武巾	明真	mín	吴	纟·緍
12	锜	釜	渠羁	群歌	qí	江淮之间	金·锜

资料来源 华学诚:《周秦汉晋方言研究史》,上海:复旦大学出版社2007年版,第272—281页。

---

① (汉)许慎撰,(宋)徐铉校订:《说文解字》,北京:中华书局2013年版,第277页、第297页。

《说文解字》中所录吴方言词为实词,具有实在意义,且大都是日常生活中常见的词语,如"缗""不律",从中可以窥见吴人的生活习惯,同时对汉代吴方言史研究有重要的学术价值。周振鹤、游汝杰根据扬雄《方言》和许慎《说文解字》中的方言材料,可以拟测出汉代吴方言的分布范围大致在今江苏、浙江和安徽等省份,与现代吴方言的分布范围大致一致,但是现代吴方言的分布更加零散。① 在地理位置上,吴越同楚、颍和齐毗邻,往来方便,交往密切。

《说文解字》是中国古代语言学史上一部辉煌且影响深远的著作。《说文解字》从文字、语言的实际出发,对当时繁复的汉字进行了深入的结构分析,在编排和释义中贯彻"六书"理论,分 540 部,依靠形来相互联系,从"一"部到"亥"部,形成了系统化的体系,具有科学独创性。许慎所创的部首法,有利于检索字,至今仍被使用。《说文解字》不仅记录了文字的形声义,还反映了家族关系,指出,"姓:人所生也。古之神圣人,母感天而生子,故称天子。因生以为姓,从女生,生亦声"。又有,"族:矢锋也。束之族族也。从㫃,从矢。㫃所以标众,众矢之所集。""姓"是家族的称号,是家族的标志,而姓最早的起源是跟从母亲的姓氏而定,揭示了从母系氏族到父系氏族的发展过程。"族"与"家"相关,古代一般来说同姓氏为一族。许慎解释"族",将宗族关系引入,代表着家庭的集群;反映了封建时期的等级制度,"社"为地主,"奴"为奴隶,"臣"像屈服之形,表明为侍奉君主的人;反映了货币贸易,如"贝""婴""赀"等;记载了汉代社会生活的风貌。从文字本身的意义来看,中国的文字学成为独立的学科,是从许慎的《说文解字》开始的。他援引经典和方言俗语为文字作例证释义,认为"文字者,经艺之本",在思想观念上,将语言文字看作一门独立的学科,不拘泥于儒家经典,博采通人,吸取众家之所长,探究文字的字形结构,寻求文字的本义和发展规律。清代兴盛的小学研究都和《说文解字》密切相关。从另一方面来说,《说文解字》也存在某些不足之处。在释义上,文字的释义有的过于笼统,文字之间辗转相训,并未解释字的真正含义,或是在探求文字的本义上出现

---

① 周振鹤、游汝杰:《方言与中国文化》,上海:上海人民出版社 2019 年版,第 96 页。

谬误;在方言俗语的材料利用中,许慎认识到了方言的重要性,提出"言语异声,文字异形",不仅仅是针对战国时期的语言文字状况,同时也是意识到语言在地域上的差异性会导致文字异形的结果。但他对方言的界定不够科学,大多引用的是熟知的方言俗语和影响力较强的方言俗语,针对某个地方方言的完整记录较少,不成系统,因而吴方言在《说文解字》中也是零星分布,材料较少。

第一章 百越遗风 源远流长:先秦两汉时期的吴方言

第二章　南染吴越　双语并行：
　　　　魏晋南北朝时期的吴方言

三国魏晋南北朝,是中国历史上政权更迭最频繁的时期,主要分为三国(曹魏、蜀汉、东吴)、西晋、东晋和南北朝时期。魏晋南北朝时期的战乱、移民及政权的更迭使得这一时期吴方言的地理分布范围和语言类型发生了质的变化,在以移民为主因的背景下产生了跟现代吴方言密切相关的江东方言、南朝通语。

第一节　魏晋南北朝吴方言形成中的移民因素

魏晋时期,是指东汉瓦解后三国到两晋时期,即魏晋南北朝的前半段。汉末出现了魏、蜀、吴三国鼎立的局面。孙坚及其子孙策、孙权在今江浙一带建立了吴国,定都于建业(今江苏省南京市)。孙权统治吴国时,东吴的势力不断向闽粤地区推进,使吴方言传入日本。日语至今仍然保存着许多吴方言借音。三国时期的吴音,已经与中原汉语语音大不相同,形成了一个相当独特的语音体系。

三国时期中原地区战乱频繁,局部战争年年都有,波及中原大部分地区的大规模战争也持续了多年。为躲避战乱,大量的北方人民开始南迁,江淮之间的人口大量进入吴地。

　　江、淮间十余万众,皆惊走吴。(《三国志·魏书·蒋济传》)

> 初,曹公恐江滨郡县为权所略,征令内移。民转相惊,自庐江、九江、蕲春、广陵户十余万皆东渡江。江西遂虚,合肥以南惟有皖城。(《三国志·吴志·吴主传》)
>
> 是时中州人士避乱而南,依琮居者以百数。(《三国志·吴书·全琮传》)
>
> 肃乃命其属曰:"中国失纲,寇贼横暴,淮、泗间非遗种之地。吾闻江东沃野千里,民富兵强,可以避害。"(《三国志·鲁肃传》)①

三国时期已有许多中原及江淮地区的百姓因避乱而进入江南。使用中原汉语的北方人进入吴地,势必会对吴方言产生冲击。吴方言经过汉末的变乱,它的实际内容、语言结构,也因人口的变动而有所不同。先秦时期的古吴方言受到当时政治、文化、移民等因素的影响,不断向华夏语的方向演进,到汉晋以后才完成了"汉化"的过程。因而汉以后的吴方言,跟汉以前的吴方言有本质上的区别。现代吴方言发端于晋代的汉语江东方言,经历了从百越民族语言到华夏语分支的演变过程。

中国历史上第一次大规模的汉人移民大浪潮,发生在4—5世纪西晋永嘉至南朝宋泰始年间,史称"永嘉南迁"。这次移民是由北向南发生的,大约有四大迁出地。从秦、雍(位于今陕西省)迁出者约四五万户,约占当地总人口数的三分之一;从并州(位于今山西省)迁出者约四万户,约占当地总人口数的三分之二;从梁、益(位于今陕西省、四川省)迁出者约二十万户,约占当地总人口数的十分之九;从冀州(位于今河北省)迁出者约一万户,约占当地总人口数的三十分之一。总计迁徙户口,见于记载的,将近三十万户,约占西晋全国总户数(377万)十二分之一强。占秦、雍、并、冀、梁、益、宁等州总户数(合计约六十万户)的二分之一弱。② 可见,这次移民规模巨大、人口众多,是中国历史上一次影响深远的人口迁徙。

一、西晋"永嘉南迁"向吴地的移民

西晋"永嘉南迁"移民高潮持续了一百多年,移民南迁的路线前后

---

① (晋)陈寿:《三国志》,北京:中华书局2006年版,第272页、第664页、第751页、第816页。
② 王仲荦:《魏晋南北朝史上》,上海:上海人民出版社1979年版,第223页。

大致相同,主要有东西二线:东线以循邗沟和淮河流域东南向的支流为主,向东南方向迁移,因此处于邗沟南端的今江苏扬州及长江对岸的今镇江、常州一带成为山东及苏北移民的集合地。河南人也大多向东南迁入安徽,而不是向正南进入湖北。西线有水路与陆路两条,水路是循汉水南下,所以沿汉水的南郑(约为今陕西省汉中市)和襄阳(约为今湖北省襄阳市)成为移民重要的集散地,陆路则取金牛道(南栈道)进入四川。① 其中特别是东线移民对吴方言的影响重大。

(一) 战乱导致的人口迁徙

汉魏时期已有很多少数民族移居内地。自永嘉之乱起,匈奴、鲜卑、羯、氐、羌等少数民族的首领相继在北方建立了许多割据政权,彼此争战,从永嘉至刘宋末一百多年间,多次发生南迁的移民狂潮。

> 自夷狄乱华,司、冀、雍、凉、青、并、兖、豫、幽、平诸州一时沦没,遗民南渡。(《宋书·州郡志》)②

> 俄而洛京倾覆,中州士女避乱江左者十六七,导劝帝收其贤人君子,与之图事。(《晋书·王导传》)③

> 中原冠带随晋渡江者百家,故江东有百谱。(《观我生赋》)④

西晋末年,八王之乱导致了边疆少数民族的进军,因此而压迫中原大量汉人向南迁徙。在长达150年间,90万流民从河北、山西、陕西以及淮水以北的河南、江苏、安徽和黄河以北的山东等地,纷纷涌向南方。这个数目约占西晋北方人口的八分之一,又占南朝刘宋人口的六分之一。意味着北方每八人就有一人南迁,而迁徙的结果是,南方人口中每六人就有一人是北方侨民。⑤

---

① 葛剑雄:《简明中国移民史》,福州:福建人民出版社1993年版,第148页。
② 胡阿祥:《宋书州郡志汇释》,合肥:安徽教育出版社2006年版,第2页。
③ (唐)房玄龄等:《晋书》,长春:吉林人民出版社1995年版,第1036页。
④ 张艳国:《家国同构:颜之推与〈颜氏家训〉述论》,《人文论丛》2021年第1期,第36页。
⑤ 周振鹤:《中国历代移民大势及其对汉语方言地理的影响》,《国外人文地理》1988年第1期,第57—64页。

(二) 灾荒饥馑导致的人口迁徙

永嘉二年(308)初,匈奴首领刘渊派刘聪、石勒兵分两路进攻西晋;永嘉三年(309)春,刘渊大军抵达黎阳(今河南浚县东北),与晋军在延津(约为今河南开封西北部)激战。晋军大败,死约3万人。当时全国出现空前大旱,人们可涉水过河。永嘉四年(310)大旱过后,北方暴发严重的蝗灾。由于此时北方普遍陷入战乱,再加上大旱、蝗灾等空前灾难,大多数人在北方故土已无法生存,只能向南流亡。

永嘉七年(313),晋愍帝即位,改元建兴。至建兴四年(316)十一月,晋愍帝投降,西晋灭亡。翌年,司马睿称晋王,改元建武。当年七月大旱,北方又暴发蝗灾,迫使百姓继续南迁。①

西晋永嘉年间大旱、蝗灾等自然灾害所导致的疾疫、饥馑迫使北方百姓一次次向南方迁徙,且迁徙次数不断累加,规模不断扩大。

(三) 政权南移导致的人口迁徙

西晋的"永嘉之乱"带来了"北民南渡",进而形成了东晋南朝。晋政权从中原移至江东,是为东晋。司马睿政权具有很强的政治引领力,加之江南地区沃野千里、民富兵强,众多官吏、名门望族等相随南行,随即偏安吴土。据考证,这一时期从中原各地入居江苏的约有26万人。②

> 时,二京倾覆,幽、冀沦陷,廆刑政修明,虚怀引纳,流亡士庶多襁负归之。(《晋书·慕容廆》)③

可见,"永嘉之乱"后期的迁徙群体层次较高,政治性较强,目的地也较为明确。一方面是中原之地的战乱与天灾逼迫下,人民为避祸、为就食、为求生的无奈之举;另一方面,江南地区优良的自然条件和政权的南移也吸引着北方中原士庶偏安吴土。

---

① 冯青青、陈建敏:《试论江苏盐城方言的形成》,《安庆师范大学学报》(社会科学版)第37卷第6期,2018年,第41—43页。
② 李新魁:《吴语的形成和发展》,《学术研究》1987年第5期,第122—127页。
③ (唐)房玄龄等:《晋书》,长春:吉林人民出版社1995年版,第1699页。

二、魏晋南北朝移民的特征

(一) 江苏为接收移民之最

作为首都所在地,江苏省接收的移民数量远大于其他省份。据《宋书》记载,江苏省共设有 23 个侨郡和 75 个侨县。来自北方各省的移民中,山东占了很大比例(15 个侨郡和 39 个侨县),其次是河北(1 个侨郡和 5 个侨县),河南、山西和陕西也有一些(河南 1 个侨郡和 2 个侨县,山西 3 个侨县,陕西 1 个侨郡和 1 个侨县),而甘肃则没有。同时,江苏省以及安徽境内淮南、淮北人,又大多侨居江南与江北(江苏省有 3 个侨郡和 21 个侨县,安徽有 2 个侨郡和 3 个侨县)。从移民们聚居地的分布来看,江南以今天的江宁、镇江和武进一带最为集中,而江北则以今天的江都和淮阴诸县为主要地区。

迁至广陵(约为今江苏省扬州市)者,如:

> 苏峻,字子高,长广掖人也。……永嘉之乱,百姓流亡,所在屯聚,峻纠合得数千家,结垒于本县。……峻惧,率其所部数百家泛海南渡。既到广陵,朝廷嘉其远至,转鹰扬将军。(《晋书·苏峻传》)①

至建康(今江苏省南京市)西侧定居者,如:

> 彝字茂伦,谯国龙亢人,汉五更桓荣十世孙也。……避乱渡江,累迁散骑常侍。(《世说新语·德行》)②

> 彝上疏……但以坟柏在此郡,欲暂结名义,遂补彝宣城内史。(《晋书·桓彝传》)③

至寿阳(约为今安徽省寿县)定居者,如:

> 裴英起,河东人。其先晋末渡淮,寓居淮南之寿阳县。(《北齐

---

① (唐)房玄龄等:《晋书》,长春:吉林人民出版社 1995 年版,第 1589 页。
② (南朝宋)刘义庆撰,(南朝梁)刘孝标注,余嘉锡笺疏:《世说新语笺疏》,北京:中华书局 2011 年版,第 28 页。
③ (唐)房玄龄等:《晋书》,长春:吉林人民出版社 1995 年版,第 1159 页。

书·裴英起传》)①

裴邃字渊明,河东闻喜……祖寿孙,寓居寿阳。(《梁书·裴邃传》)②

可见,今江苏、安徽两省的江淮之间和长江南岸是北方难民奔逃后的居住地。

(二) 聚族迁徙为主

北方人南迁不是零散的个体行动,而是大规模的聚族迁徙,这种大规模的集团移民,使得百姓到达新居住地后,也是聚族而居,原来同县、同郡的家族聚居在一起。从今黄河中下游地区南逃的皇室及卿相等上等士族迁居于首都建康(今江苏省南京市)及其附近,如琅琊王氏、琅琊颜氏、彭城刘氏、汝南周氏、太原王氏,次等士族则居于今南京的两翼:东侧镇江、武进一带,以及镇江对岸的扬州地区;西侧的当涂、芜湖、宜城一线,还有和县、滁州以西地区。建康是东晋南朝的首都,自然麇集了以来自洛阳为主的大量北方衣冠士族,而南京以东的镇江一带,也竟有北方侨民22万余人,占到江苏全省侨民的十分之九,甚至比当地土著居民还多。③

这种移民方式对当时和后世产生了多方面的影响。大量北方人口南迁,改变了南方地区的人口结构,使得南方人口迅速增加,促进了南方地区的发展。北方的皇室、士族等上层人士南迁,带来了北方文化,与南方文化产生了碰撞和交融,丰富了南方的文化内涵。大量北方人口的南迁,带来了丰富的劳动力资源和先进的农业生产技术,推动了南方农业、手工业和商业的发展。在江淮之间,当时的北方方言已取得优势,在南京、镇江一带,北方方言与当地原有的吴方言共同奠定了今江淮官话的最初基础,使得方言地理发生变化,形成了新的语言现象。当时北方侨民语言和吴方言的巨大差异在《世说新语》和《颜氏家训》等书

---

① (唐)李百药:《北齐书》,上海:汉语大词典出版社2004年版,第237页。
② (唐)姚察、姚思廉等:《梁书》,上海:汉语大词典出版社2004年版,第361页。
③ 周振鹤:《中国历代移民大势及其对汉语方言地理的影响》,《国外人文地理》1988年第1期,第57—64页。

中有很生动的描写。①

(三) 设立侨州郡县制度

东晋为了安置、管理南来的北方士庶,按照其原籍建置,设立侨州郡县制度。

> 晋自中原丧乱,元帝寓居江左,百姓之自拔南奔者,并谓之侨人。皆取旧壤之名,侨立郡县。(《隋书·食货志》)②

东晋曾侨置魏郡(位于今河南省),统肥乡、元城(约为今河北省);广川郡统广川(位于今河北省);高阳郡统北新城、博陆(约为今河北省);堂邑郡统堂邑(位于今江苏省)于江宁(今江苏省南京市江宁区)。南朝宋元嘉中书省将迁徙来的移民并入建康(今南京市)。③

南徐州侨于镇江,南兖州侨于江都。谭其骧在《晋永嘉丧乱后之民族迁徙》中提道:"……侨在江南者都聚于下游芜湖附近一隅,江北则散处江、淮间,自滁、和以至于颍、亳,所在皆侨置郡县。""《宋志》:'南徐州备有徐、兖、幽、冀、青、并、扬七州郡邑'(南徐州约为今江苏省镇江一带),实查则又有司州之广平郡,后省为县,豫州之南鲁郡,领鲁县,并隶南徐州。五方杂处,无远勿至,盖以此州为最。""南徐州共有口四十二万余,是侨口且超出于本籍人口二万余。有史以来移民之盛,迨无有过于斯者矣。"至于设在今扬州的南兖州,清徐文范《东晋南北朝舆地表》郡县表卷二"东晋广陵郡"云:"既侨立兖青并及幽冀五州于江淮间,故广陵与晋陵互有五州之号。"④据统计,侨人与全州人口之比的百分数为南徐州 53.63%,南兖州 31.87%。⑤

---

① 周振鹤:《中国历代移民大势及其对汉语方言地理的影响》,《国外人文地理》1988 年第 1 期,第 57—64 页。
② (唐)魏征等:《隋书》,北京:中华书局 1973 年版,第 673 页。
③ 谭其骧:《晋永嘉丧乱后之民族迁徙》,《燕京学报》1934 年第 15 期,又见于《长水粹编》,石家庄:河北教育出版社 2000 年版,272—298 页。
④ 丁治民:《瓯语语音史研究》,苏州:苏州大学出版社 2017 年版,第 218 页。
⑤ 周一良:《南朝境内之各种人及政府对待之政策》,《历史语言研究所集刊》1936 年第 4 期,第 37—118 页。

表 2-1　东晋到南朝时期其他设立的侨州郡县统计表

东晋	南朝
南东海郡(郯、朐、利城)侨于镇江	南琅琊郡(临沂)侨于句容、江宁
淮陵郡(徐、司吾、阳乐)侨于武进	南兰陵郡(兰陵、承),南彭城郡(吕、武原、抒秋、僮、下邳、北陵、傅阳、蕃、薛、开阳、洨)侨于武进
南平昌郡(安丘、东武、高密、新乐),南濮阳郡(廪丘、榆次),南泰山郡(南城、武阳),济阳郡(鄄城、考城),南鲁郡(鲁、西安)可能侨于武进及周边地区	南清河郡(清河、东武城、绎幕、贝丘)可能侨于武进及周边地区
淮阳郡(上党、晋宁[济岷郡流寓来配])侨于淮阴,宿迁	侨立兖州东平郡、济北郡于淮阴
建陵(属海陵郡)侨于泰县(泰州市姜堰区)	阳平郡(河北)、高平、济北、泰山、鲁(山东)、新平五郡荒、济阴郡(定陶、顿丘)侨于睢宁
山阳郡侨于淮安	秦郡(秦、尉氏)侨于六合
南东海郡(郯、朐、利城)侨于镇江	齐徙齐郡来治六合,领临淄,西安,昌国,益都(山东),宿豫(江苏),北淮郡(晋宁、宿预、甬城),北济阴郡(定陶、冤句、馆陶、阳平、上党),下北邳郡(僮、下邳),东莞郡(莒、诸、柏人)侨于江都、高邮、泰县一带
	东晋曾侨立辽西郡,统肥如、真定、新市(河北)、路(山西),宋以并广陵郡,又曾侨置幽州在高邮境
淮陵郡(徐、司吾、阳乐)侨于武进	侨立青州、冀州于灌云,青州领齐郡、北海郡领都昌、广饶、胶东、剧、下密、平寿(山东),与州同治。齐郡初与州同治,后徙。东莞、琅琊二郡领即丘,南东莞、北东莞(山东),治东海。冀州(河北)以北东海郡为实土,治沭阳

资料来源　周一良:《南朝境内之各种人及政府对待之政策》,《历史语言研究所集刊》1936 年第 4 期,第 37—118 页。

但实际上,东晋南朝境内侨流人口的地理分布与侨州郡县的地理分布不一致之处甚多。① 侨州郡县的设置要考虑到安置北人,同时避免

---

① 胡阿祥:《〈晋永嘉丧乱后之民族迁徙〉申论》,《安徽大学学报》(哲学社会科学版)2010 年第 34 卷第 5 期,第 100—111 页。

其与当地吴人发生冲突,影响安定。永嘉之乱后百余年间,吴方言和北语反复斗争。北方人民迁徙南下,占据了江淮间和江南的北部地区,自今南京向东,直深入今丹阳、武进、常熟诸县内,迫使吴方言撤退到江南中部。土著吴人面对"北语入侵",势必会出现对立情绪和矛盾冲突:

> 王丞相初在江左,欲结援吴人,请婚陆太尉。对曰:"培塿无松柏,薰莸不同器。玩虽不才,义不为乱伦之始。"(《世说新语·方正》)①

> 丘灵鞠,吴兴乌程人也……灵鞠不乐武位,谓人曰:"我应还东掘顾荣冢。江南地方数千里,士子风流,皆出此中。顾荣忽引诸伧渡,妨我辈涂辙,死有余罪。"(《南齐书·丘灵鞠传》)②

严格说来,居政而有实权者限于侨姓士族,吴姓士族只不过是陪衬。吴姓士族政治上不能获得更多好处,经济上却必须坚守既得利益,不容侵犯。③ 而所谓"不容侵犯"的经济利益在东晋南朝特别表现在居住地域的冲突上。故后来"吴语反攻",进入了今丹阳、武进、常熟,北方话则固守于今丹徒、句容一线。④ 所谓的"吴语反攻",可举一例:

> 晋元帝初,割吴郡海虞县之北境为东海郡,立郯、朐、利城三县,而祝其、襄贲等县寄治曲阿。穆帝永和中,郡移出京口,郯等三县亦寄治于京。(《宋书·州郡志》)⑤

由此可见,仅仅三十多年后,晋元帝年间在吴人麇集的海虞县设立的侨郡、侨县便统统北移至京口。因此,永嘉南迁后从黄河流域逃难到江淮地区的北方士族,面对的不是人口稀少、势力单薄的南方少数民族,而是人口众多,有悠久历史传统和强大潜在势力的吴地土著吴人。

《晋书》和《世说新语》都对当时吴地士族有一定的记载:

---

① (南朝宋)刘义庆撰,(南朝梁)刘孝标注,余嘉锡笺疏:《世说新语笺疏》,北京:中华书局2011年版,第269页。
② (南朝梁)萧子显:《南齐书》,上海:汉语大词典出版社2004年版,第679—680页。
③ 田余庆:《东晋门阀政治》,北京:北京大学出版社2005年版,第284页。
④ 鲁国尧:《"颜之推谜题"及其半解(上)》,《中国语文》2002年第6期,第536—576页。
⑤ (南朝梁)沈约:《宋书》,上海:汉语大词典出版社2004年版,第856页。

  陆晔,字士光,吴郡吴人也。伯父喜,吴吏部尚书。父英,高平相。(《晋书·陆晔传》)①

  吴郡有顾、陆、朱、张为四姓,三国之间,四姓盛焉。(《世说新语·赏誉》)②

  荣字彦先,吴郡人。其先越王勾践之支庶……世为吴著姓。大父雍,吴丞相;父穆,宜都太守。(《世说新语·德行》)③

在东晋南朝政权中,北方士族始终占绝对优势,谭其骧在《晋永嘉丧乱后之民族迁徙》中说道:"考东晋、南朝虽立国江左,然其庙堂卿相,要皆以过江中州人士及其后裔任之。尝统计《南史》列传中人物,凡七百二十八人(后妃、宗室、孝义不计),籍隶北方者五百有六人,南方但得二百二十二人。"④因此,面对吴人势力在本地的盘根错节,如何处理北人与吴人的关系成为北来的统治者最棘手的内政问题。笼络、争取是北方统治者对吴人采取的重要政治手段。

一方面,北方统治者礼遇吴人,稳定民心,在任人方面,北方统治者也一改往日只用北人为官的传统,开始起用吴人,另一方面,掌握大权的北方士族又对吴人猜忌、压制。

  札一门五侯,并居列位,吴士贵盛,莫与为比,王敦深忌之。后筵丧母,送者千数,敦益惮焉。(《晋书·周札传》)⑤

  敦又忌周札,杀之而尽灭其族。(《晋书·王敦传》)⑥

  豫讨苏峻功,封西平县侯,拜侍中,除吴郡太守。王导问含曰:"卿今莅名郡,政将何先?"答曰:"王师岁动,编户虚耗,南北权豪竞招游食,国弊家丰,执事之忧。且当征之势门,使反田桑,数年之

---

① (唐)房玄龄等:《晋书》,长春:吉林人民出版社1995年版,第1210页。
② (南朝宋)刘义庆撰,(南朝梁)刘孝标注,余嘉锡笺疏:《世说新语笺疏》,北京:中华书局2011年版,第431页。
③ (南朝宋)刘义庆撰,(南朝梁)刘孝标注,余嘉锡笺疏:《世说新语笺疏》,北京:中华书局2011年版,第23页。
④ 谭其骧:《晋永嘉丧乱后之民族迁徙》,《燕京学报》1934年第15期,又见于《长水粹编》,石家庄:河北教育出版社2000年版,第295页。
⑤ (唐)房玄龄等:《晋书》,长春:吉林人民出版社1995年版,第931页。
⑥ (唐)房玄龄等:《晋书》,长春:吉林人民出版社1995年版,第1547页。

间,欲令户给人足。如其礼乐,俟之明宰。"含所历简而有恩,明而能断,然以威御下。导叹曰:"颜公在事,吴人敛手矣。"(《晋书·颜含传》)①

吴士在此时地位虽得到提升,王敦却对其仍怀有忌惮之心,比如,王敦曾杀死吴人周札,灭其族人。丞相王导在与吴郡太守颜含对话中说,"颜公在事,吴人敛手","敛手"表示态度恭敬、不敢妄为,由此可见北人对于吴人势力持压制态度。

三、魏晋南北朝时期吴地方言景观及其变迁

魏晋南北朝时期以"永嘉之乱"为代表的"北民南迁"使得吴地语言景观发生了质的变化。一方面,吴地社会语言生活中出现了南北互学的双语局面,并逐渐形成了士人阶级持北语、庶人阶级持吴语的社会面貌。另一方面,由于北语势力的不断扩大,吴方言的地域分布也发生了变迁,具体表现为江东方言区的发展变化。由于北方士族南来,北语在南方成为士族语言,只有一般老百姓才用吴方言,做官的江南人大多数都用北语。根据移民情况可以推测彼时吴方言的区域分布:"今天吴语的西南部边界沿浦城往北就进入江西的上饶、广丰、玉山……从南方方言地理演变的大趋势来看,在东晋至隋唐客家人第一次南迁到达江西中部之前,吴语西境应远在这三县以西。"②

(一) 南北互学的双语景观

南来的北方士族持有以洛阳话为代表的中原共同语,他们把共同语带到南方来并加以传播,这就使得吴方言区更加广泛地流行着中原汉语。但是,一般百姓还是使用吴方言。由于北方移民的迁入,南方社会语言生活的面貌发生了质的改变,从而形成了"江左士族操北语,而庶人操吴语"③的局面。

一方面,早在西晋时期,吴地的上层人士,如陆机、顾荣、张翰等为

---

① (唐)房玄龄等:《晋书》,长春:吉林人民出版社1995年版,第1379页。
② 游汝杰:《吴语方言学》,上海:上海教育出版社2018年版,第306页。
③ 陈寅恪:《金明馆丛稿二编》,北京:生活·读书·新知三联书店2009年版,第305页。

了在中央王朝谋求官职,纷纷北上洛阳学习中原汉语。"永嘉之乱"后,北方士庶大量南渡,这些中原旧族过江之后,建立了以司马氏为首的东晋王朝。在语言上,统治者的语言占据主导地位,由于"语以人贵",北语得到了普及和推广,吴地士族也纷纷效仿,练习说北语。公元317年,晋元帝司马睿在建康(今江苏省南京市)建立东晋政权,原西晋王朝的大小官员以及北方百姓为避乱大批来到建康,居于统治地位。在东晋南朝士族眼中,北语的标准语音是洛阳话,尤以东汉以来洛阳太学生诵读经典之声为雅,被称为"洛下书生咏"。① 如:

> 桓公伏甲设馔,广延朝士,因此欲诛谢安、王坦之……望阶趋席,方作洛生咏,讽"浩浩洪流"。桓惮其旷远,乃趣解兵。(《世说新语·雅量篇》)②

> 张融字思光,吴郡吴人也……广越嶂岭,獠贼执融,将杀食之,融神色不动,方作雒生咏,贼异之而不害也。(《南齐书·张融传》)③

可见,南方的知识分子都能用洛阳音读书吟咏,南朝的士族间,无论主客,都能用洛阳话进行交流与读书。待到南朝后期,颜之推说:"易服而与之谈,南方士庶,数言可辨。"④

另一方面,吴郡、吴兴、会稽(今苏州、绍兴一带)三郡吴人传统势力深厚,有极少数士族坚守吴音。

> 顾琛……吴郡吴人也……先是,宋世江东贵达者,会稽孔季恭,季恭子灵符,吴兴丘渊之及琛,吴音不变。渊之字思玄,吴兴乌程人也。(《宋书·顾琛传》)⑤

"史言江东贵达者,唯此数人吴音不变,则其余士族,虽本吴人,亦

---

① 郭黎安:《关于六朝建康的语言》,《历史教学问题》1995年第6期,第6—8页。
② (南朝宋)刘义庆撰,(南朝梁)刘孝标注,余嘉锡笺疏:《世说新语笺疏》,北京:中华书局2011年版,第325页。
③ (南朝梁)萧子显:《南齐书》,上海:汉语大词典出版社2004年版,第541页。
④ (南北朝)颜之推:《颜氏家训》,北京:中华书局2011年版,第289页。
⑤ (南朝梁)沈约:《宋书》,上海:汉语大词典出版社2004年版,第1730、1733页。

不操吴音,断可知矣。"①即使有少部分吴地士族坚守吴音,但在当时建康的士人阶层中,普遍通行的还是以洛阳话为标准音的北方语音。另外《世说新语》也记载了北人学习吴方言的社会现象。②

刘真长始见王丞相,时盛暑之月,丞相以腹熨弹棋局,曰:"何乃渹?"刘既出,人问"见王公云何!"刘曰:"未见他异,唯闻作吴语耳。"(《世说新语·排调》)

谈字真长,沛国萧人也,汉氏之后。(《世说新语·德行》)③

"渹"是吴地的方言,意为"冷"。此处为王导脱口而出的话,可见其已经能熟练使用吴语。以丞相王导为例的北人学说吴方言,实际上是出于拉拢吴人的政治目的。另外,南北朝时期,宇文泰割据陇西建立西魏,与东魏高氏、江左萧氏对峙。此时西魏无论是在经济、军事还是文化上均落后于东魏、江左。为提升综合国力,宇文泰提出"关中本位"政策,联合关陇地区的胡人和汉人,共同抵抗敌人。"关中本位"作为主流文化,通过在意识形态上占据主导地位压制其他的文化的传播与发展,实现绝对的垄断。江南文化圈是"关中本位"针对的主要对象,这也造成了江南文化圈地位较低的结果。《洛阳伽蓝记》(成书于547年)卷二记载了中原士族杨元慎戏弄、嘲笑出身于义山郡国山县(位于今江苏省宜兴市)的陈庆之的故事,彼时的吴方言和大多数方言俚语一般,地位衰弱,受到中原士大夫轻视。

吴人之鬼,住居建康,小作冠帽,短制衣裳。自呼"阿侬",语则"阿傍"。(《洛阳伽蓝记·卷二》)④

(二) 魏晋南北朝时期的吴方言与江东方言及其语音特点

北方移民的南迁势必会对吴方言的地理区域分布造成一定的影

---

① 陈寅恪:《金明馆丛稿二编》,北京:生活·读书·新知三联书店2009年版,第304页。
② 鲁国尧:《"颜之推谜题"及其半解(上)》,《中国语文》2002年第6期,第536—576页。
③ (南朝宋)刘义庆撰,(南朝梁)刘孝标注,余嘉锡笺疏:《世说新语笺疏》,北京:中华书局2011年版,第31页、第684页。
④ (北魏)杨衒之:《洛阳伽蓝记》,北京:中华书局2012年版,第179—180页。

响,其具体表现为东晋南朝时期江东方言区的发展变化。宣炳善指出,最早对江东的内涵作出解释的是唐末五代的丘光庭,他的《兼明书》卷五"江东"条下云:"古人称江东皆谓楚江之东也,以其江自西南而下,江南、江东随江所向而呼也。"顾炎武在《日知录》卷三十一的"江西广东广西"条下说,"盖大江自历阳斜北下京口,故有东西之名"。从地理方位来看,长江的流向,自安庆到南京区间为西南南、东北北流向。而且安庆至南京段的主要渡口均为东西方向横跨长江。因此,这段长江两岸分别被称为江东和江西。① 长江以东的地区,便是后来人们熟知的"江东"地域。

晋代的江东方言区相比于秦汉时期的吴越方言区域,范围更大,其语言内部也更趋于一致。根据郭璞《方言注》,可以把晋代的方言大致归纳为七个大区:(1)江东;(2)关西;(3)中州;(4)河北;(5)齐;(6)荆楚;(7)淮南。江东方言在六朝时称为"吴语",但性质与现今吴方言不同,它应是吴方言、江淮话、闽语、徽语的共同祖语。江东方言,包括郭注中提到的"江东""吴""扬州"等地区,是晋代重要的方言之一。江东方言有两个主要含义:一是指芜湖、南京这一段由西南向东北流的长江南岸地区,包括今天的"江南"地区;二是指三国时孙吴政权的稳固统治地区,范围相当广大。郭璞的《方言注》中,"江东"的定义大致大于前者,但小于后者,包括安徽、江苏两省的南部,浙江全省以及江西的大部分地区。根据扬雄的《方言》中的材料,这一地区在汉代属于吴越方言区。但在汉代的吴越方言中,可以区分出吴、越、瓯三个次方言,在郭注中却无法看到这种区分。这表明,在晋代的江东方言内部,方言之间的差异正在逐渐减小。总的来说,江东方言在晋代比汉代的吴越方言更加趋于一致,其内部差异正在逐渐减小。这可能与当时的政治、经济、文化等因素的影响有关,它使得江东方言在历史演变中逐渐趋同。②

在东晋到隋代大约300年的演变过程中,中原北方语言势力逐渐增强,成为广大人民使用的语言,而原本的吴方言则随着移民来到了福

---

① 陈志坚:《江东还是江南——六朝隋唐的"江南"研究及反思》,《求是学刊》2018年第2期,第161—172页。
② 张全真:《从〈方言〉郭注看晋代方言的地域变迁》,《古汉语研究》1998年第4期,第61—66页。

建一带,逐渐演变为今天的闽语。同时,目前已经发现的与吴闽语密切相关的资料主要集中在浙南地区,相对而言北部吴方言的资料较为稀少。由此可见,当时的北方语言对吴方言的影响逐渐将吴语推向福建,而在浙南地区留下了相应的痕迹。① 同时,可以通过"永嘉南迁"的移民活动和侨州郡县的设置勾勒出一幅魏晋时期北方移民自淮至江南的分布图:今安徽的江淮之间和皖南东部满是南下流民,江苏的江北是"南兖州",江南的北部是"南徐州",南线直抵常州、常熟。② 江东方言乃是现代吴方言的鼻祖,社会的动荡、移民的流动影响着语言结构内部的变迁,此时的江东方言自身内部已经出现了分化的趋势,以太湖为中心的北部吴方言,以青弋江为中心的西部吴方言(宣州吴方言),和南京、扬州等处宁镇地区沿江吴方言官话化了,而离南京远,因而发展较慢的南部吴方言则能保持较多的古老特征。

东晋南朝的吴方言从来源上可以分析出四种层次:(1) 非汉语层,(2) 江东庶民层,(3) 江东文读层,(4) 北方士庶层。③ 四种层次又可归类为两种语体,一为南渡北音,二为土著吴方言,二者在系统上并不相同。南渡北音,集中出现在江东文读层和北方士庶层,就共时平面而言,这一层集中在士人阶级;土著吴方言,集中出现在江东庶民层和非汉语层,就共时平面而言,这一层集中在庶人阶级。虽然当时建康(今江苏省南京市)充斥着数量空前的北方流民,但这对下层社会并不构成影响,"整个皖南地区方言底子还是古吴语","在西晋末年以前江南是清一色的吴语区。"④在东晋南朝的江东方言里确实可以看到源自先秦两汉吴越方言的语言层次,如"伯起所谓越者,即陈承祚书之山越。……东晋南朝史乘虽极罕见民族之名,然其为潜伏混同于江东民族之中,仍为一有力之分子则无疑也"⑤。江东方言与先秦两汉的吴越

---

① 丁邦新:《从历史层次论吴闽关系》,《方言》2006 年第 1 期,第 1—5 页。
② 鲁国尧:《"颜之推谜题"及其半解(上)》,《中国语文》2002 年第 6 期,第 536—549、575—576 页。
③ 何大安:《六朝吴语的层次》,《中央研究院历史语言研究所集刊》1993 年第六十四本第四分册,第 867—875 页。
④ 周振鹤、游汝杰:《方言与中国文化》,上海:上海人民出版社 2019 年版,第 94—98 页。
⑤ 陈寅恪:《魏书司马睿传江东民族条释证及推论》,《中央研究院历史语言研究所集刊》1944 年第十一本第一分册,又见于《陈寅恪史学论文选集》,上海:上海古籍出版社 1992 年版,第 236—273 页。

方言和现代吴方言都存在着密切的联系,吴越方言融合成为江东方言的一部分,而现代吴方言又从江东方言中分离出来,成为一个独立的分支,应该在南朝以降。

《颜氏家训·音辞篇》指出:"南方水土柔和,其音清举而切诣,失在浮浅,其辞多鄙俗。北方山川深厚,其音沉浊而𬮦钝,得其质直,其辞多古语。"①永嘉之乱时,徐邈(343—397)的祖父迁居京口(今江苏省镇江市)。陈寅恪说谢安之流操南渡北语,善"洛生咏"②。谢安极力推崇徐邈的学问,由此可推想徐邈的音注可能是南渡后不久南方士大夫阶层的读书音。综合《经典释文》中所引《字林》、徐邈注音资料及晋代吴方言地区诗人诗文用韵的情况,发现晋代的吴方音中古鱼部与古侯部整体上来看还处于分立的状态;但音切中个别的交替及诗文中少数的通押现象也说明了古侯部中的虞韵字和古鱼部中的虞韵字在徐邈的唇、牙、喉音中已经呈合流的趋势。③ 另外,从江东方言"南染吴越"产生的差异和变化中可以观察到六个特征:喻三入匣、从邪不分、禅船不分、支脂有别、鱼虞有别和麻佳同韵;其中从麻佳同韵这一特点中可以推断,古汉越语、现代吴闽语都有麻佳两韵合并的现象,程度不一,但性质相同,都与南朝时期麻佳韵的相混迹象有密切关系。④

(三) 魏晋南北朝时期的"南方通语"说

《颜氏家训·音辞》记载了当时的语言现状是"南染吴越,北杂夷虏"⑤。永嘉之乱后,生活在江南地区的北人与吴人,无论侨人、吴人如何努力于保存其固有风习及观念,终难免互相影响同化。⑥ 由于北人与吴人多年杂居,其语言必然发生融合同化,即吴方言必然受中原汉语的影响,吴方言的社会地位也发生了重大的变化,在地域分布上产生重大

---

① (南北朝)颜之推:《颜氏家训》,北京:中华书局2011年版,第288—289页。
② 陈寅恪:《金明馆丛稿二编》,北京:生活·读书·新知三联书店2009年版,第305页。
③ 简启贤:《晋代音注中的鱼部》,《古汉语研究》2003年第1期,第20—24页。
④ 郑伟:《"南染吴越、北杂夷虏"与魏晋南北朝汉语的地理差异》,《厦大中文学报》2018年,第92—102页。
⑤ (南北朝)颜之推:《颜氏家训》,北京:中华书局2011年版,第289页。
⑥ 周一良:《南朝境内之各种人及政府对待之政策》,《历史语言研究所集刊》1936年第4期,第37—118页。

变动。"永嘉之乱"不仅带来了"北民南迁",更是一场北语与吴方言的碰撞交融。黄河流域的北方方言大举"侵略"了吴方言区,使得吴方言不得不全面撤退,从而丧失了从淮河到现今常州地区的大片土地。这一现象如同一种历史的"潮流"和"机遇",推动了语言的"入侵"。这促使淮河以南历来是吴方言区的状况持续到4世纪时发生了重大变化,北方话反客为主,盘踞于吴方言的北域,也最终受到了"客"的影响,形成了南方通语。①

自东晋到梁末,北方人与南方吴人杂居了200多年,无论是侨居于南方的北方人还是当地的吴人,都在无形中互相影响、同化。在这种情况下,扬州的侨居者不自觉地受到了周围吴人的熏染,加上与中原人交流的影响,他们的语音逐渐形成了一种混合的语音。与此同时,扬州当地的土著士大夫,包括来自江东家族的会稽、吴和吴兴诸郡的人,也努力与侨民融为一体,最终放弃了吴方言,学习了侨居者使用的中原语音。

在当时南人的眼里,中原文化占据优势地位,北人南渡以后的清谈和文会,更是引发了吴地士族的兴趣和追随,所以大多数南方士人已逐渐改用北方汉语。南方学者如沈约、王融、谢朓、周颙等人发现四声并提倡在文学创作中加以利用,这一举措在南北朝时期的文化界引起了广泛关注,成为当时的一大盛事。

> 永明末,盛为文章。吴兴沈约、陈郡谢朓、琅琊王融以气类相推毂,汝南周颙善识声韵。(《南史·陆厥传》)②

> 齐永明中,文士王融、谢朓、沈约文章始用四声。(《梁书·庾肩吾传》)③

在发现四声的学者群体中,王融、谢朓、周颙都是北方士族的后裔,唯有吴兴的沈约是南方人。他们研究的四声,依据的只能是南方通用的士阶层语言,而不可能是南方庶阶层所使用的吴方言。④

---

① 鲁国尧:《"颜之推谜题"及其半解(上)》,《中国语文》2002年第6期,第545页。
② (唐)李延寿等:《南史》(第二册),上海:汉语大词典出版社2004年版,第1015页。
③ (唐)姚察、姚思廉:《梁书》,上海:汉语大词典出版社2004年版,第608页。
④ 鲁国尧:《"颜之推谜题"及其半解(上)》,《中国语文》2002年第6期,第536—549页。

"文人用韵有宽有严,而谢朓、沈约都是用韵较严的,这正是从齐永明起文人精于审辨音韵的表现。……沈、谢所以能用韵细,也正是语音有别的表现。"[1]通过观察用韵情况,可以看出南方士族如沈约等人主动学习北方士族的语言。这种现象本质上是南方土著语言在受到北方方言,也就是中原汉语的影响下,主动向北方语音靠拢,从而导致其内部语音发生变化的表现。

现代吴方言的来源一直是学者争论的焦点。有一种观点认为,南下江淮地区的北方语言是江淮方言的起源,它在4世纪前北抵淮河,后来由东晋南朝退回到今天常州以南的地区,形成了吴方言,且与现代的吴方言相承。另一种观点则认为,南北朝时期的吴方言是现代闽语的起源,而当时浙江一带的北方语言则是现代吴方言的来源。两种观点孰是孰非,还需后来者加以论证。但无论观点如何,从汉代至南北朝时期,吴方言都不断吸收中原共同语的词汇,并且受到其他方言的影响,产生了巨大的变化。因此,这段时期可以说是吴方言受到中原汉语影响最大,同时也是吴方言本身变化最大的时期。

总之,永嘉之乱后的南方形成了一个双语社会,此时的语言并非简单的北语与吴方言并存,而是在长期使用过程中互相影响、互相渗透、互相融合,最终,在南朝后期,北方移民的北方官话逐渐替代了原来吴地庶民的本土方言,形成了一种新的方言。

第二节 晋代郭璞注与江东方言

继汉代扬雄之后,对汉语方言调查研究作出巨大贡献者当数晋代的郭璞。郭璞,字景纯,河东闻喜(位于今山西省)人,晋代杰出的学者、诗人、辞赋家和语言学家。少时好学,不求甚解,打下了写作的基础。《自序》说:"余少玩雅训,旁味方言。复为之解,触事广之,演其未及,摘

---

[1] 周祖谟:《切韵的性质和它的音系基础》,《周祖谟语言学论文集》,北京:商务印书馆2001年版,第222—251页。

其谬漏。"①晋惠、怀二帝时,因避时乱,途中调查搜集到不少方言材料,后定居江安。他最终惨死在自己曾以记室参军的身份为之服务的军阀王敦的刀下,在世总共49年。②

郭璞平生著作很多,注释过多种重要的典籍,其中对方言词语的描写研究,主要体现在他的《方言注》和《尔雅注》中。③ 郭氏的注本今存5本,其中《子崖、上林赋注》残缺不全,完整保存下来的有《尔雅注》《方言注》《山海经注》《穆天子传注》。其中,《尔雅注》和《方言注》为吴方言研究提供了宝贵的历史文献资料。

郭璞注《尔雅》《方言》,从晋代的实际语言出发,因此郭注的重要性不仅在于使人们更好地了解《尔雅》《方言》的内容,而且在于给后人提供了晋代各地方言的宝贵材料,其中又比较集中地反映了当时江东一带的方言情况。例如:

> 潬,沙出。注:今江东呼水中沙堆为潬,音但。(《尔雅·释水》)
>
> 土蜂。注:今江东呼大蜂在地中作房者为土蜂。(《尔雅·释虫》)
>
> 肉曰脱之。注:剥其皮也,今江东呼麋鹿之属通为肉。(《尔雅·释器》)
>
> 田一岁曰菑。注:今江东呼初耕地反草为菑。(《尔雅·释地》)④

郭注的最大特点,是用当时活的语言来作注音释义。王国维在《书尔雅郭注后》中列举了46条释例来说明"所音之字,虽经注中并见,然皆音于所举今音之下,则其音自为注作,而不为经作,为今语作,而不为古语作"。郭璞为了"转以证古语之义,故举其字而复存其音,以示定其某字之所由,并示古今语之相合"。⑤ 这种方法实际上是从《尔雅》以及

---

① 周斌武选注:《中国古代语言学文选》,上海:上海古籍出版社1988年版,第34页。
② 华学诚:《周秦汉晋研究史》,上海:复旦大学出版社2007年版,第421页。
③ 李恕豪:《从郭璞注看晋代的方言区划》,《天府新论》2000年第1期,第67—71页。
④ (晋)郭璞:《尔雅注疏》,北京:北京大学出版社1999年版,第219页、第289页、第145页、第197页。
⑤ 何耿镛:《汉语方言研究小史》,太原:山西人民出版社1994年版,第24页。

汉代学者那里继承来的。王国维在评论《尔雅》以及《尔雅》郭注时说："物名有雅俗,有古今,《尔雅》一书,为通雅俗古今之名而作也。其通之也谓之释。释雅以俗,释古以今",又说"汉人注经,不独以汉制说古制,亦以今语释古语。……郭景纯注《尔雅》从之"。这里所说的"今语"既包括当时的"通语",也包括当时的各种方言。至于《方言》及其郭注,王国维说:"读子云书可知汉时方言,读景纯注并可知晋时方言。张伯松谓《方言》为悬之日月不刊之书,景纯之注亦略近之矣"。因此,对郭注进行仔细的研究,可以窥见包括通语和方言在内的晋代实际语言的大致情况。①

一、郭璞《方言注》与江东方言

王国维说:"读子云书可知汉时方言,读景纯书并可知晋时方言。"张伯松说:"《方言》悬之日月不刊之书,景纯之注亦略近之。"②这些都说明郭璞《方言注》在中国方言学史上的重要地位,不仅在对《方言》的研究中具有巨大的影响,而且在我国方言研究史上也具有宝贵的价值。郭璞同扬雄一样,重视方言口语,充分利用晋代活的口语词汇同汉代词汇作比较,不仅对《方言》作注,还增添了许多内容。因而郭璞的《方言注》被认为是《方言》的续编。《方言注》的两个显著特点如下:首先,它以晋代的口语词汇来解释古代词汇,揭示了词汇的历史变迁。例如:"雁,自关而东谓之鵝鹅(郭注:鵝音加),南楚之外谓之鹅或谓之仓鵝(郭注:今江东通呼为鵝)。"其次,不仅解释词语的含义,而且注音,这在《方言》的基础上前进了一大步。同时,《方言注》还关注语音变化,以考察词语之间的关联。通过《方言注》可以了解晋代的语言概况,以及从汉代到晋代语言和方言的发展状况。

(一)江东方言词语音节考察

通过对郭璞的《方言注》进行整理,可得跟江东方言相关的词语,共

---

① 李恕豪:《从郭璞注看晋代的方言区划》,《天府新论》2000年第1期,第67—71页。
② 李恕豪:《从郭璞注看晋代的方言区划》,《天府新论》2000年第1期,第67—71页。

有103个。以音节长度为标准整理郭璞《方言注》中的江东方言词,有单音词65个,占总数63.11%;有复音词38个,占总数36.89%。

表2-2 郭璞《方言注》单音词复音词数量表

音节形式	数量	比例
单音词	65	63.11%
复音词	38	36.89%
合计	103	100%

对比晋代郭璞《方言注》等和汉代扬雄《方言》,可以发现双音词数量比起汉代、魏晋时期要多。魏晋时期,江东方言里面的很多单音方言词出现了双音化现象,产生了新的双音词。38个双音节方言词中,有21个是魏晋时期形成的新词,超过了双音词总数的一半。由此可见,虽然《方言注》中江东方言的单音词和双音词的数量还有一定差距,但是这种差距比起汉代时的差距要大大减小,很多单音词出现了明显的双音化现象,如:

  绕衿谓之裙。郭璞注:俗人呼接下,江东通言下裳。(《方言·卷四》)

  凡矛,骹细如雁胫者谓之鹤膝。郭璞注:今江东呼为铃钉。(《方言·卷九》)

  小舸谓之艖。郭璞注:今江东呼艖小底者也。(《方言·卷九》)①

(二) 江东方言复音词的构造方式

38个复音词中有单纯词11个,占26.32%;合成词一共28个,占复音词的73.68%。合成词中偏正结构17个,占合成词的60.71%;并列结构9个,占合成词的32.14%;附加结构2个,占合成词的7.14%。

---

① 李清桓:《郭璞〈方言注〉研究》,武汉:崇文书局2006版,第33页、第35页。

表 2-3 郭璞《方言注》不同构造复音词数量表

构词方式		数量		合计	占复音词比例
单纯词		11		11	26.32%
合成词	偏正结构	17	60.71%	28	73.68%
	并列结构	9	32.14%		
	附加结构	2	7.14%		

材料来源 李清桓:《郭璞〈方言注〉研究》,武汉:崇文书局 2006 年版,第 131—157 页。

合成词所占比例较大,超过半数,占复音词的 73.68%;在所有合成词中,偏正和并列结构所占的比例较大,分别有 60.71% 和 32.14%,附加结构最少,为 7.14%。偏正结构和并列结构共同占据合成词的 92.85%,超过 90%,占据绝对优势。具体如下:布母、胡人、温菆、淅籔、艖艜、巾帤、煦煅等。从构词语素看,"布母"和"胡人"是偏正结构,由两个名词性语素构成。这类结构最显著的特点是"类＋属"形式,这将偏正结构的词序固定下来,意味着江东方言逐渐走向成熟;"温菆"同为偏正结构,是形容词语素和名词语素构成的词,这类词主要使用其中的偏语素修饰正语素:"淅籔"这个词也是偏正结构,由动词性语素和名词性语素构成。偏正结构的合成词中名名结构是最多的,除了列举的"布母""胡人",还有"蠚虿"等,其他的结构较少。"艖艜"和"巾帤"是并列结构中的名名结构,"煦煅"是并列结构中的形形结构。"艖艜""巾帤"为类义联合,"煦煅"为同义联合。江东方言的双音并列结构词已经得到了一定发展和丰富。

魏晋时期的词汇复音化是汉语演变史上的一个重要特征。随着社会发展,原有单音词内部的变化不能很好地表达事物的含义,不能产生数量如此多的新词,组合音节构成新词是必然的。研究发现,并列结构和偏正结构的比例最高。标准语如此,方言亦是如此。通过对郭璞《方言注》中江东方言的整理,发现江东方言同样符合这一总体趋势。

（三）江东方言词的来源

依据方言词出现的时间可以将江东方言分为三类：一是比魏晋更早的时期就出现的吴方言词语，在魏晋时期的江东方言中依旧存在；二是魏晋时期江东地区出现的新词；三是进入通语或其他方言区域的原吴方言词。

第一类共有 49 个，分别是"融""展""挦""揄铺""䁠""抱媲""恒慨""蓼绥""纷毋""羞绎""娃""鐕""鬲""盬""蔽""箭里""簿毒""夗专""匿璇""棋""耸""惈""陂""禀""䀩""㑽""骚""诬""撜""緍绵""謘謕""蛮怯""胥""厉""饪""怜职""朐""煦煨""駦""猪子""戈""鏉""鋌""鎈""㪉""拿""泄""眲""悃"。这一类词占总数的 47.57%，比较古老，部分词汇在后世文献中存在得很少，有消亡的趋势。

第二类词共有 48 个，分别是"寇凫""愃""菩""茷""温菘""祅""下裳""巾帢""檏""筥""箕""笙""承""瓺""甐子""淅籤""艁""贺""駒""获谷""布母""䩺""铃釬""小底""艖艒""胡人""飞闾""青雀""膊""咨""挡""訾""蚅""蝇""蛮""蝝蟥""蘆蠹""石蜠""孤黎""蚝蛣""蠿螫""姊""瘊""瘻""炀""筅之""凯""尌"。这一部分词占总数的 46.60%，大多数是魏晋时期产生的新词，在《方言注》中所占的比例较高，其中双音词比例较高，共有 21 个，占这部分词的 43.75%，表现了魏晋时期词汇双音化的发展趋势。

第三类共有 6 个，分别是"茫""茹""眜""凫""略""眠娗"。这一部分词占总数的 5.83%。这种变化的发生与魏晋时期的社会现象是不可分割的。魏晋时期，政权更迭、战乱频繁，为躲避战乱，大量北方人民开始南迁，人口涌入吴语区，吴语区和其他区域之间的文化交流愈发密切，吴方言和其他方言词互相影响，一些吴方言词变为通语或进入其他方言。例如：

（濾）吴扬曰茫。郭璞注：今北方通然也，莫光反。（《方言·卷二》）

（视）吴扬曰略。郭璞注：今中国亦云目略也。（《方言·卷六》）

>吴、越之间凡饮食者谓之茹。郭璞注：今俗呼能粗食者为茹，音胜如。(《方言·卷七》)①

郭璞所用的"方国""中国"和"北方"大概是近义甚至同义的，因为它们都是相对于楚、南楚、沅澧、荆汝、江湘、楚郢以南、吴扬等南方方言而言的，如果这样理解不错的话，那么，郭氏这里实际上揭示了扬雄以后的三百多年，北方汉语方言之间的差异正呈逐步缩小的趋势。② 汉代其他方言区的词语，晋代进入江东(吴越)地区。如：

>塌前几，江、沔之间曰桯。郭璞注：今江东呼为承。桯音刑。(《方言·卷五》)

>(虎)江淮、南楚之间……或谓之于䖘。郭璞注：于音乌。今江南山夷呼虎为䖘，音狗窦。(《方言·卷八》)

>首谓之阁阁。郭璞注：今江东呼船头屋谓之飞阁是也。(《方言·卷九》)

>淮、汝之间谓之揌。郭璞注：江东又呼撅，音雁，又音揞。(《方言·卷十》)③

与《方言》原文对比可以看出，既有另外一个地方的方言词语已经扩展到江东地区，也有原本没有方言区域记载的词语，在晋代江东地区也被发现。④ 江东方言在郭璞所注中所占比例较大。根据扬雄《方言》的资料，汉代的江东方言可以分为吴、越、瓯三个次方言，但在郭璞的注解中却看不到这种区分。这说明晋代的江东方言比汉代的吴越方言更加趋于一致，其分歧正在逐渐减小。另外，在扬雄的《方言》中，吴越方言在当时的方言中并不占据重要地位，但在郭璞的注解中，江东方言出现的次数最多。这不仅因为郭璞自河东南迁后长期生活在江东，还因为自三国孙吴以后，江东地区得到了进一步的开发，经济发达，其方言地位正在逐步提高。由此可见，江东地区的开发与发展对于方言地位

---

① 华学诚：《周秦汉晋方言研究史》，上海：复旦大学出版社2007年版，第436—437页。
② 华学诚：《周秦汉晋方言研究史》，上海：复旦大学出版社2007年版，第438页。
③ 华学诚：《周秦汉晋方言研究史》，上海：复旦大学出版社2007年版，第440—442页。
④ 华学诚：《周秦汉晋方言研究史》，上海：复旦大学出版社2007年版，第445页。

的提升具有重要作用。①

郭璞的《方言注》以江东语为最多，与当时政治、文化中心的东移和汉晋动荡的社会变迁的历史情况是相吻合的。另外，汉代一方之言（如吴越方言）到郭璞时已经发展成为四方通语，或地域较前为广的大区域通语。《方言·卷二》，遽，吴扬曰茫。注："今北方通然也，莫光反。"《方言·卷十》，颔，南楚谓之颔。注："亦今通语尔。"郭璞记载的这些变化，反映了汉晋时期汉语各方言之间发生了较大的混化，北方地区方言内部进一步统一的事实。②

二、郭璞《尔雅注》与江东方言

郭璞的《尔雅注》也是今天所见的最古老、最完整的《尔雅》注本。早在郭璞注《尔雅》以前，已经有人注解《尔雅》。如《隋书·经籍志》云：梁有汉刘歆《尔雅注》三卷。《释文》所录有东汉李巡注、樊光注。魏朝有孙炎《尔雅音义》。郭璞在《尔雅注序》中谈及"虽注者十余，然犹未详备。并多纷谬，有所漏略。是以复缀集异闻，荟稡旧说，考方国之语，采谣俗之志，错综樊孙，博关群言，剟其瑕砾，搴其萧稂。事有隐滞，援据征之；其所易了，阙而不论。别为音图，用祛未寤"。他整理和综合樊、孙等诸家之说，博观子史等书以为注说，在方法上继承了东汉经师以今语释古语的方法，因而注解音义分明，不相错杂。③ 可见其文献价值之大。其实它在语言方面亦有巨大的价值，和《山海经注》《穆天子传注》《方言注》一样，既保留了晋代的口语、方言、俗语材料，也留存了晋代的通语材料。

《尔雅注》中引自扬雄《方言》的条目共计19条，属于郭璞自己从晋代方言中引证材料为《尔雅》作注的有下面157条。④ 郭璞壮年时期移居江南，注《尔雅》时常采用江东一带的口语方言，并以"江东"为名。《尔雅》成书的年代距郭璞生活的年代已有四五百年，郭璞注释所用语

---

① 李恕豪：《从郭璞注看晋代的方言区划》，《天府新论》，2000年第1期，第67—71页。
② 华学诚：《周秦汉晋方言研究史》，上海：复旦大学出版社2007年版，第383—384页。
③ 周斌武：《中国古代语言学文选》，上海：上海古籍出版社1988年版，第25页。
④ 华学诚：《周秦汉晋方言研究史》，上海：复旦大学出版社2007年版，第426页。

言自然随着时代变迁而产生了新的变化,为方便晋代人对《尔雅》进行解读,郭璞采用晋代语言作注,注释也往往以"今"字开头,其中使用"江东"方言注释的条目最多。①

表 2-4　郭璞《尔雅注》江东方言单音词复音词考察表

音节形式	数量	比例	单音词转变为复音词
单音词	53	47%	共计 31 例
复音词	60	53%	
合计	113	100%	

资料来源　(晋)郭璞注,(宋)邢昺疏,李传书整理,徐朝华审定:《尔雅注疏》,北京:北京大学出版社 2000 年版,第 31—344 页。

(一) 郭璞《尔雅注》"释诂"等部分的江东方言

经考察,郭璞《尔雅注》"释诂"部分有 6 条江东方言词语:

……罄……,尽也。郭璞注:今江东呼厌极为罄。

……瘵……,病也。郭璞注:今江东呼病为瘵。

……行……,言也。郭璞注:今江东通谓语为行。

迁……,徙也。郭璞注:今江东通言迁徙。

……怜……,爱也。郭璞注:……今江东通呼为怜。

契……,绝也。郭璞注:今江东呼刻断物为契断。②

"释言"部分有 8 条江东方言词语:

恀……,恃也。郭璞注:今江东呼母为恀,音是。

增,益也。郭璞注:今江东通言增。

挟,藏也。郭璞注:今江东通言挟。

粻,粮也。郭璞注:今江东通言粻。

奘,驵也。郭璞注:今江东呼大为驵,驵犹粗也。

---

① (晋)郭璞注,(宋)邢昺疏,李传书整理,徐朝华审定:《尔雅注疏》,北京:北京大学出版社 2000 年版,第 31—344 页。

② 华学诚:《周秦汉晋方言研究史》,上海:复旦大学出版社 2007 年版,第 426 页。

号,諕也。郭璞注:今江东皆言諕。
燠,暖也。郭璞注:今江东通言燠。
缉,纶也。郭璞注:缉,绳也,江东谓之纶。①

"释训"部分有4条江东方言词语:

帱谓之帐。郭璞注:今江东亦谓帐为帱。
羃,兄也。郭璞注:今江东人通言羃。
两婿相谓为亚。郭璞注:今江东人呼同门为僚婿。
瓽甋谓之甓。郭璞注:今江东呼瓽甓。②

"释器"部分有5条江东方言词语:

縿罟谓九罭。九罭,渔网也。郭璞注:今江东谓之縿。
鱼罟谓之罛。郭璞注:最大罟也。郭璞注:今江东云。
肉曰脱之。郭璞注:剥其皮也,今江东呼麋鹿之属通为肉。
淀谓之垽。郭璞注:滓淀也。郭璞注:今江东呼垽。
白盖谓之苫。郭璞注:今江东呼为盖。③

(二) 郭璞《尔雅注》"释天"等部分的江东方言

经考察,郭璞《尔雅注》"释天"部分有3条江东方言词语:

螮蝀谓之雩。螮蝀,虹也。郭璞注:俗名谓美人虹。江东呼雩,音芎。
暴雨谓之涷。郭璞注:今江东呼夏月暴雨为涷雨。……涷,音东西之东。
宵田为獠。郭璞注:今江东亦呼猎为獠,音辽。

"释地"部分有3条江东方言词语:

东方有比目鱼焉……其名谓之鲽。郭璞注:江东又呼为王

---

① 华学诚:《周秦汉晋方言研究史》,上海:复旦大学出版社2007年版,第426页。
② 华学诚:《周秦汉晋方言研究史》,上海:复旦大学出版社2007年版,第427页。
③ 华学诚:《周秦汉晋方言研究史》,上海:复旦大学出版社2007年版,第427页。

余鱼。

中有枳首蛇焉。郭璞注：歧头蛇也。或曰今江东呼两头蛇为越王约发,亦名弩弦。

田一岁曰菑。郭璞注：今江东呼初耕地反草为菑。

"释丘"部分有2条江东方言词语：

丘一成为敦丘。郭璞注：今江东呼地高堆者为敦。

隩,隈。郭璞注：今江东呼为浦隩。

"释水"部分有1条江东方言词语：

潬,沙出。郭璞注：今江东呼水中沙堆为潬,音但。①

(三) 郭璞《尔雅注》"释草"部分的江东方言

经考察,郭璞《尔雅注》《释草》部分有28条江东方言词语：

荄：王蔧。郭璞注：江东呼之曰落帚。

粢：稷。郭璞注：今江东人呼粟为粢。

茢甍：豕首。郭璞注：今江东呼豨首,可以炒蚕蛹。

苌：接余。其叶,苻。郭璞注：江东食之,亦呼为苌,音杏。

葴：寒浆。郭璞注：今酸浆草,江东呼曰苦葴,音针。

苻：鬼目。郭璞注：今江东有鬼目草,茎似葛,叶圆而毛,子如耳珰也,赤色丛生。

薜：隐荵。郭璞注：似苏有毛,今江东呼为隐荵。

茜：蔓于。郭璞注：多生水中,一名轩于。江东呼茜,音犹。

莞：苻蓠。其上,蒚。郭璞注：……今江东谓之苻蓠。

荷：芙渠。郭璞注：别名芙蓉,江东呼荷。

薠：牛藻。郭璞注：似藻,叶大,江东呼为马藻。

蓫薚：马尾。郭璞注：……江东呼为当陆。

蘋：萍。郭璞注：水中浮萍,江东谓之薸,音瓢。

---

① 华学诚：《周秦汉晋方言研究史》,上海：复旦大学出版社2007年版,第427页。

蒚:牛蘈。郭璞注:今江东呼草为牛蘈者,高尺余许,方茎,叶长而锐,有穗,穗间有华,华紫缥色,可淋以为饮。

芨:堇草。郭璞注:江东呼为堇,音靳。

䒷:九叶。郭璞注:今江东有草,五叶共丛生一茎,俗因名为五叶郎,此类也。

中馗:菌。郭璞注:今江东名为土菌,亦曰馗厨,可啖之。

芐:地黄。郭璞注:一名地髓,江东呼芐,音怙。

拔:茏葛。郭璞注:似葛,蔓生有节,江东呼为龙尾,亦谓之虎葛,细叶赤茎。

菤耳:苓耳。郭璞注:《广雅》云枲耳也,亦云胡枲。江东呼为常枲,或曰苓耳,形似鼠耳,丛生如盘。

蘳:麃。郭璞注:麃即莓也。今江东呼为蘳莓,子似覆盆而大赤,酢甜可啖。

马舄:车前。郭璞注:今车前草,大叶、长穗,好生道边,江东呼为虾蟆衣。

绵马:羊齿。郭璞注:草细叶,叶罗生而毛,有似羊齿,今江东呼为雁齿,缫者以取茧绪。

蒹:薕。郭璞注:似萑而细,高数尺,江东呼为薕藡,音廉。

茭:蒯。郭璞注:似苇而小,实中,江东呼为乌蓝,音丘。

其萌:蘿。郭璞注:今江东呼芦笋为蘿,然则萑苇之类,其初生者皆名蘿,音缱绻。

芍:茭。郭璞注:今江东呼藕绍绪如指、空中可啖者为茭,茭即此类。

华:荂也。郭璞注:今江东呼华为荂,音敷。①

(四) 郭璞《尔雅注》"释木"等部分的江东方言

经考察,郭璞《尔雅注》"释木"部分有8条江东方言词语:

栵:栭。郭璞注:树似槲樲而庳小,子如细栗,可食,今江东亦

---

① 华学诚:《周秦汉晋方言研究史》,上海:复旦大学出版社2007年版,第427—429页。

呼为枏栗。

梫:木桂。郭璞注:今江东呼桂厚皮者为木桂。桂树叶似枇杷而大,白华,华而不着子,丛生岩岭,枝叶冬夏常青,间无杂木。

诸虑:山櫐。郭璞注:今江东呼櫐为藤,似葛而粗大。

欇:虎櫐。郭璞注:今虎豆缠蔓林树而生荚,有毛刺,今江东呼为粗。欇,音涉。

枣:壶枣。郭璞注:今江东呼枣大而锐上者为壶,壶犹瓠也。

唐棣:栘。郭璞注:似白杨,江东呼夫栘。

栈木:干木。郭璞注:僵木也,江东呼木觡。

椒、榝:丑菜。郭璞注:菜,萸子丛生成房貌,今江东亦呼菜。榝,似茱萸而小,赤色。①

"释虫"部分有9条江东方言词语:

蟿:茅蜩。郭璞注:江东呼为茅截,似蝉而小,青色。

蠰:啮桑。郭璞注:似天牛,长角,体有白点,喜啮桑树,作孔入其中,江东呼为啮发。

蚚:蟥蛢。郭璞注:甲虫也,大如虎豆,绿色。今江东呼黄蛢,音瓶。

螒蚚:豎蚕。郭璞注:即蛥蟺也,江东呼寒蚓。

莫貈:螳螂,蛑。郭璞注:螳娘,有斧虫,江东呼为石螂。

虹蛵:负劳。郭璞注:或曰即蜻蛉也,江东呼狐梨,所未闻。

蠶蠶:蠶蜇。郭璞注:今江东呼蠳蜇,音掇。

土蜂:郭璞注:今江东呼大蜂在地中作房者为土蜂,啖其子即马蜂。

木蜂:郭璞注:似土蜂而小,在树上作房,江东亦呼为木蜂,又食其子。②

《释鱼》部分有11条江东方言词语:

---

① 华学诚:《周秦汉晋方言研究史》,上海:复旦大学出版社2007年版,第429—430页。
② 华学诚:《周秦汉晋方言研究史》,上海:复旦大学出版社2007年版,第430页。

鱣:郭璞注:鱣,大鱼,似鱏而短,鼻口在颌下,体有邪行甲,无鳞,肉黄,大者长二三丈,今江东呼为黄鱼。

鮎:郭璞注:别名鯷,江东通呼鮎为鯷。

魠:黑鯤。郭璞注:即白鯈鱼,江东呼为魠。

鱴:小鱼。郭璞注:……今江东亦呼鱼子未成者为鱴,音绳。

鯦:当魱。郭璞注:海鱼也,似鯿而大鳞,肥美,多鲠,今江东呼其最大长三尺者为当魱,音胡。

鱊鮬:鱖鯞。郭璞注:小鱼也,似鮒子而黑,俗呼为鱼婢,江东呼为妾鱼。

魵鮅:郭璞注:江东呼魵鱼为鯿,一名鮅,音毗。

蛭蝚:郭璞注:今江东呼水中蛭虫入人肉者为蝚。

蚌:廬。郭璞注:今江东呼蚌长而狭者为廬。

左倪不类:郭璞注:行头左庳,今江东所谓左食者,以甲卜审。

三曰摄龟:郭璞注:小龟也,腹甲曲折,解能自张闭,好食蛇,江东呼为陵龟。①

(五) 郭璞《尔雅注》"释鸟"等部分的江东方言

"释鸟"等部分有18条江东方言词语:

鶌鸠:鶻鵃。郭璞注:似山鹊而小,短尾,青黑色,多声,今江东亦呼为鶻鵃。

鳲鸠:鴶鵴。郭璞注:今之布谷也,江东呼为获谷。

鶯鸠:鵧鷑。郭璞注:小黑鸟,鸣自呼,江东名为乌鴟。

鴡鸠:王鴡。郭璞注:雕类。今江东呼之为鶚,好在江渚山边食鱼。

鴿:鶌鵴。郭璞注:今江东呼鴾鷡为鶌鵴,亦谓之鴿鵴,音格。

鴗:天狗。郭璞注:小鸟也,青似翠食鱼,江东呼为水狗。

鷯:天鸙。郭璞注:大如鷃雀,色似鹑,好高飞作声,今江东名之天鷯,音绸缪。

---

① 华学诚:《周秦汉晋方言研究史》,上海:复旦大学出版社2007年版,第430—431页。

鵅：乌鸔。郭璞注：水鸟也，似鶂而短，颈、腹、翅紫白，背上绿色，江东呼乌鸔，音驳。

舒雁：鹅。郭璞注：……今江东呼鴚，音加。

鳭鷯：剖苇。郭璞注：好剖苇皮食其中虫，因名云，江东呼芦虎，似雀，青斑，长尾。

鸒斯：鹎鶋。郭璞注：鸦乌也，小而多群，腹下白，江东亦呼为鹎乌，音匹。

怪鸱：郭璞注：即鸱鸺也，见《广雅》。今江东通呼此属为怪鸟。

鸍：沈凫。郭璞注：似鸭而小，长尾，背上有文，今江东亦呼为鸍，音施。

鳽：头鵁。郭璞注：似凫，脚近尾，略不能行，江东谓之鱼鵁，音髐箭。

鷏：蚊母。郭璞注：似乌鸔而大，黄白杂文，鸣如鸽声，今江东呼为蚊母，俗说此鸟常吐蚊，因以名云。

鹭：舂鉏。郭璞注：白鹭也，头、翅、背上皆有长翰毛，今江东人取以为睫攡，名之曰白鹭缞。

雗雉：鵫雉。郭璞注：今曰鵫也，江东呼白雗，亦名白雉。

其粻：嗉。郭璞注：嗉者，受食之处，别名嗉，今江东呼粻。①

“释畜”部分有7条江东方言词语：

豕子：猪。郭璞注：今亦曰彘，江东呼豨，皆通名。

貈子：貆。郭璞注：其雌者名貗，今江东呼貉为䝘貗。

鼬鼠：郭璞注：今鼬似鼦，赤黄色，大尾，啖鼠，江东呼为鼪，音牲。

羊曰齥。郭璞注：今江东呼齝为齥，音漏泄。

麋鹿曰齸。郭璞注：江东名咽为齸，齸者齣食之所在，依名云。

牡曰骘。郭璞注：今江东呼駁马为骘，音质。

未成鸡，僆。郭璞注：今江东呼鸡少者曰僆，音练。②

---

① 华学诚：《周秦汉晋方言研究史》，上海：复旦大学出版社2007年版，第431—432页。

② 华学诚：《周秦汉晋方言研究史》，上海：复旦大学出版社2007年版，第432—433页。

另有 2 条方言词郭璞用的区域是"江南"：

> 释虫：蟷蜩。郭璞注：《夏小正传》曰：蟷蜩者蝘，俗呼为胡蝉。江南谓之蟷蛦，音羹。
>
> 释鸟：鶝，负雀。郭璞注：鶝，鹞也，江南呼之为鶝，善捉雀，因名云，音淫。①

表 2-5 《尔雅注》江东方言词语词义考察表

词义	数量	比例
词义扩大	2	
词义缩小	6	11.50%
词义转移	5	
词义不变	100	88.50%
合计	113	100%

资料来源 （晋）郭璞注，（宋）邢昺疏，李传书整理，徐朝华审定：《尔雅注疏》，北京：北京大学出版社 2000 年版，第 31—344 页。

三、郭璞注与江东方言的语音特点

"江东"是郭璞注中重点描写的地区，其实际所指相当于三国时东吴政权所辖的大部分地区，即长江中下游的江南一带。《尔雅注》的 157 条中有江东方言 113 条，占 72.98%，《方言注》的 93 条中有江东方言 54 条，占 58.06%。而在全部 265 次地名中，江东方言（含吴）出现了 173 次，占 65.28%。② 郭璞除了著有《尔雅注》《方言注》，还著有《穆天子传注》《山海经注》，其中都含有大量晋代江东方音材料。

（一）江东方音与通语语音相同

被注音字与注音字声母韵部相同的，视为江东方音与通语音相同，这样的材料共有 40 条。《山海经注》3 条：（1）柎，音府；（2）嗌，音隘；

---

① 华学诚：《周秦汉晋方言研究史》，上海：复旦大学出版社 2007 年版，第 433 页。
② 华学诚：《周秦汉晋方言研究史》，上海：复旦大学出版社 2007 年版，第 447 页。

(3) 檦,音輻。《尔雅注》19条:(1) 侪,音是;(2) 涷,音东;(3) 潬,音但;(4) 菩,音杏;(5) 葴,音针;(6) 茜,音犹;(7) 藻,音瓢;(8) 菫,音靳;(9) 苄,音怙;(10) 薕,音廉;(11) 葐,音丘;(12) 芩,音敷;(13) 蚨,音瓶;(14) 鱦,音绳;(15) 鮥,音胡;(16) 鴡,音加;(17) 鮏,音牲;(18) 螇,音漏泄;(19) 健,音练。《方言注》18条:(1) 檥,音羲;(2) 箳,音翜;(3) 拏,诺猪反;(4) 度,音量度也;(5) 艖,音叉;(6) 蛤,音颔颔;(7) 纶,音伦;(8) 愃,相缘反;(9) 菩,音鱼;(10) 鳖,普蔑反;(11) 籡,音废;(12) 笤,音靶;(13) 婉,音婉;(14) 縢,音邓;(15) 舳,音轴;(16) 蝁,音加;(17) 炀,音恙;(18) 糖,音唐。①

(二) 江东方音与通语语音不同

被注音字与注音字的声母或韵部之间存在种种差异的注音材料有30条,下面从声母和韵部两个方面来观察这些差异的具体情形。②

1. 声母。(1) 清浊混音。被注音字上古声母为浊音,注音字为清音,如:蘱(群),音缱绻(溪);鷃(并),音駮(帮)(以上出自《尔雅注》)。蛋(群),音巩(见)(《方言注》)。被注音字上古声母为清音,注音字为浊音。如:魾(滂),音毗(并);雴(晓),音苛(匣)(以上出自《尔雅注》)。艀(并),音步(滂/并);都(端),音段(定);篙(晓),音巫觋(匣)(以上出自《方言注》)。郭注江东方言或以清音注浊音,或以浊音注清音,这表明晋代江东方言中存在浊音、清音混而不分的现象。(2) 喉牙混音。被注音字上古声母为牙音,注音字为喉音。如:詨(匣),音呼交反(见/晓)(《山海经注》)。鷑(见),音髐箭(晓)(《尔雅注》)。被注音字上古声母为喉音,注音字为牙音。如:瘃(晓),倦声之转(群)(《方言注》)。由于喉音和牙音的发音部位靠近,关系极为密切,所以喉牙声转成为贯通古今的一种语音现象。上述例子表明,晋代江东方言中也存在这种现象。(3) 舌头舌上混音。舌头音注舌上音。如:蝃(章),音掇(端)(《尔雅注》)。舌上音注舌头音。如:桯(透),呼为承(禅)(《方言注》)。舌头

---
① 华学诚:《周秦汉晋方言研究史》,上海:复旦大学出版社2007年版,第449页。
② 华学诚:《周秦汉晋方言研究史》,上海:复旦大学出版社2007年版,第450—454页。

舌上混音表明晋代江东方言中舌头舌上尚未分化。(4) 齿头正齿混音。齿头音注正齿音。如:浰(庄),音置(精)(《穆天子传》注)。正齿音注齿头音。如:糈(心),江东音所(山)(一音婿[心])。(《山海经注》)。上例江东有两读,前一读是正齿音注齿头音,后一读声母相同。齿头正齿有部分混音,有部分已分,这表明晋代吴(江东)方言中精、庄两组既有不分的现象,也有已分的现象,这可能是精、庄两组由不分到彻底分开的一种过渡现象。(5) 送气与否混音。被注音字上古分别为不送气清塞音和送气的清塞音,而注音字正好与之相反。如:鸭(帮),音匹(滂)(《尔雅注》);铍(滂),音彼(帮)(《方言注》)。被注音字上古是不送气的清塞擦音,注音字是送气的摩擦音。如:訾(精),为声如斯(心)(《方言注》)。注音字与被注音字发音部位相同,送气与否混音不分,表明晋代江东方言中存在这样一种现象,即送气与否在一些词中不具有别义作用。(6) 唇音和舌音混音。被注音字上古为舌音来母,江东(吴)音读唇音明母。如:䴏(来),音绸缪(明)(《尔雅注》)。被注音字上古为唇音明母,吴(江东)音读舌音书母。如:鸸(明),音施(书)(《尔雅注》)。(7) 唇音和齿音混音。被注音字上古为唇音滂母,江东音读齿音心母。如:薲(滂),音嵩(心)(《方言注》)。被注音字上古为齿音精母,江东音读唇音帮母。如:姊(精),声如市(帮)(《方言注》)。(8) 舌音喉(牙)音混音。被注音字上古为舌音透母,吴(江东)音读喉音匣母。如:挡(透),音晃(匣)(《方言注》)。被注音字上古为唇音来母,江东(吴)音读喉(牙)音见母。如:鸰(来),音格(见)(《尔雅注》)。(9) 舌音齿音混音。"咨"是江东(吴)读痴的音,即上古舌音透母在江东(吴)读成齿音精母。如:咨(精),痴声之转(透)(《方言注》)。①

2. 韵部。(1) 同类混音。脂之混音,如:鮞(之),音毗(脂)(《尔雅注》);咨(脂),痴声之转(之)(《方言注》),其中毗、咨为江东(吴)音。被注字上古音读之部,江东(吴)音读脂部。宵幽、脂歌混,如:詨(宵),呼交反(幽)(《山海经注》);鸸(脂),音施(歌)(《尔雅注》)。第一例被注音字上古属宵部,江东(吴)音读幽部;第二例被注音字上古属脂部,江东

---

① 华学诚:《周秦汉晋方言研究史》,上海:复旦大学出版社 2007 年版,第 450—453 页。

(吴)音读歌部。物月、职质混音,如:蝃(物),音掇(月)(《尔雅注》);䴷(职),音质(质)(《尔雅注》)。第一例被注音字上古属物部,江东(吴)音读月部;第二例上古属职部,江东(吴)音读质部。阳蒸、耕蒸混音,如:羊(阳),声如蝇(蒸)(《方言注》);桱(耕),呼为承(蒸)(《方言注》)。第一例被注音字上古属阳部,江东(吴)音读蒸部;第二例被注音字上古属耕部,江东(吴)音读蒸部。(2)阴入混音。如:跢(月),丁贺反(歌)(《方言注》);鸅(支),音匹(质)(《尔雅注》);䰽(幽),音步(铎)(《方言注》);蘁(侯),央富反(职)(《方言注》);姊(脂),声如市(月)(《方言注》)。除第一例是被注音字上古属入声韵,而江东(吴)音读成阴声韵之外,后四例都是被注音字上古属阴声韵,而江东(吴)音读成入声韵。(3)阳入混音。如:擖(叶),音厣(谈),又音指(《方言注》);瘝(月),倦声之转(元)(《方言注》)。第一例是被注音字上古音属入声韵,江东(吴)音读成阳声韵;第二例被注音字上古属阳声韵,江东(吴)音读成入声韵。(4)阴阳混音。如:都(鱼),音段(元)(《方言注》)。①

(三) 江东方言的词汇特点

据统计,江东方言共有 178 个词语,其中单音词 100 个,占 56.18%,复音词 78 个,占 43.82%。江东方言有 78 个复音词,有 5 个是三音节的,1 个四音节的,如:王余鱼、鬼目草、五叶郎、虾蟆衣、白鹭缞、越王约发(《尔雅注》)。②

从构词方式上看,5 个三音节词语都是偏正式合成词,四音节词语则是主谓式合成词。"王余鱼"得名于一种传说,郝懿行《尔雅义疏》引证云:"《吴都赋》云:'双则比目,片则王余。'刘逵注:'比目鱼,东海所出;王余鱼,其身半也。俗云越王鲙鱼未尽,因以残半弃水中为鱼,遂无其一面,故曰王余也。'""鬼目",《尔雅》所载草名,江东加类别词"草"为该合成词的中心成分。五叶共生一茎的草,可以直名为"五叶草",江东名为"五叶郎",是用了拟人化的修辞手法。"虾蟆衣"是车前草的江东称名,可能是江东人据这种草的某种特征与虾蟆的外表特征之间存在

---

① 华学诚:《周秦汉晋方言研究史》,上海:复旦大学出版社 2007 年版,第 453—455 页。
② 华学诚:《周秦汉晋方言研究史》,上海:复旦大学出版社 2007 年版,第 460—461 页。

相似性而用比喻修辞手法命名的。"白鹭缞"就是白鹭,郝懿行《尔雅义疏》引《集韵》"编鹭羽为衣"说"缞"义,意即江东人名白鹭为"白鹭缞"是以该鸟羽毛的功用特点命名的。"越王约发"是两头蛇的江东称名,郝懿行《尔雅义疏》云:"以其饰文长尺余,似之。"意思是因为这种蛇身上有长尺余的锦纹像"越王约发",所以以"越王约发"名之,但是"越王约发"是什么意思,江东人为什么会把越王的事和蛇联系起来,不得而知。①

其他72个复音词都是双音节词。其中单纯词有20个,占双音复音词的27.78%:隐荵、苻蘺、当陆、馗厨、常枲、苓耳、蘸莓、狐梨、蝃螮、当魱、鹛鹛、荻谷、䴗鶂、狭貁(《尔雅注》);渠拿、蛤蚅、蜈蝼、布母、铃钉、蚝蛄(《方言注》)。②

合成词有52个,占双音复音词的72.22%。其中偏正式合成词最多,其次是并列式,动宾式和动补式各有1个,附加式合成词有3个。依次列举如下:③

第一,偏正结构合成词,共有42个。偏正结构合成词中属于状中结构的仅有1个,即"左食"一词,其他41个都是定中结构。这41个定中结构的合成词还可以分为如下三类:(1)名名式,有26个:僚婿、涷雨、弩弦、浦陕、豨首、马藻、牛蘈、土菌、龙尾、虎葛、雁齿、木桂、木觡、茅蒛、石蜐、土峰、木蜂、妾鱼、陵龟、水狗、天鹨、芦虎、鸭乌、鱼鸡(以上出自《尔雅注》)、下裳、胡人(以上出自《方言注》)。上述名名式偏正结构合成词还是非常复杂的。比如"涷雨",《尔雅》释"涷","暴雨为涷雨",郭璞说"今江东呼夏月暴雨","涷"后面增加了一个表示种属的"雨",单音单纯词变成双音合成词,但意义并没有改变,甚至表义的重心仍在"涷"。再如"弩弦""胡人",其结构关系为偏正是毫无疑问的,至于为什么用"弩弦"指称两头蛇,用"胡人"指称"摇橹小橛"的原因,如果我们要准确而透彻地理解它们,需要借助于修辞知识,甚至文化史知识。构词方式是一回事,词语所指与因何如此指称则是另一回事,本书讨论的重点是构词特点。(2)形名式,有12个:黄蚨、黄鱼、白䪅、白雉、苦葴、温

---

① 华学诚:《周秦汉晋方言研究史》,上海:复旦大学出版社2007年版,第461页。
② 华学诚:《周秦汉晋方言研究史》,上海:复旦大学出版社2007年版,第462页。
③ 华学诚:《周秦汉晋方言研究史》,上海:复旦大学出版社2007年版,第462页。

蒘、寒蜩、怪鸟、寇凫、乌蓲、乌鸐、乌鷃(《尔雅注》)。"黄""白"是颜色，"苦""温""寒""怪""寇"(即"够",意为多)是性质。青、紫、黑等暗色调都可以叫"乌";"乌蓲"是荻的方言别称,"乌"是否指颜色,在郭注中找不到答案;但"乌鸐"是指"小黑乌","乌鷃"的"颈、腹、翅紫白,背上绿色",郭注则讲得明明白白。(3) 动名式,有 3 个:落帚、渐苫、飞间(《方言注》)。

第二,并列结构合成词,共有 5 个。(1) 名名式,有 4 个:瓴甓、蔹蒚、栭栗(以上出自《尔雅注》)、艖艒(《方言注》)。(2) 动动式,有 1 个:迁徙(《尔雅注》)。

第三,动宾结构合成词,有 1 个:啮发(《尔雅注》)。

第四,动补结构合成词,有 1 个:契断(《尔雅注》)。

第五,附加式合成词,有 3 个:夫栘、蚊母(《尔雅注》)、甈子(《方言注》)。"夫栘"是唐(棠)棣的江东方言别称,古代叫作"栘",该词前所附加之"夫",不知何义。"蚊母"是一种鸟名,郭璞释云:"俗说此鸟常吐蚊,因以名云。"该词后所附加之"母",不知何意。"甈子"在"甈"后附加"子"尾,这种构词方式在晋代其他方言地域也能见到。①

第三节　南朝吴歌里的"侬"

吴歌起源于江苏东南部,是吴地最古老且至今仍存活于民间的口头文学形式。吴歌在春秋战国时期就有记载,到魏晋南北朝时期才真正成熟。《晋书·乐志》曰:"吴歌杂曲,并出江南。东晋以来,稍有增广"。"始皆徒歌,既而被之管弦。"盖永嘉南渡之后,"下及梁、陈,咸都建业,吴声歌曲起于此也。"②到了南朝,社会较为稳定和谐,经济得到恢复发展,民间的风俗带动了民歌的发展。"凡百户之乡,有市之邑,歌谣舞蹈,触处成群,盖宋世之极盛也。③ 百姓无鸡鸣犬吠之警,都邑之盛,

---

① 华学诚:《周秦汉晋方言研究史》,上海:复旦大学出版社 2007 年版,第 462—463 页。
② (宋)郭茂倩:《乐府诗集》,北京:中华书局 2019 年版,第 656 页。
③ (南朝梁)沈约:《宋书》,上海:汉语大词典出版社 2004 年版,第 1909 页。

士女富逸,歌声舞节,祙服华装。桃花绿水之间,秋月春风之下,盖以百数。"①吴歌逐渐走出了乡野文学的范畴并与城市文学相结合,歌唱爱情与讽咏思恋的主题,展现江南市民富足安逸的生活场景。

一、"侬"字的含义

北宋郭茂倩所著《乐府诗集》共收录吴歌342首。早期吴歌出现了大量带有"侬"字的诗歌。《乐府诗集》是记载"侬"字的最早文献,其中"侬"字可翻译为"人"义的诗歌有以下19首②:

思见春花月,含笑当道路。逢侬多欲摘,可怜持自误。(《子夜四时歌》"春歌"第十九首)

高堂不作壁,招取四面风。吹欢罗裳开,动侬含笑容。(《子夜四时歌》"夏歌"第一首)

春桃初发红,惜色恐侬摘。朱夏花落去,谁复相寻觅。(《子夜四时歌》"夏歌"第十二首)

赫赫盛阳月,无侬不握扇。窈窕瑶台女,冶游戏凉殿。(《子夜四时歌》"夏歌"第十六首)

轻衣不重彩,飙风故不凉。三伏何时过,许侬红粉妆。(《子夜四时歌》"夏歌"第十九首)

初寒八九月,独缠自络丝。寒衣尚未了,郎唤侬底为?(《子夜四时歌》"秋歌"第十七首)

岁月如流迈,行已及素秋。蟋蟀鸣堂前,惆怅使侬愁。(《子夜变歌》三首之三)

郎作《上声曲》,柱促使弦哀。譬如秋风急,触遇伤侬怀。(《上声歌》八首之二)

当曙与未曙,百鸟啼窗前。独眠抱被叹,忆我怀中侬,单情何时双?(《前溪曲》)

犊车薄不乘,步行耀玉颜。逢侬都共语,起欲着夜半。(《团扇

---

① (南朝梁)萧子显:《南齐书》,上海:汉语大词典出版社2004年版,第701页。
② 李鼎:《吴声歌曲中称人为"侬"》,《中医药文化》2007年第3期,第40—42页。

郎》六首之三）

  长樯铁鹿子，布帆阿那起。诧侬安在间，一去三千里。（《懊侬歌》十四首之八）

  发乱谁料理，托侬言相思。还君华艳去，催送实情来。（《懊侬歌》十四首之十二）

  红蓝与芙蓉，我色与欢敌。莫案石榴花，历乱听侬摘。（《读曲歌》八十九首之三）

  闻欢得新侬，四支懊如垂。鸟散放行路井中，百翅不能飞。（《读曲歌》八十九首之二十七）

  合冥过藩来，向晓开门去。欢取身上好，不为侬作虑。（《读曲歌》八十九首之三十九）

  诈我不出门，冥就他侬宿。鹿转方相头，丁倒欺人目。（《读曲歌》八十九首之四十八）

  谁交强缠绵，常持罢作虑。作生隐藕叶，莲侬在何处。（《读曲歌》八十九首之五十九）

  娇笑来向侬，一抱不能已。湖燥芙蓉萎，莲汝藕欲死。（《读曲歌》八十九首之六十七）

  鸡亭故侬去，九里新侬还。送一却迎两，无有暂时闲。（《西曲歌·寻阳乐》）①

《读曲歌》八十九首之二十七中的"闻欢得新侬，四支懊如垂"一句中所提到的"侬"字，被广泛运用于举证侬具有"人"义。"闻欢得新侬，四支懊如垂"一句中，"侬"在"新侬"这一定中短语中充当中心语，"侬"字前面带有具有限制词义的形容词"新"字，而形容词"新"一般不与人称代词"我"或"你"搭配使用，因此该句中的"侬"字可判定为"人"义。《西曲歌·寻阳乐》中的"鸡亭故侬去，九里新侬还。送一却迎两，无有暂时闲"中，也提到了"新侬"一词。此外，《读曲歌》八十九首之四十八中的"诈我不出门，冥就他侬宿。鹿转方相头，丁倒欺人目"，由于人称

---

① （宋）郭茂倩：《乐府诗集》，北京：中华书局2019年版，第660—662页，第670页，第673页，第675页，第682页，第685—687页，第729页。

代词多不与人称代词连用，其中的"侬"字也可基本判定为"人"义。另外，《乐府诗集》中"侬"多与"君""郎""欢"等字对举出现，这种现象被称为"郎侬对举"。"郎"多是古代女子对男人的称呼，而"侬"便是诗中女子自称。出现"郎侬对举"的诗歌中的"郎"与"侬"应该有着相似的含义。《上声歌》八首之二中"郎作《上声曲》，柱促使弦哀。譬如秋风急，触遇伤侬怀"。以及《子夜四时歌》"秋歌"第十七首中，"初寒八九月，独缠自络丝。寒衣尚未了，郎唤侬底为？"中的"侬"字可以解释为女子的自称。如若将"侬"翻译为"人"，那么受"郎侬对举"句式的影响，也可以同样的理由将"君""郎""欢"等认定为"人"义。

但是，部分诗句中的"侬"解释为"人"义、"我"义或"你"义也说得通。如《子夜四时歌》"夏歌"第一首中，"吹欢罗裳开，动侬含笑容。"一句可以解释为：四面的凉风吹得所爱的人罗裙飘开，动人的姿态含着笑容。若将"动"字理解为词类活用的使动用法，翻译为"使我动容"，这在诗句中也同样说得通。再如，《子夜四时歌》"夏歌"第十九首中，"三伏何时过，许侬红粉妆。"一句中的"许侬"可以翻译为"允许人家"或"允许人们"。结合语境来看，"侬"字并未受到太多限制。如若该诗在对话的情景下展开，从语言发出者的角度来看，整首诗可以解释为：你穿着轻罗不施重彩，风吹来仍不感到清凉，三伏天何时过去，可以容许你红粉添装。同理，从对话接受者的角度来看，这首诗也可以是一个人的情况自述，更可能是自言自语。

目前可考察到的最早收录"侬"字的工具书是南朝顾野王编撰的字典《玉篇》。《玉篇·人部》记载："侬，奴东切。吴人自称'我'是也。"由此可见，在《玉篇》成书之前，"侬"所包含的"我"的含义，已在魏晋南北朝时期广泛使用，从而得以收录进字典《玉篇》当中。隋唐时期，"侬"也作为一种具有稳定含义的字出现在韵书之中，《切韵》以及《广韵》便对"侬"有标注。《切韵》中认为"侬"便是指"吴人云我"。《广韵》中，更是直接去除了"侬"的使用对象（吴人）的限制，认为"侬"便是"我也"，直接具有指称自己的含义。

"侬"具有"人"义的文献材料出现在南宋时期，南宋戴侗的《六书故》中记载道："吴人谓人侬"，并指出称"人"为"侬"的现象是一种音变现象,即由于各地方言特点存在差异,相同的字在各地读音会略有不同,戴侗还以浙南一带的瓯地的方言为例,瓯人便称"人"为"能"。

"侬"的第二人称"你"的含义可能经历了一定的发展演变过程。"侬"先是多与表示第二人称含义的"你""尔"等词连用,如乾隆《上海县志·卷一·风俗》中"汝,尔侬"以及《汤溪县志·卷三·民族风俗》提到"人谓之侬,自称曰我侬,称人曰你侬。""侬"在与第二人称搭配的过程中,经历了音节脱落等过程,在现代吴方言中作为第二人称代词被广泛使用。

二、"侬"字的来源

从造字结构来看,"侬",从"农","农"的本义是耕作,其语源义则是"男"。《说文解字》中对"男"的解释是:"男,丈夫也。从田从力,言男用力于田也。"《同源字典》中也指明了"农"与"男"的关系:"农业时代,男子是主要劳动力,故'男''农'同源。""农"是农人,"男"是男人,"侬"设字之初显然有表示男子自称的含义。此外,也有学者将"农"与"乳"建立起同源关系,认为"农"的本字可能是"乳"。"乳"的本义是哺乳、生育;则又与"身""娠"同源。这些词语构成同源词族,其意义都与人有关。①

不过也有学者认为,"侬"是上古吴越方言的底层词。居住在东南沿海的古百越族人常常使用"侬"字。许多民族对"人"的称呼也就是族称或自称,而古代吴人称"人"为"侬",自称也为"侬"。可猜想"侬"字是百越语词,意为族称和自称。百越族经过历史的变迁分化为如今的侗台族、苗瑶族、壮族等。在这些民族的语言中,他们用以表示自称或族称的词汇,多与"侬"有关,如古代壮族的自称即为"侬"。因此,可以推断吴地原住民的族称也与此相关。

  僮(壮)人善鸡卜,其法不一,以雄鸡雏执其两足,鸡匠焚香祈祷,占毕杀之,拔两股骨,净洗用线束之,以竹筵插束处;使两足相

---

① 金寅:《从"侬"谈本义和语源义——就李、金两文说点看法》,《医古文知识》2001年第4期,第24页。

背端,执称祝,左骨为侬,侬者我也,右骨为人,人者事也,视两骨所有细窍,以小竹筳长寸许偏插之,斜直偏正,任其自然,以定吉凶。(明邝露《赤雅》和雍正《广西通志》卷九十二)①

僮人即壮族人,"侬者为我"指壮族人称"我"为"侬",今天仍有一些族人自称"布侬"(意思是种田的人),另外还有"贝侬"指代兄弟姐妹,这里面"侬"是弟弟、晚辈的意思,这些正是古百越族中古老称呼的遗留。② 现代壮语中,"我"的发音已不再与"侬"音相同,仅在某些宗教活动的卦名中,还保留着这个意义。然而,宗教活动的名称往往世代相传,具有很大的稳固性。这可能反映出壮族在古代可能曾自称为"侬"。据《史记》记载,鸡卜是越族人的宗教活动,可见壮族的鸡卜就是越族人向西南迁徙的时候传带过去的。因此也可以推测,壮人的"侬"与古百越族在江浙一带留下的底层词"侬"之间存在着历史联系。③

底层词"侬"和中原汉语的"我"都可用作第一人称,随着中原汉语的势力进一步增强,"我"的比例也逐步增大,出现"我"与"侬"并存的现象④,这一点可以从《乐府诗集》中找到佐证:

红蓝与芙蓉,我色与欢敌。莫案石榴花,历乱听侬摘。(《读曲歌》八十九首之三)

诈我不出门,冥就他侬宿。(《读曲歌》八十九首之四十八)⑤

在历史变迁中,第一人称代词"我"从中原汉语中引入,并更多地应用于上层阶级的正式场合,因此,"侬"作为第一人称代词的地位受到了一定的冲击。随着时间的推移,"侬"的语义色彩逐渐转向俚俗和艳称的方向转变。由于无法考证当时的口语情况,我们只能从书面记载中推断,"侬"更多地出现在男女言情语境中,并且多用于女性自称,类似

---

① 潘悟云、陈忠敏:《释侬》,《中国语言学报》第23卷第2期,1995年6月,第136页。
② 叶娜:《吴语人称代词"侬"的形成和发展》,第三十届荆楚学术研讨交流会论文集,2019年4月,第99—103页。
③ 潘悟云、陈忠敏:《释侬》,《中国语言学报》第23卷第2期,1995年6月,第136—137页。
④ 叶娜:《吴语人称代词"侬"的形成和发展》,第三十届荆楚学术研讨交流会论文集,2019年4月,第99—103页。
⑤ (宋)郭茂倩:《乐府诗集》,北京:中华书局2019年版,第685—686页。

于"妾""奴家""人家"。这表明"侬"在当时可能是一种较为俚俗、艳称的自称方式。因此,魏晋南北朝时期上层社会的正式场合应当是以"我"自称,而下层社会平民间交流则以"侬"为主。而又因民歌这一体裁的特殊需要,其中记载的"侬"无疑被打上了鲜明的俚俗色彩,且民歌多以叙述男女爱情为题材,"侬"这个字在用法上更倾向于指代女性,具有随意、亲昵和爱慕等语义特点。这种用法类似于小称,可以用现代汉语翻译为"人家"。这种俚俗色彩一直延续至今,可见于现代吴方言的使用中。①

---

① 叶娜:《吴语人称代词"侬"的形成和发展》,第三十届荆楚学术研讨交流会论文集,2019 年 4 月,第 99—103 页。

第三章 吴音已定 再度融合：
隋唐宋元时期的吴方言

隋唐时期，吴方言社会文化地位较高，广受文人雅士的欢迎，被应用于吟咏、音乐创作、解释诵读梵经等领域，同时字书中出现了一些以吴方言注释词条的现象。吴方言在隋唐时期已发展成为一种具有重要影响力的方言。宋代文人偏好吴音的柔软动人，但吴音与中原汉语存在较大差别。在吴方言研究方面，宋代以前以记载为主，而到了宋代，方言论述大量出现，规模远超前代，且论及方言的诸多方面，但这一时期的方言学史料仍较为零散。

第一节 隋唐吴方言

公元589年，隋军南下灭陈，统一中国，结束了自西晋末年以来近300年的分裂局面。隋文帝杨坚即位后，对江南士族与江南文化施行高压控制，他下令摧毁六朝古都建康城（今江苏省南京市），销毁江南地区所有武器，强迫部分江南士族迁入长安，并要求江南地区百姓背诵《五教》，以期实行文化专制。非人道的专制政策很快就引起不满与反抗，开皇十年（590）十一月，在旧时陈朝的疆域内，余孽势力发动了一场旨在反对隋朝的叛乱。为维护境内的安宁统一，隋文帝不得不对江南地区施行怀柔政策，江南士族又得到了重视，吴方言的影响也进一步扩大。604年,隋炀帝杨广即位。隋炀帝自幼学习江南文化,对江南文化有着极大的热爱与兴趣。自即位以来,隋炀帝便广招四方学士百余人,柳䛒为其中翘楚,杨广待其亦师亦友,甚至为此改变文风,学习江南文人的写作风格。

> 初,王属文,为庾信体。及见䛒已后,文体遂变。①

隋炀帝对江南文化的喜爱也使他乐于研习吴音。受帝王喜好的影响,宫中的人也纷纷效仿隋炀帝,一时兴起了一阵研习吴音的热潮。《大业拾遗记》便记载了这一现象。

> 帝自达广陵,宫中多效吴音,因有侬语也。②

作为帝王,隋炀帝在位期间调整了对江南文化圈的管理政策。他十分重视对江南地区的人才培养,起用了出生于江南地区的有识之士,如诸葛颖、薛道衡、王胄、虞世基、虞世南、庾自直、潘徽等人,任命他们整理古籍、编写新书。其中由潘徽领导编撰的《江都集礼》对唐代的礼学有着重要影响。同时,隋炀帝推行科举制,此举更是打破了官吏任用"上品无寒门,下品无势族"的阶级限制。而江南文人相较于其他地区文人更容易考中,江南人士在全国的竞争力逐渐提高,吴文化也得到了新的发展。

到了唐中后期,受安史之乱的影响,大量人口迁入江南地区,促进了当地社会经济的发展,使之逐渐成为文化中心。与此同时,吴方言的影响力和地位日益增强。盛唐之后的传世文献中就很少出现对吴方言的轻视与贬低了。范摅《云溪友议》卷四记载,湖州诗人陆畅在公主大婚时,用吴音吟咏诗作应对宫女,让婚礼的气氛更加热闹,颇受众人喜爱。

> 遇云阳公主下降刘都尉,百僚举为傧相。……内人以陆君吴音,才思敏捷,凡所调戏,应对如流,复以诗嘲之,陆亦酬和,六宫大哈。③

---

① (唐)魏征等:《隋书》(卷五八《柳䛒传》),北京:中华书局2011年版,第1423页。
② 鲁迅校录,王中立译注:《唐宋传奇集》,天津:天津古籍出版社2001年版,第319页。
③ (唐)范摅:《云溪友议》,吴兴刘氏嘉业堂1928年影印本,第62—63页。

由此可见，无论是在士族还是下层宫人的眼里，吴方言早已不再是难登大雅之堂的粗鄙冷僻的语言。除此之外，才子文人们运用吴方言写诗的现象也越来越频繁，部分文人甚至以吴方言为雅。例如诗人贺知章，他出生于越州（位于今浙江省绍兴市），在朝当官期间仍然以乡音为雅，"贺公雅吴语，在位常清狂"①便是对他的评价。这也足见部分唐代文人对吴方言的态度。

唐代吴音的社会文化地位较高。李白的《示金陵子》和王昌龄的《题净眼师房》生动地说明了唐代吴音轻柔绵延、饱含情意的特点。李白认为"楚歌吴语娇不成，似能未能最有情"②，女子使用吴地方言充满了吸引力，且极富情调。而王昌龄则说"吴音唤字更分明"③，可见吴音吟诵经典时体现出的独特音韵美，受到文人雅士的欢迎。

除却诗句，吴音还被运用于音乐当中，即"吴歌"。顾颉刚在他的著作《吴歌小史》中评价吴歌为"流传于这一带小儿女口中的民间歌曲"④。因此，吴歌与吴方言是密切相关的，研究吴歌在音韵上的特点也是了解吴方言特点的途径之一。刘长卿的《戏赠干越尼子歌》便记录了听者欣赏吴歌时的悠然之感。

  云房寂寂夜钟后，吴音清切令人听。人听吴音歌一曲，杳然如在诸天宿。⑤

唐朝时期，以皎然、顾况、朱放、张志和为代表的吴中诗派就地取材，从吴楚的民谣中汲取养分，对吴歌的形式展开探索。皎然在《诗式》中曾对吴歌作出"吴声浏亮"的评价。其中"浏亮"出自陆机《文赋》之"诗缘情而绮靡，赋体物而浏亮"；李善注为"浏亮，清明之意"。《说文解字》载有"浏，流清儿"。"浏"的本义就是清。⑥"吴音浏亮"指吴歌具有清脆响亮的特点。

---

① 仇兆鳌：《杜诗详注》，北京：中华书局2015年版，第682页。
② 王琦注：《李太白全集》，北京：中华书局2015年版，第1397页。
③ 胡问涛、罗琴校注：《王昌龄集编年校注》，成都：巴蜀书社2000年版，第223页。
④ 顾颉刚：《孟姜女故事研究及其他》，北京：商务印书馆2017年版，第213页。
⑤ 彭定求等编：《全唐诗》，北京：人民出版社2004年版，第5427页。
⑥ 黄霖、邬国平主编：《追求科学与创新：复旦大学第二届中国文论国际学术会议论文集》，北京：中国文联出版社2006年版，第145—146页。

吴音轻浅、柔和，能打动人心，但有些吴越诗人的诗歌受吴方言的影响，不符合格律诗的要求。以包融的《武陵桃源送人》一诗为例，"武陵川径入幽遐，中有鸡犬秦人家。先时见者为谁耶？源水今流桃复花。"①这首诗有两句是拗句，第二句失对，第二句和第三句间失黏，第二句属尾字犯三平忌。诗句中大概存在吴方言中的某些口音，以当时的吴方言来读抑扬顿挫，但是按照诗律往往失对、失黏。吴越诗歌的音韵清浅，吴地诗人将大量的吴音入诗，虽然在格律上无法尽善尽美，却能另辟蹊径、追求适意，展现吴越民歌清丽缠绵的情调。这也就是胡应麟所说的"清而适"。②

一、陆法言《切韵》与隋代吴方言

《切韵》是隋代陆法言所作。陆法言名词（一作慈），以字行，是魏郡临漳（约为今河北省邯郸市临漳县）人，陆爽之子。陆法言时任承奉郎，后来因为其父见罪于隋文帝，被除名罢官。闲居在家时，陆法言对于先前有关音韵讨论的纲要进行了细致入微的审音、辨音的工作，在隋仁寿元年（601）撰《切韵》五卷。③

《切韵·序》介绍了成书过程和作书目的，当时刘臻等八人在陆法言家做客畅谈时，谈论到现今各地的语音语调不同的现象，以及前代的韵书中存在着对于语音语调方面的不同描述。《切韵》撰写的初衷便是选择语音的标准。

> 吴楚则时伤轻浅，燕赵则多涉重浊，秦陇则去声为入，梁益则平声似去。又支章移反脂旨夷反、鱼语居反虞语俱反，共为一韵；先苏前反仙相然反、尤雨求反侯胡沟反，俱论是切。欲广文路，自可清浊皆通；若赏知音，即须轻重有异。吕静《韵集》、夏侯该《韵略》、阳休之《韵略》、李季节《音谱》、杜台卿《韵略》等，各有乖互。江东取韵，与河北复殊。因论南北是非，古今通塞，欲更捃选精切，

---

① （清）唐开韶、（清）胡焯编纂：《桃花源志略》，长沙：岳麓书社2008年版，第170页。
② （明）胡应麟：《诗薮》，上海：上海古籍出版社1979年版，第186页。
③ 李大星：《陆法言》，《河北学刊》1984年第3期，第75—76页。

除削疏缓。颜外史、萧国子多所决定。①

"南北是非,古今通塞",南北语音的差异问题,已经成为当时许多文人所注意到的问题。语音的差异,源自人群的分合流离,源自地域的分殊悬隔。既然天下一统,有民族大融合之势,所谓"车同轨,书同文",也就是说需要建立起语言的官方标准。《切韵》编集者已具有声调标准音的概念。后来,在参考了大量古今字书和音韵著作的基础上,《切韵》历经多年才得以在隋仁寿元年(601)成书。《切韵》的原本已佚,其中的音韵体系在唐代初年被定为官韵,增订本甚多。现存最完整的增订本有两个:一为唐写本王仁昫《刊谬补缺切韵》,一为北宋陈彭年等编修的《大宋重修广韵》。《切韵》通过反切法对字进行注音,将当时同音的字合在一起,以平、上、去、入四声分卷,由于平声字数较多,故将其分为两卷,合计五卷,共收字12158个。②

《切韵》残卷中有6条与吴方言相关的记录:

> 蟹韵莫解反:"荚,吴人呼苦苣。"
> 荡韵乌朗反:"坱,尘埃,吴人云。"
> 匹朗切:"膀,髀,吴人云。"
> 梗韵古杏反:"埂,堤封,吴人云。"
> 麻韵止奢反:"爹,吴人呼父。"
> 屑韵普篾反:"鳘,江南人呼锹刃。"(吴语今读帮母)③

《切韵》中所记的吴方言相对较少。但残存的文卷同古书《方言》《说文解字》相印证,"荚""膀""爹"等词作为吴方言词语被保留下来。

由于中古前期的吴方言的内涵和后期存在差异,即前期指江东地区的吴方言,后期指的则是南朝通语系统,④因此,尽管《切韵》强调正音,但后人仍对书中有关吴方言的内容进行校正或提出疑问。唐代的

---

① 胡竹安:《唐写全本〈刊谬补缺切韵〉所存〈切韵序〉疏义》,《江西师范大学学报(哲学社会科学版)》1982年第4期,第74—77页。
② 李新魁:《汉语音韵学》,广州:中山大学出版社2019版,第21页。
③ 郑张尚芳:《吴语方言的历史记录及文学反映》,《东方语言学》2010年第1期,第83—115页。
④ 马德强:《〈切韵〉音系"吴音说"再认识》,《语言科学》2018年第2期,第193—200页。

李涪在《刊误·切韵》中指出"吴音乖舛不亦甚乎""韵非中律"。① 他将晚唐洛阳音与《切韵》音比较,认为陆法言所记为吴音,与中州音不合。例如:

> 然吴音乖舛不亦甚乎?上声为去,去声为上,又有字同一声分为两韵。且国家诚未得术,又于声律求人,一何乖阔!然有司以一诗一赋而定否臧。言匪本音,韵非中律,于此考核以定去留,以是法言之为行于当代。②

孙光宪在《北梦琐言·卷九》中,更是认为《切韵》多用吴音。如:

> 广明以前,《切韵》多用吴音,而清、青之字,不必分用。③

二、《慧琳音义》与唐代吴方言

中古时期,翻译佛经的僧人为实现梵文与汉文的严密对应,常常在正文下双行小字标注,或描写原典的发音特点,更有甚者用相似或相同发音的地方方言标注梵音,其中被广泛使用的就是吴方言。王昌龄在《题净眼师房》曾提到"吴音唤字更分明"④,即用吴音来诵读梵经更贴合原意。《慧琳音义》就是其中的代表,它是唐代学僧慧琳耗时二十余年所创作的一部佛学词典。《慧琳音义》,又称《大藏音义》《一切经音义》《一切藏经音义》《慧琳藏经音义》,总共有100卷。这部作品主要涉及从汉代到唐代翻译的佛典,即《开元释教录》所收录的经典,范围包括《大般若经》到《护命放生法》。慧琳为了更好地传播佛经的教义,依据三藏经论的目录,为各经典逐一创作了"音义",以便解释和阐释这些经典,因此此书又得名《一切经音义》。这部作品旨在广泛传播佛经,使人们更容易理解这些经典的内涵。这本书引用了丰富多样的文献,并涵盖了广泛的主题,足见慧琳学识的博大精深。《慧琳音义》是中国传统古典文献的珍贵遗产,享有"议者以为训诂之府,无出琳之右矣"的赞

---

① 汪寿明选注:《中国历代音韵学文选》,上海:华东师范大学出版社2003年版,第23页。
② (唐)李涪:《刊误二卷》,吴慈培1912年影印本,第33页。
③ (五代)孙光宪:《北梦琐言》,北京:中华书局2002年版,第198页。
④ 胡问涛、罗琴校注:《王昌龄集编年校注》,成都:巴蜀书社2000年版,第223页。

誉,对文献学、语言学以及传统文化研究都具有重要的学术价值,其中就包含了丰富的唐代吴方言资料。不过,对于《慧琳音义》中"吴音"的性质,目前有一些不同的看法,主要有以下五种观点,分别认为它是南朝金陵地区的标准音、南朝吴方言、《切韵》音、唐代吴方言和秦音。总而言之,为了更好地解释并诵读梵经,《慧琳音义》使用了大量的方言材料。如:

> 斗擞又作薮,同苏走反。言斗擞,举也。周成《难字》云:"斗擞,鬃鬆。"音都谷反,下苏谷反。(五六·1)

> 斗薮又作擞,同苏走反。《通俗文》:"斗薮谓之鬃鬆。"……鬃音都谷反,鬆音速。(五八·6)

> 抖擞又作薮,同苏走反。郭璞注《方言》曰:"抖擞,举也。"《难字》曰:"抖擞,鬃鬆也。"江南言抖擞,北人言鬃鬆,音都谷反,下苏谷反。(五九·14)①

(一)《慧琳音义》所记江南方言

《慧琳音义》涉及了大量的唐代吴方言的语料,共计 93 条。在 93 条语料中对"吴方言"的称谓并不一致,包括吴、江南、江东和淮南等等。以江南地区代称的共有 65 条,占绝大多数,称吴的有 20 条,称江东的共有 7 条,称淮南的只有 1 条。《慧琳音义》在说明江南一带的吴方言时,常常有江北、关中和中原等地语言相对照;而当提及"吴"时,又惯以吴越等并举的形式描述吴方言词语。

《慧琳音义》的 93 条吴方言条目中,若不计重复,共有 82 条。其中,大多是对吴地事物名称的注解,名词所占比例最大,共计 55 条,动词共有 24 条,形容词共计 3 条。使用吴方言注释时常称"江东""江南""吴"等。其中"江南"语音代称吴方言的最为常用,在名词条目中占 41 条。例如:

> 脾:蒲米反,北人行此音;又方尔反,江南行此音。(卷九)蒲米

---

① 姚永铭:《试论〈慧琳音义〉的价值》,《古汉语研究》1997 年第 1 期,第 14—19,36—37 页。

反,北人用此音;又必尔反,江南行此音。(卷二十六)方尔反和必尔反同音,则方(非母)和必(帮母)声母相同,可见唐初江南话轻重唇尚未分化。

阜:扶久反,吴楚之音也。《尔雅·释地》有:大陆曰阜。《说文》中言:土山曰阜,言高厚也。

潬:坛懒反。上声字也。《韵诠》云:"潬,水中沙推出曰潬。江东语也。"从水单声。①

慧琳对江南吴方言词语的注释,除了单纯地解释吴方言词汇的含义以及利用反切记录方言语音以外,还将"江南"同"山东""陕西""江北""关中"等地的方言进行对比,有力地呈现出唐代各地方言的整体面貌。

朕肿:朕,火靳反。江南言朕肿。

瓯:今江南谓瓷碗瓦碗总名为瓯。

蜈蚣:蚰蜓,音由延。江南谓大者即蜈蚣也。

胡荾、葫荽:胡荽,今江南谓胡荾,亦为葫荽,音胡析,闾里间音火孤反。

蝘蜓:守宫,此在舍者,江南谓蝘蜓。然体一物,山东谓蜥蜴,陕以西谓壁宫。

姿嬽伊:妖嬽,壮少之貌也。今江南谓作姿嬽伊,山东名作嬽也。

草蘆:音察,草蘆也,亦芬。经文作藻,非也。蘆,音千古反,枯草也。今陕以西言草蔡,江南山东言草蘆,蘆音山东云七故反。

髹:黍棰,又作漆,同。音七。下又作体(髹),同。音瑞。江南名髹,北人名赪,音换。

葐:伏,今江北通谓伏卵为葐;江南曰葐,音央富反。

櫼:楔,又作栔,同。先结反。江南言櫼,子林反。楔,通语也。

菹:齑,醯酱所和,细切曰齑,合物为菹。今中国皆言蛮齑,江南悉言菹。

---

① 王耀东:《南北朝隋唐宋方言学史料考论》,北京:科学出版社2022年版,第7页、第54页、第55页、第122页。

䅽子：秸作麰，同。痕入声，一音胡结反。坚米也。谓米之坚鞕，椿捣不破也。今关中谓麦屑坚也为麰头，亦此也，江南呼为䅽子，音徒革反。①

江南同山东的地域相近，方言词语有一定的相通性。如形容壮少之貌，江南谓"姿嬢伊"，而山东称"嬢"，又如江南和山东都言"草薵"。慧琳对吴方言释义时常借用《埤苍》《说文解字》《史记》等古籍释义，采用古今对照的方式阐述。例如：

湩：诛㡣反，龙重反。《说文》云："乳汁也。"江南见今呼乳汁为湩，去声。

拍浮：泅，《说文》作汙。或从囚作泅，音似流反，谓浮水上也。江南言拍浮也。

䯗：髂，《埤苍》："腰骨也。"江南呼髀上骨接腰者为䯗。

靸：菴鞳，疑是靸鞳。《字苑》素合、都奚反。今江南谓靴无头者为靸。

行縢：行缠。行縢：江南厮役者有此物，亦谓之行缠。

鑱刺：仕衫反，下千亦反。《说文》："鑱，锐也。"今江南犹言鑱刺也。

言甓：甋砖。《通俗文》："狭长者谓之甋砖。"江南言言甓。蒲历反。

𣂪：鼓𣂪，桑朗反。《埤苍》："鼓，柮也。"《字书》："鼓，材也。"今江南名鼓匠为𣂪。柮音五寡反。

軏：《字林》：音渠例反。木钉也。《广雅》："检、槩，钉也。"江南谓之軏。

铧锹："颜氏《证俗音》云，'今江南人呼为铧锹，巴蜀之间谓锹为锸。'"锹：今江东人呼锹为鏎，音片蔑反，此皆方音别异也。从金秋声。②

---

① 王耀东：《南北朝隋唐宋方言学史料考论》，北京：科学出版社2022年版，第29页、第86页、第91页、第92页、第97页、第118页、第119页、第122页、第123页。

② 王耀东：《南北朝隋唐宋方言学史料考论》，北京：科学出版社2022年版，第66页、第119页、第120页、第121页、第122页、第123页。

《慧琳音义》采用最多的是以共时和历时相结合的方式释义。如：

烟：《韵集》，"一余反。"今关西言烟，山东言蔫。蔫音于言反。江南亦言㾖，㾖又作萎，于为反。

鐏：钻。《释名》云："矛下头曰鐏。"音存闷反，江南名也。关中谓之钻，音子乱反。

篡：子管反。锡杖下头铁也。应作钻，子乱反。关中名钻，江南名鐏。鐏音在困反。《释名》："矛下头曰鐏。"

㕩：又作墙，同。自羊反。《字林》："䫻，音帆，柱也。"江南行此音，关中多呼作竿。

鞮鍪：胄，古文軸，同。除救反。《广雅》："胄，兜鍪也。"中国行此音。亦言鞮鍪，江南行此音。鞮音低，鍪，莫侯反。

沸子：沸。《通俗文》："体蚌沸曰癏沮。"音扶分、才与反。江南呼沸子，山东名癏沮。

腓肠：膞，又作腨，同。时奜反。《说文》："腨，腓肠也。"腓音肥。江南言腓肠，中国言腨肠，或言脚腨也。

铫：古文鎒，同。余招反。《广雅》："銷谓之铫。"《说文》："温器也。似鬲，上有镮。"山东行此音。又徒吊反，今江南行此音。

髯：又作额，同。而甘反，江南行此音；又如廉反，关中行此音。《广韵》汝盐反，与关中音同。

潘：《说文》，"泔，潘也。"谓米汁也。潘音翻，浙米汁也。江北名泔，江南名潘也。

柿：札，侧黠反，《三仓》："柿，札也。"今江南谓斫削木片为柿，关中谓之札，或曰柿札。柿音敷废反。

肕：又作脖，同。力雕反。《字书》："肕，脂膏也。"谓肠间脂也。今中国言脂，江南言肕。

胻：胫。《说文》："胫，脚胻也。"胻音下孟反。今江南呼胫曰胻，山东曰胻敞，胻音下孟反，敞音丈孟反。胫、胻俱是膝下两骨之名也。

鞘：《小尔雅》作鞘，诸书作削，同。思诮反。《说文》："削，刀鞘也。"《方言》："剑削，关东谓之削，关西谓之鞘。"音饼。江南音啸，关中音笑也。

摩:《字林》作䃺,同。亡佐反。郭璞注《方言》云:"䃺即磨也。"《世本》云:"输班作䃺。"北土名也。江南呼摩。("摩"字当作"磨")

篅:市缘反,圆仓也。江南行此音。又作上仙反,中国行此音。

箭金:镞,子木反。《字林》云:"箭,镝也。"江南言箭金也,山东言箭足。

什物:时立反。什谓会数之名也,亦聚也,杂也。资生之物也。今人言家产器物犹云什物,物即器也。江南名什物,此土名五行。

蟾蜍:淮南谓之去父,山东谓之去蚁……江南俗呼蟾蜍。①

对其中"蟾蜍"一例,可以推测出其历史演变。在古代,它可能被称作"蟾诸"。到了东晋时期,在淮南方言中,它被称作"去父"。随着时间的推移,到了唐宋时期,淮南方言中的"去父"逐渐扩展到了山东地区,音调有所改变,变成了"去蚁"。而在上古时期的通用语言中,"蟾蜍"这个词汇被保留了下来。到了现代,普通话书面语中,"蟾蜍"成为一个常用的词汇,俗称"癞蛤蟆"。与此同时,"去父"消失了,成为古方言的一部分。这表明语言在历史演变中会发生变化,但一些古老的词汇和语音传统可能会在某些方言中得到保留。②

(二)《慧琳音义》所记吴方言

江南一带称吴音,亦有本为吴音的训释方式,比如"江外吴音""吴会间"等。"吴"又常和"楚""越"并举,跟"秦""幽州"等对举。例如:

阜:扶久反,吴楚之音也。

讶:额。《释名》云:"幽州人谓额为鄂。"今江外吴音呼额为讶,并边方讹也。

藤:悬腾,下邓能反。《集训》云:"腾,蘽也。音力鬼反。蘽谓草之有枝条,蔓延如葛之属也。吴越间谓之藤。"

---

① 王耀东:《南北朝隋唐宋方言学史料考论》,北京:科学出版社2022年版,第53页、第59页、第60页、第61页、第86页、第87页、第97页、第118页、第120页。

② 王耀东:《南北朝隋唐宋方言学史料考论》,北京:科学出版社2022年版,第60—61页。

㲉:又作壳,同。口角反。吴会间音哭,卵不坚皮也。

觜星:子移反,吴音醉唯反。秦音也。参星头上三小星也。

礘礏:掣电,上昌制、尺折二反,阴阳激耀也。《释名》云:"掣,引也。""电,殄也,谓乍见殄灭。"关中睒电,今吴人谓礘礏,上息念反,下大念反。掣:《十洲记》云,"猛兽两目如礘礏之光。"今吴名电为礘礏,音息念、大念反,三辅名为煛电也。

蚊:"蚊,音文,吴音密彬反。"按:《广韵》无分切。音文,与吴音密彬反不同。

猫:"猫,莫包反,江外吴音以为苗字。"按:猫读莫包反是开口三等读如开口二等,苗是三等。①

(三)《慧琳音义》所记江东方言

除了以江南和吴等地名释义吴方言外,江东也有使用。"江东"来源于郭璞注,北方士庶南来到江浙一带形成了新的方言,也就是现代吴方言的前身。后来"江东"一词常用来指称吴方言的地域范围。

潬:坛懒反。上声字也。《韵诠》云:"潬,水中沙堆出曰潬。江东语也。"从水单声。

虹:胡公反,江东音绛。

厌:于冉反。《字苑》云:"眠内不祥也。"《论衡》曰:"卧厌不悟者也。"江东音于叶反。

伇:鲵鱼,上艺鸡反。杜预注《春秋》云:"鲵,大鱼也。"郭注《尔雅》:"鲵鱼似鲇,四脚,声如小儿,大者长八九尺。"今江东呼为伇,荆州呼为鰨。《古今正字》:"从鱼,儿声。"鰨音汤蜡反。

虬:蛭,江东名虬。

駠鹅:雁,今江东呼雁为駠鹅。或作歌,古字也。或作驾。②

---

① 王耀东:《南北朝隋唐宋方言学史料考论》,北京:科学出版社 2022 年版,第 53 页、第 55 页、第 60 页、第 61 页、第 92 页、第 117 页、第 118 页、第 120 页。

② 王耀东:《南北朝隋唐宋方言学史料考论》,北京:科学出版社 2022 年版,第 9 页、第 117 页、第 118 页、第 121 页、第 122 页。

(四)《慧琳音义》所记吴方言动词、形容词考察

《慧琳音义》吴方言动词共 21 例,其中单音节词语占比一般,优势已经不太明显,说明和早期相比,方言词语愈加丰富,向双音节和多音节方向发展。动词部分同名词部分一样,以江南和吴语释义吴方言动词。其中江南的占比较多,共计 18 例。如下:

呕喀:呕,欲吐也。江南或谓呕喀,喀音客。

揣:《说文》,"揣量也。"音都果反,北人行此音。又初委反,江南行此音。揣非字义。

挑:掏,他劳反。《说文》:"掏,挖也。"挖,一活反。中国言掏,江南言挑,音土雕反。

齩:又作咬,同。五狡反。齩,啮也。关中行此音。又下狡反,江南行此音。

灒:又作溅、㦃二形,同。子旦反。江南行此音。山东音湔,子见反。

劈:古文䉾、脈二形。《字林》:"匹狄反,破也。"关中行此音。《说文音隐》披厄反。江南通行二音。

踦:多个反,江南俗音带,谓倒地也。按:踦,上古端纽歌部;带,端纽月部。歌月对转。

晒:霜智反,北土行此音。又所监反,江南行此音。

跽趌:趌,求累反。今江南谓屈膝立为跽趌,中国人言胡跽。音其止反,胡音护,趌音丈羊反。

頷俯:頷头,牛感反。《说文》:"低头也。"《广雅》:"頷,摇也。"谓摇其头也。今江南谓领纳摇头为頷俯,亦谓笑人为頷酌。俯音苏感反。

瘶欬:瘶,苏豆反。《说文》:"瘶欬,逆气也。"欬音若代反,江南行此音。《字隐》起志反,山东行此音。

磕碎:磕,苦盍反。《说文》:"磕,石声也。"今江南凡言打物破碎为磕破。

抖擞:《难字》曰,"抖擞,举也。"江南言抖擞,北人言繄繫。音

都谷反,下苏谷反。

踔跨坐:跰,江南谓开膝坐为踔跨坐,山东谓之甲跌坐也,踔音拔患反,跨音口化反。

饤饾:饤,丁定反,江南呼饤食为饤饾。《经文》作奠,徒见反。奠,置也,献也。饾音豆也。①

少数以"吴"代称当地的方音。如:

挂:古画反……又吴音怪。

伫:搦耕反,吴音。按:《广韵》直吕切。

打:① 德耿反,陆法言云"都挺反",吴音,今不取也。

② 打。德冷反,今江外吴地见音为顶。

疗:吴会江湘谓医病曰疗。

覆救:上敷务反。见《韵英》,秦音也。诸字书音为敷救反,吴楚之音也。

掷碢:徒禾反,圆薄而小,形似辗碢,手掷以为戏,亦曰抛碢,云掷樗者是也。乃江乡吴越之文言,非经史之通语也。此字本无,诸儒各随意作之,故无定体,今并书出,未知孰真。《集训》从墒,《考声》从石作碑,《韵诠》从木作槊,《文字集略》及《韵英》从石作碢,今且为正。②

《慧琳音义》记载的形容词相对较少。如:

辣:《通俗文》:"辛甚曰辣"。江南言辣,中国言辛。

淰:江南谓水不流为淰,音乃点反。关中乃斩反。③

还有个别词语只有语音注释,而语义无从考证。如:

啙:兹此反。吴音子尔反。

---

① 王耀东:《南北朝隋唐宋方言学史料考论》,北京:科学出版社 2022 年版,第 52 页、第 59 页、第 87 页、第 96 页、第 97 页、第 123 页。

② 王耀东:《南北朝隋唐宋方言学史料考论》,北京:科学出版社 2022 年版,第 53 页、第 71 页、第 117 页、第 118 页、第 119 页。

③ 王耀东:《南北朝隋唐宋方言学史料考论》,北京:科学出版社 2022 年版,第 92 页、第 93 页。

茂：莫候反,吴楚之音也。《韵英》音为摸布反。①

三、颜师古《匡谬正俗》《急就篇注》与唐代吴方言

颜师古,名籀,以字行,雍州万年(约为今陕西省西安市)人,生于隋开皇元年(581),卒于唐贞观十九年(645),享年64岁。颜师古出身于琅琊颜氏家族,祖父是颜之推。颜师古受家风影响,自小便对语言文字有兴趣。他为《汉书》和《急就篇》作注,著《匡谬正俗》,编写《字样》,校订《五经》等等。《旧唐书·颜师古传》记载:"少传家业,博览群书,尤精诂训,善属文。"②为了做好学问,他养成了"宗系小学""典正文章"的严谨治学态度。这也为他考据古音古义、辨误刊谬奠定了良好的基础。除此之外,颜师古在作注时常使用方俗语词来注释原文,这对研究当时人所操的方言俗语的语音、语义有着借鉴作用。

(一)《匡谬正俗》与唐代吴方言

《匡谬正俗》是唐代文字学史上具有代表性的一部字书。版本众多,现存《匡谬正俗》的版本有卢氏雅雨堂本、明沈士龙校本、未注明版本出处的明刻本(现藏于国家图书馆)、何焯校跋清钞本、和刻本、清张绍仁校本、清乾隆间钞本、清乾隆间刻《艺海珠尘》本、清同治间刻《小学汇函》本、崇文书局本、章嗣韩辑注清钞本、《关中丛书》本、张寿镛校《颜氏遗书》本、四库本、丛书集成本。③ 同时,《匡谬正俗》还是我国现存较早的一部涉猎广博的考据型笔记,研究范围甚广。内容可以概括为考证解释古籍正文、纠正古籍中的错误音训、探求方言俗语来源三部分。其中对于方言俗语的研究较少。现将《匡谬正俗》中与吴方言相关的词条列举如下:

> 稻米:(陶弘景)注"米"云,"道家方药有俱用稻米、粳米,即是两物。云稻米糠白如霜,今江东无此,皆通呼粳米为稻米耳。"

---

① 王耀东:《南北朝隋唐宋方言学史料考论》,北京:科学出版社2022年版,第117页。
② (后晋)刘昫等:《旧唐书》(卷七十三),北京:中华书局1975年版,第2594页。
③ 范芷萌:《颜师古与〈匡谬正俗〉》,武汉大学2020年硕士学位论文,第7—18页。

逾："愈，胜也，故病差者言愈。《诗》云：'政事愈蹙。'《楚辞》云：'不侵兮愈疏。'此愈并言渐就耳，文史用之者，皆取此意，与病愈义同。而江南近俗，读愈皆变为逾，关内学者，递相放习，亦为难解。"

呻唤："恫：今太原俗呼痛而呻吟谓之通唤何？答曰：《尔雅》云：'恫，痛也。'郭景纯音呻恫音通。亦音恫，字或作侗。《周书》云：'恫瘝乃身。'并是其义。今痛而呻者，江南俗谓之呻唤，关中俗谓之呻恫，音同，鄙俗言失。恫者，呻声之急耳。太原俗谓恫唤云通，此亦以痛而呻吟，其义一也。郭景纯既有呻恫之音，盖旧语耳。"

堤："又堤防之堤字，并音丁奚反，江南末俗往往读为大奚反，以为风流，耻作低音，不知何所凭据。转相放习，此弊渐行于关中。其提封本取提挈之义，例作低音，而呼堤防之字即为蹄音，两失其义，良可叹息。"

刚扛："或问曰：'吴楚之俗谓相对举物为刚，有旧语否？'答曰：'扛，举也，音江，字或作𢪘。《史记》云：项羽力能扛鼎，张平子《西京赋》云乌获扛鼎，并是也。彼俗音讹，故谓扛为刚耳。既不知其义，乃有造掆字者，固为穿凿也。'"

拄："《西域传》云：当为拄置，心不便。按，拄者，撑拄之名，本音竹羽反。柱物之本，因为之柱，竹具反。《鲁灵光殿赋》云：'漂峣𡾰而枝柱。'此音是也。车后柱木呼为车柱，其义亦同。置者，安设之名。言拄置者，谓自安置支拄他人。今江南俗呼人自高抗矜持为自拄置。今此言车师国见徐普于其侧近拄置，恐被侵拒，故心内以为不便耳，安在其取橡柱而置于心腹中乎？义既乖剌，语又析破，失之远矣。朱云连拄五鹿君，岂复赍橡随乎？"

底："问曰：'俗谓何物为底（丁儿反），底义何训？'答曰：'此本言何等物，其后遂省，但言直云等物耳。等字本音都在反，又转音丁儿反。左太冲《吴都赋》云："畛畷无数，膏腴兼倍。原隰殊品，窊隆异等。"盖其证也。今吴越之人呼齐等皆为丁儿反。应璩诗云："文章不经国，筐箧无尺书。用等称才学，往往见叹誉。"此言讥其用何等才学见叹誉而为官乎？以是知去何而直言等，其言已旧，今人不详其本，乃作底字。非也。'"

"底"出现在中古时期，相当于文言文的"何"，"底"和"等"以及"是"古音相通。六朝乐府诗中出现的"底"字用例，全出自吴声歌曲或西曲歌。即在吴地一带的歌谣，以及江汉平原的歌谣中，"底"被广泛使用。① "底"的反切是祭地反又时止反（止韵），《广韵》都礼切，（荠韵），《韵镜》端母开口四等字，六朝音 tei，唐朝时 tiei（上声）。颜师古说"底"读"丁儿反"，"等"本音在都在反，又转音丁儿反，今吴越人呼齐等皆为丁儿反。由此得知，"等"，都在反，音 tei，和"底"同样读法，吴越一带是丁儿反，音 ti（丁倪反则是 tei）。②

《匡谬正俗》中有他注和颜师古注。颜师古在注疏和刊谬上以"以今语释古语"，在引用方言时有时标明"今"字，有时不标。但可以肯定的是，标注了"今"字的注疏一定是颜师古熟悉的方言。因此通过研究其中的注疏，对于了解当时各地方言的字音、词汇释义等方面有着极大的益处。尽管不能完全明确未标注"今"字的语料是否为隋唐时期的共时语料，但《匡谬正俗》通过追溯《尔雅》郭璞注，并且用江南、关中、太原三地方言进行比较，说明方言词的来历，勾勒了方言分化的情形。③ 这对方言研究的贡献巨大。

《匡谬正俗》是札记体的开山之作。《匡谬正俗》开创了训诂著作的新体例，即解释词语但未以义聚类，不属于辞典；所释词语多源自古籍，但又不是注疏，而是摘引古籍词句，解释其疑难词语；这种形式被称为札记。④ 颜师古充分运用音同、音义同、声相近、声之转等方法来辨通假、推求事物命名之意、贯通异形词，其因声求义的观念是明确的，方法是科学的。可以说，颜师古的因声求义已开清代以声音通训诂

---

① ［日］志村良治、杨荣祥：《论中古汉语疑问词"底"》，《鄂西大学学报（社会科学版）》1988年第2期，第57—63页。
② ［日］志村良治、沈光海、刘初霞等：《疑问词"底"——中古汉语中疑问词的谱系的研究》，《温州师专学报（社会科学版）》1985年第3期，第63—71页。
③ 罗晓燕：《从〈匡谬正俗〉看颜师古的语言文字研究》，四川师范大学2004年硕士学位论文，第10页。
④ 赵伯义：《论颜师古的〈匡谬正俗〉》，《河北师范大学学报（哲学社会科学版）》2004年第1期，第97—101页。

方法的先河。①

(二)《急就篇注》与唐代吴方言

《急就篇》又名《急就章》,原是一本为儿童识字学习所使用的字书。先前已有学者为之作注,但颜师古认为时代变迁,《急就篇》中的内容有些在传写时已经丢失或发生讹误。因此他细心整理,通过审核校订,最终将其审定为32章,并解训正音。这表现了他在音韵、训诂等方面的深厚功底。今世所存《急就篇》也多以颜师古注本为底本。

现存较为完整的颜注本主要是以下五个不同版本,分别为《丛书集成初编》本、《四部丛刊续编》本、《天壤阁丛书》本、《小学汇函》本和《四库全书》本。其中,《四部丛刊续编》本收入的是颜注单行本,该本中的《急就篇注》首页注明了"上海涵芬楼借海盐张涉园藏明钞本影印",具有较高价值。而其余本皆是颜师古与王应麟的合注本。

《急就篇注》中包含了大量鲜活的方言词汇,其中涉及吴方言注释的词条列举如下:

> 釜鍑:师古注,"釜,所以炊煮也。大者曰釜,小者曰鍑。北燕朝鲜洌水之间谓之錪。"《方言》第五:"鍑,北燕朝鲜、洌水之间或谓之錪,或谓之鉼。江淮、陈楚之间谓之锜,或谓之镂。吴、扬之间谓之鬲。釜,自关而西谓之釜,或谓之鍑。"
>
> 鋋:师古注:"鋋,铁把小矛也。江淮、吴楚或谓之鏦。"《方言》第九:"矛,吴楚、江淮、南楚、五湖之间谓之鏦,或谓之鋋,或谓之縱,其柄谓之矜。"②

颜师古对事物的得名之由进行了自觉主动的探究,从事物本身特点和语音的角度进行探讨,打破了古代学者通过"声训"来解释事物的得名之由的习惯。这些成就丰富了词源学史料。他注重用方言俗语(包括吴方言)来解释原文,同时也引用前人在方言俗语方面的研究成

---

① 张金霞:《论颜师古对音义关系的认识》,《古籍整理研究学刊》2003年第1期,第66—70页。
② 王智群:《颜师古注引方俗语研究》,华东师范大学2004年硕士学位论文,第19页。

果或收集的方言俗语。颜师古的这些著作反映了他在方言俗语方面的研究成就,同时也为后世了解隋唐时期的吴方言俗语打下了很好的基础。

第二节　宋代吴方言

北宋时期,吴方言区主要在江南一带,主要可概括为两个行政区:一是两浙路(包含今浙江省全部、上海市、江苏省的苏锡常镇),二是江南东路(包含今皖南、赣东北、南京)。南宋时,北方沦陷于金,南宋朝廷局限于淮河以南。官府为了方便征税,北宋的两浙路被细分为两浙东路、两浙西路,杭州及其以北为两浙西路治临安府,钱塘南为两浙东路治绍兴府,其余的变化不大。南宋时吴方言的分布地域相较于现代要广,大致包括今浙江省全部,上海市全部,苏南(除宁镇地区外),苏北的通州和海门,江西的婺源、玉山、上饶、永丰,福建的浦城。① 可以说,宋代是现代吴方言形成的又一关键时期。宋代文人尤爱吴音的轻清柔美,对吴音有特别的偏好。如:

柳疑楚舞腰偏细,莺学吴音舌更柔。(《阆风集》卷七《三月二十三日效乐天体》)②

梦破一声婆饼焦,吴音未稳带春娇。(惠迪《婆饼焦》)③

诗中所体现出的"吴侬软语"是"莺学吴音舌更柔",巧以莺学舌指出吴音柔软动人。另一句"吴音未稳带春娇",仿佛春天的娇媚和娇气都化在了吴音之中。另一方面,朱熹等文人也认识到了吴音的"不正"。如:

因说四方声音多讹,曰:"却是广中人说得声音尚好,盖彼中地尚中正。自洛中脊来,只是太偏南去,故有些热。若闽、浙则皆偏

---

① 《方言》编辑部:《吴语的边界和分区》,《方言》1984年第4期,第241—242页。
② (宋)舒岳祥:《阆风集》,北京:文物出版社1982年版,第2页。
③ 钱毅:《从笔记、文集等历史文献看唐宋吴方言》,《社会科学家》2010年第1期,第150—153页。

东角矣,闽、浙声音由不正。"①

《朱子语类》是宋代朱熹和他的弟子问答的语录汇编,口语性较强。其中的"闽、浙声音由不正",说明闽地和浙地等的方音仍然不受认可。当时闽浙一带(尤其是浙江)所讲的方言应该是吴方言,"不正"则说明吴音跟中原正音的差距较大。南宋学者龚明之撰写的《中吴纪闻》就提到了相关例子。如:

> 吴人呼来为厘,始于陆德明,"贻我来牟""弃甲复来"皆音厘。盖德明吴人也。②

《中吴纪闻》一书成书于南宋淳熙九年,且著书的作者龚明之是江苏昆山人。江苏昆山地区所讲的方言正是吴方言。"吴人呼来为厘"反映了唐宋以来的吴音特点。

一、宋人江浙文人诗文用韵中的吴音

扬雄和郭璞时代注重方音词汇研究,南北朝又出现了一批方言韵书,研究重点转向方音,这种状况持续到了唐代。宋代科举考试和讲唱文学却使学者着意于方音,于是出现了词汇研究与方音研究并重的局面,其中方言专书和方言记载主要涉及词汇,方言论述则主要讨论语音。从宋人诗、词、文中寻找吴方言的痕迹,并根据其诗韵、词韵、文韵论述当时吴方言在语音层面上的特点,对后人了解、研究宋代吴音的大致面貌具有重要意义。宋代吴方言可以入诗,如:

> 方言可以入诗,吴中以八月露下而雨,谓之淋露;九月霜降而云,谓之护霜。竹坡周少隐有句云:"雨细方淋露,云疏欲护霜。"方言又有勃姑、鸦舅、槐花黄、举子忙、促织鸣、懒妇惊之类,诗人皆用之。大抵多吴语也。(《梁溪漫志》卷七)③

宋代的江浙诗人的诗作中存在着大量的"自注"。这些"自注"从多

---

① 王耀东:《南北朝隋唐宋方言学史料考论》,北京:科学出版社2022年版,第145页。
② 王耀东:《南北朝隋唐宋方言学史料考论》,北京:科学出版社2022年版,第145页、第137页。
③ 王耀东:《南北朝隋唐宋方言学史料考论》,北京:科学出版社2022年版,第169页。

个角度记录了宋代江浙地区方言的特点,如范浚的《寓居兰溪地湿卧病》中,"所须药物真吾事,麦曲山鞠今满囊"中,"鞠"字后便自注:"音穹"。"鞠",《广韵》入声居六切,"穹",《广韵》平声去宫切,从韵尾看入声"鞠"字带塞韵尾,阳声"穹"字带鼻韵尾。现代南部吴方言中,很多地方的古代阳声韵和入声韵的辅音韵尾已经全部或部分丢失。以浙江金华汤溪方言为例,同一摄同一组的阳声韵和入声韵丢失辅音韵尾后,它们的元音部分基本上保持了相同的读音。如:争=责[tsa],姓=惜[sei];金华方言亦如此,如:选=雪[sie],可以称这种现象为"阳入同变"。因此,包括金华地区在内的现代南部吴方言"阳入同变"现象或许在宋代就已存在。①

(一) 宋代诗韵文韵的韵部系统

宋代江浙一带经济发达,文化繁荣,朝廷重视文人,文学创作得到充分的发展。无论是诗词歌赋,还是关于方言的论述,都相对丰富。考察江浙文人诗词用韵、文韵情况,分析其中的特殊用韵现象,可以探知宋代吴方言的韵部系统。

江浙诗韵中的韵部系统分为十八部,阴声韵、阳声韵各七个,入声韵四个。其中阴声韵有:歌戈部、麻车部、皆来部、支微部、鱼模部、萧豪部、尤侯部;阳声韵有:寒先部、监廉部、真文部、侵寻部、江阳部、庚青部、东钟部;入声韵有:铎觉部、屋烛部、德质部、月帖部。

表 3-1　江浙诗人用韵的韵部系统(十八部)

阴声韵	歌戈部、麻车部、皆来部、支微部、鱼模部、萧豪部、尤侯部
阳声韵	寒先部、监廉部、真文部、侵寻部、江阳部、庚青部、东钟部
入声韵	铎觉部、屋烛部、德质部、月帖部

资料来源　周美庄:《〈全宋文〉江浙文人用韵研究》,南昌大学 2010 年硕士学位论文,第 29—31 页。

---

① 钱毅:《从笔记、文集等历史文献看唐宋吴方言》,《社会科学家》2010 年第 1 期,第 153 页。

江浙文韵中的韵部系统分为十七部,分为阴声韵、阳声韵和入声韵。其中阴声韵有:歌戈部、家车部、皆来部、支微部、鱼模部、萧豪部、尤侯部;阳声韵有:寒覃部、真文部、侵寻部、江阳部、庚青部、东钟部;入声韵有:铎觉部、屋烛部、德质部、月帖部。①

表3-2 江浙文人用韵的韵部系统(十七部)

阴声韵	歌戈部、家车部、皆来部、支微部、鱼模部、萧豪部、尤侯部
阳声韵	寒覃部、真文部、侵寻部、江阳部、庚青部、东钟部
入声韵	铎觉部、屋烛部、德质部、月帖部

资料来源 周美庄:《〈全宋文〉江浙文人用韵研究》,南昌大学2010年硕士学位论文,第29—31页。

宋代江浙文人诗韵与文韵的韵部系统差别不大,诗韵比文韵多了一个韵部,即"监廉部"。总体上反映出宋代吴方言韵母的一些特点。江浙籍诗人、文人用韵反映出来的方音特点比较丰富,其中既有反映江浙一带吴音的独特用韵,也有反映包括吴音在内的南方方音共同特征的用韵,其主要表现在各部间的通叶上。从吴音的独特用韵角度对吴方言中的通叶现象进行分类,可将其分为阴声韵、阳声韵、入声韵三部分。

1. 阴声韵。(1)歌戈部与家车部通叶;(2)歌戈部与鱼模部通叶;(3)支微部与鱼模部通叶;(4)皆来部与支微部通叶;(5)鱼模部与家车部通叶。皆来部与支微部通叶是指皆来部中除已归入支微部的奇祭发韵和灰韵及泰韵的合口字以外的皆来部字与支微部的通叶。江浙诗人用韵中皆来部押入支微部有21人26例,支微部押入皆来部有35人56例,数量相当多。大部分支微押入皆来的合口字可以在现代吴方言中找到语音依据。因此,止摄合口字叶皆来可以拟测为宋代江浙吴音、江淮方音的特点。②

2. 阳声韵。(1)侵寻部、真文部与庚青部通叶;(2)东钟部、庚青部与江阳部的通叶。《全宋文》江浙文人用韵有许多侵寻、真文与庚

---

① 周美庄《〈全宋文〉江浙文人用韵研究》将"麻车部"写为"家车部"。
② 周美庄:《〈全宋文〉江浙文人用韵研究》,南昌大学2010年硕士学位论文:第40—42页。

青通押的例子,其中真文部与庚青部通押共计 40 人 123 例,真文部与侵寻部通押共计 9 人 16 例,侵寻部与庚青部通押共计 6 人 13 例,侵寻、真文与庚青通押共计 14 人 30 例。在这三部混押中,侵寻部相对其他两部在各韵段中所占字数都极少。真文部押入庚青部共 59 次,庚青押入真文部共 31 次,而在总计 182 次的混押中,侵寻部韵字占多数韵段仅有 2 例。虽然这三部混押次数较多,但相对于各部的独用次数而言(真文部 589 次,侵寻部 108 次,庚青部 427 次),这三部还不足以合为一部。不过,侵寻部、真文部与庚青部三部混押也可以反映出在宋代吴方言中这三部语音合流的现象。侵寻叶真文、侵寻叶庚青说明宋代双唇鼻音韵在向前鼻音韵、后鼻音韵转化。《全宋文》的江浙文人用韵中真文部入庚青部的次数比庚青部入真文部的次数多 32.1%,宋代江浙吴方言区鼻音韵尾的转化顺序为从[-n]到[-ŋ]。《全宋文》江浙文人用韵时东钟部与江阳部通押共 14 例,其中有 5 例是江韵与东钟韵合押。①

3. 入声韵。(1) 屋烛部与德质部通叶;(2) 德质部与月贴部通叶;(3) 铎觉部与德质部通叶。

(二) 从诗文用韵看宋代吴音的演变

萌芽于唐代的"浊上变去"现象到宋代已经较为普遍。② 江浙诗人用韵四声分押格局占绝对优势,是主流。③ 这意味着宋代江浙诗人基本遵守了中古四声"平声、上声、去声、入声"的格局,但并不严整,四声之中有混押情况出现,其中上声、去声混押占比较大。宋人所著的《韵境·调韵指微》明确指出全浊上声当读去声的条例,"凡以平侧呼字,至上声多相犯。古人制韵,间取去声字参入上声正欲使清浊有所变耳","今逐韵上声浊位并当呼为去声,观者熟思,乃知古人制韵端有深旨"。江浙诗人的用韵,"全浊上声字中只押去声的有 23 字,只押上声的有 29

---

① 周美庄:《〈全宋文〉江浙文人用韵研究》,南昌大学 2010 年硕士学位论文,第 50—54 页。
② 周祖谟:《问学集(下册)》,北京:中华书局 1966 年版,第 655 页。
③ 钱毅:《宋代江浙诗韵研究》,扬州大学 2008 年博士学位论文,第 49 页。

字,二者数量大致相当,而兼押上去声达 93 字,占总数 64.1%"。①

宋代吴方言中另一个重要的音变现象是双唇鼻音韵尾[-m]正在向前鼻音韵尾[-n]转化。江浙文人用韵中将寒先部与监廉部通押,这便是此音变现象在诗文里的反映。《全宋文》的江浙文人用韵,监廉部单独押 50 次,有 33 次与寒先部合用;从合押韵例来看,监廉部入寒先部有 18 例,寒先部入监廉部共有 2 例,两部对等相押有 13 例;若将对等相押算入监廉押入寒先,则监廉入寒先与寒先入监廉的比例高达 31∶2。②而寒先部的韵尾为前鼻音韵尾[-n],监廉部的韵尾为双唇鼻音韵尾[-m],两部主元音相同,可见宋代吴方言存在双唇鼻音韵尾[-m]向前鼻音韵尾[-n]转化的现象。

此外,元韵逐渐向寒先部演化也是宋代吴方言语音演变的又一特点。六朝时期元魂痕三韵经常合用,到了唐朝,这三韵也常常同用。宋词用韵时,元韵入寒先部,魂痕入真文部。③ 元韵押入寒先部的次数为 341 次,占比 82%,押入真文部的次数为 55 次,单独用 20 次。④ 江浙文人写文章用韵时,同样是将元韵归入寒先部。元韵的语音从真文部逐步分化出来向寒先部演化的发展途径,也可以从元韵在《广韵》和《五音集韵》这两部韵书的排列次序里窥见一二,《广韵》中的排列次序为"真谆臻文欣元魂痕寒桓删山先仙";而《五音集韵》的排列次序是"真(臻)谆文殷痕魂元寒桓山(删)仙(先)"。

二、宋代典籍所记吴方言词语

宋代典籍所记载的吴方言词语反映了宋代吴方言的特点,折射出宋代吴地人民社会生活的方方面面。宋代记载吴地方言词语的典籍十分丰富,包括《太平寰宇记》《集韵》《广韵》《增修互注礼部韵略》等。相关吴方言语料,除了以"吴"来称说,还有用"江东""江南"等来指称这一区域方言的做法。

---

① 钱毅:《宋代江浙诗韵研究》,扬州大学 2008 年博士学位论文,第 51—52 页。
② 周美庄:《〈全宋文〉江浙文人用韵研究》,南昌大学 2010 年硕士学位论文,第 29—31 页。
③ 鲁国尧:《鲁国尧自选集》,郑州:河南教育出版社 1994 年版,第 7 页。
④ 周美庄:《〈全宋文〉江浙文人用韵研究》,南昌大学 2010 年硕士学位论文,第 29—31 页。

(一) 宋代收录吴方言的典籍

宋代典籍记载了大量的吴方言词语。从语料来源与条目来看,涉及 72 部著作,如《太平寰宇记》《龙龛手鉴》《集韵》等,除了《广韵》《集韵》《类篇》和《增修互注礼部韵略》等 4 部书,其余典籍所记载的吴方言词语均不超过 10 条。吴方言词语被零散地记录在各个类型的典籍中,所涉类型极为广泛。

表 3-3 宋代收录吴方言的典籍一览表

作品名称	成书时间	作者	所涉条目
《太平寰宇记》	976—983 年	乐史、王文楚	4
《龙龛手鉴》	辽	行均	1
《广韵》	1008 年	陈彭年、丘雍	27
《原本广韵》	—	佚名	1
《墨客挥犀》	宋徽宗年间	彭乘	2
《集韵》	1039 年	丁度等人	75
《附释文互注礼部韵略》	宋孝宗年间	佚名	1
《隆平集》	宋神宗年间	曾巩	1
《类篇》	1067 年	司马光	20
《本草图经》	1061 年	苏颂	4
《青箱杂记》	1087 年	吴处厚	1
《梦溪笔谈》	11 世纪	沈括	1
《梦溪笔谈·补笔谈》	1090 年后	沈括	2
《东坡全集》	1101 年以前	苏轼	2
《栾城集》	1093—1112 年	苏辙	1
《埤雅》	1078—1085 年	陆佃	1
《杨公笔录》	约 1082 年	杨延龄	4
《山谷题跋》	不详	黄庭坚	1

续表

作品名称	成书时间	作者	所涉条目
《遁斋闲览》	1102—1110年	范正敏	1
《南唐书》	1105年	马令	1
《侯鲭录》	北宋末南宋初	赵令畤	2
《冷斋夜话》	约1113年	惠洪	1
《懒真子》	宋徽宗年间	马永卿	2
《证类本草》	1097—1108年	唐慎微	5
《类说》	约1136年	曾慥	2
《萍州可谈》	1119年	朱彧	1
《鸡肋篇》	宋高宗年间	庄绰	1
《绀珠集》	宋	佚名	2
《学林》	宋高宗年间	王观国	2
《枫窗小牍》	明嘉靖年间	袁褧、袁颐	1
《猗觉寮杂记》	南宋	朱翌	3
《韵补》	南宋初	吴棫	1
《鲍氏战国释注》	宋	鲍彪	1
《通志》	1161年	郑樵	3
《能改斋漫录》	1154—1157年	吴曾	3
《墨庄漫录》	北宋	张邦基	1
《尔雅注》	南宋	郑樵	1
《婆饼焦》	宋	惠迪	1
《六朝事迹编类》	1160年	张敦颐	1
《老学庵笔记》	宋孝宗淳熙末年到宋光宗绍熙初年	陆游	2
《剑南诗稿》	约1187年	陆游	2
《袖中锦》	宋	张仲文	1

续表

作品名称	成书时间	作者	所涉条目
《石湖诗集》	南宋	范成大	1
《吴郡志》	约1192年	范成大	5
《冬春行》	南宋	范成大	1
《龙飞录》	宋	周必大	1
《柳河东集注》	宋	童宗说、张敦颐、潘纬	1
《增修互注礼部韵略》	南宋	毛晃	10
《淳熙三山志》	1182年	陈傅良	3
《离骚草木疏》	约1197年	吴仁杰	4
《慈湖诗传》	南宋	杨简	5
《〈诗经〉协韵考异》	南宋	辅广	1
《中吴纪闻》	1182年	龚明之	4
《独醒杂志》	1186年	曾敏行	1
《五百家注昌黎文集》	1200年	魏仲举	1
《云谷杂记》	1212年	张淏	1
《补注杜诗》	1208—1224年（存疑）	黄希、黄鹤	1
《野客丛书》	1202年	王楙	1
《厚斋易学》	宋宁宗年间	冯椅	1
《王荆公集注》	南宋	李壁	1
《舆地纪胜》	约1221年	王象之	1
《会稽志》	宋宁宗嘉泰年间	施宿	6
《云麓漫钞》	约1206年	赵彦卫	2
《五音集韵》	1208年	韩道昭	1
《六经正误》	1223年后	毛居正	5
《江湖后集》	南宋	陈起	1
《宝庆四明志》	1228年	罗濬	1

续表

作品名称	成书时间	作者	所涉条目
《全芳备祖》	1253—1256 年	陈景沂	1
《方舆胜览》	1239 年	祝穆	1
《景定建康志》	1261 年	周应合	2
《黄氏日钞》	约 1229 年	黄震	1
《癸辛杂识》	1279 年后	周密	1

资料来源　王耀东:《南北朝隋唐宋方言学史料考论》,北京:科学出版社2022年版,第144页。

上述典籍对吴方言有不同的称说方式,或是单提,如"吴""越""江南"等;或者相邻的方言区并提,涉及"吴越""江浙"等。其中单提的条目共计174条,占比高达92.6%,并提的条目占比不足10%。具体情况如下表:

表3-4　宋代典籍称说吴方言的名称表

	地域称谓	数量(次)	是否区分内部差异
单提	吴	90	否
	越	7	
	浙	6	
	江南	27	
	江东	28	
	江左	2	
	江北	2	
	江淮	5	
	淮南	2	
	浙西	1	
	浙东	1	
	杭越	3	

	地域称谓	数量(次)	是否区分内部差异
并提	吴越	5	是(2次)
	江浙	3	是(1次)
	吴楚	6	否

资料来源　王耀东:《南北朝隋唐宋方言学史料考论》,北京:科学出版社2022年版,第140—150页。

上述188处所涉地域名称中,"吴"占比约48%,"吴"的称谓最多,可见宋代文人更倾向以"吴"来称说吴方言。其中"吴越"在所辑录的史料里有过两次区分,指出了吴人与越人之音略有不同;"江浙"同样也被区分为江东与浙,指出了对事物的命名有所不同;"吴楚"自秦汉以来,两地语言和文化交流十分密切,列举6次都并未区分"吴""楚"之间的差异。

(二) 宋代典籍以"吴"称说的方言词语

宋代的典籍的注解中常常会出现"吴人""吴语"等来称说吴地的方言词语。《广韵》《集韵》等辞书尤多。

1. 植物类词语

椣:吴人云刺木曰椣也。(《广韵·麻韵》)

苦蘽:荚,吴人呼苦蘽。(《广韵·蟹韵》)

棱:吴人谓酢柚为棱。(《集韵·蒸韵》)

追风使:五加皮,《图经》曰:"蕲州人呼为木骨……吴中亦多,俗名为追风使,亦曰刺通。"(《本草图经》(《证类本草》卷十二引))

鸭跖草:生江东、淮南平地。叶如竹,高一、二尺。花深碧,有角如鸟嘴。北人呼为鸡舌草,亦名鼻斫草,吴人呼为跖。跖、斫声相近也。一名碧竹子。(《证类本草》卷十一)

金樱:钱武肃王讳镠,至今吴越间谓石榴为金樱。(《类说》卷四)

楚菘:莱服,一名雹葖,一名温菘,一名紫花菘。吴名楚菘,岭

南名秦菘,河朔名芦菔。《尔雅》曰:"葖,芦菔。"俗呼萝卜。(《通志》卷七十五)

落苏:《酉阳杂俎》云:"茄子,一名落苏。"今吴人正谓之落苏。(《老学庵笔记》卷二)

满箔蚕饥待叶归。自注:吴人直谓桑曰叶。(《剑南诗稿》卷七)

栭:《尔雅》:"栵,栭。"今江东呼为栭栗,吴楚呼为茅栗。(《增修互注礼部韵略·薛韵》)

盐麸子:叶如橘子,秋熟为穗,粒如小豆,上有盐似雪,食之酸咸,止渴,蜀人谓之酸桶;吴人谓之乌盐。(《淳熙三山志》卷四十一)

蔓椒:今吴中谓之臭椒,又谓之野椒是也。(《离骚草木疏》卷四)①

以上收录的植物词条多为中草药,如"五加皮""鸭跖草""盐麸子","金樱"即"山石榴",亦可入药。吴人对常见的植物也有自己独特的叫法,如称"茄子"为"落苏",称"萝卜"为"楚菘",称"桑"为"叶",现江苏、浙江、上海及安徽一带,仍然保留"落苏"这一对茄子的俗称。

2. 动物类词语

鹑:吴人呼水鸡为鹑渠。(《广韵·阳韵》)

蟪:蚯蚓也。吴楚呼为寒蟪。休谨切。又虚偃切。(《广韵·隐韵》)

㹀:于杏切。吴人谓犊曰㹀。(《集韵·梗韵》)

蟹:颂曰,"其最小者无毛者,名蟛螖(音越),吴人讹为彭越。"(《本草图经》(《本草纲目》卷二十一引))

鼍:今鼍象龙形,一名鳝。夜鸣应更,吴越谓之鳝更。盖如初更辄一鸣而止,二即再鸣也。(《埤雅》卷二)②

以上收录的动物词条体现出吴地对"水鸡""蚯蚓""犊""蟹"的特色

---

① 王耀东:《南北朝隋唐宋方言学史料考论》,北京:科学出版社2022年版,第199—207页。
② 王耀东:《南北朝隋唐宋方言学史料考论》,北京:科学出版社2022年版,第199页、第203—204页。

叫法,其中"蟛蜞"在吴地讹变为"彭越",体现出相关字在方言发音上具有相似特点。

3. 称谓类词语

爹:吴人呼父。(《广韵·麻韵》)

爸:吴人呼父曰爸。(《集韵·祸韵》)

爹:父也,当杜可切。今人呼父为爹,皆不用此音,语转也。(《杨公笔录》)

㜷:吴俗呼母曰㜷。(《集韵·齐韵》)

官家:吴人称翁为官,称姑为家。(《野客丛书》卷十二)

䎳:无耳。吴楚语也。(《广韵·黠韵》)

姆:吴人谓女为姆。(《集韵·鱼韵》)

奼:吴人谓赤子曰奼。(《集韵·麻韵》对婴儿的称呼)

伧云:吴人谓中州人曰伧云。(《吴郡志》卷二)①

以上收录的人称称谓词条中,既涉及对父亲、母亲、舅舅、姑姑等亲属称谓,也有对特定范围人群的称呼。吴人对父亲有多种称呼方法,据《杨公笔录》记载,宋代吴人多称父为爹。在对特定范围人群的称呼中,吴人称无耳者为"䎳",称婴儿为"奼",称中原人为"伧云"。

4. 其他名物类词语

鑱:吴人云犁铁。(《广韵·衔韵》)

鈩:䥽也。吴人云也。(《广韵·铎韵》)

柠:吴俗作木桩曰柠头。(《集韵·庚韵》)

鐋:吴俗谓刀柄入处为鐋。(《集韵·迥韵》)

篼:吴人谓育蚕竹器曰篼。(《集韵·侯韵》)

䉿:吴人谓蚕曲为䉿。(《集韵·青韵》)

襶:吴俗谓蚕槌曰襶。(《集韵·代韵》)

籔:吴俗谓篝为籔。(《集韵·屋韵》)

䩞:吴人靴勒曰䩞。(《广韵·东韵》)

---

① 王耀东:《南北朝隋唐宋方言学史料考论》,北京:科学出版社2022年版,第199—202页、第204页、第206页、第208页。

襩、襛:袜袊。吴俗语。或从邕。(《集韵·钟韵》)

褨:衣表也。吴俗语。(《集韵·桓韵》)

褋:吴人谓衣曰褋。(《集韵·祸韵》)

綒:吴俗谓繐絮曰綒。(《集韵·宕韵》)

廬:吴人谓盛衣椟曰廬。(《集韵·盐韵》)

立匵:今吴人谓立匵为厨者,原起于此,以其贮食物也,故谓之厨。(《梦溪笔谈·补笔谈》卷二)

桡:棹之短者。吴越人呼为桡。(《增修互注礼部韵略·萧韵》)

娓:火也。吴楚之间谓火曰娓。亦作毁。《佩觿集》曰:"木为柳,火为娓。"形声异而物同,其交相有如此者。(《增修互注礼部韵略·尾韵》)①

以上收录的是与日常生活相关的吴方言词语。吴地宋人的日常生活主要在耕地与纺织两方面,其中"镶""鈢"等皆是农民耕作劳动时所用到的器具,蚕是时人进行纺织时不可或缺的原材料,"篚""簌""䄺"都是养蚕所需用到的器具。此外,吴地多湖,在日常出行时常将船作为出行工具,"桡"指的便是"桨"或"楫"。

以下是跟饮食相关的吴方言词语。"糫"是古代一种用面粉做成的食物,"鲑"是鱼菜的总称,"鞡饭"并不是用火烧熟,而是放进蒸笼里蒸熟,"宝糖餷"则是一种糕点。

糫:饵也,粔籹。吴人谓之膏糫。或从麦。(《集韵·删韵》)

鲑:吴人谓鱼菜总称。(《附释文互注礼部韵略·佳韵》)

鞡饭:釜中有鞡饭。自注:吴人谓饭不炊者曰鞡饭。鞡音劳。(《剑南诗稿》卷七十七)

宝糖珍粔籹(餷拍,吴中谓之宝糖餷,特为脆美)。(《石湖诗集》卷二十三)②

以下是与风俗相关的词语。"输芒"是指传说蟹于八月稻熟时,腹

---

① 王耀东:《南北朝隋唐宋方言学史料考论》,北京:科学出版社2022年版,第200—203页、第207页。
② 王耀东:《南北朝隋唐宋方言学史料考论》,北京:科学出版社2022年版,第200页、第206页。

中有一稻芒,献于海神,而若未将稻芒献给海神,蟹则无法食用。"冬春米"是民间岁时风俗。取水春米,春的是"隔年粮"。含有均衡农业丰收,年年吃隔年粮的意思。

输芒:又曰:"稻之登也,率执一穗以朝其魁,然后纵其所之,今吴人谓之输芒。"(《中吴纪闻》卷四)

冬春米:(吴中)俗重冬至,而略岁节。腊日并力春一岁粮,藏之土瓦甔中,经岁不蛀坏,谓之冬春米。(《吴郡志》卷二)①

与建筑相关的词语是"藻井"。"藻井"指天花板,吴人称之为"罳顶"。例如:

藻井:屋上覆橑,古人谓之绮井,亦曰藻井,又谓之覆海。今令文中谓之斗八,吴人谓之罳顶,唯宫室祠观为之。(《梦溪笔谈》卷十九)②

与自然现象相关的词语是"舶趠风"。"舶趠风"指梅雨结束夏季开始之际强盛的季风。

舶趠风:《舶趠风》诗序:吴中梅雨既过,飒然清风弥旬,岁岁如此,湖人谓之舶趠风。是时海舶初回,云:"此风自海上与舶俱至"云尔。(《东坡全集》卷十一)③

与身体部位相关的词语是"髈"。"髈"指的是大腿,亦指大腿骨。

髈:髀,吴人云髈。(《广韵·荡韵》)④

5. 动作行为类词语

绣:吴俗谓绵一片。(《集韵·候韵》)

攨:吴人云牵亦为攨也。(《广韵·祃韵》)

揞:吴人云抛也。(《广韵·陷韵》)

---

① 王耀东:《南北朝隋唐宋方言学史料考论》,北京:科学出版社 2022 年版,第 206 页、第 208 页。
② 王耀东:《南北朝隋唐宋方言学史料考论》,北京:科学出版社 2022 年版,第 207 页。
③ 王耀东:《南北朝隋唐宋方言学史料考论》,北京:科学出版社 2022 年版,第 199 页。
④ 王耀东:《南北朝隋唐宋方言学史料考论》,北京:科学出版社 2022 年版,第 203 页。

佼:吴人谓叫呼为佼。或作䛟、呼、謞、嗃、誟、唠。(《集韵·爻韵》)

膎:吴人谓腌鱼为膎脼。(《集韵·佳韵》)

鼾:卧息也。吴人谓鼻声为鼾。(《集韵·寒韵》)

劗:吴人谓髡发为劗。(《集韵·桓韵》)

跨:吴人谓大坐曰跨。(《集韵·麻韵》)

㨳:吴人谓逆剡木曰㨳。(《集韵·海韵》)

掿:吴俗谓手爬物曰掿。(《集韵·马韵》)

餡:吴人谓哺子曰餡。(《集韵·敢韵》)

葃:吴俗谓草木萌曰葃。(《集韵·送韵》)

㐭:吴俗谓盛物于器曰㐭。(《集韵·御韵》)

諀:諀也。吴越谓諀曰諀谛。(《集韵·霁韵》)

穧:吴人谓秧稻曰穧。(《集韵·霁韵》)

藃:吴俗以草木叶粪田曰藃。(《集韵·号韵》)

䑲:吴楚谓船行曰䑲。(《集韵·沁韵》)

糐:吴俗谓熬米为饵曰糐。(《集韵·屋韵》)

嚧:嚧嚧,吴人呼狗。方言也。(《广韵·遇韵》)

厘:吴人呼来为厘。(《中吴纪闻》卷四)

步砌:《会散夜步》诗:"贪看雪样满街月,不上篮舆步砌归。"自注云:"步砌,吴语也。"(《黄氏日钞》卷六十七)[1]

以上收录的吴方言词语大多是人们日常的行为和劳作,如"跨""掿""擩"等。除此之外,吴方言词语除了在日常生活中使用,还被诗人运用到诗歌当中,如"不上篮舆步砌归"。

6. 性质状态类词语

悁:吴人语快。(《广韵·仙韵》)

冷:冷泽。吴人云冰凌。(《广韵·青韵》)

䘏:吴人呼短。侧律切。(《原本广韵·术韵》)

---

[1] 王耀东:《南北朝隋唐宋方言学史料考论》,北京:科学出版社2022年版,第199—202页、第208页、第210页。

䐧:吴人谓饱曰䐧。(《集韵·登韵》)
　　烌:吴俗谓灰为烌。(《集韵·尤韵》)
　　渣:䴺、渣,不洁也。吴俗语。(《集韵·马韵》)
　　洞:楚庆切。冷也。吴人谓之瀳,瀳亦作洞。(《类篇·水部》)
　　饶:如招切。丰也,剩也,益也。又姓。案,饶字雅音与韶同。吴人呼饶近尧,呼如近鱼,故作如招切。若如吴音,则当与尧字同切,非也。从正音则当与韶字通为一切。恐俗以为疑,姑存之以俟知者。(《增修互注礼部韵略·萧韵》)①

以上收录的是吴方言表性质状态的形容词。另外还有代词:

　　侬:我也。吴语。(《集韵·冬韵》)②

现代吴方言"侬"也可以表示第二人称代词"你",如上海等地。另外,还有拟声词。

　　嚄:嚄嚄,吴俗呼猪声。(《集韵·姥韵》)③

(三) 宋代典籍以"江南"称说的方言词语

1. 植物类词语

　　菘:今人呼菘为蔓菁,云北地生者为蔓菁,江南生者为菘,其大同而小异耳。(《兼明书》卷五)
　　枸:木名,出蜀,子可食。江南谓之木蜜。其木近酒能薄酒味也。(《广韵·尘韵》)
　　棘:木名,野枣酸者,江南、山东曰棘子。(《集韵·职韵》)
　　蒚:江南呼梗为蒚。(《类篇·草部》)
　　杜仲:①《图经》曰:"杜仲,江南人谓之檰。"《本草图经》(《证类本草》卷十二引)
　　②杜仲曰思仙、曰思仲、曰木绵,其叶似辛夷,嫩时可食,江南

---

① 王耀东:《南北朝隋唐宋方言学史料考论》,北京:科学出版社2022年版,第199—202页、第207页。
② 王耀东:《南北朝隋唐宋方言学史料考论》,北京:科学出版社2022年版,第200页。
③ 王耀东:《南北朝隋唐宋方言学史料考论》,北京:科学出版社2022年版,第201页。

人谓之绵芽。(《通志》卷七十六)

陶隐居云:"菰根,亦如芦根,冷利复甚也。"今王耀东按:别本注云:"菰,蒋草也,江南人呼为茭草,秣马甚肥,味甘,无毒。"(《证类本草》卷十一)

荇菜:江南谓之猪莼、苦菜,河北谓之龙葵、马兰,《广雅》谓之马薤。(《类说》卷四十四)

土卵:杜子美《寓居同谷县》诗曰:"黄独无苗山雪盛,短衣数挽不掩胫。"或改黄独为黄精。案:黄独即《神农本草》所谓赭魁是也。赭魁亦名黄独,江南人谓之土卵,形如芋,蒸食之,可充饥。(《学林》卷八)①

以上收录的植物词条中,多为中草药或野草。"菘""荇菜""杜仲"等都是野草,其中"杜仲"在江南即可称为"木绵",也可称为"绵芽"。"茭草"是一种马的饲料。"土卵"是一种中草药,今多称其为"黄独"。

2. 动物类词语

蚰蜒:上音由,下音延。江南大者蜈蚣,小者蚰蜒也。(《龙龛手鉴·虫部》)

春唤:退之有诗赠同游者:"唤起窗全曙,催归日未西。无心花里鸟,更与尽情啼。"……催归,子规也。唤起,声如络纬,圆转清亮,偏于春晚鸣,江南谓之春唤。(《墨客挥犀》卷七)

䳡:① 江南呼鹞为䳡。或从隹。(《集韵·侵韵》)

② 夷针切。江南呼鹞为䳡。又弋笑切。鸟名,负雀也。(《类篇·鸟部》)

蝗:江南谓食禾虫曰蝗。(《集韵·映韵》)②

以上收录的动物词条体现出江南地区对"小蜈蚣""杜鹃鸟""鹞""食禾虫"的特色叫法。今天,"食禾虫"这一称呼多已不用,取而代之的

---

① 王耀东:《南北朝隋唐宋方言学史料考论》,北京:科学出版社2022年版,第198—202页、第204—205页。
② 王耀东:《南北朝隋唐宋方言学史料考论》,北京:科学出版社2022年版,第199—202页、第204—205页。

是“蝗虫”。

3. 其他名物类词语

鐅:江南呼锹刃。(《广韵·屑韵》)

箩:江南谓筐底方上圆曰箩。(《类篇·竹部》)

轝:两手对举之车。又江南谓轿为肩轝。亦作舆、舁。(《增修互注礼部韵略·御韵》)[①]

生活在江南地区的人们的日常用品常与耕作有关,“锹刃”是耕作时所需的用具,“箩”是一种竹制的盛器,多方底圆口,可用于放置一些物品。

4. 动作行为类词语

欺:① 江南呼欺曰譿。(《集韵·灰韵》)

② 江南呼欺曰诒。通作绐。(《集韵·海韵》)

嬳:作姿态也。江南谓之呷,山东谓之嬳。(《集韵·药韵》)

喋:江南谓吃为喋。(《集韵·叶韵》)

菹:细切曰齏,全物曰菹,今中国皆言齏,江南皆言菹。(《侯鲭录》卷四)[②]

从以上收录的动词吴方言词语可以看出,江南地区的人们对“欺”这一行为有两种叫法,一种是“譿”,一种是“诒”,二者在吴方言发音中可能有相似之处。江南地区将懒惰而狡黠称为“卖諞”:

江南谓黠而惰为卖諞,内国言諞嫩,音乖。(《杨公笔录》)[③]

以上收录的人称称谓词是对特定范围人群的称呼。

(四) 宋代典籍以“江东”称说的方言词语

1. 植物类词语

《证类本草》卷十“草蒿”引:《蜀本图经》云:“叶似茵陈蒿而背

---

① 王耀东:《南北朝隋唐宋方言学史料考论》,北京:科学出版社 2022 年版,第 200 页、第 202 页、第 207 页。

② 王耀东:《南北朝隋唐宋方言学史料考论》,北京:科学出版社 2022 年版,第 200 页、第 202 页。

③ 王耀东:《南北朝隋唐宋方言学史料考论》,北京:科学出版社 2022 年版,第 204 页。

不白,高四尺许,四月五月采苗,日干。江东人呼为犳蒿,为其臭似犳,北人呼为青蒿。"(《蜀本草图经》)

苡:薏苡,莲实也。又芣苡,马舄也。又名车前,亦名当道,好生道间,故曰当道。江东呼为虾蟆衣,山东谓之牛舌。(《广韵·止韵》)

蘆:苦蘆。江东呼为苦荬。(《广韵·语韵》)

藻:萍也。江东语。(《集韵·宵韵》)

菝:藕根也。江东谓之菝。(《集韵·巧韵》)

鬼目:《图经》曰:"㭴,北人呼为山椿,江东人呼为鬼目。"(《本草图经》(《证类本草》卷十四引))

紫藤:江东呼为招豆藤,皮著树,从心重重有皮。(《证类本草》卷十三)

岩桂:木犀花,江浙多有之,清芬馥郁,余花所不及也。一种色黄深而花大者,香尤烈;一种色白浅而花小者,香短,清晓朔风,香来鼻观,真天芬仙馥也。湖南呼九里香,江东曰岩桂,浙人曰木犀,以木纹理如犀也。(《墨庄漫录》卷八)

枥:《尔雅》:"枥,梅。"今江东呼为枥栗,吴楚呼为茅栗。(《增修互注礼部韵略·薛韵》)[1]

以上植物类词语多为中草药或野草。"薏苡""鬼目"等皆是中草药,"薏苡"指莲子心,芣苡是一种多年生草本植物,开淡绿色花,叶和种子可入药,因其叶面皱褶凸起神似蛤蟆,因此得名为"虾蟆衣","江东呼为虾蟆衣"体现出江东区域的人们善借植物外观特点命名的特点。"苦荬"为苦菜,越年生菊科植物,茎叶嫩时均可食,略带苦味。

2. 动物类词语

鳣:江东呼为黄鱼。(《广韵·仙韵》)

鲕:鱼名,鲇也。江东语。(《集韵·脂韵》)

鹭:鸟名,白鹭也。江东语。(《集韵·清韵》)

---

[1] 王耀东:《南北朝隋唐宋方言学史料考论》,北京:科学出版社2022年版,第198—204页、第206—207页。

鶔、㲨：江东呼兔子为鶔。或作㲨，亦书作𪖐。(《集韵·侯韵》)

　　鯩：神陵切。江东谓鱼子未成者曰鯩。(《类篇·鱼部》)

　　布谷脚脑骨，令人夫妻相爱。五月五日收带之各一，男左女右，云置水中，自能相随。又，江东呼为郭公，北人云拨谷。一名获谷，似鹞，长尾。(《证类本草》卷十九)

　　宋康王之时，有雀生鷃于城之陬。注：《集韵》音欺。今江东呼鸺鹠为鷃鵙。(《鲍氏战国策注》卷三十二)

　　鮥，魱。注：鮥音各。海中黄鱼也，似鳊而大鳞，肥美多鲠，江东呼其最大者为当魱。音胡。(《尔雅注》卷下)

　　赵曰："反舌无声，在芒种后十日。今谓之欲无语则暮春之时也。"师曰："百舌，江东人谓之信鸟，逢春则效百鸟语，故名百舌。"(《补注杜诗》卷二十八)

　　尺蠖：在桑间伸立，宛如桑枝无辨，江东俗呼为桑蟴虫。(《厚斋易学》卷四十五)①

　　从以上动物类词语中可见，江东地区鱼类资源和鸟类资源都较为丰富。江东地区对鱼的品种划分极为详细，"鱣""鯦"等皆指鱼的种类，根据鱼的大小、发育时间段再进行细分，其中，鱼子未成者为"鯩"，大而肥美的黄鱼为"魱"。"白鹰""布谷""鸺鹠"等都是出现在江东地区的鸟类。

3. 其他词语

　　瓴：江东呼盆曰瓴。(《集韵·仙韵》)

　　鹍鹦：味咸，平，无毒，助气益脾胃，主头风目眩。煮炙食之，顿尽一枚，至验。今江东俚人呼头风为肿头。先从两项边筋起，直上入头，目眩头闷者是，大都此疾是下俚所患。其鸟南北总有，似鹊，尾短，黄色，在深林间，飞翔不远，北人名鹍鹦。(《证类本草》卷

---

① 王耀东：《南北朝隋唐宋方言学史料考论》，北京：科学出版社2022年版，第199—202页、第204—206页、第208页。

十九)①

"瓨"是江东地区的人们对"盆"的俗称。江东地区将"头风"称为"肿头",同样是从最直接的感受进行命名。又如,"涷"指的便是夏夜暴雨:

  涷:暴雨。江东呼夏月暴雨为涷。(《增修互注礼部韵略·东韵》)②

"丛"指草木聚集:

  丛:江东谓草木丛生。(《集韵·送韵》)③

"訬"指敏捷、矫健:

  訬:轻也。江东语。(《集韵·笑韵》)④

(五)宋代典籍所录其他地点的吴方言词语

宋代典籍还有不少以"浙""杭越""扬州""永嘉"等其他相对较小区域的名称来称说吴方言的词语。

1. 植物类词语

  扬州芍药,名著天下郡国,最其盛处。仁宗朝韩魏公以副枢出镇维扬,初夏芍药盛开,忽于丛中得黄绿棱者四朵,土人呼为金腰带,云数十年间或有一二朵,不常见也。(《墨客挥犀》卷一)

  万年枝:万年枝,江左谓之冬青。惟禁中则否。(《能改斋漫录》卷八)

  楮子:越州杨梅最佳,土人谓之楞梅。(《能改斋漫录》卷十五)

  木犀花:江浙多有之,清芬沤郁,余花所不及也。一种色黄深而花大者,香尤烈;一种色白浅而花小者,香短,清晓朔风,香来鼻观,真天芬仙馥也。湖南呼九里香,江东曰岩桂,浙人曰木犀,以木

---

① 王耀东:《南北朝隋唐宋方言学史料考论》,北京:科学出版社 2022 年版,第 204 页、第 208 页。
② 王耀东:《南北朝隋唐宋方言学史料考论》,北京:科学出版社 2022 年版,第 207 页。
③ 王耀东:《南北朝隋唐宋方言学史料考论》,北京:科学出版社 2022 年版,第 201 页。
④ 王耀东:《南北朝隋唐宋方言学史料考论》,北京:科学出版社 2022 年版,第 205 页。

纹理如犀也。(《墨庄漫录》卷八)

蕰:音温,自是一种水草,今浙西之人谓之蕰草,取以粪田者是也。(《离骚草木疏》卷二)

永嘉人呼柑之大而可留过岁者曰海红。王按:《古今注》:"甘实形如石榴者,谓之壶柑。"(《云麓漫钞》卷二)①

以较小区域的名称来称说吴方言的植物的条目所涉及的区域有"扬州""江左""越州""浙""浙西""永嘉",部分区域如"扬州"今已不属吴方言区,但仍可作为探究吴方言词演变的参考。以上收录的有关植物的词条涉及多种花卉,如"芍药""桂花"等。

2. 动物类词语

䗚:虫名,将雨辄出,淮南呼为雨母。(《集韵·皆韵》)

鮂:① 杭越之间谓鱼胃为鮂。(《集韵·莫韵》)

② 古慕切。鱼肠。一曰杭越之间谓鱼胃为鮂。(《类篇·鱼部》)

浙人呼螽斯之善鸣者为络纬织女。(《遁斋闲览》,《施注苏诗》卷十五引)

鲽:沙鱼,形扁,性温。浙人呼为箬鱼,淮泗谓之鞋底鱼,以江中者为美。(《淳熙三山志》卷四十二)

脊令:《释鸟》曰:"鹡鸰,雝渠。"盖雀之属。飞则鸣,行则摇,大如鷃,长脚,尾腹下白,颈下黑,如连钱,故杜阳人谓之连钱。会稽人呼为雪姑。其色苍白似雪,鸣则天当大雪,极验。(《会稽志》卷十七)

杜鹃:《尔雅》曰"巂周",即此鸟也。越人谓之谢豹,顾况诗云:"绿树阴中谢豹啼。"又名射豹。(《会稽志》卷十七)

河豚:《本草》所载河豚,乃今之鲟鱼,亦谓之鮠鱼(五回反),非人所嗜者,江浙间谓之回鱼者是也。吴人所食河豚有毒,本名侯夷鱼。又为鲐鱼、吹肚鱼。此乃是候夷鱼,或曰胡夷鱼,非《本草》所

---

① 王耀东:《南北朝隋唐宋方言学史料考论》,北京:科学出版社2022年版,第200页、第205页、第206页、第207页、第209页。

载河豚也。引以为注,大误矣。《日华子》称:"又名鲑鱼。"此却非也,盖差互解之耳。规鱼,浙东人所呼;又有生海中者,腹上有刺,名海规。吹肚鱼,南人通言之,以其腹胀如吹也。(《梦溪笔谈·补笔谈》卷三)①

与吴地、江南地区、江左区域相似,淮南、杭越等地鸟类资源和鱼类资源都较为丰富,从"浙人呼螽斯之善鸣者为络纬织女"也可看出,浙人在对虫类命名时,多从虫类特点出发,纺织娘又叫络纬、莎鸡等,可以发出"织织织"的声音,好像织女在用纺车,因此被称为"纺织娘"。

3. 称谓类词语

媞:江淮呼母也。(《广韵·纸韵》)

女:奴解切。楚人谓女曰女。(《集韵·蟹韵》)

友婿:江北人呼连袂,又呼连衿。(《懒真子》卷二)

鴱:自关以东谓桑飞为女鴱。郭璞云工雀,今谓之巧妇也。(《广韵·祭韵》)

江淮之间谓无赖曰墨弝,音眉痴。其字见《列子》。(《杨公笔录》)

江北谓人好事多节目为戛㖊。戛音卢结反,㖊音枯结反。俗谓风痴者为㥜㥭。㥜音堆,㥭它惟切。(《杨公笔录》)②

以上词语既涉及对母亲、连襟等亲属称谓,也有对特定范围人群的称呼。江淮地区称呼母亲为"媞",与吴地人对母亲的称呼"㜷"有所不同。在对特定范围人群的称呼中,江北地区称无赖为"墨弝",好事者为"戛㖊",风痴者为"㥜㥭"。

4. 其他名物类词语

䥽:淮南呼镰。(《广韵·宵韵》)

铊:江淮南楚之间谓矛为铊。(《类篇·金部》)

轿:汉淮南王安《谏击闽越书》:"舆轿而隃领。"虽音桥,今闽浙

---

① 王耀东:《南北朝隋唐宋方言学史料考论》,北京:科学出版社2022年版,第204页、第207页。
② 王耀东:《南北朝隋唐宋方言学史料考论》,北京:科学出版社2022年版,第199页、第201页、第203页、第204页。

语音实与去声同。(《增修互注礼部韵略·笑韵》)

唐本注云:"席、荐一也。晋齐间人谓蒲荐为蒲席,亦曰蒲,盖谓藁作者为荐尔。山南、江左以机上织者为席,席下重厚者为荐。"(《离骚草木疏》卷一)

㿷:扬州谓杯为㿷。(《集韵·阳韵》)

仆又见浙人呼海错为鰕菜,每食不可阙。(《懒真子》卷四)

飓:越人谓具四方之风曰飓。(《集韵·遇韵》)①

以下为吴越地区的地名。由拳山在今浙江省嘉兴市。巢湖位于安徽省中部,由合肥、巢湖、肥东、肥西、庐江二市三县环抱。葑门位于江苏苏州城东,相门之南。黄姑村的所在地属昆山。大长干、小长干、东长干和金陵驿均在南京。夏盖山位于浙江省绍兴市上虞区盖北镇与谢塘镇之间。干溪在浙江诸暨枫桥镇东部。大岖山位于江苏溧阳。

拳山:故由拳县在今县南五里,秦始皇见其山上有王气,出使诸囚合死者来凿此山。其囚倦并逃走,因号为囚倦山,因置囚倦县。后人语讹,便名为由拳山。(《太平寰宇记》卷九十五)

巢:居巢,国名。《通鉴·魏纪》:"居巢湖。"《释文》:"祖了切。"巢湖在县东南,今俗呼为焦湖,声讹耳。(《增修互注礼部韵略·小韵》)

葑门:《续经》曰:"当作封门,取封禺之山以为名。故属吴郡,今属吴兴。"今但曰葑门,葑门陆路尝塞,范文正公开之,今俗或讹呼富门。(《吴郡志》卷三)

黄姑织女:按《荆楚岁时记》:"黄姑者,河鼓也。牵牛谓之河鼓,后人讹其声为黄姑。"潘子直云:"亦犹桑落之语转呼为索郎耳,乡人因以名其地。"(《中吴纪闻》卷四)

金陵南五里有山冈,其间平地,庶民杂居,有大长干、小长干、东长干,并是地名。(《舆地纪胜》卷十七)

夏盖山在县北五十里。《旧经》云:"山形如盖,因以为名。"引

---

① 王耀东:《南北朝隋唐宋方言学史料考论》,北京:科学出版社 2022 年版,第 199 页、第 201 页、第 203 页、第 204 页、第 207 页、第 209 页。

《舆地志》云:"上虞县北有夏驾山在湖中。湖即名……盖一作驾,盖驾音近传之讹耳。"(《会稽志》卷九)

干溪在县东北六十二里,以吴干吉故居于此,故名。俗呼干溪,非也。(《会稽志》卷十)

金陵驿,亦名蛇盘驿,在上元县长乐乡蛇盘市。俗呼佘婆,音之讹也。(《景定建康志》卷十六)

大岯山,一名大巫山,一名浮山,在溧阳县东北四十五里洮湖中,周回三百五十步,高八丈,与宜兴、金坛二县接界。山形孤秀,颛颛居水中,望之若浮。周处《风土记》云:"洮湖中有大岯山。"唐《地理志》云:"溧阳有湖山。"皆指此也,唐史嶷撰《史宪神道碑》云:"坏山右转,洮水前临。"坏字,乃为岯,今从之。坏岯二字,土人皆音浮,字书未见。(《景定建康志》卷十七)①

5. 动作行为类词语

瘼:江淮谓治病为瘼。(《集韵·莫韵》)

摖:杭越之间谓换曰摖。或从系。(《集韵·霁韵》)

䭇:常山谓祭曰䭇。(《集韵·愿韵》)

晋天福中,两浙民间语必以赵字为助,如饮曰赵饮,食曰赵食之类。宋兴,钱俶独先恭顺,盖悟此也。(《隆平集》卷一)

太宗:开国之文君,不应赚脱一僧而取玩好,其谬七也。观其词有"赚取""睨秀才",皆浙人语,必是会稽人撰此以神其事,不可不知也。(《云麓漫钞》卷六)②

6. 性质状态类词语

疜:江淮之间谓病劣曰疜。(《集韵·洽韵》)

越人俚语,谓久不得见者曰恰,似菖蒲花难见面。王耀东按:施肩吾诗有《古相思词》云:"十访九不见,甚于菖蒲花。"则俚语亦

---

① 王耀东:《南北朝隋唐宋方言学史料考论》,北京:科学出版社2022年版,第199页、第206页、第207页、第208页、第209页、第210页。

② 王耀东:《南北朝隋唐宋方言学史料考论》,北京:科学出版社2022年版,第201页、第202页、第209页。

久矣。(《会稽志》卷十九)①

(六) 宋代典籍所记吴音

另外,部分史料还记录了宋代吴音的特点,如"黄王不分""呼郑为场""呼布如步""呼敕为剔""呼亡为茫"等。

黄(王):黄王不分,江南之音也,岭外尤甚。(《猗觉寮杂记》卷上)

场:而江南乡音又呼郑为场。(《云谷杂记》卷四)徇俗讹作郑,而江南乡音又呼郑为场。(《全芳备祖·前集》卷六)

颐:悖也。布内反。布当作步,吴音呼布如步。(《六经正误》卷一)

庭:陆音敕定反,盖吴人呼敕为剔,与他定切同。(《增修互注礼部韵略·径韵》)

句芒:下音亡,当音茫,《月令》同。吴人呼亡为茫,不知正音亡与房同也。(《六经正误》卷四《曲礼下》)②

(七) 宋代地方志所记吴音

南宋绍定时期《吴郡志》,范成大纂,绍熙三年修,绍定二年经汪泰亨等增订,始刊刻付印,记事亦止于绍定二年。吴郡,平江府旧称,辖境包括今江苏省苏州市及上海市的一部分。"风俗"见卷二。录文据民国3年(1914)影刻宋本《吴郡志》。

吴语谓来为厘,本于陆德明"贻我来牟""弃甲复来"皆音厘。德明吴人,岂遂以乡音释注,或自古本有厘音耶?吴谓罢必缀一休字曰罢休。《史记》吴王语孙武曰:"将军罢休。"盖亦古有此语。③

---

① 王耀东:《南北朝隋唐宋方言学史料考论》,北京:科学出版社2022年版,第202页、第209页。

② 王耀东:《南北朝隋唐宋方言学史料考论》,北京:科学出版社2022年版,第205页、第207页、第208页、第209页。

③ 王耀东:《南北朝隋唐宋方言学史料考论》,北京:科学出版社2022年版,第137页。

三、宋代吴方言词语的来源辨析

吴方言名源是指探寻吴方言中某个词语的来源，其内容十分丰富，根据王耀东《南北朝隋唐宋方言学史料考论》的考证，可将其分为五类：

（一）取自避讳

避讳是我国封建社会中特有的文化现象。在封建时期，为了维护等级制度的尊严，说话和作文时遇到君主或尊亲的名字不能直接说出或写出，而是改写。它在宋代方言中也留下了烙印。《墨客挥犀》卷九便记载道："杨行密之据扬州，民呼蜜为蜂糖。夫蜜、密二音也，呼吸不同，字体各异，亦由茄子、伽子之义。甚哉，南方之好避讳者如此！"①记载了杨行密在扬州时期，百姓因为"密"和"蜜"的关系，改称"蜂蜜"为"蜂糖"。而事实上，"密"和"蜜"的发音方式不同，字体也不一样，却仍被避讳了，可知扬州地区的人，对避讳之词的严谨程度之高。

（二）取自典故

吴方言引典故入方言词语，以此在吴方言区特指某个事物。北宋政治家、科学家沈括所著的《梦溪笔谈》，是一部涉及古代中国自然科学、工艺技术和社会历史现象的综合性笔记体著作，其中会出现时人所常用的方言词。

例如，《梦溪笔谈》卷二十三提道："吴人多谓梅子为曹公，以其尝望梅止渴也。又谓鹅为右军，有一士人遗人醋梅与烰鹅，作书云：'醋浸曹公一瓿，汤烰右军两只，聊备一馔。'"②书中所记吴人将"曹公"来指代"梅子"，取的是曹操望梅止渴的典故。在宋代的吴方言词语中，"曹公"就是"梅子"的代称，甚至在著书时也用"醋浸曹公一瓿"，戏谑曹操。

（三）见于前人书籍

宋代吴方言字词的来源还会取自书籍中，并逐渐演化为日常的使

---

① 王耀东：《南北朝隋唐宋方言学史料考论》，北京：科学出版社 2022 年版，第 156 页。
② 王耀东：《南北朝隋唐宋方言学史料考论》，北京：科学出版社 2022 年版，第 157 页。

用词。如"扶移"和"白杨"之间的变化,《本草》记载中"白杨"就是"扶移",反之亦然。"白杨"和"扶移"原是相同的含义,都是通语,后来"扶移"在越地使用广泛,逐渐演变为方言词。

(四) 联系当地特征

宋人还会根据本地的地域特征与生活特色为某一事物命名。在《青箱杂记》卷三中,便提到:"韩退之《罗池庙碑》言'步有新船'。或以步为涉,误也。盖岭南谓水津为步,言步之所及,故有罾步,即渔者施罾者;有船步,即人渡船处。然今亦谓之步,故扬州有瓜步,洪州有观步,闽中谓水涯为溪步。"①"瓜步"的来源是当时常有人在河边登船处卖瓜,故称"瓜步"。"瓜步"的使用在诗中也可以看到,如王安石的《入瓜步望扬州》,"落日平林一水边,芜城掩映只苍然"。

(五) 依照事物特征

宋人也会根据某一事物体现出的个性特征对其进行命名。《埤雅》卷一便提道:"鱮鱼似鲂而弱鳞,其色白,北土皆呼白鱮。《西征赋》曰:'华鲂跃鳞,素鱮扬鬐。'性亦旅行,故其制字从与,亦或谓之鲢也。传曰:'连行鱼属',若此之类是已。失水即死,弱鱼也。今吴越呼鳙。鲢鱼其头尤大而肥者,徐州人谓之鲢,或谓之鳙。《六韬》曰:'缗隆饵重,则嘉鱼食之,缗调饵芳,则庸鱼食之。'鳙,庸鱼也,故其字从庸,盖鱼之不美者。故里语曰:'网鱼得鱮,不如啖茹。'而鳙读曰慵者,则又以其性慵弱而不健故也。"②《埤雅》论证了宋代吴人根据鱼的生长特征,"其头尤大而肥者",称其为"鲢",又因为"失水即死,弱鱼也",鱼的性格懦弱不强健,称其为"鳙"。吴人根据事物的特征,利用"鳙"和"庸"字的词义关系,使用特定的方言词语。

宋人认识到了方言和通语的不同,特定的吴方言词也只在这一方言区使用。南宋陆游所著的《老学庵笔记》印证了这一点。该书卷三提道:"吴人谓杜宇为谢豹。杜宇初啼时,渔人得虾曰谢豹虾,市中卖笋曰

---

① 王耀东:《南北朝隋唐宋方言学史料考论》,北京:科学出版社2022年版,第157页。
② 王耀东:《南北朝隋唐宋方言学史料考论》,北京:科学出版社2022年版,第157—158页。

谢豹笋。唐顾况《送张卫尉》诗曰：'绿树村中谢豹啼。'若非吴人，殆不知谢豹为何物也。"①书中所记"谢豹"为杜宇，杜宇最初为传说中的古代蜀国的国王，又称为"望帝"，望帝死后，他的魂魄化为杜鹃鸟。后也称杜宇为杜鹃鸟。但是"谢豹"的方言词只通行于吴地。若非吴人，就不知道"谢豹"指称的是什么内容。反映了方言词语的使用特点具有一定的地域性。

第三节　元代吴方言

元代（1271—1368）是中国历史上首次由少数民族建立的大一统王朝，统治者为蒙古孛儿只斤氏。元代中国的版图达到了历史上的最高点，各个民族大杂居、大融合，元代的疆域对后世产生了非常大的影响。元代吴方言主要分布在江浙行省。《元史·地理志》载："唐以前以郡领县而已，元则有路、府、州、县四等，大率以路领州领县，而腹里或有以路领府、府领州、州领县者，其府与州又有不隶路而直隶省者，具载于篇。而其沿革则溯唐而止焉。"江浙行省为直属元朝中央政府的一级行政区，简称"江浙"或"江浙省"。在当时民间多简称为"江浙省""江浙行省"。从现代的行政区划来看，江浙行省管辖今浙江、福建、上海，以及江苏南部地区和江西、安徽部分地区。所以江浙行省大致北部为江苏省（南部），中部为浙江省，南部为福建省。其中，江浙行省中北部为吴方言区。吴方言区内部也同现代吴方言一样，虽然存在区域的差异，但总体上符合吴方言的特点。吴方言发展至宋元时期，已逐渐稳定。

一、《南村辍耕录》与元代吴方言

元代相关典籍的吴方言材料显示其跟现代吴方言的联系较为紧密，具有较为明显的继承关系，元代吴方言中大量语音、词汇特点到现代仍有大量保留。如元代陶宗仪《南村辍耕录》中的一则射字法记录的

---

① 王耀东：《南北朝隋唐宋方言学史料考论》，北京：科学出版社2022年版，第144页。

元代松江方言,将其构成的声母系统与现代松江方言加以对比,可以发现两者相似性较高。

《南村辍耕录》是元代陶宗仪创作的一部笔记体著作。清代钱大昕评价其道,"元人说部,莫善于《南村辍耕录》"。陶宗仪,字九成,号南村,是元明之际浙江黄岩人。① 他博学多才,著作丰富,著有《说郛》《南村辍耕录》等。其中《南村辍耕录》记载了许多吴方言的语音及词汇面貌,对研究元代吴方言有重要的意义。

(一)《南村辍耕录》所记元代吴方言语音

射字法是民间流行的一种猜字游戏,它将繁复的韵字以游戏的方式表现出来,化繁为简、避难就易,《南村辍耕录》中的射字法体现了元代吴方言的语音面貌。原文如下:

> 有教予射字法,必须彼我二人俱聪明,熟于翻切,优于记问者,方乃便捷。倘遇人以诗词或言语示我,彼在隔坐,不及知闻,我则拊掌,彼便说出,与所示同。然片段文章皆可成诵,非特一句一字而已。用拊掌代击鼓,殊无构肆市井俗态。此天下太平,优游无事,谩以取一时之笑乐耳;使鼙鼓之声震天,干戈之锋耀日,又能留情于此耶?其法:七字诗十二句,逐句排写。前四句括定字母,后八句括定叶韵。诗曰:
> 轻轻牵兵兵边平平便明明眠逢〇〇兴兴掀征征煎,
> 经经坚迎迎年傅傅偏停停田应应烟成成涎声声氊,
> 清清千澄澄缠星星鲜晴晴涎丁丁颠榺榺虔盈盈延,
> 能能〇称称千非〇〇精精煎零零连汀汀天橙橙缠。
> 东蒙钟江支兹为,微鱼胡模齐乖佳,
> 灰哈真谆臻匡亏,元魂痕寒欢关山,
> 先森萧宵爻豪歌,戈麻阳唐耕斜荣,
> 青蒸登尤侯车侵,潭谈盐添横光凡。
> 如欲切"春"字,清谆,清清千春。"清"字在第三行第一字,

---

① 陶宗仪生活于元明之际,但经多方考证可确定《南村辍耕录》成书于元代。

"谆"字在第七行第四字。拊掌则前三后一,少歇,又前七后四。"夏"字平声为"霞",盈麻,盈盈延霞。"盈"字在第三行第七字,"麻"字在第十行第二字。拊掌则前三后七,少歇,又前十后二。少歇,又三,盖"夏"字去声,所以又三也。若入声,则四矣。余仿此。但字母不离二十八字,而叶韵莫逃五十六字,此为至要。①

这段对射字法的记录的写作时间为1351—1366年间,所反映的方音为元代的松江方音。主要声母特点有:(1)塞音、塞擦音、擦音清浊对立;(2)轻唇音只剩两个:非、逢,即[f]、[v];(3)从、邪合一,以"晴"作代表字;(4)禅、日相混,在《南村辍耕录》的声母诗里,古日母无代表字及助纽字。(5)"经轻擎兴"即古"见溪群晓",现代吴方言依开合与齐撮的条件分为[k]、[tɕ]两组(个别点分为三组)。在元代松江方言里还是[k]、[kʻ]、[g]、[h]一组。(6)匣、喻合一。现代吴方言里,匣喻相混,很多同为[ɦ]。(7)"零""应"分别为[m]、[l]、[ɸ]。这则射字法反映的声母特点与今松江音对比,两者的联系是:一是元时已具备现代松江音声母系统的格局,但现代松江音"可能受前高元音的影响,有部分字舌根声母发音部位前移",导致现代松江音的[k]、[kʻ]、[g]、[ŋ]、[h]在细音前分化出了[tɕ]、[tɕʻ]、[dʑ]、[ɲ]、[ɕ]。二是元时有与[ts]、[tsʻ]、[s]、[z]相对的一套[tʂ]、[tʂʻ]、[dʐ]、[ʂ]、[ʐ],但是后一套已有部分混入前者。两种音变的持续发展,形成了现代松江音。②

《南村辍耕录》中的射字法显示,元代松江吴方言的声调有四个,即平声、上声、去声、入声。但是,这则射字法反映的韵母系统,难以依据现代吴音来辨认,因为"韵母系统的复杂性及其变化远较声母为甚,因此较古时期的韵母总是与后代距离很大"。并且,射字法"括定叶韵"的56字,如果与《声韵会通》相对比,可以显示出,元代松江音的韵母系统比明代昆山吴音复杂。

(二)《南村辍耕录》所记元代吴方言词汇

《南村辍耕录》记载了许多方言词语,并以吴方言词语为主。《南村

---

① (元)陶宗仪:《南村辍耕录》,沈阳:辽宁教育出版社,1998年版,第229页。
② 鲁国尧:《陶宗仪〈南村辍耕录〉等著作与元代语言》,《南京大学学报》1996年第4期,第1—16页。

辍耕录》常列专条解释某一词语,考证词的出处、来源,并进行举例。从中辑录出来的元代吴方言词语可以分为三类进行专门论述:一是陶宗仪在《南村辍耕录》中明言为吴方言词语的,共计 10 条;二是陶宗仪未明言为吴方言词,但用"俗乎""今人指""世言"之类的话领起,这些词在后代仍在吴方言中使用,或在后代史料中可考,共计 19 条;三是陶宗仪未明言,也无"俗谓"等词领起,但通过后代地方志或史料中的记载以及现代吴方言可以推测其为吴方言词语,此类共计 10 条。此外,还有许多涉及专门技艺的吴方言专业词,但是此类词语专业性较强,许多史料中也难以找到相关记录,而且随着时代的发展,变化也比较多,要对这类词语进行考释,还需要查阅大量史料记载和开展实地调查。《南村辍耕录》记载名物类词语共 42 条,大多是百姓日常生活常用的词语,称谓类词语较多,占 19 条。《南村辍耕录》所记元代吴方言词语约有超半数被沿用至今,如"宣发""婆娘"等。

表 3-5 《南村辍耕录》所见名物类吴方言词语表

词语	释义	所在条目	使用现状
氁	读上声,旧时的一种衣服。	卷二八"嘲回回"条	—
梢当、挑、颡	吴方言区漆工的专业术语。	卷三十"髹器"条	—
发烛	古代引火之物以及代替灯烛之物。	卷五"发烛"条	—
长年、大翁	年老的船工。	卷八"长年"条	今吴方言区通用"老大",表掌舵者。
丫头	吴中呼女子贱者。	卷十七"丫头"条	宋元后进入官话成为普通词,词义多样,略有改变。
鞔鞋	拖鞋。	卷十八"鞔鞋"条	今松江、苏州叫"拖鞋",杭州叫"踢拖鞋"。"鞔鞋"在北部吴方言区中消失。
撑目兔	—	卷二八"废家子孙诗"条	—
缩头鬼	—		—

续表

词语	释义	所在条目	使用现状
大衣	元朝妇人礼服。	卷十一"贤孝"条	今吴方言区"大衣"词义改变:较长的西式外衣。
袍	上盖之服。		长期存在,但新中国成立后"袍"几乎不复存在。
环纽	窗户的绞具。	卷七"屈戍"条	苏州旧式木窗仍有此物,亦名曰环纽。
金甲、甲头	碓坊用具。	卷二七"金甲"条	—
娘	① 子女称呼母亲。 ② 妇女的通称。		吴方言区一直使用。
老娘	稳婆,即旧时为人接生的妇女。		今无锡、吴江、天台、黄岩仍称收生婆为"老娘",但绍兴叫"收生婆",云和叫"洗困因"。
师娘	① 女巫。 ② 都下及江南谓男巫。	卷十四"妇女曰娘"条	今松江、苏州、无锡、吴江称女巫为师娘,绍兴曰巫婆,云和曰讲花。男巫在绍兴叫灵菩萨,云和叫问神。
花娘	娼妓,娼妇。		今吴方言词用通语词"婊子"称娼妇。
夫娘	妇人之无行、淫贱者。		—
某娘、几娘、婆娘	妇人之卑贱者。		今吴江、松江、无锡、绍兴、台州仍有婆娘一词,在苏州"婆娘"指泼妇。吴方言区外也有"婆娘"一词。
客作	佣工。	卷七"客作"条	今黄岩话中无此词。许多吴方言区的佣工一词被其他词语指称。
经纪	擅长经营生意的人。	卷十九"经纪"条	今天台、东阳仍有。松江叫"经纪人"。苏州亦然,但更多说"生意人"。云和叫"生意经"。

词语	释义	所在条目	使用现状
牙郎	牙人、牙侩,撮合买卖双方以获取佣金的人。	卷十一"牙郎"条	黄岩今称"牙行先生",松江、苏州称"掮客"。
太公	曾祖父	卷十三"太公"条	今临海、天台、云和、宁波、绍兴、杭州、无锡、苏州均有此词。吴江一般称曾祖父为太公,有些地方为老太公。松江多数人叫太公,少数人叫大大。
家主翁、家公	家之尊者,即一家之主。(与之相对的称呼有"家主""家主婆")	卷六"家翁"条	今绍兴有文化者尚有此称,松江亦有称"家公"者。
点心	餐前餐后的小食。	卷十七"点心"条	今吴方言区仍有此词,词义在不同地方有不同,皆为名词义。也有"点点心""点心点心"等动词用法。
利市	吉利,好运气。	卷八"利市"条	今黄岩、无锡等处皆有此词。
课马	牝马。课,同"骒"。	卷十七"课马"条	沿海由南而北,大致上南部吴方言叫草马,北部吴方言叫雌马。
方头	性格耿直不通时宜的人。	卷十七"方头"条	今有近义词,松江有"硬头颈"。
咸杬子	咸鸭蛋。元人因不以杬木皮腌咸蛋,多写作"咸圆子"。	卷七"咸杬子"条	今似已不存。松江有腌咸蛋,云和叫咸蛋罐。
传席	旧时嫁娶的习俗,新妇进门的仪式。	卷十七"传席"条	今天台仍有。
奴材	对不肖之人的鄙称。	卷六"奴材"条	—
汉子	贱丈夫,即卑贱的男子。	卷八"汉子"条	—
书手	乡胥,即担任书写工作的人。	卷十八"书手"条	—
夜航船	旧时夜间于人烟聚集处载人载货的船。	卷十一"夜航船"条	今由"夜航船",但词义已变。

续表

词语	释义	所在条目	使用现状
宣发	年壮者黑白相杂的头发。	卷十八"宣发"条	今东阳尚有此词。
井珠	许多俗语、谚语喜用井、珠比喻。	卷二九"井珠"条	—
鱼脬	鱼鳔。	卷八"玉脬"条	—
蟹断	捕蟹之具。	卷八"蟹断"条	—
西施乳	河豚的鱼白。	卷九"食品有名"条	—
鹦哥嘴	蟚蜞螯,一种似蟹而体小的甲壳纲动物。		今吴方言区人系用鹦哥来比喻各类事物。
螳螂子	鲚鱼子的别名。		—
暖屋、暖房	旧时称备礼贺人迁入新居。	卷十一"暖屋"条	在今吴方言区仍有,词义在不同地区略有不同。
上头	女子束发插簪,为成年的象征。	卷十四"上头入月"条	今东阳人尚知有此词,新中国成立后习俗改变,此词消失。

资料来源 鲁国尧:《陶宗仪〈南村辍耕录〉等著作与元代语言》,《南京大学学报》1996年第4期,第1—16页。

侯水霞:《〈南村辍耕录〉词汇及语料价值研究》,暨南大学2008年硕士学位论文,第1—69页。

《南村辍耕录》记载动作类词语共7条,在现代吴方言的不同区域中仍然被使用。

表3-6 《南村辍耕录》所见动作类吴方言词语表

词语	释义	所在条目	使用现状
拗花	折花。	卷十二"拗花"条	今松江、杭州、无锡、宁波、东阳、天台、黄岩仍用,而绍兴叫"捉花",云和叫"掏花"。
不快	不适,有病。	卷十一"不快"条	吴方言的通用语。

续表

词语	释义	所在条目	使用现状
点心	正餐前小食以充饥。	卷十七"点心"条	今吴方言区仍有此词,词义在不同地方有不同,皆为名词义。也有"点点心""点心点心"等动词用法。
分梳	辩白。	卷十一"分梳"条	今东阳尚有此词。
不中用	不可用,无用。	卷十"不中用"条	今吴方言中普遍有之。
不耐烦	厌烦,不能忍耐。	卷八"不耐烦"条	为吴方言的通用词。
打关节、有梯媒	贿赂。	卷八"关节梯媒"条	今杭州话叫"打关节",云和话叫"赖(音)关节"。

资料来源　鲁国尧:《陶宗仪〈南村辍耕录〉等著作与元代语言》,《南京大学学报》1996年第4期,第1—16页。

侯水霞:《〈南村辍耕录〉词汇及语料价值研究》,暨南大学2008年硕士学位论文,第1—69页。

《南村辍耕录》还记载了元代吴方言的形容词、代词、拟声词,如"发賋""温暾"等。

表3-7　《南村辍耕录》所见吴方言词语之其他类

词汇	释义	所在条目	使用现状
温暾	微暖。	卷八"温暾"条	至今仍为吴方言所通用,还有形容性情或言辞不爽利之义。
鏖糟	肮脏,不洁。	卷十"鏖糟"条	普遍有此词,在无锡、黄岩、松江、苏州此词还有不惬意等义。
发賋	头发黏腻。	卷六"发賋"条	今嘉兴还有用"賋"表黏腻之义。
改常	反常,变得不正常。	卷十七"改常"条	—

续表

词汇	释义	所在条目	使用现状
阿谁	谁，何人。	卷八"阿谁"条	今无"阿谁"，但有"阿大""阿爹"等用法。
阿㱇㱇	痛楚声或表示惊讶。	卷十一"阿㱇㱇"条	今吴方言区多地仍有此词。

资料来源　鲁国尧：《陶宗仪〈南村辍耕录〉等著作与元代语言》，《南京大学学报》1996年第4期，第1—16页。
侯水霞：《〈南村辍耕录〉词汇及语料价值研究》，暨南大学2008年硕士学位论文，第1—69页。

《南村辍耕录》所记元代吴方言词语共计55条，既有词，也有短语，并以名物类词语居多。对比现代吴方言，部分吴方言词语的词性、含义在发生变化，使用范围也在不断改变。从吴方言与其他方言的关系来看，有些词仍为地道的吴方言词，变化不大；有些词为吴方言与其他方言共有的词；有些通语词进入吴方言并保留了下来，有些词从吴方言进入通语成为普通词。可见，元代吴方言是汉语吴方言发展的重要一环。

二、元诗元曲及地方志中的吴方言

元代吴方言地区的一些诗人创作了大量的诗文作品。元代江浙诗文的用韵系统，同现代吴方言的音韵体系一脉相承。元代的江浙古体诗用韵十八部系统，阴声韵七部：歌戈部、麻佳部、鱼模部、皆咍部、支微部、萧豪部、尤侯部；阳声韵七部：寒先部、覃盐部、侵寻部、真文部、江阳部、庚蒸部、东钟部；入声韵四部：药铎部、屋烛部、月薛部、德质部。

古体诗中的许多用韵现象，大都可以从现代方言读音中得到解释。现代吴方言支微和鱼模这两个音部同韵的情况仍然相当普遍。而歌戈和鱼模部也有相押的情况，并且在当前的吴方言中依旧存在。尤侯和鱼模通押的情况和《中原音韵》的规定相符合，同时也有其独特的吴方言语音特点。此外，还有麻佳和皆咍部相押、歌麻相押、尤豪通押、真文和侵寻相押、侵寻和庚蒸通押、江阳和庚蒸部通押、真文和庚蒸部相押、真文和东钟相押、屋烛和德质相押、屋烛和药铎相押、药铎和德质相押、月薛和德质相押等，这些也是方言入韵的表现形式。在声调方面，平声与上声相押是方音的流露,平声与上去通押是方言入韵的表现。

根据元代杨维桢等诗人古体诗的用韵情况及现代吴方言分区,杨维桢、王冕、赵孟頫的方言背景属于吴方言太湖片,吴师道属于婺州片。① 从诗韵考察的结果看,婺州片吴师道的用韵所反映的方音和太湖片的三位诗人的用韵情况并没有显著差异,和典型的吴音特点(以苏州话为代表)一致。元代江浙一带的诗人作诗时,将不符合通语的异部相押,反映了元代吴方言的语音系统,现代吴音的基本面貌大抵在宋元之际已经形成。

元代资料中方言成分最多的是元曲。由于说唱的需要,元曲采用了大量的口语与方言词②。元曲最重要的关键在于诸宫调,并杂以道白,因此需要顾及当时的口语。这样的文学作品,就很自然地包含了当时地方的方言俗语。③ 元曲这样较为口语化的文学体裁,是反映当时方言的语言面貌的生动材料,具有非常重要的研究价值。《金元戏曲方言考》中几处方言考释:(1)三休:三顿。(董)三休饭饱。(2)古子:仍然。(董)尚古子不会梳里。(3)折证:① 交涉辩论。(元朝秘史)成吉思汗云:"如今回回百姓,杀了我使臣,要与他折证。"(西)你两个今夜亲折证。(黑)不和他亲折证。(绯)赃仗忒分明,不索你折证。(争)我可也万千事不折证。(张)封姨你近前与他折证。(又)你待把强言折证。(燕)可也不须你折证。② 处理。(杀)有事呵,到明日旋折证。③ 证据。(杀)久以后有个折证。元曲内容丰富,解释简单明了,涵盖的范围十分广泛。不过,从以上材料也可以看出,方言词的出处并不完全清楚,是不是吴方言也有待进一步考证。

《齐乘》是唯一一部元代山东地方志,也是目前山东现存最早的省志,堪称元代名志之一。该书以文字简洁、体例严谨、考证精确而闻名,四库馆臣称其"叙述简核而淹贯,地志中之有古法者"。《齐乘》共六卷,分沿革、分野、山川、郡邑、古迹、亭馆、风土、人物八门。作者是山东益都(今青州)人于钦。《齐乘》的内容、史料价值及其在方志学中的贡献

---

① 王杰立:《元代杨维桢等浙江诗人古体诗用韵考》,重庆师范大学2007年硕士学位论文,第3页。
② 三木夏华:《元代明代方言资料概观》,《中文学术前沿》2014年第1期,第88—91页。
③ 何耿镛:《汉语方言研究小史》,太原:山西人民出版社1984年版,第49页。

等,都有重要的意义。此书刊刻于元至正十一年(1351),于潜为它撰写了跋语,并完成《释音》六卷附在书后。《汉语官话方言研究》将《齐乘释音》看作研究元代胶辽官话,也就是齐音的语音材料。而也有材料可证《齐乘释音》反映出的方音是元代苏州的吴音,其声母特点可以归结为以下八点:(1)知、庄、章合一;(2)庄精混合;(3)船禅不别;(4)全浊声母有清化现象;(5)精清混一;(6)日禅相涉;(7)从禅相混;(8)泥疑不别。①

在元代的吴方言中,有八个特征可以辨别。尽管前五个特征与宋元通用语的声母特点大体相符,但是第二个特征中的"酢音助"完整地保留在反映"南音"(昆山吴音)的《韵学骊珠》一书中。而第三个特征中的"殖音实"则在今天的苏州话中找到了印证。这两个例子或多或少地显示了《齐乘释音》在吴音方面的偏向性。而最后的三个特征为《齐乘释音》属于吴音而不是齐音提供了最直接和有力的证据。第六点"日禅相涉"的情况多见于南音。明湖南郴州人袁子让《字学元元》卷八"方语呼音之谬"记载了以明代郴州为代表的"楚音"中,禅日是相涉的。不过这种现象在今之"楚音"中未能完整地保存下来,反而成为吴方言的特点。第七点从禅相混的现象在历史语音材料中不多见,胡三省《资治通鉴音注》中"单(禅),慈(从)浅切"是为一证。胡三省是浙江台州宁海人,从禅相混当是吴音的特点。第八点泥疑不别未见于其他诸地的语音材料,但在苏州方音中却有反映。

---

① 张凯:《〈齐乘释音〉的声母特点与元代苏州吴音》,《语言研究》2014年第4期,第25—31页。

第四章 吴侬软语 繁荣兴盛：
明清时期的吴方言（上）

明清时期江南的经济文化十分发达，吴方言研究也得到了学者的进一步重视，出现了《吴音奇字》《吴下方言考》《荆音韵汇》等吴方言研究著作。《吴音奇字》作于明末，记录了丰富的苏南吴方言字词，因其收录大量生僻罕见的字形，故名曰"奇字"。《吴下方言考》由清代胡文英所作，特点是从训诂学和词源学角度探源和考释吴方言字词，是继《吴音奇字》之后又一吴方言著作。《荆音韵汇》是清道光年间荆溪县（今江苏宜兴南部）秀才周仁编撰的一部宜兴方音韵书，反映了清代苏南吴方言的音系特征。另外，由石汝杰、宫田一郎等人主编的《明清吴语词典》是一部全面收录明清吴方言词汇的方言词典，其特点是从海量的明清文献中搜集吴方言词汇并加以解释，对方言学、民俗学等方面的研究大有助益。

第一节 《吴音奇字》

《吴音奇字》是由海虞（约为今江苏省常熟市）人孙楼编辑校正，后陆镒铨次补遗的一部记录和考证明末吴语词语的方言专书，是研究明代吴方言的重要著作。就目前所见文献来看，《吴音奇字》是我国语言学史上第一部以吴方言为调查对象的字书，具有重要的语言学史价值。

当前学界一般认为李实的《蜀语》是我国历史上第一部搜集整理汉语某地方言词汇的专书。① 但是，无论是孙楼编辑的原稿还是经陆镒补遗之后的版本，《吴音奇字》的成书时间均早于《蜀语》。

一、《吴音奇字》的作者及成书过程

《吴音奇字》的作者孙楼（1515—1584），字子虚，号百川，海虞（约为今江苏省常熟市）人，著名藏书家、文学家。明武宗正德乙亥年（1515）生，年六十九卒。嘉靖丙午中举人，七次会试不第，弃考后铨补湖州府推官，为官清廉，为政勤勉，善于文辞，喜好藏书，致仕归隐后，杜门校雠，一直保持家族的藏书传统，家中藏书超过万卷，著有《丽词百韵》《百川集》《吴音奇字》、诗文集 12 卷（后于万历四十八年刻印，定名《孙百川先生集》）等。其中《丽词百韵》未见现存版本，应已散佚。

万历三十三年，管一德所撰《（万历）皇明常熟文献志》刻本是目前已知最早记载孙楼的古文献资料，简要介绍了孙楼的字号、为人、科考、为官、著作等情况，也穿插了其"性好滑稽"的事件，有助于了解孙楼的基本经历，但并未提及其家庭或家族。明朝至民国时期，也有相当一部分文献对孙楼的生平进行了介绍。而现代作品《明代名人传·孙楼》主要从孙楼的出身着笔，大量笔墨介绍其曾祖父、父亲、叔父、孙子的具体情况，简要介绍了孙楼的仕途情况及其作为藏书家的一些事迹。据考证，《明代名人传·孙楼》的史料主要来源于明代的焦竑《国朝献征录》、孙楼《百川集》（万历刻本），以及清代的朱彝尊《明诗综》、钱谦益《列朝诗集小传》、陈梦雷等《古今图书集成》、邵松年《海虞文征》、叶昌炽《藏书纪事诗》、纪昀等《四库全书总目提要》《苏州府志》等文献。②

通过搜集苏州图书馆方言志相关文献资料，共整理出记载孙楼及《吴音奇字》的地方志及相关文献 18 本，其中明朝有 3 本，分别为刻本《（万历）皇明常熟文献志》卷五、刻本《焦太史编辑国朝献征录》卷八十五、《（万历）常熟县私志》卷十五；清朝有 12 本，分别为刻本《明常熟先贤事略》卷十三、清抄本《圣明常熟先贤传略十六卷》卷十三、《虞山先哲

---

① 余晓晴：《〈吴音奇字〉初探》，浙江大学 2010 年硕士学位论文，第 9 页。
② 汪大明：《明末吴语字书〈吴音奇字〉作者考》，《皖西学院学报》2021 年第 6 期，第 130 页。

考》卷一、《康熙重修常熟县志》卷二十、《康熙苏州府志(四)》卷七十文学传下、《(雍正)昭文县志》卷七、刻本《(乾隆)苏州府志》卷六十二、《虞山先哲传记》、刻本《(道光)苏州府志》卷九十九、长洲顾氏家刻本《吴郡名贤图传赞》卷九、《(乾隆)常昭合志》卷八、木活字本《(光绪)常昭合志稿》卷三十二;民国有3本,分别为铅印本《民国重修常昭合志(三)》卷十八、铅印本《民国重修常昭合志(六)》卷二十、铅印本《(民国)吴县志》卷五十八。这些方志所记孙楼事迹,大部分都是在《(万历)皇明常熟文献志》基础上进行一定的补充或调整而成,如《明常熟先贤事略》有对孙楼致仕原因和校雠书籍过程更加详细的记载。

补遗作者陆镒,主要生活在万历、崇祯年间,而关于其里籍,学界并没有统一的看法。早期学者认为"陆镒事无可考见"①,后有学者指出"陆镒是常州人"②,但并未给出具体依据;近年来学者根据《陆氏世谱》《吴音奇字叙》《汉书·地理志》等文献推断:"铨次补遗者陆镒是宜兴(今江苏省无锡市宜兴市)人,世居宜兴"③。陆镒通过铨次补遗让《吴音奇字》得到了更好的流传。

孙楼在收录于《百川先生文集》的《吴音奇字序》中提及编写此书的由来与目的:

> 余吴人也,吴僻于东海之埵,其名物音声亦仅通于吴止矣,而举以告于八州之人,八州之人鲜不刺目棘舌也。乃吴之通其音者又多不稽其字,徒耳学尔,余也愧之。于是综讨博询,高则玄览之儒,陋则学究之叟,凡四声七音之部可数十百家,一有得辄吮毫疾书,久之积若干言,盖不必尾侯芭之后扣扬阁而问之,又不必效轺轩使者日驰于方千里之地,而吴音亦几乎备矣。噫!余犹愧其限于吴也,使八州之人各有如余者以自疏其音,已复有如子云者哀而汇之,斯于同文之治不少助耶?④

---

① 北京图书馆出版社编:《近代著名图书馆馆刊荟萃续编》(第14册),北京:北京图书馆出版社2005年版,第457—458页。
② 张凯:《〈吴音奇字〉勘补拾零》,《古籍研究》2015年第1期,第127页。
③ 汪大明:《明末吴语字书〈吴音奇字〉作者考》,《皖西学院学报》2021年第6期,第130—131页。
④ (明)孙楼:《孙百川先生集十二卷》(卷之一《序》),明万历四十八年梁溪华滋蕃刻本,第18页。

从孙楼的叙述中可以看出,他意识到吴方言难懂且仅通于吴人,而八州之人难以通晓其义,通吴音者又不考究其字,只停留于耳听,孙楼自觉惭愧,为解决这一问题,让吴语为八州之人所理解,他在吴地寻访收集,最终作成此书,目的是方便当地人和外地人对于吴方言字词的学习。

此外,陆镒在《铨次补遗吴音奇字小引》中介绍了他铨次补遗的过程:

> 以是愁郁之暇,漫为披阅,非不可以解颐,但惜其踌驳无伦,俾属目者易生厌倦。余固鲁骏,不无续貂之想,故复加铨次。一字者列于前,二三字者尾于后,则令人一展卷也井井,一寓目也楚楚。间有音释舛谬,并厘正之,不敢以糊涂赚后生也。更有字义为日用常行,不脱唇吻间者,虽不为奇,亦不得数数以接捷,倘所云不奇而奇者乎?不得已而为之补遗,以谢挂一漏万之愆。①

经铨次补遗后的《吴音奇字》条理更加清楚,并且增加了日常所用的吴方言词语,这一点《吴音奇字叙》中的部分内容也可与之相互印证:

> 余于灯窗倦余,正其音韵,校其亥豕,注释明白,俾习观者如列眉,翻阅者皆洞晓,一片苦心,寓于兹集。小子其默而识之。②

附:

吴音奇字叙

今夫天下文章,载于经传,著于子史百家,凡业三余、穷二酉者,佥悉曙之。惟延陵方言蛮僰难晓,虽奇才异颖,吐辞语之,皆学肘而弗应。庸人俗子,辄为谰陋。噫矣!雄村谓岂以是为优劣哉?余甚悯焉。百川孙先生,吴之隽材也。先得我心,编辑《吴音奇字》,素传于世。幸偶得之,如得波斯舶,展齿几折。观其形声自上来者则收之天文,形色自下呈者,则收之地理,异类有知与无知者则收之鸟兽、花木,分门立部,靡有孑遗,可补经传子史百家之阙,可称表里精粗无不到,未必非幼学发蒙之一助也。余于灯窗倦余,

---

① (明)孙楼撰,(明)陆镒补遗:《吴音奇字》,清抄本。
② (明)孙楼撰,(明)陆镒补遗:《吴音奇字》,清抄本。

正其音韵,校其亥豕,注释明白,俾习观者如列眉,翻阅者皆洞晓,一片苦心,寓于兹集。小子其默而识之。

崇祯癸未上冬晦前五日后学陆镒序。①

铨次补遗吴音奇字小引

吾虞百川孙先生编辑《吴音奇字》,可谓细无不录,大而不遗者矣。余苦风檐失利,景入崦嵫,且有子而皆殇,有孙而幼殇,视人股掌,瞠乎其后耳。以是愁郁之暇,漫为披阅,非不可以解颐,但惜其踏驳无伦,俾属目者易生厌倦。余固鲁骏,不无续貂之想,故复加铨次。一字者列于前,二三字者尾于后,则令人一展卷也井井,一寓目也楚楚。间有音释舛谬,并厘正之,不敢以糊涂赚后生也。更有字义为日用常行,不脱唇吻间者,虽不为奇,亦不得数数以接捷,倘所云不奇而奇者乎?不得已而为之补遗,以谢挂一漏万之愆,故曰与《吴音奇字》颉颃而峥嵘哉,窃为百川先生之功臣也已。时崇祯甲申,菊月下浣日,陆镒再拜谨识。②

吴音奇字序

寓形宇内者,孰无声哉?有声则文从生焉。字者孳也,斯又文所从生者也。自六书之有假借,有转注,而字益不可胜穷矣。然五方之民各声其声,形同也而异者音,音异也而同者义。惟义之同也,而音亦罔弗同矣;惟音之同也,而天地之元声于是乎在矣。昔杨子云氏以南北之清浊异齐,古今人之不相袭汇而为方言,凡以同其异也,而诡文奇字、刺目棘舌累累而是。今读太玄一书,其外于仓颉之始制者不少矣,故西京称问奇者辄之杨氏焉。余吴人也,吴僻于东海之裨,其名物音声亦仅通于吴止矣,而举以告于八州之人,八州之人鲜不刺目棘舌也。乃吴之通其音者又多不稽其字,徒耳学尔,余也愧之。于是综讨博询,高则玄览之儒,陋则学究之叟,凡四声七音之部可数十百家,一有得辄吮毫疾书,久之积若干言,盖不必尾侯芭之后扣扬閤而问之,又不必效辎轩使者日驰于方千

---

① (明)孙楼撰,(明)陆镒补遗:《吴音奇字》,清抄本。
② (明)孙楼撰,(明)陆镒补遗:《吴音奇字》,清抄本。

里之地,而吴音亦几乎备矣。噫!余犹愧其限于吴也,使八州之人各有如余者以自疏其音,已复有如子云者裒而汇之,斯于同文之治不少助耶?①

二、《吴音奇字》的版本与主要内容

余晓晴指出,现存《吴音奇字》共两个版本,分别是苏州图书馆藏民国《吴中文献小丛书》排印版和《丛书集成续编》据《吴中文献小丛书》影印版,二者都以铁琴铜剑楼藏抄本为底本,其原貌今无从考证。② 李蕾指出,《吴音奇字》除上述余晓晴提到的两个版本外,还有国家图书馆藏的明代抄本一卷。③

经考察,"现存《吴音奇字》版本共有四种,主要包括3种清抄本和1种铅印本,分别是《中国古籍善本书目》著录国家图书馆藏的清抄本以及上海图书馆藏的王謇校清抄本;《江苏地方文献书目》著录苏州图书馆藏的清抄本以及根据传抄本校印的铅印重排本(《吴中文献小丛书》本)。其中,国家图书馆藏清抄本是《吴音奇字》现存的最早版本。孙楼原稿本《吴音奇字》未曾刊印,可能已经亡佚,仅存孙楼《吴音奇字序》收入《孙百川先生集》中而流传至今。现存清抄本《吴音奇字》是陆镒铨次补遗后的版本。"④

关于《吴音奇字》的方言性质,学界存在一定的分歧。王稼句认为"关于苏州方言,古人就有专著,一本是《吴音奇字》,一本是《吴下方言考》,小部分见于古籍,大部分来源无考,保存了不少苏州方言词汇",⑤但并未指出这一看法的依据;张凯从孙楼和陆镒的里籍推断,该书反映的是以常熟、常州方言为代表的北部吴语方言;⑥郑伟由孙楼的里籍常熟以及叶祥苓作《吴音奇字·序》中"后同乡陆镒为之'铨次补

---

① (明)孙楼:《孙百川先生集十二卷》(卷之一《序》),明万历四十八年梁溪华滋蕃刻本,第18页。
② 余晓晴:《〈吴音奇字〉初探》,浙江大学2010年硕士学位论文,第5页。
③ 李蕾:《明代孙楼著作版本考察》,《戏剧之家》2017年第10期,第269页。
④ 汪大明:《明末吴语字书〈吴音奇字〉版本考述》,《淮南师范学院学报》2020年第6期,第103—106页。
⑤ 王稼句:《书生风味》,南京:南京师范大学出版社2013年版,第56页。
⑥ 张凯:《〈吴音奇字〉勘补拾零》,《古籍研究》2015年第1期,第127页。

遗'"推断此书反映的是常熟方言。① 可见,《吴音奇字》是一部考察明代苏南一带吴方言词语、方言字及民俗的重要文献资料。

《吴音奇字》中收录的"奇字"除包括少部分常用字外,还有许多异体字和方言俗字(方言字又包括方言本字、方言造字、方言借字等)。《吴音奇字》共分 14 门,依次为天文、地理、时令、人物、身体、人事、饮食、衣服、宫室、器用、珍宝、鸟兽、花木、通用,采取分类编次的办法,将"奇字"按义序方式分类排序,体现"类聚群分,比物连类"的分类思想。《吴音奇字叙》中云:

> 观其形声自上来者则收之天文,形色自下呈者,则收之地理,异类有知与无知者则收之鸟兽、花木,分门立部,靡有孑遗,可补经传子史百家之阙。②

国家图书馆藏清抄本《吴音奇字》孙楼编辑及陆镒补遗的词条数量按门类分布如下:

表 4－1 《吴音奇字》14 门词条统计表

排序	孙楼编辑校正	陆镒铨次补遗	词条总数
天文门	21	21	42
地理门	31	71	102
时令门	9	9	18
人物门	13	38	51
身体门	156	30	186
人事门	335	103	438
饮食门	38	17	55
衣服门	34	19	53
宫室门	29	34	63
器用门	71	47	118

---

① 郑伟:《〈吴音奇字〉与明代常熟方音》,《常熟理工学院学报》2018 年第 3 期,第 24—26 页。
② (明)孙楼撰,(明)陆镒补遗:《吴音奇字》,清抄本。

续表

排序	孙楼编辑校正	陆镒铨次补遗	词条总数
珍宝门	4	12	16
鸟兽门	51	34	85
花木门	34	11	45
通用门	80	0	80
合计	906	446	1352

资料来源 （明）孙楼撰,（明）陆镒补遗:《吴音奇字》,清抄本。

《吴音奇字》以"分门别类,以义类聚"的编纂原则,共收纳1352个字词,其中天文门42个,地理门102个,时令门18个,人物门51个,身体门186个,人事门438个,饮食门55个,衣服门53个,宫室门63个,器用门118个,珍宝门16个,鸟兽门85个,花木门45个,通用门80个,其中人事门词条最为丰富。同一门类中先刊单音字,接下来是二字、三字,四字词仅有5个,且集中在人事门中。每一门下先是孙楼编辑,其次是陆镒进行补遗,词目是单行大字,而注音、释义或举例为双行小字。每一词目下,或注音,或解释,有时也有方言举例,甚至有的仅有词目,词条结构较为多样,释义非常简洁,主要采取义训的方式,时有方言实例,不采用书证。

书中的字词本身带有较为鲜明的吴语特征,很多词也被石汝杰、宫田一郎主编的《明清吴语词典》收录。在收词范围上,该书所收纳的方言词范围比现今所研究的方言词的范围更大,具体表现在这些所收纳的"奇字"除明显具有吴语地方色彩的方言词外,部分还与通语有所交叉,如"垃圾""尴尬"等即源于吴方言。

三、《吴音奇字》的注音方法

《吴音奇字》在注音方面绝大部分采用直音法,间或采用反切法和纽四声法。直音法是用同音字给某个汉字注音的方式,最早可追溯至先秦声训,是汉语中最原始的注音方法。反切法是通过两个汉字拼出某字读音的注音方法,即采用前字声母与后字韵母和声调拼合出读音的方式。直音法和反切法都是古代常用的注音方法。除了这两种注音方法外,孙楼与陆镒在《吴音奇字》中还采用了纽四声法为"奇字"注音。纽四声法是对直音法的补充与发展,只需找到与被注字声母韵母相同的字,再根据声调标注字音的方式,一定程度上弥补了直音法的缺陷。总之,《吴音奇字》的注音方法做到了延续性与综合性的统一。

《吴音奇字》以直音法为主,采用反切法注音的词条共 6 个,采用纽四声法注音的词条共 60 个。另外,《吴音奇字》选取的注音字往往不取其在通语或韵书中的"正统"读音,而是采用方言中的读音。如:

(一) 直音法

霾,音埋,雨土也,即落沙天。(天文门)

鬾,音幾,吴臾人谓鬼为鬾。(人物门)

肩,音洞,击地而地应声曰肩。(地理门)

淩,音妗,方言寒淩淩。(时令门)

毃,斛,人言酒浑曰浑毃浊。(饮食门)①

(二) 纽四声法

沰,当入声,水滴石声。(地理门)

港,音扛上声,海港口。(地理门)

挡,海平声,丢物也。(人事门)

碾,年上声,木磨也。(器用门)

蟓,蓬上声,虫乱飞。(鸟兽门)②

(三) 反切法

墭,移盍切,土堕声也。(地理门)

甦,力频切,踏尾声。(人事门)

---

① (明)孙楼撰,(明)陆镒补遗:《吴音奇字》,清抄本。
② (明)孙楼撰,(明)陆镒补遗:《吴音奇字》,清抄本。

澬,火麦切,溅水声。(人事门)

撋,夹挐反,撋帐。(人事门)

挳,下恊切,打也。(人事门)

幞,霍虢切,裂帛声。(衣服门)①

四、《吴音奇字》的校勘

《吴音奇字》在孙楼编辑校正,陆镒铨次补遗之后仍存在一些错字别字、内容不完整等疏漏,余晓晴、张凯先后对《吴音奇字》进行了校勘,择其要者整理如下表:②

表4-2 《吴音奇字》校勘表

门类	被校字	校勘
天文门	霵	(余):黔。
	圖朒	(余):"朒"疑为作者由"不足、亏缺"之义引申得来。
	蝶蝀	(余):蝶、蝀。
地理门	痾	(余):疴。
	冱	(余):沍。
	壁陡,音闻。	(余):壁陡,音閛。
	森渺	(余):森渺。
时令门	暍曤	(余):暍,暍。
	祀音杞,年也。	(张):杞,祀。
人物门	□	(余):推测本字为"棍"。
	奇子	(余):咼子,歪嘴者也。亦有书作"㖞子"。
	諕	(张):疑作"諔"。

---

① (明)孙楼撰,(明)陆镒补遗:《吴音奇字》,清抄本。
② "余"指余晓晴:《〈吴音奇字〉初探》,浙江大学 2010 年硕士学位论文,第 12—36 页;"张"指张凯:《〈吴音奇字〉勘补拾零》,《古籍研究》2015 年第 1 期,127—133 页。

续表

门类	被校字	校勘
身体门	䒔	（余）：蓬。
	蒱,音蒲,胸蒱。	（余）：胸脯。
	欿	（余）：歈。同饮。
	矌,音广,方言"打耳矌"。	（余）：矌（蠜），音与"聒""刮"近,注音或受官话影响。
	睛	（余）：䏶。
	䫏,音㐱	（余）：有平、去二声。
	飴同	（余）：餂同。
	腰	（余）：腰。
	悰,音宗,清也	（余）：清,情。
	胍肬	（余）：肬胍当为胍肬之误倒
	攀揆	（余）：蓳㦯,又作桻揆,当即"攀揆"也。
	䏶䏽	（余）：䏶䏽。
	酞䤉,并音训	（余）：酞疑为酖之讹。疑音后脱落一字。
	䃝哆,音膚朵	（余）：䃝,䃝。膚,疑为虜字之讹。
	浣浣	（余）：浣浣。
	膃朒	（余）：膃,**膚**。
	骳髁	（张）：骳,骹。
人事门	哤	（余）：哤。
	樟	（余）：撑。
	刮	（余）：刮。
	疲	（余）：疲。
	笄	（余）：笄。笄是俗字,本字或为"穿"。
	扚	（余）：掐,或作"拗"。

续表

门类	被校字	校勘
人事门	揫	（余）：揪。
	頏	（余）：頦。
	貼	（余）：䀞。
	䪤	（余）：䫰。
	戗毅	（余）：戗毅。
	齷齪,音喔戮	（余）：戮,齪。
	燁烌	（余）：燁炒,炒燁通用。
	碫磨,上音煅	（余）：碫磨,上音煅。
	皵皺	（余）：皺,皱。
	搔搯	（余）：搯,掐。
	扐揹,坑勒去声	（余）："坑勒"顺序误倒,应作"勒坑"。扐揹,词形又作"勒揹""勒磬"。
	舁尸,上音千,扛也。	（余）：千,干。
	焄蒿,上音薰	（余）：薰,薰。
	肋肋臌臌,音勒忒,不正客也。	（余）：客,容。
	頋音优	（张）：优,扰。
	丢揹,下音沔。	（张）：沔,沔。
衣服门	襽	（余）：襽,襽。襽,又作襽。
	䙱裇	（余）：裇,裇,音同师。
宫室门	攃	（余）：攃。"梡"亦当为"攃"之讹。
	捷	（余）：㮈。
	籅籔音闽埔	（余）："埔"疑为"坤"之讹。
	门桯音行	（余）：行,汀。
	岁窆	（张）：窆岁

门类	被校字	校勘
器用门	筭	（余）：似为"筭"字之讹。
	舸音洞，船舸	（余）：洞，洞。"船舸"二字疑倒误。
	筅	（余）：筅。又作"筅"、"桁"。
	虷鴍，音了乌	（余）：乌，乌。"虷鴍"与"了乌"疑并误倒。
	鬵箅，音必列，今边上茄声。	（余）：茄，笳。
	碌碡，音六逐，滚场名。	（余）：名，石。
	□䆕	（余）：原文脱落，此字当为"苦"。
	俙	（张）：俙。
珍宝门	鉔	（余）：鎕之误省。
鸟兽门	蠘	（余）：蟻。
	翅翻	（余）：翻。
	鷉□	（余）：原文脱落，此字或系**鵜**。
	鹌鹑音思仁	（余）：思，恩。"鹌"音"安"。
	蝻蚖	（余）：蚖为蝛字误省。
花木门	榫榹	（余）：榫，榫。
	礌䃳	（余）：礌䃳，䃳，同礌。
	檐蔔，梔子花也	（余）：梔，梔。梔，即梔。
通用门	囮音责，便貌，方言鲜囮囮。	（余）：便，硬。
	牀	（余）：牀。
	萊音歪，萊斜。	（余）：萊，华之形讹，本字蜗。
	霉顈	（余）：顈，顈(顈)。
	礌䃳，音雷堆，丛聚也。	（张）：䃳，䃳。丛，重。
	骸骹	（张）：骸，骸。

资料来源　余晓晴：《〈吴音奇字〉初探》，浙江大学2010年硕士学位论文，第12—36页；张凯：《〈吴音奇字〉勘补拾零》，《古籍研究》2015年第1期，127—133页。

五、《吴音奇字》的语言学价值

《吴音奇字》具有非常重要的语言学史价值。首先,它对于研究明清古文献中的吴方言俗字具有重要的参考价值。俗字研究是语言文字学的主要部分,也是汉字演变过程中重要的一环,而《吴音奇字》作为一部研究明代常熟及北部吴语地区的字书,它所记载的"奇字"有很大一部分是方言俗字,可以展现明清时期吴方言俗字的本来面貌。《吴音奇字》中所见的一些方言字在现代吴语方言中仍在使用,然而大部分人不知道怎么写,就像孙楼所说,"乃吴之通其音者又多不稽其字,徒耳学尔",它在当时的功用到了现代也同样适用。

其次,《吴音奇字》为了解明清时期常熟及北部吴语地区方言的语音提供资料。《吴音奇字》中收集了许多北部吴语地区的方言字音,《〈吴音奇字〉与明代常熟方音》将吴音奇字与现代常熟方言相比较,讨论了《吴音奇字》所见明代常熟方言的音韵特点,包括支微入虞、覃魂同韵、麻佳同韵、寒桓同韵和止合三知章精组字的读音等。①《〈吴音奇字〉中的明末清初北部吴音声母特征》《〈吴音奇字〉中知、庄、章、精组声母问题刍议》《〈吴音奇字〉中的明末清初北部吴音韵母及语流音变特征管窥》从声母特征、韵母特征、语音流变等角度探究晚明北部吴音特点。②

最后,《吴音奇字》还为研究吴语地区方言词汇及其背后承载的民俗文化提供了样本。对《吴音奇字》中丰富的吴语词汇进行考证,可以揭示明清时期吴语词汇的基本特征,并对现有研究成果加以补充,从历时角度追踪吴语词汇的变迁。同时,其中的许多词汇与当时吴语地区人们的生活息息相关,特别是器用门、衣服门,如器用门中的"棋橄,砧墩""藕竿,栖干",衣服门中的"鞴,翁,鞴鞋"等,均是如此。这对于研究民风民俗具有一定的参考价值。

---

① 郑伟:《〈吴音奇字〉与明代常熟方音》,《常熟理工学院学报》2018年第3期,第24—26页。
② 张凯:《〈吴音奇字〉中的明末清初北部吴音声母特征》,《枣庄学院学报》2015年第1期,第108—110页;《〈吴音奇字〉中知、庄、章、精组声母问题刍议》,《语言研究》2015年第2期,第63—71页;《〈吴音奇字〉中的明末清初北部吴音韵母及语流音变特征管窥》,《汉字文化》2015年第4期,第33—36页。

第二节 《吴下方言考》

"吴下"一词,首见于《三国志·吴志·吕蒙传》裴松之注引《江表传》。① 最初指三国时期孙吴的辖境,范围很广。而纵观《吴下方言考》一书,其中所收词语,均为常州、无锡、苏州三地的土语、俚词。因此作者所说的"吴下",实际指今江苏省长江以南、常州以东地区,即江苏或苏南的吴方言。胡文英的《吴下方言考》通过训诂学和词源学,对吴方言进行探源和考释,是继《吴音奇字》之后又一部以吴方言为研究对象的重要古代吴方言著作。

一、《吴下方言考》作者和版本

胡文英(1723—1790),清武进(今江苏省常州市)人,字质余,号绳崖,胡嗣超之父。有《庄子独见》《屈骚指掌》《诗经逢源》等著述,又尽取古来四部之藏,证诸吴音,成《吴下方言考》。关于胡文英的生平事迹,史书记载甚少,或许可以从其著作中推知一二。乾隆十七年(1752),当武启图为胡文英的《庄子独见》作序之时,胡文英客居于广东的端州(约为今广东省肇庆市)。胡文英在《庄子独见》自序里写下的"跨山涉海,辛苦流离"八个字,或许道出了他这段时期的人生遭遇。乾隆二十五年(1760),从《吴下方言考》自序中可知,胡文英在这一年回到故乡,"携质之同乡钱铸庵先生",请其同乡钱人麟为《吴下方言考》作序。乾隆二十六年(1761),王鸣盛为胡文英的《屈骚指掌》一书作序。王序中"食贫居贱,东西游走"是王鸣盛对胡文英一生的总括。② 据《屈骚指掌》凡例,胡文英还"两涉楚南,三留楚北"。也正因为四处游历,他才能对不同地域的方言有所感受与记录,其独特的方言观一定程度上也是这种人生所造就的,而这样的经历或许也影响了《吴下方言考》的编纂。

《吴下方言考》是进行汉语史比较研究、吴方言词汇研究和编纂吴

---

① 徐复、唐文:《方言词汇探源大有可为——读〈吴下方言考〉》,《江苏师院学报》1981 年第 2 期,第 17—19 页。
② 陈真:《〈吴下方言考〉的作者胡文英》,《辞书研究》1984 年第 1 期,第 172 页。

方言词汇、词典一类书籍的宝贵资料。①《吴下方言考》记载了雍正、乾隆年间常州、苏州一带吴地的方言俗语。全书考释词汇条目共993条，收词数量在同类方言词汇著作中是最多的。且该书不收"语本易明"的"常谈"，因此所收词语的吴方言特征更加显著。根据钱人麟的序言，作者胡文英编纂《吴下方言考》目的是"稽古审音，以吴音证之经史诸书，以悉其离合，使凡所读书及所闻街谈里谚、一字一句，皆援古证今，必求其意义之所在"。② 但是，"因陋就简之士，往往从俗而不稽古，遂使周秦古籍茫不可解，日迁就改窜于俗人之手，是可惧也。"由于"考古"的复杂性与专业性，世人往往疏于"考古"，选择更为简单的"现世俗文"。胡文英认为自唐宋以下，"其罕用之字，或弃而不录"，因此《吴下方言考》遵循"君子之言，信而有征"的原则，引据群籍，有宜用古字者，概仍其旧，忠实于古。他深知强解会使古人精意湮没不传，因此多用本字释之，不作强解。他秉承"人所共知者不引"的原则，记录了不少失收之字，并希望通过"考古"的方式来阻止后世之伪字。

目前通行的《吴下方言考》为清乾隆四十八年留芝堂刊本，北京中国书店影印，1980年中国书店重出影印本，后收入《续修四库全书》。由于其为丛书收录，该书的流通非常有限。徐复曾研学十余年《吴下方言考》，对其进行重新整理校议，耗费了大量的时间与精力，曾误以为稿件丢失，"直至徐复先生去世后书稿被重新发现，经与先生之子徐启平、女儿徐乃建商议，他们同意出版。"③因此2012年《吴下方言考校议》得以出版，成为现在流通较广的《吴下方言考》单独刊印本。凤凰出版社整理徐复的校议原稿，取《续修四库全书》本《吴下方言考》，先录入《吴下方言考》原文，再补入徐复的句读和校议，然后逐条核对原书，补上排版过程中的缺漏，补入徐复校改原文的内容。

二、《吴下方言考》的主要内容

《吴下方言考》收录了993个词条，按所属平水韵（实际共一百零四

---

① 黄敏：《〈吴下方言考〉略述》，《辞书研究》1984年第1期，第141页。
② （清）胡文英著，徐复校议：《吴下方言考校议》（吴下方言考序），南京：凤凰出版社2012年版，第2页。
③ （清）胡文英著，徐复校议：《吴下方言考校议》（编后记），南京：凤凰出版社2012年版，第255页。

韵)韵部,把字音相近的字排列在一起,分为 12 卷编排,依次以平上去入四声为顺序。平声分布在卷一到卷六,上声分布在卷七和卷八上半部分,去声分布在卷八下半部分、卷九和卷十上半部分,入声分布在卷十下半部分、卷十一和卷十二。有的韵部所收录的词条太少,就一并附在相近的韵里,如卷三支韵附有微韵、鱼韵、虞韵和齐韵。该书也收录了 402 条多音节词,多音节词排列是按照该词的最后一个音节所属韵部来归类。如卷六"倭堕"条依照该词的最后一个字"堕"的音节归为"平韵五歌"。

《吴下方言考》体例严谨,所有条目均按照统一格式编写,即"引文+书证释读+吴中用法",《吴下方言考》的基本释文体例,在每一方言词条后标注读音,然后引用相关书证文献,以"案"字为标志,胡氏对书证文献中有关的方言语词进行释义,再给出当时吴地的方言俗语中该词条的用法,如:

  吓(呼界切)《庄子》:"[于是]鸱得腐鼠,鹓雏过之。仰而视之,曰:'吓'!"案:嚇,怪怒声。今吴谚怪而叱人曰"吓"。①

(一)《吴下方言考》的篇卷

《吴下方言考》索引单音词依据平水韵排列(平水一百零六韵中缺上声的"潜"韵和"铣"韵,实际共一百零四韵),而少量的复音词编排则依据该词最后一个字音节所属的韵部进行划分,同时以平上去入四声为顺序。如下:

表 4-3 《吴下方言考》篇卷分析表

卷次	韵部	字数	总数
一	平韵一东(二冬附)	45	48
二	平韵三江(七阳附)	48	48
三	平韵四支(五微、六鱼、七虞、八齐附)	67	67

---

① (清)胡文英著,徐复校议:《吴下方言考校议》,南京:凤凰出版社 2012 年版,第 176 页。

续表

卷次	韵部	字数	总数
四	平韵九佳（六麻附）	42	97
	平韵十一真（八庚、九青、十蒸、十二文、十二侵附）	55	
五	平韵十三元（十三覃、十四寒、十五删、十五咸、一先、十四盐附）	46	83
	平韵二萧（三肴、四豪附）	37	
六	平韵五歌	22	82
	平韵十一尤	34	
	平韵十灰	26	
七	上韵一董（二膧、二十四回附）	6	95
	上韵三讲（二十二养附）	11	
	上韵四纸（五尾、六语、七麌、八荠附）	16	
	上韵九蟹（十贿、二十一马附）	14	
	上韵十一轸（十二吻、二十三梗、二十六寝附）	13	
	上韵十三阮（十四旱、二十七感附）	10	
	上韵十八巧（十七筱、十九皓附）	11	
	上韵二十斝（二十五有附）	14	
八	上韵二十八琰（二十九豏附）	11	72
	去韵一送（二宋附）	7	
	去韵三绛（二十三漾附）	22	
	去韵四寘（五未、六御、七遇、八霁附）	32	
九	去韵十二震（十三问附）	13	110
	去韵十五翰（十四愿、二十八勘附）	21	
	去韵十六谏（十七霰、二十九艳、三十陷附）	21	
	去韵十九效（十八啸、二十号附）	23	
	去韵二十一个	3	
	去韵十卦（九泰、十一队、二十二祃附）	29	
十	去韵二十四敬（二十五径、二十七沁附）	8	96
	去韵二十六宥	7	
	入韵一屋（二沃附）	81	

续表

卷次	韵部	字数	总数
十一	入韵三觉（十药、十七洽附）	85	102
十一	入韵四质（十三职附）	17	102
十二	入韵七曷（五物、十一陌、十五合附）	43	96
十二	入韵八黠（六月、九屑、十二锡、十四缉、十六叶附）	53	96
合计			993

资料来源　（清）胡文英著，徐复校议：《吴下方言考校议》（吴下方言考序），南京：凤凰出版社2012年版。

平声韵归于卷一至卷六中，上声韵字归于卷七至卷八前半部分，去声韵字归于卷八后半部分至卷十前半部分，入声韵字归于卷十后半部分至卷十二。有的韵部所收录的字数量过少，就一同附在相近的韵部之下，例如卷三中的"平韵四支"就有"五微、六鱼、七虞、八齐"这4个韵字附于其下。每个韵部所收词条数量也不等，如入韵三觉，十药（十七洽附）所收词条数多达85例，而韵部去韵21个，所收词条数最少，仅3例。每一卷所收录的韵部数量也各不相同，其中卷七下收录了25个韵部，卷一、卷二只收录了两个韵部。

（二）《吴下方言考》的注音方法

从数量上看，《吴下方言考》全书的993个条目中有783条有注音，全书注音率高达78%，是同时代同类著作中注音率最高的。剩下的210个词条一般都是常用字词，因此未予注音。现将该书700余（字）词的注音方式总结如下：

1. 直音法：以同音字给汉字注音，即用一个与被注字读音完全相同的汉字来注音，一般以"某（音某）"的术语出现。在本书中，有700余条使用直音法，其中又分为几种情况，一如"妐（音公）""捯（音春）"，注音字与被注音字完全相同；二如多音节词"啧牙（上音恣）""死赢垂（中音来）""匦匲（下音知）"，在对多音节词进行注音时，该书会标明注音的是多音节词中的哪一个字。总体而言，用直音法给方言词汇注音，可以较为恰当地展示字词的方音情况，因此胡文英在该书的注音当中直音法的使用频率高达90%。

除此之外,还有由直音法改进的纽四声法,用与被注字声母韵母相同而声调不同的字,并加上"平""上""去""入"字样来注音。如"伛(音欧去声)",注音字与被注音字除声调外完全相同,这种灵活的方式无疑为该书的注音提供了极大的便利。

2. 读如(若)法:即用一个与被注字读音相同或相近的汉字来注音,一般以"某读如(若)某"的术语出现。段玉裁《说文解字注》"橐"字条下云:"凡言读若者,皆拟其音也。……读若亦言读如。"①段玉裁认为"读若(如)"有拟音的功能,这一方法简单便捷,因为可以用于注音的读音相近的字很多。但其缺点也显而易见,"读如(若)"法依据的是读音相近,注音字一般为常用字,但读音相近并不等于完全一样。在《吴下方言考》中只有25个条目使用了读如(若)法,如"龟(读若春)""劳利(劳读如赖,平声)"。

3. 反切法:通过分解字音结构的方式,使用两个汉字的分解字音来为另一个汉字注音,两字相切就是用前一个字的声母、后一个字的韵母和声调,两者相合注音。学界普遍认为反切法的出现时间最晚,也是相对其他注音方法而言最精准、科学的注音方式,但由于方言语音的特殊性,注反切有一定的难度,这种方法不一定适用于精确注方音的场合。反切法在《吴下方言考》中的运用也相对较少,仅有17例。如"澝(时由切)""峈(胡谷切)"。

4. 描述法:主要是指除前文所述三种注音方法外,起到细致分析和补充说明作用的方法,具体可以分为以下几种:

　　迨遝:上音在合、客之间,下音踏。(卷十一)②

迨字与合字在《广韵》均作侯合切,在《集韵》均作曷合切,两个字的读音完全相同,上古音、中古音均为匣母缉韵。本可以用合字给迨字注音,胡文英却选择了"音在某某之间"的注音方法,这说明胡氏当时所处

---

① (清)段玉裁:《说文解字注》,上海:上海古籍出版社1988年版,第35页。
② (清)胡文英著,徐复校议:《吴下方言考校议》,南京:凤凰出版社2012年版,第225页。

年代,吴方言中这两个字仍然有细微差别,由此可见胡文英注音描述的精确以及较强的审音意识。

　　塩:吴音监,北音减。(卷九)①

　　受益于一生游历多地的丰富经历,胡文英对全国各地的地域方言有所涉猎。在《吴下方言考》的凡例中对于注音原则,他解释道,"予,吴人也,习于吴音,故但注吴音,其燕齐楚粤,间有可以互相证明者,亦一并附入。"②虽然所谓燕齐楚越各地的注音还是较少,只有十余条,但他在书中数次将"北音"和"吴音""西北音"和"吴音"进行比较,如"莹(西北音问,吴音读如凤)",能够用不同区域方音进行对比的方法来对字词进行注音,也表明了胡文英的注音方法之丰富。

　　苲:音翟姓之翟。(卷十一)③

　　据《广韵》,翟有徒历切和场伯切两读,因此胡氏选择在具体语境中作为姓氏的"翟"字的读音来注音。

　　梬:音赠、衬二音。义同。(卷九)④

　　这一例也是胡氏对多音词的特别注音,但总体而言,多音词注音的情况还是较少,也就没有必要单列进行详细讨论。

(三)《吴下方言考》的训释方式

　　胡文英认为,训释可以从声音和意义两个方面入手。从声音角度对词语进行训释或许过程较为烦琐,而义训法则单刀直入、简单直接,顾名思义,它是从词的意义出发,以词的实际使用中的意义去解释。作为一种训诂方式,通俗来说,义训法就是用当世的词汇帮助阐释古代的词汇的释义,用俗语、俗话阐释晦涩深奥的语词,在训诂中以古书中的注解或注释为表现形式,在方言辞书中的表现形式即用

---

① (清)胡文英著,徐复校议:《吴下方言考校议》,南京:凤凰出版社2012年版,第161页。
② (清)胡文英著,徐复校议:《吴下方言考校议》,南京:凤凰出版社2012年版,第1页。
③ (清)胡文英著,徐复校议:《吴下方言考校议》,南京:凤凰出版社2012年版,第216页。
④ (清)胡文英著,徐复校议:《吴下方言考校议》,南京:凤凰出版社2012年版,第152页。

通语、大家都能理解的语言阐释方言词的含义。在《吴下方言考校议》一书中，胡文英主要使用了义训法中的同义直训、界说释义和描述性释义三种方法。

1. 同义直训。用与被释词意义相同或相近的词直接解释被释词。

　　嗒：(音泯)《吕氏春秋》："口嗒不言，以精相告。"案：嗒，闭也。①

2. 界说释义。通过下定义的方式来阐述被释词的含义，对词的本质特征进行简洁明了的概括。

　　鼒：(音腻)《说文》："鼒，粉饼也。"案：鼒，粉果之总名也。②

3. 描述性释义。对被释词所体现的事物本质以外的表征，例如事物特有的形态、功能等加以描述来诠释一个词语。例如：

　　蜒：(音延)《楚辞·大招》："南有炎火千里，蝮蛇蜒只。"案：蜒，如有所沿而缓游也。③

胡氏对吴方言俗语的解说方法：

1. "谓"字式。吴中/吴谚/吴人/谚谓……曰/为……。如：

　　椿：(音春)《左传》："富父终甥椿其喉以戈，杀之。"案：椿，撞也。吴中谓撞物曰"椿"。④

2. "形"字式。吴中/吴谚形……曰……。例如：

　　笼铜：柳子厚《寄韦珩》："饥行夜坐设方略，笼铜枹鼓手所操。"案：笼铜，鼓声也。吴中形击鼓声曰"笼铜"。⑤

3. "称"字式。吴中谚/吴中称……为……。例如：

　　矐睗：(音霍显)木华《海赋》："[呵欻掩郁，]矐睗无度。"案：矐

---

① (清)胡文英著，徐复校议：《吴下方言考校议》，南京：凤凰出版社2012年版，第53页。
② (清)胡文英著，徐复校议：《吴下方言考校议》，南京：凤凰出版社2012年版，第148页。
③ (清)胡文英著，徐复校议：《吴下方言考校议》，南京：凤凰出版社2012年版，第76页。
④ (清)胡文英著，徐复校议：《吴下方言考校议》，南京：凤凰出版社2012年版，第2页。
⑤ (清)胡文英著，徐复校议：《吴下方言考校议》，南京：凤凰出版社2012年版，第8页。

睒,电光闪烁也。吴中称电为"曀睒"。①

4. "有"字式。今谚/今吴谚/吴谚有……之说。如:

> 焆焆:(音同)韩诗:"蕴隆焆焆。"案:焆,热意。今谚有"热焆焆""暖焆焆"之说。②

5. "凡"字式。吴中凡……曰/俱谓之……。如:

> 弓:《淮南子·说林训》:"盖非弓不能蔽日。"案:弓,谓隆起如弓也。吴中凡物之中央高起者俱谓之"弓"。③

(四)《吴下方言考》的收词类型

《吴下方言考》收录的是人所未能通晓的吴方言字词,"字书每多失收之字,释之以开疑义",而不收语义易明的字词。胡文英认为鸟兽草木等多容易望文生义、牵强附会的词,因而慎收。《吴下方言考》涵盖部分仍然活在人们口语中的字词,通过考证这部分字词达到建立起书面语与口语、古语与今语的联系的目的。

《吴下方言考》所收词语可以分为实词与虚词两大类,具体分为名词、动词、形容词、拟声词、连词、副词、代词以及叹词8类。现将《吴下方言考》所收的993个字(词)的词类统计结果如表所示:

表4-4 《吴下方言考》所收词语词类统计表

词类	形容词	动词	名词	拟声词	副词	叹词	代词	连词	合计
数量	379	361	135	102	11	3	1	1	993
占比(%)	38.17	36.35	13.60	10.27	1.10	0.30	0.10	0.10	100

资料来源 (清)胡文英著,徐复校议:《吴下方言考校议》,南京:凤凰出版社2012年版。

据上表可知,《吴下方言考》大部分收录的都是名词、动词、形容词

---

① (清)胡文英著,徐复校议:《吴下方言考校议》,南京:凤凰出版社2012年版,第135页。
② (清)胡文英著,徐复校议:《吴下方言考校议》,南京:凤凰出版社2012年版,第7页。
③ (清)胡文英著,徐复校议:《吴下方言考校议》,南京:凤凰出版社2012年版,第2页。

等实词,虚词数量较少。总体而言,该书收录大量形容事物情貌的形容词以及表人物动作的词,收词数量分别占全书的38.17%、36.35%。除此之外,该书的收词特点就是收录了100余条吴方言拟声词,也大幅超过了同类著作所收录拟声词的数量。方言中的拟声词能够代表方言语音方面的特征。相较而言,副词、代词、叹词、连词等所收数量则较少。所收双音节动词较少,而单音节动词约占所收动词的80%。下表是对《吴下方言考》所收词语的结构分析。

表4-5 《吴下方言考》所收词语结构分析表

结构类型	单纯词					合成词					合计
	单音词	双音节			多音节	复合式				重叠式	
		连绵	叠音	拟声		联合	偏正	动宾	补充		
数量	591	167	24	76	5	15	17	15	7	76	993
	863					130					
占比(%)	86.91					13.09					100%

由上表可见,《吴下方言考》所收录的词汇,以单纯词占绝大多数,比例为86.91%。从音节上看,单音词有591个,双音词有384个,三音节词有15个,四音节词有3个。就双音节词而言,连绵词占大多数,其中叠韵连绵词有101个,双声连绵词有31个,其他连绵词有34个。《吴下方言考》拟声词数量多,这也是该书单纯词所占比例较大的原因。如果除去拟声词,合成词大约占全书的20%。

(五)《吴下方言考》的书证分析

《吴下方言考》引用的书证当然不止于钱人麟所说的"古来四部之藏",除囊括经史子集各部之外,其引证文献书目种类丰富、范围广博,足见胡文英小学功底之深厚。沈伟汇总了胡文英所引用的全部书目,[1]现将被引次数在10次以上的24种文献列表如下:

---

[1] 沈伟:《〈吴下方言考〉研究》,南京师范大学2014年硕士学位论文,第16页。

表4-6 《吴下方言考》中胡文英的书证引用表

排名	书名	次数	排名	书名	次数
1	《说文解字》	95	13	扬雄赋	15
2	《玉篇》	60	14	《齐民要术》	15
3	《方言》	44	15	《庄子》	14
4	《广韵》	44	16	《世说新语》	14
5	《史记》	41	17	《左传》	13
6	《楚辞》	38	18	《荀子》	13
7	《汉书》	36	19	《广雅》	13
8	韩愈诗	33	20	《北史》	12
9	《黄帝内经》	24	21	《南史》	11
10	古乐府诗	24	22	马融赋	11
11	《淮南子》	20	23	木华赋	10
12	《后汉书》	17	24	潘安诗赋	10

资料来源　沈伟:《〈吴下方言考〉研究》,南京师范大学2014年硕士学位论文,第16页。

钱人麟为《吴下方言考》作序时写道,"尽取古来四部之藏,证诸吴音"。[①] 据统计,《吴下方言考》引用了百余种文献作为书证。其中,《说文解字》的引用次数最多,高达95次,平均每10个词条就有1个词条以《说文解字》作为引证文献,其他小学类著作如《玉篇》《方言》《广韵》的引证次数也紧随其后。《史记》《汉书》《后汉书》等史籍也是《吴下方言考》重要的引证资料。从引证文献种类上看,大量古乐府、诗文歌赋更是《吴下方言考》的一大显著特点。此外,石鼓文、古童谣、民歌、酒令、墓志铭、题跋等门类繁多的素材也被用作参考,足见胡文英为了考证明代的吴方言,涉猎非常广泛。"崇古薄今、尊雅贬俗"的观念影响着胡文英"本以六书,参之群籍(主要是经史子集)"的选书方法。胡文英用古籍"成字"与《玉篇》佐之"的观念保证了引证文献的典雅与精深,但他求"古字"、斥"俗字"的主张也导致他"于宋元之后书为少所

---

① (清)胡文英著,徐复校议:《吴下方言考校议》(吴下方言考序),南京:凤凰出版社2012年版,第1页。

采"。① 胡文英"崇古薄今、尊雅贬俗"的书目引证观严格指导着《吴下方言考》的编纂,使之体例严谨,内容丰富,考证吴方言词汇时,能够坚持言之有据,说古有征。

三、《吴下方言考校议》

《吴下方言考校议》则是徐复在原本《吴下方言考》的基础上,又追源寻流,详加考证,匡其不逮,成为目前通行较广的《吴下方言考》标点排印本。

《吴下方言考校议》作者徐复(1912—2006),字士复,一字汉生,号鸣谦,江苏省武进县人,著名语言学家。徐复在语言文字领域的贡献主要体现在训诂学、校勘学、词语研究、语源学研究及方言研究方面。徐复为黄侃和章太炎的嫡传弟子,成为国学界"章黄学派"的传人,毕生致力于语言文字和古典文献的研究,为国家培养了一大批学有专长的古籍整理研究人才,产生了深远的学术影响和社会影响。

《吴下方言考校议》(以下简称《校议》)沿用原本胡氏所著目录,十二卷,共收993条词目,其中包括591个单音节词,384个双音节词,15个三音节词和3个四音节词。由于《校议》收录了单音节词和多音节词,因此该书的注音体例也可以分为单音字的注音体例和多音字的注音体例。常用字一概不注音,其他单音节字采用多种注音方法对其音、调进行解释;而给多音节词中某一字注音时,该书会标明注音的是多音节词中的哪一个字,如上音某、中音某、下音某。《校议》释义时广泛援引古籍注疏和文学作品等文献材料,然后用尽量精练的语言解释词义,其后以"案语"补充在吴方言中该词的用法及意义,最后以徐复"按语"对胡氏的材料进行修改订正、补充解释。

《吴下方言考校议》正文采用繁体横排格式,分用三种字体。其中如一级标题"吴下方言考校议卷一"、二级标题"平韵一冬"为宋体字,每一条目中,释词及其注音(竖排)为黑体字,胡氏释义原文为仿宋体字,徐复按语为宋体字。标点符号上,吴方言词汇用双引号标

---

① 黄敏:《〈吴下方言考〉略述》,《辞书研究》1984年第1期,第144页。

出,其余书目引证的文献皆有双引号标注。此外,徐复为便于理解而补充的胡氏所引文献上下文由方括号所标注,如"东笼"条,胡氏所引文献为"《荀子》:'东笼而退耳。'"为保证词义解释的准确性,徐复补充前文并用方括号标识:"[仁人之兵,触之者角摧,案角鹿埵陇种]东笼而退耳。"总体而言,每条目之间间隔得当,排版简单、明了、美观。

第三节 《荆音韵汇》

《荆音韵汇》是清道光年间荆溪县(今江苏省宜兴市南部)秀才周仁编写的一部宜兴方音韵书,可以反映清代苏南吴方言的语音概貌。清雍正三年(1725),原属常州府的宜兴县一分为二,分置宜兴、荆溪二县,宜兴县在北,荆溪县在南,二县共用同一县治。《荆音韵汇》中的"荆音"即指荆溪方音。耿振生的《十八世纪的荆溪方音:介绍〈荆音韵汇〉》、黄河的《荆音韵汇:两百年前的宜兴话》先后对这部清代吴方言著作进行了评介、整理与研究,下文将择其要者对《荆音韵汇》进行介绍。

一、《荆音韵汇》作者和版本

《荆音韵汇》的作者为周仁,荆溪山溪里是其故里,荆溪县属常州府,周仁的母语就是当时的荆溪山溪里方言。荆溪的古地名"山溪里"今已不见使用。耿振生认为荆溪山溪里的旧址应该位于今宜兴市丁山、汤渡、任墅等村镇附近,①黄河也明确指出荆溪山溪里就在今宜兴市丁蜀镇南郊的汤渡、任墅一带。② 清道光年间重修的《荆溪人物志》"孝友"篇中记载了周仁的生平。

> 周仁,字宗少,山溪里人,尝封股疗母疾,人称其孝。少习举子业,不售于有司,遂弃去而专肆力于经世之学。治形家言,著《堪舆约旨》,略谓气之附土而行者,有支陇可辨;其伏行而仰出者,则不

---

① 耿振生:《十八世纪的荆溪方音:介绍〈荆音韵汇〉》,《语言学论丛》1993年第18辑,第197页。
② 黄河:《〈荆音韵汇〉:两百年前的宜兴话》,上海:中西书局2016年版,第3页。

可得而见也。又曰地之理以形著,而为支干喜忌之说者,此非地之所自有也。治医多杂述,未成书。治乐论声气所以始终之故。著《律吕析疑》。治兵家言,以为机括相触,自成法度,不可执也。而治器必豫,为《见知录》若干篇。晚治舆地图,未竟而卒。(《荆溪人物志·孝友》))①

《荆音韵汇》的作者是周仁,不过该书是在周仁死后由他的侄子校刊出版的。周仁的侄子周泳序言提到,该书"三十年来藏之巾箱"。《荆音韵汇》刊印于清道光二年(1822),可以推定该书应该在1792年前就已编成。②

耿振生、黄河见到的《荆音韵汇》都藏于北京大学图书馆。北京大学图书馆藏本《荆音韵汇》为线装刻本,一函二卷。各卷蓝色封皮为后人所加。全书长27.5厘米,宽15.7厘米,单框单鱼尾,框宽13厘米,框长19厘米,天头6.3厘米,地脚2厘米。每页中缝鱼尾上方为"荆音韵汇"四字,鱼尾下方依次为卷数、韵部、页数、版藏。半页8行,每行17字,释文为双行小字。封面右栏"道光壬午仲冬刊"七字,中栏"荆音韵汇"四字,左栏"斯美堂藏板"五字,字体皆为小篆。卷上凡89页,包括序、凡例、目录以及十二韵部;卷下凡130页,亦为十二韵部。卷上第一页、卷下末页有"北京大学藏书"印款。卷下21页天头有方圆各一枚印款,两枚印款当有四字,都只见一半。方形章款在右,"定廞"二字可辨;圆形章款在左,"意、无、成"三字可辨。③

关于《荆音韵汇》的具体性质,耿振生和黄河两位先生有不同的意见。耿振生认为《荆音韵汇》是吴方言韵书,黄河则认为《荆音韵汇》"是一本按照荆溪方言音系编排的字书索引,而不是韵书","是利用荆溪方言音系作为索引的《康熙字典》简编,只它按声检字的体例借鉴了韵书的框架。"④黄河还指出《荆音韵汇》的编纂有三个目的:(1)第一个目的是"正音","世俗儿童,四声多误",为了让"四声有标准"。编书时把荆

---

① (清)顾名:《重刊续纂宜荆县志》卷七,道光二十年刊本,第31页。
② 黄河:《〈荆音韵汇〉:两百年前的宜兴话》,上海:中西书局2016年版,第4页。
③ 黄河:《〈荆音韵汇〉:两百年前的宜兴话》,上海:中西书局2016年版,第5—6页。
④ 黄河:《〈荆音韵汇〉:两百年前的宜兴话》,上海:中西书局2016年版,第18页。

溪字音填入音系框架内,兼顾了声韵调;(2) 第二个目的是"谐俗",《荆音韵汇》凡例中提到"方言各品互殊,是编专为谐俗而作";(3) 第三个目的是用于家塾教学之用,所以周仁才会在序里面说"详加雠校,并略附注释……为家塾定本……时时展阅,庶不致弄麈伏猎,贻笑士林也"。① 周泳序言如下:

> 世俗儿童四声多误。先伯父手辑是编,以授泳等。不独四声有标准,即生僻之字,亦易检获,三十年来藏之巾箱,手泽宛在,然恐递相传写,虚虎沿讹,因属学毅、耿卿、邦华诸弟详加雠校,并略附注释,考辨点画,附之剞劂,以省抄誊,为家塾定本。俾子弟从事于此者,时时展阅,庶不致弄麈伏猎,贻笑士林也。时道光二年岁次壬午孟冬,侄泳谨识。②

二、《荆音韵汇》的主要内容

周泳所作的序后面为《荆音韵汇》的"凡例",分别交代了"查字法""分韵""为切""注音""辨伪"等内容。

> 查字法,他书俱按部检字,按字检声。是编独依声合韵,归韵寻字。非敢立异,聊以便蒙。

> 分韵,以"音随泉更,何法画一,翻查诸声,要宜皆俗,从吾方言,求而各得"二十四字编二十四韵。上去二声,各次于平声之下。如有平而无上,则平声下作一"·",然后次以去声。有平而无上去,则连用两"·"。有上去而无平,则先用一"·",而后次以上去。

> "音随泉更"等字分韵。而各韵以"共合呆亨按果康,求谐宜晓一荆腔。但能来谛听,传授胜征倡。浊在先之请,排明编配无方。狂怀顽况宛光国"四十二字为切。韵列于边,切标于上。如"音"字韵,以"求"字切之,则"求音"为"勤";以"谐"字切之,则"谐音"为"形",余可类推。

> 方言各邑互殊,是编专为谐俗而作,而仍注《佩文》诸韵于各字

---

① 黄河:《〈荆音韵汇〉:两百年前的宜兴话》,上海:中西书局2016年版,第17页。
② 黄河:《〈荆音韵汇〉:两百年前的宜兴话》,上海:中西书局2016年版,第93页。

下。俗音与雅音迥不相侔者,则注雅音读作某以别之,不以俗音误雅音也。

点画悉遵《字典》,伪体俗书悉加辨正。其疑似易混者,各为注明。

习见之字,无庸诠释。其有异义者,特为注明,余悉从略。①

"查字法"说明《荆音韵汇》的编排方式是"依声合韵,归韵寻字",目的是方便当地子弟查字启蒙。"分韵"说《荆音韵汇》有 24 个韵部,韵部歌是"音随泉更,何法画一,翻查诸声,要宜皆俗,从吾方言,求而各得"。"为切"交代《荆音韵汇》有 42 个声母,声母歌是"共合呆亨按果康,求谐宜晓一荆腔。但能来谛听,传授胜征倡。浊在先之请,排明编配无方。狂怀顽况宛光匡",且严格按照"韵部—声纽—四呼—声调"的次第编排。②

(一)《荆音韵汇》所记清代荆溪吴音

耿振生将《荆音韵汇》声母分为:共组、狂组、求组、传组、浊组、但组、排组,并拟测出了清代荆溪方言的声母及其跟四呼的拼合关系。③ 如下:

表 4-7 《荆音韵汇》声母表

[p]编	[pʻ]配	[b]排	[m]明	[v]无	[f]方	
[t]谛	[tʻ]听	[d]但	[n]能	[l]来		
[ts]之	[tsʻ]请	[dz]浊	[z]在	[s]先		
[tʂ]征	[tʂʻ]倡	[dʐ]传	[ʐ]授	[ʂ]胜		
[tɕ]荆	[tɕʻ]腔	[dʑ]求	[ȵ]宜	[j]谐	[ɕ]晓	[øj]一
[k]果	[kʻ]康	[g]共	[ŋ]呆	[ɦ]合	[h]亨	[ø]按
[kʷ]光	[kʷʻ]匡	[gʷ]狂	[ŋʷ]顽	[ɦʷ]怀	[hʷ]况	[øʷ]宛

---

① 黄河:《〈荆音韵汇〉:两百年前的宜兴话》,上海:中西书局 2016 年版,第 93 页。
② 黄河:《〈荆音韵汇〉:两百年前的宜兴话》,上海:中西书局 2016 年版,第 7—8 页。
③ 耿振生:《十八世纪的荆溪方音:介绍〈荆音韵汇〉》,《语言学论丛》1993 年第 18 辑,第 203 页。

表4-8 《荆音韵汇》声母跟四呼的拼合关系表

四呼/声母	共组	狂组	求组	但组	来	传组	浊组	排组	无方
开口呼	+			+	+	+	+	+	+
齐齿呼			+	+	+		+	+	(i)
合口呼		+		(u)	(u)		(u)	(u)	(u)
撮口呼			+		(y)	+	+		

资料来源　耿振生:《十八世纪的荆溪方音:介绍荆音韵汇》,《语言学论丛》1993年第18辑,第203页。

表中加括号处表示这里只拼单韵母[i、u、y],不能拼其他带有[i、u、y]介音的韵母。《荆音韵汇》的24韵部中有6个入声韵部,5个阳声韵部,13个阴声韵部。24部共有51个韵母。

24部韵母分别是音部、随部、泉部、更部、何部、法部、画部、一部、翻部、查部、诸部、声部、要部、宜部、从部、吾部、言部、求部、而部、各部、得部、方部、谐部、俗部。

表4-9 《荆音韵汇》韵部跟四呼的拼合关系表

	开口呼	齐齿呼	合口呼	撮口呼
音部		[in]		
声部	[ən]		[uən]	[yən]
更部	[aŋ]		[uaŋ]	
方部	[aŋ]	[iaŋ]	[uaŋ]	
从部	[oŋ]	[ioŋ]		
翻部	[Ã]	[iÃ]		
泉部	[Ẽ]		[uẼ]	[yẼ]
言部		[ie]		
查部	[o]	[io]	[uo]	
谐部	[A]	[iA]	[uA]	
随部	[ɐi]		[uɐi]	
求部	[ɤɯ]	[iɤɯ]		

续表

	开口呼	齐齿呼	合口呼	撮口呼
而部	[ɿ]、[ɿəl]			
何部	[ʊ]			
要部	[ɑ]			
宜部		[i]		
吾部			[u]	
诸部				[y]
法部	[aʔ]		[uaʔ]	[yaʔ]
画部	[ɑʔ]	[iɑʔ]	[uɑʔ]	
俗部	[oʔ]	[ioʔ]		
各部	[ɔʔ]	[iɔʔ]	[ɛu]	
一部		[ieʔ]		
得部	[əʔ]		[uəʔ]	[yəʔ]

资料来源　耿振生:《十八世纪的荆溪方音:介绍荆音韵汇》,《语言学论丛》1993 年第 18 辑,第 217—218 页。

《荆音韵汇》还存在一定的文白异读现象。耿振生结合现代宜兴方言总结了 5 条文白异读的规律:(1) 古代开口二等牙喉音字在现代宜兴话里的特点是:① 白话音的声母为舌面后音[g]、[k]、[kʻ]、[h]、[ɦ],读书音的声母为舌面前音[dʑ],[tɕ],[tɕʻ],[ɕ],[j]。② 白话音为开口呼,读书音为齐齿呼。③ 如果主元音有异,则白话音为低元音[A],读书音为高元音[I]。(2) 古代梗摄二等字在现代宜兴话里的白话音为[aŋ]、[uaŋ],老派读书音为[ən],[uən],新派读书音把喉牙音开口字读为齐齿呼[in]。(3) 假摄开口三等字现有三种读音,主元音分别是[o]、[A]、[ɿ]。有些字白话音为[o]、[io],读书音为[A]、[iA],有些字白话音为[A]、[iA],读书音为[ɿ];有些字不分文白,只有其中一种读音,上溯历史,可推知[o]是旧有白话音;[A]是老派读书音,后来成为某些字的白话音。[ɿ]是后起的读书音,也渐渐取得白话音的资格。(4) 古日母字在现代宜兴话里的白话音声母为[n̲],韵母为齐齿、撮口呼;大多数字的读书音声母为[z](开口字)或[j](撮口字);"儿而尔耳二"等字有两种读书音,老派读书音有边音声母,读作[lə],新派读书音为零声母字,读作[ə]。(5)古代微母字在现代宜兴话里多数为 v 声母,有些字分文白两读,其白话音的声母 m,如:网[mAŋ],尾[mi],袜[mAʔ]。《荆音韵汇》书中几乎把所有的微母字都归在"无"母,也偶有归明母者,如"蚊袜"二字。①

(二)《荆音韵汇》所记清代荆溪吴方言词语

《荆音韵汇》还收录了一些吴方言词语,如:

1. 五　何部:合纽【平声】螼→蚯蚓,俗呼～蟮。

今丁蜀话呼蚯蚓为[hʊ³³ ɕir⁵³],与《荆音韵汇》记录的音义吻合。

2. 五　何部:康纽【平声】蝌→～蚪,虾蟆子也,一名活东,头圆大而尾细,古文似之,故云～蚪文字,亦做科斗。

今天宜兴方言已经不见"虾蟆子""活东"这样的叫法,但是宜兴部分地区把蝌蚪叫作[ɦA³¹ bo⁵³ ɦu⁵³],本字当为"虾蟆乌","虾蟆"当作"蛤蟆"。

3. 二　随部:共纽【平声】欬→食过饱而气逆。

吃得太饱或太腻,腹中气体从口中溢出,这个动词在今蜀话读[gɣɯ²¹³]。

4. 二　随部:但纽【平声】𢎛→腹下坠貌。

今丁蜀人看见大腹便便之人,可以说"个人[dai²¹³]好则个肚皮(此人作腹大而下坠之态)"。

5. 十五　谐部:按纽【平声】㪯→强以与人曰～。

对方不要,却把东西硬是塞给对方,今宜兴丁蜀话这个动词叫[A⁴⁴]。

6. 十六　俗部:果纽【入声】𦠆→裸体曰赤～躶。

---

① 耿振生:《十八世纪的荆溪方音:介绍〈荆音韵汇〉》,《语言学论丛》1993 年第 18 辑,第 218—220 页。

軥当读[koʔ⁴⁴]《荆音韵汇》:"裸体曰赤軥軂。"今宜兴丁蜀话裸体说[tsʰAʔ⁴⁴koʔ⁴⁴loʔ⁴⁴],即赤軥軂。①

第四节 《明清吴语词典》

《明清吴语词典》(上海辞书出版社2005年版)是一部断代性质的、以收录明清时期吴方言词语为主的方言词典。该词典前有苏州大学校长钱培德、日本北陆大学理事长北元喜郎的序,主编石汝杰的长篇前言、凡例、词目首字音序索引等。《明清吴语词典》正文计790页(约170万字),收词约1.7万条,附录包括苏州方言音系、苏州方言同音字表、吴方言文献资料书目、现代吴方言分区图,书后有词目笔画索引等。《明清吴语词典》由中国学者石汝杰和日本学者宫田一郎共同主编。石汝杰(1947—),浙江鄞县人,1947年10月出生;先后担任苏州大学文学院教授、日本熊本学园大学外国语学部教授,主要从事汉语吴方言研究。宫田一郎(1923—2023),1923年出生于日本福井市;年轻时在东亚同文书院学习汉语;1969年4月进入大阪市立大学文学部任教,1975年任教授;后曾历任大东文化大学教授,京都外国语大学教授,北陆大学教授,主要从事中国语言文学研究。

一、《明清吴语词典》的编纂方式

《明清吴语词典》是一部全面收录明清时期吴方言词汇的重要辞书。该词典以方言文献资料为基础,注重释文质量,广泛搜罗了小说、笔记、弹词等多种文献。下面从排检、收词、引证文献、释文等方面阐述《明清吴语词典》的编纂方式及特点。

(一)《明清吴语词典》的排检、收词及引证文献

辞书的排检即,编排法与查检法。汉语有三大要素即形、音、义,各

---

① 黄河:《〈荆音韵汇〉:两百年前的宜兴话》,上海:中西书局2016年版,第20页。

个要素构成整体的同时,又有各自内部系统。根据这三要素可以设置出不同的排检方法。一本辞书正文只能选择一种编排法,但是可以设置多种查检法,以供读者快速获取信息。例如检字表、检字索引等。《明清吴语词典》提供了两种查检法:笔画笔形查检法与音序查检法并存。笔画排检法是依照笔画数由少到多的顺序进行排列的方法,笔形排检法是按汉字首笔笔形顺序的排检法,二者通常结合使用以提高查检效率。音序排检法是按照词目词头的语音顺序,按字母符号编排和查检的方法,是各种类型辞书中广泛使用的排检法,是一种科学性、实用性很强的检字法。

《明清吴语词典》收录了从明清时期吴方言作品中搜集的词语,词典正文以字母顺序编排,共收词 16840 条。各字母下总词数见下表。

表 4-10 《明清吴语词典》收词数量表

字母	词数	字母	词数	字母	词数
A 组	235	J 组	1071	R 组	223
B 组	908	K 组	394	S 组	1261
C 组	1171	L 组	1154	T 组	845
D 组	1305	M 组	590	W 组	593
E 组	81	N 组	369	X 组	843
F 组	475	O 组	16	Y 组	1147
G 组	929	P 组	476	Z 组	1181
H 组	950	Q 组	623	总计	16840

资料来源 石汝杰,[日]宫田一郎主编:《明清吴语词典》,上海:上海辞书出版社 2005 年版。

《明清吴语词典》后附的吴方言文献资料书目则多达 412 部,主要可以分为以下类型:

(1) 民歌:冯梦龙《山歌》,顾颉刚《吴歌甲集》。

(2) 小说:冯梦龙、凌濛初《三言二拍》,陆人龙《型世言》,韩邦庆《海上花列传》,张南庄《何典》,张春帆《九尾龟》,陆士谔《十尾龟》《九尾狐》《海天鸿雪记》《商业现形记》。

(3) 戏剧:梁辰鱼《浣纱记》,冯梦龙《墨憨斋定本传奇》,李玉《清忠谱》,钱德苍《缀白裘》,沈起凤《报恩缘》《才人福》《文星榜》《伏虎韬》。

(4) 笔记日记:陆粲《庚巳编》,褚人获《坚瓠集》,曾羽王《乙酉笔记》。

(5) 字书:朱骏声《说文通训定声》,孙楼《吴音奇字》。

(6) 农医烹调书:娄元礼《田家五行》。

另有《圣经》的方言译本、外国学者写作的语法书等,词典还参考了《集韵》《广韵》等韵书字书,力图做到全面准确。《明清吴语词典》还简单介绍了书目信息,所收吴方言词数量情况并进行简单评价。例如:

> 《菽园杂记》,中华书局1985年版。笔记,15卷。作者陆容(1436—1494),字文量,号式量,太仓人。本书有关于方言、文字、字音、风俗等方面的资料,如"民间俗讳,各处有之,而吴中为甚。如舟行讳'住'讳'翻',以'箸'为'快儿','幡布'为'抹布'"。①

> 《三笑新编》,上海古籍出版社1990版。弹词,48回。又名《三笑新编》,最早刻于嘉庆辛酉(1801)。作者吴毓昌(《西谛所藏弹词目录》谓即吴信天),乾嘉间金山县张堰人。上述两种标点本均以光绪四年(1878)重刊本为底本,但因各自随意改动原文,以致两书的面貌很不相同,多处有错字,难以读通。②

《明清吴语词典》前言曾提到编写词典的原因"许多过去不为人重视的俗文学作品(如弹词)的刊本历经劫难,保存到现在,已经是凤毛麟角,如果不抓紧整理、研究,也许会永远湮没",③详细的书目提供了一份重要的明清吴方言文献目录提要。

(二)《明清吴语词典》的释文

释文是一部词典的主体部分,释文是否恰当直接决定词典质量的高低。读者翻阅词典就是为了查阅某个词语、某一概念。辞书的目的就是满足读者这种需求,将人们在实践中积累的知识和经验以简洁、概

---

① 石汝杰、[日]宫田一郎主编:《明清吴语词典》,上海:上海辞书出版社2005年版,第839页。
② 石汝杰、[日]宫田一郎主编:《明清吴语词典》,上海:上海辞书出版社2005年版,第836页。
③ 石汝杰、[日]宫田一郎主编:《明清吴语词典》,上海:上海辞书出版社2005年版,前言第4页。

括的形式呈现,帮助读者解答疑惑,从而提升他们的认知水平。"因为词典收录的资料有不同地点的吴语,同时还有时代的不同,甚至还有个别发音不明的字,所以我们无法给每个词条加上相应的正确发音。这也是一个很大的缺陷。"① 不过,《明清吴语词典》书后附了"《苏州方言同音字表》"供读者参考。若有必要,也会注音,主要有四种类型。

(1) 标记易读错字,如:

搜:〈动〉和(huó)(面)。

弹着:〈动〉说准,说着(zháo)。

夹忙头里膀牵筋:比喻关键时刻,突然发生意外。牵筋:抽筋,痉挛。□那刘打鬼正要想跑,不料夹忙头里膀牵筋起来,弄得爬滩弗动,寸步难移(何典9回)又作"夹忙头里膀纤筋"。纤,qiàn。②

(2) 提示方言现象,如:

白入己:〈名〉即"白日鬼"。有的方言无[y]韵母,故"己鬼"同音。

跽:〈动〉即"跪"。跪,口语音同"距",有的地方无[y]韵母,音同"跽"。③

(3) 记录文白异读,如:

居:〈动〉即"归"。回(家)。"居"为"归"的白读音。

慢娘:〈名〉后母。"慢"是"晚"的白读音。

外甥男鱼:〈名〉即"外甥囡儿"。鱼,"儿"的口语音。④

(4) 记录同音现象,如:

夹壁:〈名〉即"隔壁"。部分吴语"隔夹"同音。

---

① 石汝杰、[日]宫田一郎主编:《明清吴语词典》,上海:上海辞书出版社2005年版,第19页。
② 石汝杰、[日]宫田一郎主编:《明清吴语词典》,上海:上海辞书出版社2005年版,第297页、第573页、第584页。
③ 石汝杰、[日]宫田一郎主编:《明清吴语词典》,上海:上海辞书出版社2005年版,第19页、第295—296页。
④ 石汝杰、[日]宫田一郎主编:《明清吴语词典》,上海:上海辞书出版社2005年版,第333页、第425页、第624页。

回墙：〈名〉即"围墙"。"围回"同音。

脚鱼：〈名〉甲鱼。苏州"甲脚"不同音。

实豆：〈副〉即"实头"，实在，确实。弹词石印本中常用"豆"代替"头"，连读时同音。①

《明清吴语词典》对词条的词类进行了界定，分名词、动词、形容词、量词、代词、副词、介词、连词、助词、叹词、拟声词等。如：

草病：〈名〉疟疾。

蚕党：〈名〉养蚕的人。

臭麦烧：〈名〉指酒。有贬义。

曹：〈动〉磨损。

铲：〈动〉咒骂。

赤：〈动〉脱光，裸露。

聪脆：〈形〉脆嫩。

凑手：〈形〉尺寸刚好合适。

粗粗里：〈形〉大概，大致。

箇：〈量〉桑叶的重量单位，20斤。

份：〈量〉家（指人家）。

个：〈量〉单用，不与数词结合，有指代意义，表定指，这个。

该搭：〈代〉这里，这儿。

谷：〈代〉这，那。

盖列：〈代〉怎么。

纯：〈副〉都，全。

弗：〈副〉表示否定。不。

轧实：〈副〉其实，实际上；确实。

搭：〈介〉在。

拿：〈介〉把。表示处置。

---

① 石汝杰、[日]宫田一郎主编：《明清吴语词典》，上海：上海辞书出版社2005年版，第277页、第296页、第313页、第549页。

耐笃：〈代〉你们。作定语时常表单数。

弗拘：〈连〉即"不拘"。不论，不管。

盖了：〈连〉所以。

革勒：〈连〉那，那么。

个哉：〈助〉用在句末，表示动作的完成和变化的结束，作用相当于"了"，但是包含强调的语气。

勾：〈助〉结构助词，用在定语后，表示领属和性质等，相当于"的"。

末：〈助〉附着在前一成分（各种句子成分或分句）后，表示句中的停顿，有强调、对比等含义。

啐出来：〈叹〉呸。受惊、生气时说。

恢：〈叹〉哀叹声。哎，嗨。

贺伙：〈叹〉多人欢呼声。

毕毕拍拍：〈拟〉清脆的连续击打声。

毕卜毕卜：〈拟〉心脏剧跳声。

哔呖哔呖：〈拟〉哨子声。①

词类确定后，对于实词而言，词典一般选择普通话中的对应词语予以解释，必要时采用阐述说明的方式。《明清吴语词典》对于一个词的词头，一般会进行总述，如"一"字，作者在释义以"一"为词头的词目时，先从整体出发，对"一"字本身进行释义，划分出八个义项。例如：

(1)〈副〉用在动词前，表示某种动作（多为心理状况）骤然出现。

(2)〈副〉用在"一 V1 一 V2"的格式中，表示两个相关的动作轮流反复进行。

(3)〈副〉用在："一 V 一 A"的格式中，A可以使其他词类，表示动作很快就有了结果。

---

① 石汝杰、[日]宫田一郎主编：《明清吴语词典》，上海：上海辞书出版社2005年版，第54页、第55页、第63页、第78页、第81页、第92页、第94页、第95页、第98页、第102页、第187页、第192页、第193页、第197页、第198页、第199页、第210页、第216页、第219页、第223页、第226页、第246页、第254页、第439页、第444页、第448页。

(4)〈副〉用在"一 V＋V"的格式中,动词是重复的,表示动作的迅速或突然;或持续进行到最后。

(5)〈副〉用在"一 V＋V"的格式中,强调动作产生的结果。

(6)〈副〉用在"一……一……"的格式中,表示动作一再重复,常表示另一动作的方式。

(7)〈副〉用在"一……也(都)……"的格式中,表示"怎么……也……"

(8)〈副〉用在动词重叠式中间。①

《明清吴语词典》在挖掘词义上也很见功力,所收义项比以往的现代吴方言词典都更完备。以"搭"为例,《明清吴语词典》收录了21个方言义项,这些义项几乎全部保留在今天的苏州方言中。例如:

搭:(1)〈动〉配,搭配。尤指质量好的或畅销的东西搭配差的或滞销的东西。

(2)〈动〉顺便带上。

(3)〈动〉结交;结伙,结伴。

(4)〈动〉勾搭。

(5)〈动〉耽误,耽搁。

(6)〈动〉略吃,稍尝。

(7)〈动〉抬。

(8)〈动〉伏。

(9)〈动〉乘(便船)。

(10)〈动〉相连,邻接。

(11)〈动〉即"拓"。涂,搽。

(12)〈动〉瘸。

(13)〈介〉跟,和。

(14)〈介〉给,替。

(15)〈介〉跟,向。引出提要求的对象。

(16)〈介〉在。

---

① 石汝杰、[日]宫田一郎主编:《明清吴语词典》,上海:上海辞书出版社2005年版,第706—707页。

(17)〈连〉和。

(18)〈量〉处,块;滩。

(19)〈量〉沓。

(20)〈名〉用在指人的名词或代词后边,表示这个人所在的地点(尤指其家)。

(21)〈助〉用在动词和趋向动词之间,表示动作的完成。一般说"得"。①

不仅义项多,且释义精确。如"轻可"一词,《汉语大词典》解释为"轻易;寻常",这个释义如果用来解释下面的句子,就可以看出明显的不妥:

阿媚道:"服药之后,幸觉轻可些。"(《禅真后史》十八回)

到得夜里,竟有转头,身子也得翻动,疼痛也便轻可,也进些粥饮。(《野叟曝言》一〇九回)②

《明清吴语词典》的解释为:"(病情)轻。"相比之下,无疑更加确切。且今宁波话仍有此词,义项之一即"程度轻"。

《明清吴语词典》虚词释义也十分细致全面,如"阿"这一词条便给出九个义项并一一列出例证。例如:

(1)〈副〉用在动词前,表示疑问,对现在或将来的事发问。作用相当于"吗"。也可用在短语内。

(2)〈副〉基本意义和(1)同,对过去的事发问,曾否,有没有。今一般用"曾阿"。

(3)〈副〉表示商量,征询对方的意愿,语气较婉转。

(4)〈副〉用在反问句里,意思实际是肯定的。

(5)〈语〉同"啊"。用在句末,加强感叹、祈使和疑问等语气。

(6)〈语〉用在短语或分句末,表示中途的短暂停顿。

(7)〈助〉放在两个并列的成分之间,表示选择。

(8)〈副〉即"也"。

---

① 石汝杰、[日]宫田一郎主编:《明清吴语词典》,上海:上海辞书出版社2005年版,第102页。
② 石汝杰、[日]宫田一郎主编:《明清吴语词典》,上海:上海辞书出版社2005年版,第507页。

(9)〈缀〉名词前缀,用于称谓和人名(尤其是小名,排行)等。①

《明清吴语词典》词条的收录方式是从海量的明清文献中寻找吴方言词汇,然后加以解释。该词典的前言说道:"不管使用哪一种资料,都要进行版本的比勘,尽量选用比较早、比较好的本子。如果本子差异很大,可同时利用两种以上不同的版本来摘引例句。在搜集资料、摘录词语时范围要适当放宽,在编写时再通盘考虑,加以取舍,以免疏漏"。② 因此,该词典多有一义多证,如"太阳"词条。

〈名〉太阳。□今日怎起这般早身,可是怕日头晒肚皮么?(《何典》7回)白笏馆既是一向百事不管,又加以抽大烟,日头向西方才起身,就是要管,也没有这闲工夫了。(《文明小史》41回)谓日曰太阳,亦曰日头,谓月曰亮月。(《光绪常昭合志稿》6卷)③

二、《明清吴语词典》所收的饮食文化类词语

"民以食为天",从《礼记》提到的"茹毛饮血"到《论语》中"食不厌精,脍不厌细"。"吃"作为中华文化不可或缺的一环,一直在向成为一种专门技艺、专门学问发展。提到吴地饮食,从陆机的"千里莼羹,末下盐豉"到张翰的"鲈鱼脍",再到如今的"太湖三白""阳澄湖大闸蟹",吴地饮食一直以来都让人垂涎。从古至今,吴地大多时候都是鱼米之乡、富庶之地。其临太湖,濒长江,内部水路纵横,平原辽阔,优越的地理位置与适宜的自然环境为其提供了优质的粮食、水产、肉禽和果蔬。且明清之间,经济发展较前代更盛,对饮食的发展起到助推作用。明代何良俊《四友斋丛说》中写道,"余小时见人家请客,只是果五色、肴五品而已……今寻常宴会,动辄必用十肴,且水陆毕陈,或觅远方珍品,求以相胜"④。晚明文人叶梦珠也写道,"肆筵设席,吴下向来丰盛。缙绅之家,或宴官长,一席之间,水陆珍馐,多至数十品。即士庶及中人之家,新亲

---

① 石汝杰、[日]宫田一郎主编:《明清吴语词典》,上海:上海辞书出版社2005年版,第1页。
② 石汝杰、[日]宫田一郎主编:《明清吴语词典》,上海:上海辞书出版社2005年版,前言第18页。
③ 石汝杰、[日]宫田一郎主编:《明清吴语词典》,上海:上海辞书出版社2005年版,第516页。
④ (明)何良俊撰,李剑雄校点:《历代笔记小说大观:四友斋丛说》,上海:上海古籍出版社2012年版,第227页。

严席,有多至二三十品者,若十余品则是寻常之会矣"①。从这两段文字足以窥见明清时期吴地饮食概貌。

吴地饮食,食之精。江南地区作为富庶之地,才子辈出,对菜肴写诗赋文是常有之事。关于吴地美食的记录,《云林堂饮食制度集》《易牙遗意》《调鼎集》《随园食单》都是文人墨客所撰写的食谱。《清异录》中曾记载金陵七妙,"虀可照面,馄饨汤可注砚,饼可映字。饭可打擦台,湿面可穿结带,饵可作劝盏,寒具嚼着惊动十里人"。② 饼映字,面穿带,饵作盏,非有高妙的美食烹饪技巧不能如此。

结合《明清吴语词典》,搜寻与烹饪技法相关的词条,也可以看出吴地烹饪方式的精细多样。如:

  爊:〈动〉一种烹调肉类的方法,文火慢煮。
  奥:〈动〉(用调料等)浸泡。
  煸:〈动〉用热油炒(菜等)。
  焯:〈动〉把食物在开水里烫一下即捞起。
  炖:〈动〉久煮。
  煤:〈动〉在锅里用极少的油煎或不用油干烤。
  煨:〈动〉用文火煨,炖
  醁:〈动〉用酒、盐水腌制(活的鱼虾、肉类)。
  煠:〈动〉指不放作料用清水煮。
  盐:〈动〉用盐腌。
  扇:〈动〉扇(风)。特指扇火煮东西。
  炝:〈动〉防腐的方法,长时间地保存在石灰等中。
  烹:〈动〉用鱼肉做菜时浇些酒等作料,以除腥味。
  酱煨:〈动〉用酱油等佐料煨煮(肉、蛋)。
  和烧:〈动〉不同的食物混在一起烧。③

---

① 孙文光编:《中国历代笔记选粹》,上海:华东师范大学出版社1998年版,第632页。
② (宋)陶谷撰,李益民等注释:《清异录·饮食部分》,北京:中国商业出版社1985年版,第332页。
③ 石汝杰、[日]宫田一郎主编:《明清吴语词典》,上海:上海辞书出版社2005年版,第11页、第13页、第39页、第66页、第163页、第248页、第252页、第267页、第308页、第472页、第499页、第500页、第530页、第690页、第740页。

不仅如此,吴地食之精还体现在对食物的分类称呼上,仅以米为例。按质量分类:"较粗而硬的粳米"被称为"籼";"一种有香味的粳米"被称为"香粳";"一种优质米,是米囤中心发热变黄的米,做饭松而香"被称为"囤心黄"或"发极黄"……按时间分类:"除夕多淘备用的米"称为"万年粮米";"农历腊月舂白的米"称为"冬舂米"……"四糙"则兼二者而有之,特指"冬天舂的、质量较好的米"。

吴地饮食,食之广。作为鱼米之乡,江南地区物产丰富。明代江盈科的《雪涛小说》中有一则"北人食菱"的故事。

> 北人生而不识菱者,仕于南方,席上啖菱,并壳入口。或曰:"食菱须去壳。"其人自护所短,曰:"我非不知,并壳者,欲以去热也。"问者曰:"北土亦有此物否?"答曰:"前山后山,何地不有?"
>
> 夫菱生于水而曰土产,此坐强不知以为知也。①

短文中提到的菱角,是一种江南地区常见的食物,今天仍不难见到。以菱角为例,《明清吴语词典》中收录有白沙角(19)(括号内为该字在词典中页数,下同)、风菱(188)、馄饨菱(280)、芰(295)、菱(401)、沙角菱(儿)(527)、水红菱(564)、乌菱(635)、蔆菱(701)、莺歌青(718)。十种菱角种类,词典对其各作解释,加以区分。另外所收录的词条中,各种野菜、鱼鲞也是种类繁多,可以想见其饮食丰富,食材众多。

除了自身的自然环境外,江南地区水路纵横,便利的交通也使得江南地区有大量外来食物涌入。张岱在《陶庵梦忆》中写道,"越中清馋,无过余者,喜啖方物。北京则苹婆果、黄鼠马牙松;山东则羊肚菜、秋白梨、文官果、甜子;福建则福橘、福橘饼、牛皮糖、红腐乳;江西则青根、丰城脯;山西则天花菜;苏州则带骨鲍螺、山查丁、山查糕、松子糖、白圆、橄榄脯……"②其中多数也可在词典中寻到踪迹。

吴地饮食,食之奇。最值得称道的当数河豚,吴方言称之为"吹肚鱼"。"西施乳"即河豚的鱼白。"二月河豚十月蟹",吴地吃河豚的历史可追溯到大诗人苏东坡,民间甚至有"不吃河豚,焉知鱼味?软依吃了

---

① 桑楚编:《中华典故》,北京:北京联合出版公司2013年版,第210页。
② (清)张岱著,淮茗评注:《陶庵梦忆》,北京:中华书局2008年版,第78—79页。

河豚,百鲜无味"之赞誉。范濂《云间据目抄》更为详细地写道,"河豚有毒而味美,昔人所以有值得一死之说。上海最尚此品,而郡中用者绝少。故淡水河豚,渔人得之皆弃去。万历以来,河豚称海味第一,而竞食海河豚,即淡水河豚也食,郡中遂有煮河豚店。且初食时,人犹畏毒,或露天煮,或张盖煮,或加甘蔗解之,或银器试其毒。而鸡犬有食河豚子者,辄死。近年,煮河豚如煮肉,绝无忌惮。"①可见吴地对美食的追求之甚,不惜冒死,正是如此也就有了词典中"拼死吃河豚"一词。

三、《明清吴语词典》所收的社会风俗类词语

社会风俗是传承已久的固定仪式,是人与人之间约定俗成的风尚礼仪。从衣食住行到婚丧嫁娶,从岁时节庆到文化娱乐,社会风俗蕴藏着中国传统文化的诸多信息。社会风俗不仅仅展示社会生活的表象,其作为一种人人参与的基层文化,密切联系着社会的方方面面,沟通历史与现实、物质与观念、道德与法律……

社会风俗中不可或缺的一环即祭祀活动。《礼记》中写道:"夫礼,必本于天,殽于地,列于鬼神。"②祭祀、巫术活动自古有之,人们在特定日子崇神祭祖、驱祟辟邪、占卜吉凶。这是古代社会人们对祖先与神秘自然的原始崇拜。宋代以来,随着人们理性认识的提高和对现实的关注,节日中鬼神的观念逐渐淡化,但习俗依然存在。明清时期社会风俗中与祭祀相关的活动众多,按类别可分为家祭、墓祭、祀祭、杂祭等。

  迎喜:〈动〉立春后举行迎祀喜神的活动。
  鬼节:〈名〉农历七月十五日,该日祭祀祖先。
  出会:〈动〉旧时节日或祭神时举行的活动,如抬神像游街等。
  烧衣节:〈名〉农历十月初一,是日烧冥衣祭祖。
  烧青苗:〈动〉指七夕时农家祭神驱灾的活动。

---

① 上海市松江区地方志办公室编,盛济民著:《软侬吴语松江好》,上海:上海辞书出版社2019年版,第535页。
② 梁鸿编选:《礼记》,长沙:湖南文艺出版社2003年版,第98页。

  五风生日：〈名〉指农历十月初五日，渔民有祭祀活动。①

  特别的是祭祀"灶神"。灶神起源很早，商朝时已开始在民间供奉，是民间最富代表性、最有广泛群众基础的神祇。《论语·八佾》中说："王孙贾问曰：'与其媚于奥，宁媚于灶，何谓也？'子曰：'不然，获罪于天，无所祷也'"。②葛洪《抱朴子·微旨》中说："月晦之夜，灶神亦上天白人罪状。大者夺纪。纪者，三百日也。小者夺算。算者，三日也。"③可见在民间，灶神是不可得罪的，轻者少活三天，重者则少活三百天。词典中有关灶神的词条众多，如：

  谢灶：〈动〉指农历六月间举行祭祀灶神的仪式。
  跳灶王：〈动〉腊月初一，乞丐扮演灶神乞讨。
  送灶界：〈动〉农历十二月二十四送灶。
  廿四夜：〈名〉农历腊月二十四晚。是日送灶。
  接灶：〈动〉指送灶后，于除夕或正月十五接灶神。④

  除灶神外，人们还需祭祀的神祇有地藏王、释迦牟尼、药王、八仙之一的吕洞宾等。综上可见，吴地人祭祀有两大特点：祭祀时日多，祭祀神祇广。之所以如此，是因为吴越地区百姓普遍好鬼神、信巫助。应劭《风俗通义》中说"会稽俗多淫祀，好卜筮，民一以牛祭，巫助赋敛受谢，民畏其口，惧被祟，不敢拒逆，是以财尽以鬼神，产匮于祭祀"。⑤民间祭祀是民众祈求长寿平安、田地和食物的丰富，避免灾害的一种手段，是为了击败敌人、寻求超自然的力量而进行的一种具有传承、功利、娱乐等功用的民间信仰习俗。但是频繁的祭祀活动，使得人们花费巨大财力，无疑导致了巨大的浪费。

  除祭祀之外，岁时习俗也是社会风俗的重要组成部分。吴地多种

---

① 石汝杰、[日]宫田一郎主编：《明清吴语词典》，上海：上海辞书出版社 2005 年版，第 82 页、第 240 页、第 536 页、第 642 页、第 719 页。
② （春秋）孔子撰，杨伯峻译注：《论语译注》，北京：中华书局 2009 年版，第 27 页。
③ （晋）葛洪，张松辉译注：《抱朴子内篇》，北京：中华书局 2011 年版，第 206 页。
④ 石汝杰、[日]宫田一郎主编：《明清吴语词典》，上海：上海辞书出版社 2005 年版，第 318 页、第 455 页、第 573 页、第 601 页、第 674 页。
⑤ （东汉）应劭著，王利器校注：《风俗通义校注》，北京：中华书局 2010 年版，第 401 页。

植水稻,稻作生产习俗客观上反映出人们认识自然规律,特别是认识水稻生长规律的水平。农民种田首先关心的应该是年内气候如何,是风调雨顺,还是旱涝多灾。为了预测气象情况,农民历来根据某个固定日子的天象的变化、动植物征状来预测未来凶吉,并以此指导农事和其他社会活动,这类活动被称为占候。在江南地区自年初至年底,几乎每月都有占候活动。如:

  松花会:〈名〉指农历六月求雨的活动。

  油花卜:〈名〉上巳日的习俗,根据油花的形状判断吉凶。

  照田财:〈动〉一种民俗,在田间祈祷丰收的仪式。

  听响卜:〈动〉指除夕时以路人无意中的话,来预测未来凶吉的做法。

  点田蚕:〈动〉旧俗,正月初一或初二,把干柴扎于竹竿,在田里点燃,根据火的颜色预卜来年的水旱。①

与此同时,人们在长期的农业生产实践中,逐渐形成了四时八节、二十四节气等节俗,这诸多的岁时节令民俗中,虽有信仰等多项文化因素,但主要还是与农业生产有着极为密切的关系。"种田无命,节气抓定",千百年来,农民根据节气的变换适时地安排农业生产。对岁时农时的总结,凝聚着广大农民对自然界规律的认识,是来自人民的深邃智慧。

  头九暖,九九寒:冬至后第一个九天暖和,预示整个冬天将很寒冷。

  黄昏阵:〈名〉指农历六月初三及其后连续出现的黄昏下的阵雨。

  请客风:〈名〉指农历二月八日前后必有的风雨。

  落沙天:〈名〉指清明前后有风沙的天气。

  九月十三:〈名〉俗为钉靴生日,以为这一天晴预示冬天少雨。②

---

① 石汝杰、[日]宫田一郎主编:《明清吴语词典》,上海:上海辞书出版社 2005 年版,第 134 页、第 571 页、第 603 页、第 722 页、第 746 页。

② 石汝杰、[日]宫田一郎主编:《明清吴语词典》,上海:上海辞书出版社 2005 年版,第 274 页、第 332 页、第 417 页、第 508 页、第 609 页。

第五章 吴侬软语 繁荣兴盛：
明清时期的吴方言(下)

明清时期除了对吴方言作专门研究外，还产生了一系列收录吴方言词语的作品，如《菽园杂记》《新方言》等。陆容所撰的《菽园杂记》作为明代的一部笔记小说，涉及的内容极为广泛，其中不乏对吴地方言语音、词汇的介绍，或可窥见明代吴语地区人民的生活风俗。《新方言》是章太炎所作的一部辞书，以古语证今言、以今言通古语，吴方言词在全书中占有较大比重，可见其重要地位。另外，这一时期丰富的方言志材料也为我们了解明清吴语面貌提供了宝贵信息，是值得重视的文献宝库。

第一节 《菽园杂记》

《菽园杂记》是明代太仓人陆容撰写的一部笔记杂说，书中内容丰富，包罗万象，记述的掌故、韵书、文字、史事，大多出自个人见解。《菽园杂记》记载了不少明代中期时的各地方言语音特征，如吴方言中"鱼虞不分""王黄不分""张浆不分"；山西方言"同屯不分""妻青同音"等，同时记录了各地部分的方言词语，是了解明代社会生活等方面的一部百科全书。

一、《菽园杂记》的作者和版本

陆容(1436—1494),字文量,号式斋,南直隶苏州府太仓(今江苏太仓市)人。陆容的一生经历了明朝正统、景泰、天顺、成化、弘治数朝。陆容自幼酷爱读书,学习儒家经典,受到良好的家庭教育,9岁时赋诗便有奇语,16岁入县学,与太仓人张泰、昆山人陆釴齐名,号"娄东三凤"。成化二年(1466),陆容进士及第,授南京吏部验封司主事。成化七年(1471)父丧,丁外艰归太仓,后除兵部职方司,擢武库司员外郎。再擢职方郎中,后因丁内艰除武选司。任职兵部期间,陆容勤于公事,边报或急奏疏日三四上,动辄数千言,深得尚书长官的信赖。陆容性格直率,直言不讳。对于当时朝野的弊政、官府和势家对民众造成的困扰和损害,他只要能力所及,就会积极地进行纠正。

明弘治六年(1493),陆容"赍捧还京,又疏嘈渠利病,纚纚万言,未报,谗口铄之"。被诬以"失察吏贿",后以"浮议"罢归。当时听到这个消息的人都非常震惊,议论纷纷。他却从容应对,与老人们一一告别。回到太仓后,陆容建造了"成趣庵""独笑亭"和"菽园",整天穿着黑色的衣服,过着隐居的生活,其间创作了许多书籍。一年后,即弘治七年(1494)七月,他因病去世。陆容去世后,他的儿子陆伸继承了他的藏书,并整理了万卷藏书,按照经、史、子、集的分类编目,编成了《式斋藏书目录》。随后,他邀请桑悦、祝允明、徐祯卿等人作序,以展示这本书的价值和影响力。

陆容的一生生动诠释了"读万卷书,行万里路"的学者精神。陆容居官期间手不释卷,奉使四方期间,足迹遍布大江南北,深入下层社会,关注当地风土人情、方言俗语,为后续的著述打下了坚实的基础。陆容治学严谨,实事求是,所著《菽园杂记》具有较高的学术价值。

《菽园杂记》并非仅仅是陆容离职后的临时之作。从书中记录的条目和内容来看,这本书应该是陆氏在任职期间以及离职后,对自己从小听到、看到以及亲身经历的事情的回忆和随笔记录,因此具有鲜明的时代特色。

陆容编写《菽园杂记》的具体年代尚未明确。书中内容包含了前人的记载以及他本人亲身经历或听闻的事情。书中记录的最晚年代是明弘治七年(1494)六月,这一部分内容收录在最后一卷中。因此,可以推断,陆容停止写作的时间可能与他离世的时间相近。据《碑铭》载,"陆容性喜聚书,家藏万余卷,皆手自雠勘。"

  根据伍跃、戴小珏、伊昕舟等人考证,《菽园杂记》有二卷本、四卷本、十一卷本、十五卷本,其中十五卷本是最早也是流传最广的。明嘉靖年间,陆仲桼和毛仲良校对的十五卷本《菽园杂记》首次问世。清乾隆时期,四库馆臣根据鲍士恭进献的明嘉靖刻本,删减后形成了"四库本"。嘉庆二十二年(1817),张海鹏在编辑《墨海金壶丛书》时,根据文澜阁四库全书本刻印了《菽园杂记》。道光初年,钱熙祚获得了张氏《墨海金壶丛书》的残版,并对其进行了补订,形成了《守山阁丛书》,其中也包括《菽园杂记》。此后,《墨海金壶丛书》本和《守山阁丛书》本便成为该书的常见版本。20世纪30年代,商务印书馆根据《墨海金壶丛书》本进行了排印出版,并将其纳入《丛书集成初编》。1985年,中华书局出版了佚之点校的十五卷本(该本以《墨海金壶丛书》本为底本,参考明嘉靖刻本及《守山阁丛书》本校勘),这是《菽园杂记》一书的主要版本系统。在这个版本系统中,还存在一些删节本,如《纪录汇编》的七卷本,《今献汇言》《说邪续》《五朝小说》《明六十家小说》中的一卷本等。①

表5-1 明清时期评介《菽园杂记》的汇总表

朝代	书名	卷数	备注
明	《国史经籍志》	十五卷	
	《近古堂书目》		未著卷数
	《晁氏宝文堂目》		
	《脉望馆书目》	二本	未著卷数
	《玄赏斋书目》		未著卷数
	《赵定宇书目》	四本	《稗统续编》著录
	《徐氏家藏书目》	二卷	

---

① 伍跃:《谈〈菽园杂记〉十五卷本》,《文献》1987年第4期,第240—246页。

续表

朝代	书名	卷数	备注
清	《千顷堂书目》	十五卷	
	《明史·艺文志》	十五卷	
	《绛云楼书目》	十五卷	
	《四库全书总目》	十五卷	
	《郑堂读书记》	十五卷	墨海金壶本 四库全书著录,《明史·艺文志》、焦氏经籍志、制书类,俱载之。《说郛续》仅节录一卷而已。
	《四库简明目录标注》	十五卷	明刊本,又刊本十卷,墨海金壶本,守山阁刊本。
	《书目答问》	十五卷	守山阁本、金壶本
	《藏园群书经眼录》	十一卷	自按:本十五卷,尚缺四卷。

资料来源　戴小珏:《陆容〈菽园杂记〉研究》,华东师范大学 2010 年硕士学位论文,第 21 页。

二、《菽园杂记》的主要内容

《菽园杂记》体制短小,文笔精炼,仅有 15 卷,约 10 万字。但是作为明代的一部笔记小说,所涉及的内容极为广泛,朝野故实、典制名物、经义考辨、书文札录、风土民情、方言雅语、草虫鸟兽、佛道卜医、谐谈变异、工农之事无所不包。书中主要论述的是明代国初以来的朝野政治、军事、经济和名人逸事等情况,少量兼及前代,也记录了各地风俗民情、方言方音等情况,以记载明朝典制为特点,讲究纪实性。故《四库全书总目〈菽园杂记〉提要》云:"是编乃其札录之文,于明代朝野故实,叙述颇详,多可与史相考证。"①这种笔记体在唐宋以后较为常见。

戴小珏的研究显示,中华书局整理的《菽园杂记》共 15 卷,包含 493 条独立的内容,时间跨度从明太祖到明孝宗,有一百多年,主要集中于英宗和宪宗两朝的史事。大致统计显示(以下统计并非绝对,部分记载涉及多个朝代),英宗时期的史事记录有 37 条,约占总条目的 8%;宪宗

---

① (明)陆容:《菽园杂记》,北京:中华书局 1985 年版,第 193 页。

时期的有72条,约占总条目的15%;太祖时期的有23条,约占总条目的5%;成祖时期的有16条,约占总条目的3%。此外,还包括孝宗时期8条,代宗时期8条,宣宗时期6条,仁宗时期4条。①

《菽园杂记》写作时间跨度较大,且内容杂乱,体例不明,不按章节排列。伊昕舟总结了《菽园杂记》记述的内容,主要包括5个类型:(1)名人逸事。《菽园杂记》的记载可以补正史之不足。陆容基本上做到了不为尊者、贤者讳,能够秉笔直书。例如《菽园杂记》卷七第二十六条中记载,明宪宗采纳鸿胪寺少卿施纯彦的主意,以"照例"二字代替"是"字,用以掩饰口疾。施纯彦因此被提拔为礼部侍郎,不久又升为尚书。这一记载对了解明朝的政治生态大有裨益。(2)典章制度。《菽园杂记》记载了许多明朝时期的典章制度。例如,在第五卷中详细介绍了洪武、永乐和成化三朝京营设置的具体情况;第七卷记述了陕西土兵的设立原因;第九卷详细记录了成化前巡抚和总督的名称、职责以及增设情况。这些记载可以弥补正史和职官志中的遗漏,具有重要的史料价值。(3)社会风貌。《菽园杂记》记载了大量古代社会史料,涉及经济、宗教、风俗等方面。这些记载对于全面复原明朝社会生活具有极高的参考价值。例如,在第十卷的第十七条中记载了成化年间从朝鲜传入一种名为"马尾裙"的服饰,起初在京师的达官贵人中流行,随后流行于社会各阶层。(4)民俗物产方面。陆容也详细记载了一些独特的民俗风情,为我们提供了丰富的社会风俗史料。比如在第三卷的第十三条中记载了江西的勤俭民风,其中提到"献祭牲品,租借于食店,献毕归还"。陆容还记录了许多关于明朝手工业发展的实际情况,反映了明朝时期的生产力水平和百姓的生产生活状态。(5)文学音韵。《菽园杂记》中的许多逸闻和掌故可以视作文学化的历史资料,可以被当作小说的素材。陆容的文笔流畅自然,行文生动凝练,使他所写的内容具有极高的文学价值。许多后来的小说和戏曲都采用了他书里的内容。此外,陆容还注意到了各地方言的差异,并在书中记录了丰富的方言资料。②

---

① 戴小珏:《陆容〈菽园杂记〉研究》,华东师范大学2010年硕士学位论文,第28页。
② 伊昕舟:《谈〈菽园杂记〉的史料价值》,《时代文学》2014年第275期,第93页。

唐七元总结了《菽园杂记》所反映的明代吴方言语音特点。① 一是"鱼""虞"二韵不分。如：

> 民间俗讳各处有之，而吴中为甚，如舟行讳"住"、讳"翻"，以"箸"为"快儿"，"幡布"为"抹布"……。此皆俚俗可笑处，今士大夫亦有犯俗称"快儿"者。（《菽园杂记·卷一》）②

"住"为虞韵澄母去声，"箸"为鱼韵澄母去声，二者同音，说明明代吴方言鱼韵和虞韵已混。

表5-2 现代吴方言"著(箸)"与"住"的韵母

	苏州	无锡	常熟	常州	上海	嘉定	松江
著(箸)	[ɥ]	[ɥ]	[ɥ]	[ɥ]	[ɿ]	[ɿ]	[y]
住	[ɥ]	[ɥ]	[ɥ]	[ɥ]	[ɿ]	[ɿ]	[y]

资料来源 唐七元：《〈菽园杂记〉所载方言语音现象考察》，《河南理工大学学报（社会科学版）》2012年7月第13卷第3期，第324—325页。

二是"王""黄"的声母不分。如：

> 如吴语黄王不辨，北人每笑之。（《菽园杂记·卷四》）③

"王"是喻母阳韵平声，"黄"是匣母唐韵平声。明代的袁子让在《字学元元》中说："吴音黄曰王，行曰盈，和曰污，玄曰员，盖误匣于喻也。"④一般认为，上古音"喻三归匣"，即上古音"王、黄"同为匣母，并且韵和调都相同，因此两字在上古也是同音的。

表5-3 现代吴方言"王""黄"的读音

	苏州	无锡	常熟	常州	上海	嘉定	松江
王	[ɦua^{13}]	[ɦua^{14}]	[ɦua^{33}]	[ɦuan^{213}]	[ɦua^{13}]	[ɦua^{31}]	[ɦua^{31}]

---

① 唐七元：《〈菽园杂记〉所载方言语音现象考察》，《河南理工大学学报（社会科学版）》2012年7月第13卷第3期，第324—325页。
② （明）陆容：《菽园杂记》（卷一），北京：中华书局1985年版，第8页。
③ （明）陆容：《菽园杂记》（卷四），北京：中华书局1985年版，第41页。
④ 夏俐萍：《从"喻三归匣"到"匣喻合流"——汉语方言匣母字今读零声母的演变》，《方言》2020第1期，第29页。

续表

	苏州	无锡	常熟	常州	上海	嘉定	松江
黄	[ɦuɑ^{13}]	[ɦuɑ^{14}]	[ɦuɑ^{33}]	[ɦuaŋ^{213}]	[ɦuɑ^{13}]	[ɦuɑ^{31}]	[ɦuɑ^{31}]

资料来源　唐七元:《〈菽园杂记〉所载方言语音现象考察》,《河南理工大学学报(社会科学版)》2012年7月第13卷第3期,第325页。

三是"张""浆"等字的声母不分。如:

> 台、温人以张敞为浆抢之类。(《菽园杂记·卷四》)①

"张"为知母阳韵平声,"浆"为精母阳韵平声;"敞"为昌母阳韵上声,"抢"为清母阳韵上声。这条笔记反映了明代台州、温州一带的吴方言精组和知庄组声母相混的现象。

四是合音现象。如:

> 今吴中乡妇呼阿母,声急则合而为嬷;轻躁之子呼先生二字,合而为裹,但未有此字耳。……吴人以孔为窟窿。(《菽园杂记·卷七》)②

五是"鱼"韵"模"韵同音。如:

> 吴音须与苏同。(《菽园杂记·卷八》)③

六是"尤"韵"之"韵相混。如:

> 吴人自来呼又为以音……则今常熟吴音,称何人为"箇"是也。(《菽园杂记·卷九》)④

《菽园杂记》还记载了吴中地区人们由于避讳而出现的各种事物的委婉说法,如"快儿""幡布""圆果""竖笠""兴哥""谢欢喜"等。⑤

> 民间俗讳各处有之,而吴中为甚,如舟行讳"住"、讳"翻",以

---

① (明)陆容:《菽园杂记》(卷四),北京:中华书局1985年版,第42页。
② (明)陆容:《菽园杂记》(卷七),北京:中华书局1985年版,第82页。
③ (明)陆容:《菽园杂记》(卷八),北京:中华书局1985年版,第99页。
④ (明)陆容:《菽园杂记》(卷九),北京:中华书局1985年版,第114页。
⑤ 唐七元:《试谈〈菽园杂记〉的方言学价值》,《西华大学学报(哲学社会科学版)》2012年8月第31卷第4期,第50页。

"箸"为"快儿","幡布"为"抹布";讳"离散",以"梨"为"圆果","伞"为"竖笠";讳"狼藉",以"榔锤"为"兴哥";讳"恼燥",以"谢灶"为"谢欢喜"。此皆俚俗可笑处,今士大夫亦有犯俗称"快儿"者。(《菽园杂记·卷一》)①

其他吴方言词语还有"冬舂米""望潮郎""芦青"等。例如:

吴中民家,计一岁食米若干石,至冬月,舂白以蓄之,名冬舂米。(《菽园杂记·卷二》)②

尝登峄山,……食一蔬味佳,问之,云:"张留儿菜。"令采观之,乃商陆也。余姚人每言其乡水族有弹涂,味甚美,详问其状,乃吾乡所谓望潮郎耳。(《菽园杂记·卷六》)③

梅圣俞《河豚诗》云:"春洲生荻芽,春岸飞杨花……"而吾乡俗语则云:"芦青长一尺,……"芦青即荻芽也。(《菽园杂记·卷九》)④

懛,丁来切。注云:失志貌。苏州人谓无智术者为呆,杭州以为懛。同年吴俊时用美姿容而不拘小节,杭人呼为吴阿懛。(《菽园杂记·卷十二》)⑤

第二节 《新方言》

《新方言》是章太炎所著的一部辞书,旨在通过对古语的证明来解释今言,并通过今言来理解古语。今言是由古语逐渐发展而来的,根据古今声韵转变的规律,可以追溯语源,并了解语言的演变过程。章太炎担忧古代文献事业的衰落,决心保存华夏之声,凭借着渊博的知识和勤奋的思考,首先提出利用声音训诂来推测文字的演变过程,写成了《新

---

① (明)陆容:《菽园杂记》(卷一),北京:中华书局1985年版,第8页。
② (明)陆容:《菽园杂记》(卷二),北京:中华书局1985年版,第19页。
③ (明)陆容:《菽园杂记》(卷六),北京:中华书局1985年版,第74页。
④ (明)陆容:《菽园杂记》(卷九),北京:中华书局1985年版,第111页。
⑤ (明)陆容:《菽园杂记》(卷十二),北京:中华书局1985年版,第147页。

方言》。章太炎继承了自乾嘉年间以来,戴震、段玉裁、王念孙、郝懿行等朴学大师在音韵研究方面的成果,运用音韵学知识来贯穿文字和训诂。尤其是在《新方言》一书中,受到了戴震《转语》的深刻启发。《新方言》通过将当时流行的俗语方言与古代诗文典籍中的文字相对照,帮助现代人理解古代文献,同时纠正了古人传注中可能存在的错误。这对汉语方言学和语言学史的研究具有重要的学术价值。

一、《新方言》的作者和版本

章太炎(1869—1936),浙江余杭人。原名学乘,字枚叔,后易名为炳麟,虽值清廷衰败期,然深受优良家风熏陶,亦有建树。太祖父章均曾捐巨款设立"苕南书院",吸收乡里子弟入学,捐千亩良田,设立章氏义庄供宗族子弟学习。祖父章鉴喜学医术,常在家中为地方百姓治病,病人贫困时,更是一文不取、悉心治疗。历经多次战乱,章氏家族大不如前,父亲章濬担任余杭县学训导期间卷入"杨乃武小白菜"一案,被革去官职,他晚年以教育子女为业,章太炎即为四子中幼子。外祖父朱有虔更是亲自教章太炎读书,从审音度字到赋诗作文,无不倾囊相授,这为他打下了坚实的国学基础。章太炎以延续章氏家族荣光为己任,师从外祖父期间勤奋好学,后到杭州诂经精舍学习,师从俞樾等朴学大师,前后历时八年,受益颇丰,这也为《新方言》的编纂提供了可能。综上所述,章太炎作为余杭章氏后人,从小受到家族家风影响,后在外祖父朱有虔以及俞樾等人的教导下、黄侃等人的帮助下完成了这部方言词典。

《新方言》成书于1907年,其编纂体例与以往方言词典相比,创新之处颇多,对后世方言词典的发展有着重要影响,然而学界对于《新方言》的争论还在持续。学界普遍认为《新方言》的作者为章太炎,如卢德平的《中华文明大辞典》明确写道"近代章炳麟编纂",[1]上海辞书出版社所编《辞海语言文学分册》认为是"近人章炳麟著",[2]祝鸿熹、洪湛侯主编的《文史工具书辞典》中《新方言》词条下记载"章炳麟

---

[1] 卢德平:《中华文明大辞典》,北京:海洋出版社1992年版,第1073页。
[2] 辞海编辑委员会:《辞海 语言文学分册》,上海:上海辞书出版社1987年版,第75页。

(1869—1936)撰,方言训诂学著作,十一卷"。① 章太炎是《新方言》的作者是毋庸置疑的。但也有一些学者认为作者有三位,除章太炎外,还有黄侃和刘师培。

《新方言》的版本流传是研究此书面临的首要问题,也是一个较为复杂的问题。《新方言》流传长达百年,版本众多,不同学者就《新方言》版本问题曾提出不同的观点。综合多家意见,列举主要版本如下:

一为东京民报社初版本(1907 年)。

二为手稿残本(1907 年)。

三为重订本(1909 年)。

四为文学会社本(1911 年)。

五为右文社本(1915 年)。

六为四川官印局本(年份未详)。

七为龙文阁本(1915 年)。

八为浙图校刊本(1919 年)。

九为流通本(1924 年)。②③

依据初版本和重订本,可分成两个体系:一是从 1907 年东京民报社初版本到 1915 年的龙文阁本和《字典汇编》本;一是从 1909 年的重订本到文学会社本、右文社本和浙图校刊本,再由浙图校刊本发展为其他版本。

二、《新方言》的主要内容

(一)《新方言》的收词

《新方言》收词范围,从其章目分节上可窥一二。首章《释词》收录虚词,如"今浙人申事皆言故,音如各",和部分常用实词,如"今吴楚皆谓彼曰渠,或读如储"。第二章《释言》收录常用名词,如"今扬州、镇江、

---

① 祝鸿熹、洪湛侯:《文史工具书辞典》,杭州:浙江古籍出版社 1990 年版,第 99 页。
② 周敏秋:《章太炎〈新方言〉版本源流考》,《文献语言学》2018 年第 1 期,第 227 页。
③ 董婧宸:《章太炎〈新方言〉的版本与增订内容》,《文献语言学》2018 年第 1 期,第 201 页。

杭州通谓小儿为小伢";形容词,如"今杭州谓极小曰蔑,读如弥";代词,如"今江南苏松之间谓我为仪,我转为吾";动词,如"今吴越间小儿捉迷藏为戏突"。第三章《释亲属》收人际称呼,如"今绍兴犹谓兄为昆正,与哥声相转。第四章《释形体》收表示身体部位的名词,如"今淮南、吴越皆谓小儿脑盖为囟门"。第五章《释宫》收与建筑相关的名词,如"今谓一院为一潲,江南、浙江或曰一透,透亦潲也"。第六章《释器》多收与器物相关的名词及使用器物的动词,如"浙江谓温面为鏎面,以鏎温之亦曰鏎,犹以甑烝之亦曰甑矣"。第七章《释天》收与气象相关的名词和形容词,"今自江南运河而东至于浙江皆呼虹如䖟,音在虹雩之间,虹转为䖟,若项橐转为后橐矣","今直隶、山东、江淮、浙江皆谓甚凉曰洇,读如映,匼影二纽相迆也"。第八章《释地》收表地面上的动作和事物的动词和名词,如"浙西又谓豪猪、狸貐穿道为冗,音古郎切","江南、浙江皆谓地中小坎为窖,读平声"。第九章《释植物》多收草木相关的名词,如"今自徽州以东至于江南、浙江皆谓白枣为白朴,枣朴读裴遇切",第十章《释动物》多收录表动物名称的名词,如"今江南运河而东至于浙江皆谓蟾蜍为癞施"。①

《新方言序》云:"蕲春黄侃季刚亦好小学,申叔先为札记三十余条,季刚次蕲州语及诸词气,因比辑余说及二君所诊发者,亡虑八百事,为《新方言》十一篇……",②由前序可知《新方言》收词数量应当在八百左右,但学界对此缺少关注,准确数量长期存疑。无论是《辞海》《简明中国古籍辞典》,还是《中华大百科全书》,都只提及《新方言》收录词语八百余条,未指出准确数字,其中吴方言词的比重更是无从得知。为求详细,对此进行条目统计后发现,《新方言》共收词873个,其中吴方言词有259个,各章收词及吴方言词分布如下:

---

① 章太炎:《新方言、岭外三州语、文始、小学答问、说文部首均语、新出三体石经考》,上海:上海人民出版社2014年版,第12页、第13页、第26页、第28页、第45页、第83页、第93页、第97页、第107页、第117页、第131—133页、第137页、第140页。

② 章太炎:《新方言、岭外三州语、文始、小学答问、说文部首均语、新出三体石经考》,上海:上海人民出版社2014年版,第5页。

表 5-4 《新方言》收词数量表

章目	一	二	三	四	五	六	七	八	九	十
所释	词	言	亲属	形体	官	器	天	地	植物	动物
词数	87	432	25	54	27	145	11	13	22	57
吴方言	34	117	8	17	8	44	5	3	6	17
比重	39%	27%	32%	26%	30%	30%	45%	23%	27%	30%

一般认为,中国有七大方言区,若将《新方言》内容平均分为七份,则每份比重为14%,而由统计知吴方言词在全书中的整体比重约为29%,约为平均比重的两倍。此外,吴方言词在各章中都有不小的比重,远远超过平均比重。由此,足见吴方言的地位及章太炎对吴方言的重视程度。

(二)《新方言》的注音方式

《新方言》并非仅采用某种单一的注音体例,而是采用了多种注音方式。大致可分为直音注音和反切注音两类。

1. 直音注音,多形如"单纯型+读如/音如×",如:

> 陕西、江南、浙江、江西皆谓名为名昌,昌读如堂。
> 今淮南谓床前长凳为桯凳,音如晴,江南、浙江音如桱。
> 今江南、吴越通谓色败青黑曰乌青普,普读如滂。①

2. 反切注音,多形如"单纯型+音/读××切/反",如:

> 今浙东宁波、绍兴通谓帽曰幬,音七由切。
> 江南、浙江谓与人相耦为介,读渠八切。
> 今人谓剃发伤皮为打壮,淮南音侧亮切,江南、浙江音侧两切。②

---

① 章太炎:《新方言、岭外三州语、文始、小学答问、说文部首均语、新出三体石经考》,上海:上海人民出版社2014年版,第43页、第124页、第130页。

② 章太炎:《新方言、岭外三州语、文始、小学答问、说文部首均语、新出三体石经考》,上海:上海人民出版社2014年版,第88页、第122页、第105页。

直音和反切两种注音方式并非完全对立,有时可以合用,如"今杭州人私作厌胜谓之厌祥,祥读如羊,厌读如于冉切"。

3. 用音转的方式补充说明语音的变化,具体方式是"××转/转×",如:

> 浙东绍兴谓作事为弗,转去声为女剑切。
> 四川成都以东谓何曰甞,扬越亦如之。甞转债者,脂支相转。
> 今江南常州、浙江绍兴语终言且,与尔、些义略同,转入读如踏。
> 今天津、德州谓批耳至颊为打耳卦子,读耿如卦,正合娃声,江南运河而东音转如耳光。
> 吴越间谓上方曰上当,高处曰高当,当皆读德挺切,阳唐转耕清也,绍兴或转如董,苏州或转入声,如笃,皆指此处,则言之。
> 吴语奋其朋埶以朋为之,今谓凡事凡物怒力作埶者皆曰冯,读铺登切,与冯音皮冰陕西、江南、浙江、江西皆谓名为名昌,昌读如堂切相近,或转为铺戎切,或转为铺光切,皆一语也。①

(三)《新方言》的释义方式

《新方言》的释义形式较为统一,基本模式是在开头引用古代辞书,然后引证古代经典,详细谈通语或方言称读,最后依据音转原理探求本字。形如"引用古代语言学著作所释+引证古代经典+通语或方言称读+转音引申"。吴方言词条的释义方式,如:

1. 今某地言/谓/曰×为×,如:

> 浙西谓枲为苎麻。
> 今浙江谓臧鱼为鮺。
> 绍兴谓女师为老妠。②

---

① 章太炎:《新方言、岭外三州语、文始、小学答问、说文部首均语、新出三体石经考》,上海:上海人民出版社2014年版,第9页、第16页、第24页、第41页、第44页、第99页。
② 章太炎:《新方言、岭外三州语、文始、小学答问、说文部首均语、新出三体石经考》,上海:上海人民出版社2014年版,第94页、第118页、第135页。

2. 今某地＋某地＋……言/谓/曰×为×，如：

> 今淮西、浙江谓日昃时为下昼。
> 直隶、山东、淮南、浙东皆谓牝牛为牸牛。
> 今成都、苏州亦谓颏倒头曰钦倒头。①

3. 今某地＋某地……言/谓/曰×为×，某地言×，如：

> 庐之合肥、黄之蕲州皆谓作事为舞，长沙及扬越多言弄。
> 今直隶谓蝉为即蟟，山东、淮南北谓之蟴蟟，浙江谓之蛰蟟，或曰知蟟，蟟或读如娆。
> 今自江而北谓鸡伏卵曰抱，江南或转如捕。②

或再加上音转说明，如：

> 今江南苏松之间谓我为仪，我转为吾。
> 今江南浙西多为遴柬，遴转如练。③

以上为完整形式，在实际条目中可以灵活更改。称读部分和转音引申在注音体例中已经有所涉及，故以下主要谈论引用字书和古代经典。

（四）《新方言》的书证

《新方言》引用的辞书多出现在开头，如"《说文解字》：'彼，有所加也'，引伸谓佗曰彼，蕲州指物示人则呼曰彼，音如波"。④ 有时会在句中连缀出现。所引辞书种类有 8 种，书籍基本情况及出现次数如下表所示：

---

① 章太炎：《新方言、岭外三州语、文始、小学答问、说文部首均语、新出三体石经考》，上海：上海人民出版社 2014 年版，第 68 页、第 132 页、第 143 页。
② 章太炎：《新方言、岭外三州语、文始、小学答问、说文部首均语、新出三体石经考》，上海：上海人民出版社 2014 年版，第 44 页、第 138 页、第 141 页。
③ 章太炎：《新方言、岭外三州语、文始、小学答问、说文部首均语、新出三体石经考》，上海：上海人民出版社 2014 年版，第 45 页、第 49 页。
④ 章太炎：《新方言、岭外三州语、文始、小学答问、说文部首均语、新出三体石经考》，上海：上海人民出版社 2014 年版，第 17 页。

表 5-5 《新方言》部分辞书出现次数统计表

书名	《说文解字》	《方言》	《广雅》	《尔雅》	《广韵》	《释名》	《匡谬正俗》	《马氏文通》
时间	东汉	西汉	三国	西汉前	北宋	东汉	唐代	晚清
作者	许慎	扬雄	张辑	未详	陈彭年丘雍	刘熙	颜师古	马建忠
次数	437	104	96	135	21	8	8	10

从上表可以看出,《说文解字》的出现次数远远高于其他著作,是章太炎编纂《新方言》时最常参考的书籍,可见章氏对《说文解字》的倚重。

"文化阐释是太炎先生在研读和讲授《说文解字》时用来寻索语源、联系语义、建立词族的具体操作方法之一。"①文化阐释在《新方言》中被广泛使用,如"《尔雅》:尘,久也。《毛诗大雅传》:填,久也。填即尘字,久积则尘。《汉书》言:陈陈相因,是也"。古代经典在《新方言》中的整体数量不如语言类著作,但所含种类甚为丰富,包括但不限于文学类的《诗经》《离骚》,史学类的《汉书》《史记》,医学类的《伤寒杂病论》《黄帝内经》,经学类的《论语》《孟子》……以下列举出现次数前 10 的书籍:

表 5-6 《新方言》部分古代典籍出现次数和占比统计表

书名	《诗经》	《汉书》	《左传》	《庄子》	《公羊传》	《经典释文》	《孟子》	《史记》	《荀子》	《论语》
次数	117	75	42	39	29	29	26	23	23	23
占比	27%	18%	10%	9%	7%	7%	6%	5%	5%	5%

由上表可以清晰地看出,《诗经》出现的次数是最多的,且远远多于其他书籍,可以看出章氏对《诗经》的重视。

三、《新方言》与《方言》的比较

《方言》和《新方言》之间存在源和流的关系。后者是在前者的基础上仿作而成的,两者之间的联系可以通过收词数量、训释结构以及所涉

---

① 万献初:《章太炎的〈说文〉讲授笔记及其文化阐释》,《中国典籍与文化》2001 年第 1 期,第 19 页。

及的方言区等方面的比较来体现。《方言》和《新方言》之间既有继承又有发展。

(一) 收词数量比较

《方言》全称为《輶轩使者绝代语释别国方言》,作者为汉代语言学家扬雄,全书有13卷。普通词语有第一卷32条、第二卷37条、第三卷52条、第六卷60条、第七卷34条、第十卷50条、第十二卷111条、第十三卷154条。专有名词有释服制第四卷43条、释器物第五卷39条、释兽第八卷17条、释器第九卷27条、释虫第十一卷19条。共有条目675条。《新方言》收录词条873条,参照《方言》分类法,分成11个门类:释词第一87条,释言第二432条,释亲属第三25条,释形体第四54条,释宫第五27条,释器第六145条,释天第七11条,释地第八13条,释植物第九22条,释动物第十57条,音表第十一。外加岭外三州语63条,共有条目936条。

从目录上来看,《新方言》在门类数量上(不含岭外三州语)比《方言》少2卷,在条目数量上(含岭外三州语)比《方言》多261条。从门类名称上来看,《新方言》比《方言》分类更准确细致,没有出现被释词门类混乱的情况。从内容分布上来看,《方言》把大多数篇幅放在普通名词上,第十三卷为最多,而《新方言》将大量笔墨用于第二卷释言上,释言一卷是最贴近人民生活、最鲜活的,其中足见章太炎为生民立命的抱负。

(二) 训释结构比较

《方言》训释结构可分为两大类:有方言分布描写的、无方言分布描写的,前一类有两种:标准式和变化式,标准式结构为:被释词+释词+方言分布,如"翥,举也。楚谓之翥"。变化式为:释词+语言分布,如"辕,楚卫之间谓之辀"。无方言分布描写的也有两种,一种为:被释词+释词,如"幕,覆也"。另一种为:释词+谓之+被释词,如"箱谓之䩵"。《新方言》通常完整的结构为:引用古代辞书所释+引证古代经典+通语或方言称读+转音引申,如"《说文解字》:藩,屏也。屏为屏蔽,亦为屏臧。《地宫》'蕃乐'。杜子眷读蕃乐为潜乐,谓闭臧乐器而不作。今浙西、嘉兴、湖州谓逃隐屏臧为潘,音如畔。古无轻唇音,藩音如盘,盘畔亦相代也。"①通语和各地方言分布至少出现其一。由对比可知,《新方言》较《方言》增加了古代语言学著作所释、引证古代经典、转音引申部分,比《方言》更注重历史与现实的沟通,字、义、音三者结合更加密切。从数量上来说,《方言》中无方言分布的条目甚多,较为简略。而在《新方言》中带有方言分布的条目占大多数,更为完备详细。

《方言》所释词语可分为五类:通语、某地某地之间通语、某地语、古今语、转语。《新方言》所释词语多取自《说文解字》《尔雅》《方言》,种类基本相同。通语如"通语谓重曰悼重"。某地某地之间通语,如"今吴越间谓上方曰上当,高处曰高当"。某地语,如"绍兴谓不久曰向"。古今语如"丑,古今字……"《汉书·张良传》:"鲰生说我,服虔曰鲰。音士垢反。鲰,小人也。今谓才能下劣者为鲰头"。《方言》中转语只有六条,而在《新方言》中则相当普遍,如"今江南多言把,把即为字,为读如皮,故转如把"。再如"今谓凡事凡物怒力作埶者皆曰冯,读铺登切,与冯音皮冰切相近,或转为铺戎切,或转为铺光切,皆一语也"。此类甚多,不再列举。②

根据被释词与方言分布的对应关系,可将《方言》中的被释词分为与方言分布中出现的词语完全一致、与方言分布中出现的词语不尽一致、与方言分布中出现的词语完全不同三类。《新方言》中完全一致与不尽一致两类收录最多。被释词与方言分布中出现的词语完全一致的,如"《方言》:'党,知也',今谓了解为党,音如董"。被释词与方言分布中出现的词语完全不同的,如"今常州谓何为底,读丁买切"。被释词与方言分布中出现的词语不尽一致的,如"《说文解字》:'马,怒也,武也',今荆州谓面含怒色为马起脸"。③ 完全不同一类所辑实少,大抵章

---

① 章太炎:《新方言、岭外三州语、文始、小学答问、说文部首均语、新出三体石经考》,上海:上海人民出版社2014年版,第86页。
② 章太炎:《新方言、岭外三州语、文始、小学答问、说文部首均语、新出三体石经考》,上海:上海人民出版社2014年版,第16—17页、第18页、第41页、第46—47页。
③ 章太炎:《新方言、岭外三州语、文始、小学答问、说文部首均语、新出三体石经考》,上海:上海人民出版社2014年版,第10页、第51页、第59页。

太炎与扬雄在辑录方式上有差。扬雄重义,将同义而声异算作两词,章氏重义兼重音,将同义声异也算作一词,声异算作本字转音。声异并非无条件,能以双声叠韵、正旁相转的词才算一词。黄侃曾提到,据声类以求方语者众,非无一二精到之论,而比附穿凿者众。① 可能是部分相转之词的不足。

(三) 所涉及方言区比较

《新方言》所涉方言区与《方言》也不同,以吴方言区为例。《方言》中吴出现了 33 次,越出现了 13 次,属于吴方言区的还有扬、瓯、东越、会稽、丹阳、东南等地,吴越方言的地名实际出现 53 次;其中有 26 次不与其他方言区的地名并举,占总数的 49%。在表示吴越方言的地名中,吴出现 33 次,占到总数的 62%。《新方言》中吴出现了 45 次(包含吴越等),越出现了 38 次(包含吴越等),吴越出现了 34 次,江南出现了 62 次,浙江出现了 85 次,属于吴方言区的还有浙西、江南运河而东至于浙江、吴扬、浙东等,吴方言区的地名实际出现 259 次(一条多次仍为一次),其中有 199 次不与其他方言区并举(一条内一句外不算并举),占总数的 76%,明显比《方言》高出不少,说明近代方言区划较汉代更为明晰。值得关注的是吴方言区内杭州、绍兴、苏州出现的频次尤其高,杭州出现 34 次,绍兴出现 25 次,苏州出现 17 次。杭州作为吴方言并不比苏州典型,出现次数为苏州的两倍,或与章太炎为杭州人,家乡口语取舍使用更为便利有关。在谈及吴方言与其他方言的关系时,《方言》中吴方言实际与楚方言并举共 21 次,由此可以看到吴方言在西汉及之前受到了楚方言的强烈影响,秦汉之前楚国经济军事实力远强于吴越,影响力也大过吴越,故楚在与吴越的文化交往中占据输出的高位。西汉建立后,统治者也是来自楚地,一定程度上强化了楚方言的影响力。《新方言》中吴方言与淮南方言并举 17 次,并举次数远比吴楚(3 次)要多,可见吴淮之关系已经比吴楚关系更为密切。有趣的是章太炎将江南与浙江并举的次数最多,为 19 次,可见《新方言》里的江南并非广义

---

① 许嘉璐:《语言文字学论文集》,北京:商务印书馆 2005 年版,第 272 页。

上的江南,而是指今长江以南使用吴方言的苏锡常沪地区。此外,《方言》中的扬州与《新方言》中的区划不同,不能混为一谈,西汉扬州包含苏南、浙江、福州、江西及安徽部分地区,扬雄将扬归入吴方言区有一定合理性。章太炎时,扬州及周边地区的行政区划和方言性质已发生质的变迁,不可等而观之。

四、《新方言》的成就与不足

今人孙毕在其《章太炎〈新方言〉研究》一书中对章氏的《新方言》进行了全面且中肯的评价,共计六项成就、两点不足,①现择其要者叙述如下。

《新方言》的成就有六项。一是《新方言》取得传统汉语方言学的最高成就并对传统汉语方言学产生重要影响。其创新价值主要体现为重视今方言和通语的材料,今方言与今通语词共计1466个(同词异字计为一个词,不包括民族语),其中明确地点的今方言词770个,首次对当时的全国方言地理区划和各自的语音特点进行了系统、全面的把握,并得出了"今之殊语,不违姬汉""各省语虽小异,其根柢固大同等"等关于汉语方言本质的结论。二是《新方言》共时方音研究与历史音韵比较方面成果卓著。例如记录了405个今方言字音、通语及区域性方言语音,结合上古音系和历代文献进行历时音韵比较,共时和历时研究相结合,探究方言的共时差异中反映出来的历时演变规律,揭示古今语音演变的一致性。三是《新方言》考本字和同词异字的研究。章氏搜集了216组同词异字,较好地研究了语言文字的历史继承与发展变化。四是《新方言》对汉语字典、词典及其他方言文献的编纂颇有贡献。仅《汉语方言大词典》收录《新方言》的今方言词语就有597个。五是《新方言》在普通语言学理论方面也颇有贡献。如对汉语文字语词不断增多之规律及历史发展轨迹的探索;《新方言》中"总语"与"别语","通名"与"别名","通义"与"别义","殊名","通言"与"别言"等术语,加强了对汉语词汇系统的认识。六是《新方言》在章太炎自身的学术体系中的地位

---

① 孙毕:《章太炎〈新方言〉研究》,上海:华东师范大学出版社2006年版,第368—375页。

崇高,是章氏语言文字学方面的代表作。《新方言》契合章氏治学目的,即保存中国语言文字、文化历史,以及保存研究这种语言文字、文化历史的国学,其学术成就及对后世的影响也极大。

《新方言》的不足有两点。一是方音共时描写不够系统准确,未能使用国际音标及当时的科学仪器。二是《新方言》对国外语言学理论的引进与吸收明显不够,这在语法研究方面尤为明显。对许多语法现象的研究大多停留在材料的记录上,缺乏对这些材料的深入研究。

总之,《新方言》是汉语方言学史上的经典之作,对后世的吴方言研究也产生了积极而深远的影响。

第三节　明清时期地方志所录吴方言

明清时期的江苏地方志中记载了大量有关吴方言的语言材料。其中包括明清吴方言的语音、词汇、语法等内容。比如,《苏州府志》不仅详细记载了吴方言(主要是苏州话)的语音、词汇等方面的特点,还描写了吴方言独特的词汇和语法现象。这些资料不仅是构建吴方言史的重要依据,同时也为研究吴地历史文化提供了珍贵的资料。

一、明代地方志所录吴方言

明代地方志中的"风俗""方言"等栏目中收录了不少吴方言资料。这些地方志有《苏州府志》《姑苏志》《江阴县志》《吴江县志》《常熟县私志》,以及《太仓州志》等,记载了明代江苏吴方言的语音、词汇现象,并对其来源进行了解释和说明。这些方言志反映了明代吴方言区的风俗、方音、器用、饮食等方面的内容,是研究明代吴方言史的重要资料。

表 5-7　明代录吴方言的地方志

书名	朝代	成书年代	修纂人	版本	录文备注
苏州府志	明朝	洪武十二年(1379)	卢熊纂	抄本	

续表

书名	朝代	成书年代	修纂人	版本	录文备注
吴江志	明朝	弘治元年（1488）	莫旦纂	刻本	
吴江县志	明朝	嘉靖四十年（1561）	曹一麟修，徐师曾等纂	刻本	
姑苏志	明朝	正德元年（1506）	王鏊等纂	刻本	
常熟县私志	明朝	万历年间	姚宗仪纂	抄本	民国晒印明钞本
太仓州志	明朝	嘉靖二十七年（1548）	周士佐修，张寅纂	刻本	崇祯二年（1629）重刻本
太仓州志	明朝	崇祯十五年（1642）	钱肃乐、张采纂修	递修本	康熙十七年（1678）递修本
江阴县志	明朝	弘治年间	黄傅修，方谟等纂	刻本	正德十五年（1520）刻本
江阴县志	明朝	嘉靖二十六年（1547）	赵锦修，张衮纂	刻本	
江阴县志	明朝	崇祯十三年（1640）	冯士仁修，徐遵汤、周高起纂	刻本	

资料来源　曹小云、曹嫄辑校：《历代方志方言文献集成》（第3册，上海市江苏省），北京：中华书局2021年版。

（一）明洪武《苏州府志》

卢熊纂。苏州府，辖境包括吴县、长洲、常熟、吴江、昆山、嘉定、崇明七县和太仓州，府治在吴县，即今江苏省苏州市吴中区。"风俗"见卷十六。录文据洪武十二年抄本《苏州府志》。

风俗不同，语言亦异。

吴人以来为厘，盖有所本。范蠡曰："得时无怠，时不再来。"吴氏《补韵》云："怠，读作怡。"来读作厘，又本于陆德明"贻我来年""弃甲复来"皆音厘。德明吴人，岂遂以乡音释注？或自古本有厘音邪？

谓罢必缀一休字曰罢休。《史记》吴王语孙武曰："将军罢休。"盖古有此语。又多用宁馨二字为问，犹言若何也。

谓中州人曰伧，晋周玘以忧愤谓子勰曰："害我者，诸伧子也。"陆玩食酪得疾，与王导笺云："仆虽吴人，几作伧鬼。"盖轻易之词。

又自称我为侬。按，《湘山野录》："《钱王歌》：'你辈见侬的欢喜，永在我侬心子里。'"

又谓人为呆子。宋淳祐中，吴樵任平江节度推官，尝谓人曰："樵居官久，深知吴风，吴人尚奢争胜，所事不切，广置田宅，计较微利，殊不知异时反贻子孙不肖之害。"故人以呆目之。盖以此也。①

（二）明弘治《吴江志》

莫旦纂。吴江县，今江苏省苏州市吴江区。"风俗"见卷六。录文据弘治元年刻本《吴江志》。

风土不同，语言亦异。古称吴为东夷，其言臷舌，以今观之，则有未尽然者。大抵正音多，而臷音少。如谓吴人以来为厘，盖范蠡有"时不再来"，与陆德明"弃甲复来"之来，皆音厘。今吴人于来字直读作来，其音最正。意所谓厘音，或古诗叶韵如此，非吴音也。又谓称吴而加以句曰句吴，谓中州人曰伧子，皆非也，或古有而今无之耳。谓罢必缀一休字，吴王谓孙武曰："将军罢休。"盖古有此语。又有三侬，自称曰我侬，称人曰你侬，指他人而称曰渠侬。侬亦有所本。《湘山野录》记《钱王歌》有云："你辈见侬底欢喜，永在我侬心子里。"其他以若何为能亨，以能事为还赖，以嬉戏曰亨相，以痴呆为戆管。又凡语毕必带蹇厄二字，若尾声，然此其最异者也。②

---

① 曹小云、曹嫄辑校：《历代方志方言文献集成》（第 3 册，上海市江苏省），北京：中华书局 2021 年版，第 2017—2018 页。

② 曹小云、曹嫄辑校：《历代方志方言文献集成》（第 3 册，上海市江苏省），北京：中华书局 2021 年版，第 2144—2145 页。

(三) 明弘治《江阴县志》

黄傅修,方谟等纂。弘治年修。江阴县,今江苏省无锡市江阴市。"方言"见卷七《风俗》。录文据正德十五年刻本《江阴县志》。

天文言,虹谓之吼。

地理言,窍谓之洞,坎谓之潭,江滨涨沙流沟通浦谓之滓,呼亘反。绝潢断港谓之浜。音绷。

人物言,童儿谓之老小,谁何谓之倒箇。

宫室言,夹室谓之两叶,阶磴谓之僵礤。

器用言,布袋谓之丫口,镰刀谓之吉镢,托盘谓之反供,大抵器物通谓之家生。

服饰言,钗钏谓之头面,履袜谓之脚手。

饮食言,时酿谓之小酒,腊酿谓之大酒,冬笋谓之团笋。

人事言,觇谓之张,认谓之绍,尽谓之办,卑谓之灿,遥相授谓之胄,妄相答语谓之召,卖租田谓之推,整叠谓之用捉,此处谓之间边,彼处谓之箇边,在此谓之来边。①

(四) 明正德《姑苏志》

王鏊等纂。姑苏,今江苏省苏州市。"风俗"见卷十三。录文据正德元年刻本《姑苏志》。

有方言,有方音,大氏语必有义,最为近古。

如相谓曰侬。(《湘山野录》记《钱王歌》云:"你辈见侬的欢喜,在我侬心子里。"《平江记事》云:"吴有渠侬等称,故嘉定号三侬之地。谓隔户问人曰'谁侬',应曰'我侬',视之乃识,曰'却是你侬'。")谓中州人曰伧。(周玘曰:"害我者,诸伧子也。"陆玩曰:"几作伧鬼。"顾辟疆曰:"不足齿之伧。"宋孝武目王玄谟为老伧。)

谓不慧曰呆。(范成大诗:"千贯卖汝痴,万贯卖汝呆。"又《卖

---

① 曹小云、曹嫄辑校:《历代方志方言文献集成》(第3册,上海市江苏省),北京:中华书局2021年版,第2197—2198页。

痴呆词》:"除夕更阑人不睡,厌禳滞钝迎新岁。小儿呼叫走长街,云有痴呆召人买。二物于人谁独无,就中吴侬仍有余。巷南巷北卖不得,相逢大笑相揶揄。栎翁块坐重帘下,独要买添令问价。儿云翁买不须钱,奉赊痴呆千百年。"又《白獭髓》记石湖戏答同参诗云:"我是苏州监本呆。")

问为何如曰宁馨。(见《晋书》《世说》等,不备载。)

谓虹曰鲎,谓罢必缀一休字。(《史记》吴王语孙武曰:"将军罢休。")又如曰事际。(谓举事之际。《南史》:"王晏专权,帝虽以事际须晏,而心恶之。")

蔑面。(谓素昧平生者,盖即《左传》驷明所言蔑心、蔑面之遗。)

伙飞。(谓恶少趫捷者,盖即汉伙飞,伙音如侧。)

受记。(欲责人而姑警谕以伺其悛之词,《夷坚志》亦记。)

薄相。(谓嬉劣无益,儿童作戏。薄音如勃凡。)

哉。(凡谓已然、将然皆曰哉,犹北人之曰了。)

又如吴江之曰骞(每语绝必缀骞字。按《楚辞》以骞为发语声,吴楚接壤,恐即此),常熟之曰且(音若嗟,即诗中句尾助音)。曰遐箇(犹言何人。按《诗》"遐不作人"注,"遐,何也。"),此方言也。

灰韵入支(来音如厘之类,陆德明至用以释经)。支韵入齐(儿若倪,古曰毪倪亦然)。庚韵入阳(羹音若冈之类)。宥韵入寘(又音若异之类)。虞韵入麻、又入东(呼小儿为孥儿,孥,子孙也。常熟以吴塔为红塔)。此方音也。①

(五) 明嘉靖《江阴县志》

赵锦修,张衮纂,江阴县,今江苏省无锡市江阴市。"风俗记"见卷四。录文据嘉靖二十六年刻本《江阴县志》。

有方言,有方音。

---

① 曹小云、曹嫄辑校:《历代方志方言文献集成》(第3册,上海市江苏省),北京:中华书局2021年版,第2145—2147页。

如谓人曰你侬,自谓曰我侬,私觇人曰张,承认曰绍,物尽曰办,如何曰那淬,什么曰得告,此方言也。

音之讹,则以支韵入齐(儿音若倪)。又入鱼(龟音如居)。庚韵入阳(羹音若冈)。以泰韵入箇(大音如惰)。此方音也。

举其略,而听言察音其审矣。①

(六) 明嘉靖《太仓州志》

周士佐修,张寅纂。太仓州,辖境包括今江苏省苏州市太仓市及上海市嘉定区,州治在今江苏省苏州市太仓市。"方言"见卷二《风俗》。有嘉靖二十七年刻本。录文据崇祯二年重刻本《太仓州志》。

风土不同,语言亦异。

吴人以来为厘,盖有所本。范蠡曰:得时无怠,时不再来。吴氏《补韵》云:怠读作怡。来读作厘。又本于陆德明"贻我来车""弃甲复来"皆音厘,德明吴人,岂遂以乡音释注,或自古本有厘音邪?

谓罢必缀一休字,曰罢休。《史记》吴王谓孙武曰:"将军罢休。"

又多用宁馨二字为问,犹言若何也。箕按,洪迈《容斋随笔》云:"宁馨字,晋宋间人语助耳。今吴语多用宁馨为问,犹言若何也。卢氏之说盖本诸此。"滹南王若虚乃曰:"迈引吴语为证,是矣,而云若何,则义未允。"惟城阳居士《桑榆杂录》云:"宁,犹言如此,馨,语助也。"此得其当。今以晋山涛谓王衍"何物老妪生宁馨儿"、南宋王太后恚子业"那得生宁馨儿"二语观之,则《杂录》所释为是。

又自称我为侬。按《湘山野录·钱王歌》:"你辈见侬的欢喜,永在我侬心子里。"右卢氏《郡志》。

谓生事凌人为钞暴。汉建武九年,匈奴转盛,钞暴日增。

谓不任事为缩朒。《汉·五行志》:"王侯缩朒。"

骂佣工曰客作。《汉·匡衡传》:"衡乃与客作,而不求价。"

---

① 曹小云、曹嫄辑校:《历代方志方言文献集成》(第3册,上海市江苏省),北京:中华书局2021年版,第2198页。

谓事不实为秕。国语"军无秕政",《后汉书》:"秕政日乱。"皆以秕喻之也。

谓事已然为哉。《诗》"盍云归哉",又"亦已焉哉",皆止语词,犹云了也。

谓以手执人为捽。《左传》"捽而出之",捽音卒。簹按,《汉书注》颜师古曰:"捽,持头发也。音才兀切。"

谓贪纵为非为放手。《后汉书》:"残吏放手。"

谓食恶味而伤其口为蜇。《列子》:"蜇于口,惨于腹也。"蜇,音哲。

谓𦈱帅之蕊为苏头。挚虞云:"流苏者,缉鸟尾,垂之若流然。以其蕊下垂,故曰苏。"

谓钱之美者为黄撰。《平准书》:"汉武造白金三品,其名一曰白撰。"钱乃铜造,故名黄撰。

谓以醋腌物为盐。《内则》:"屑桂与姜,以洒诸上而盐之。"盐,去声。

谓葺理整齐之为修娖。《唐》,"中和二年,修娖部伍。"娖,音捉。

谓当筵犒赏为喝赐。唐人倡伎当筵舞者,亦有缠头喝赐。

北乡语尾缀且。且,音嗟。《国风》"彼留于且"者,盖止语尾辞。

至于声之转而邻于讹者,古诗叶音亦多有之。乃若呼儿与倪音同。《汉·兒宽》亦然。呼羹、庚与冈音同,《烈祖》"亦有和羹"、《荡》"如沸如羹",并叶卢当反,《七月》"有鸣仓庚",叶古即反。呼又与以音同,《宾之初筵》"矧敢多又""室人入又"并叶于记反。呼行、衡与杭音同,《北风》"携手同行"、《大明》"维德之行"、《閟宫》"夏而福衡"皆叶户即反。呼死与洗音同,《陟岵》"犹来无死",叶想止反。呼争为侧羊反,《烈祖》"时靡有争"。其余可以类推,然去汉音大都不甚相远也。右龚氏《方言考》。

唔涂,北人谓鼾睡声曰打呼,吴人则曰打唔涂。唔涂二字,疑即呼字之反切,如孔称窟窿,团称突峦之例耳。

含胡,《唐·颜杲卿》:"含胡而绝。"苏东坡诗:"臧否两含胡。"其《石钟山记》内又作函胡。

奔,疾走也。《汉书》多作犇。又逋闷切者,义同。今吴语二音兼有。

幡布,晋人云:"不见酒家幡布乎?用久则烂。"□□犹言幡布,至船家则云抹布,忌□□□□也。

蹩膝股,蹩,音蒲官切,屈足也。今吴人□□□□蹩膝股跏以即祁僧所谓□□□□□。

儇利,《诗》:"揖我谓我儇兮。"注:"利也。"吴人谓机巧□才者多曰儇利。乡音读若还赖二字。

鏖,《汉·霍去病传》:"合短兵,鏖皋兰下。"颜师古曰:"鏖谓苦击而杀之也。"今俗谓打击之甚者曰鏖。予谓以□击为鏖,惟吴下犹然尔,未闻北人道之也。

手记,郑玄《诗笺》云:"后妃群妾以礼御于君所。女史书其日月,授之以镮。当御者著于左手,既御者著于右手。"事无大小,记以成法。今俗呼指镮为戒指,吴人则呼为手记,本此。

霞,《增韵》:"日边彤云。"通作霞。《汉·天文志》:"雷电、霞蚃。"今吴音呼作胡瓜切,谚云:"朝霞不出市,晚霞行千里。"

参差,《诗》:"参差荇菜。"注:"长短不齐之貌。"今吴言物之不齐曰参差,或曰七参八差,但其音如仓含、仓何二切尔。

男,《诗》:"乃生男子。"吴中凡生丈夫子则曰男儿。乡音合男儿二字为一,若以平声呼,暖字而稍轻;女儿则呼如本字而稍重尔。

面孔,唐《传信记》:"面孔不似胡孙。"

欢喜,《史记》:"民得以接欢喜。"《唐书》:"后令赋《欢喜诗》。"今吴人道怜爱此物为欢喜。心有欢乐者亦云。又里俗祀灶曰谢欢喜,盖忌恼、躁字也。

急须,沈括《忘怀录》有"行具二肩",其附带杂物内有虎子、急须子。先公《菽园杂记》云:"急须,饮器也,以其应急而用故名。"赵襄子杀智伯,"漆其头以为饮器",注:"饮,于禁切。溺器也。"今人以暖酒器为急须,饮字误之尔。吴音须与苏同。

数说，今俗谓责人曰数说。《左传》："乃执子南而数之。"又如汉高之数项羽、范雎之数须贾。所谓数其罪而责之者也。

铁犁，吴农呼垦田铁器有四齿者音若铁懒，恐懒即犁音之转。如班孟坚《宾戏》内赖字，吴才老作力制切，是音利也。《战国策》"漆身为厉"，厉即癞也。吴正传注谓癞，厉声近假借。而《中吴纪闻》谓吴人呼来为厘，自陆德明始，卢公武以为或自古已有此音。即此而观，则钱犁之犁，似亦可证。

糁，桑感切。《毛韵》："米粒和羹也。"《庄子》："孔子厄于陈蔡，藜羹不糁。"今俗云米糁、饭糁，祇谓米粒尔。俗又有作散粲之义者，如云糁盐、糁沙。杜《漫兴》诗"糁径杨花铺白毡"是也。

吻，美陨切。《正韵》："合唇也。"又吻合无□□□□亦作缗，他本作吻，误。今吴人谓合唇□□曰吻觜，合而无际曰吻缝，缝音去□□□。

抚选，《左传》："弗去，惧选。"杜预注："选，数也。"

捼，力□远□受钱者捼水还之。今吴语有般茶捼水。

那，乃可切。《韵会》："何也。"今言何人曰那个。右陆公《侬渠录》。

眠娗，《列子》："眠娗誺诶。"注："眠，莫典切。娗，徒典切。瑟缩不正之貌。"今俗谓不倜傥任事者曰眠娗。

搰搰，《庄子》："搰搰然用力甚多。"注：搰，苦骨切。杜诗："功夫竞搰搰，除草置岸傍。"今俗谓劳力治事曰搰搰。

百姓，《前汉·蒯通传》："臣范阳百姓蒯通也。"唐王师范亦自称百姓。今吾城军卫人多呼乡民为百姓。

卒暴，《前汉·陈汤传》："兴卒暴之师。"注："卒读曰猝。"今俗谓人性急者亦曰卒暴。

寒毛，《晋·夏统传》："闻君之谈，不觉寒毛尽戴，白汗四匝。"今俗谓"吓得我寒毛子子竖"，亦此意也。

那，《后汉书》："公是韩伯休那?"注："那，语余声也。音乃贺切。"今吴人语后亦多那字。

甋砖，《魏·扈累传》："独居道侧，以甋为障。"今吴人呼甓曰瓸砖。

多许,《隋书》:"天下何处有多许贼?"许字,吴音若黑可切。又谓所在亦曰场许,音同。

芦蘧,宋琅琊王敬胤遗命,"一芦蘧藉下。"今吴人谓苇席曰芦蘧。

绵絮,《隋·徐则传》:"虽隆冬沍寒,不服绵絮。"今乡人谓衣贮绵花者曰绵絮。

过世,《秦符登传》:"陛下虽过世为神。"今俗亦谓人死为过世。又谓来世亦为过世。

一片,唐薛能《省试夜》诗云:"一片承平雅颂声。"今俗谓众声高,亦曰一片响。

活计,白乐天诗:"休厌家贫活计微。"今俗谓治生理者,亦曰做活计。

中饭,唐权德舆诗:"山僧相访期中饭。"今俗谓午飱,亦曰中饭。右《长白漫笔》。①

(七) 明嘉靖《吴江县志》

曹一麟修,徐师曾等纂。嘉靖三十七年修。吴江县,今江苏省苏州市吴江区。"语言"见卷十三《典礼志·风俗》。录文据嘉靖四十年刻本《吴江县志》。

古称吴为东夷,其言鴂舌。由今观之,则有未尽然者。大抵语必有义,最为近古。如相谓曰侬。(隔户问人曰"谁侬"应曰"我侬",视之乃识,曰"却是你侬"。指他人而称之曰"渠侬"。)《湘山野录》记《钱王歌》云:"你辈见侬的欢喜,在我侬心子里。"谓中州人曰伧。周玘曰:"害我者,诸伧子也。"陆玩曰:"几作伧鬼。"顾辟疆曰:"不足齿之伧。"宋孝武目王玄谟为老伧。言宁可曰耐可,音如能可。《汉书》:"杨越之人耐暑"注:"与能同。"李太白诗:"耐可乘明

---

① 曹小云、曹嫄辑校:《历代方志方言文献集成》(第3册,上海市江苏省),北京:中华书局2021年版,第2053—2060页。

月。"又:"耐可乘流直上天。"皆读如能。言人胸次不坦夷、逞独见以迕人者曰㚻㚤,音如列挈。《汉书》:"㚻㚤而无志节。"言人不慧曰呆,音如僮。范成大有《卖痴呆》词。言人犹与不前猛者曰墨尻,音如眉痴。皮日休《反招魂》:"上暧昧而下墨尻。"言人蕴藉不躁暴者曰眠娗,音如缅悉,出《列子》。言人进退不果曰佁拟,音如炽腻。司马相如赋:"伦以佁拟。"柳子厚《梦归赋》:"纷若倚而怡兮。"问为何如曰宁馨,音如宁(莫志作能,非)亨。山涛见王衍曰:"何物老妪,生宁馨儿。"骂人曰老狗。《汉武故事》:"上尝语栗姬,怒弗应,又骂上为老狗。"詈小儿桀猾不循理曰杂种。《晋书·前燕载记》赞曰:"蠢兹杂种,弈世弥昌。"见人有不当意者曰看嘴鼻。《金史》:宋破金泗州,守将毕资伦不肯降,系狱十四年,及盱眙守将纳合买住降,北望哭拜,谓之辞故主。资伦见买住骂曰:"国家未尝负汝,何所求死不可,乃作如此嘴鼻也。"言人聆言不省曰耳边风。杜荀鹤诗:"百岁有涯头上雪,万般无染耳边风。"物微暖曰温暾。王建《宫词》:"新晴草色暖温暾。"白乐天诗:"池水暖温暾。"人有病曰不快。《华佗传》:"体有不快,起作一禽之戏。"言人疏朗曰不耐烦。《庾炳之传》:"为人强急而不耐烦。"言不洁曰鏖糟。《霍去病传》:"鏖皋阑下。"注云:"尽死杀人为鏖糟。"盖血汗狼藉之意。诣人佣工曰客作。《三国志》:"焦先饥则为人客作,饱食而已。"呼女子之贱者曰丫头。刘宾客诗:"花面丫头十二三。"男女冠笄曰上头。花蕊夫人《宫词》:"新赐云鬟使上头。"草木稚而初萼者曰始花,音如试。《月令》:"桃始华,蝉始鸣。"注皆去声。言人戏扰不已及作事不循理者曰嬲,音如枭。嵇叔夜书:"嬲之不置。"鄙人营生曰经纪。唐高宗敕滕王蒋王曰,"滕叔蒋兄,自能经纪,不须赐物。"鄙人之庸贱微薄者曰小家子。《霍光传》:"任宣谓霍禹曰:使乐成小家子得幸大将军。"言日间小食曰点心。《唐史》:郑傪夫人云:"我未及餐,尔且可点心。"言人作事无据者曰没雕当,又曰没巴鼻。苏长公诗云:"有甚意头求富贵,没些巴鼻使奸邪。"言人虚伪不检者曰楼头。盖宋时临安何家下多亡赖,以滥恶物欺人,其时有何楼之号。楼头者,何楼之恶魁也。谓事曰事际。《南史》:"王晏专权,帝虽以事际须晏,而心恶之。"谓罢曰罢休。《史记》吴王谓孙武曰:"将军罢休。"语毕助辞曰寋。《楚辞》以寋为发语声,此则以为语助也。问何人曰遐简。《诗》云:"遐不作人?"注云:"遐,何也。"恨人而姑惊诮以伺之曰受记。见《夷坚志》。又如谓虹曰蟷。谓已然曰哉。谓嬉戏曰薄(莫志作孛)相。又如以秀为鲫溜,以囝为突乐,以精为鲫令,是以二字反切一字以成声也。凡此皆方言也。他若儿音若倪,则支韵入齐。羹音若冈,则庚韵入阳。又音若异,则宥韵入寘。孥音若拿,则虞韵入麻。(呼小儿为孥儿。孥,子孙也。)此方音也。莫志又以来音若厘,则灰韵入支,今不尽然,或古有之而今改耳。(右语言。)①

(八) 明万历《常熟县私志》

姚宗仪纂。万历四十五年修。常熟县,今江苏省苏州市常熟市。"方言"见《叙俗》。录文据民国晒印明钞本《常熟县私志》。

> 相谓曰侬,如隔户问人曰"谁侬",应曰"我侬",开户识之,曰"却是你侬"。谓不慧曰呆。俗作呆。谓虹曰蟷。谓嬉戏曰薄相。薄音勃。助语词曰子、曰哉、曰且。音嗟。问何人曰遐简。遐,何也。呼道袍曰海青。呼章为臧。呼吴为红。呼季为踞。呼弹为团。呼伞为笑。呼王为巷。平声则方音也。②

(九) 明崇祯《江阴县志》

冯士仁修,徐遵汤、周高起纂。江阴县,即今江苏省无锡市江阴市。"方言"见卷二《经野志·风俗》。录文据崇祯十三年刻本《江阴县志》。

> 有俗谈,有土音,有隐语。
> 如谓虹曰蟷,港曰浜,谓人曰你侬,自称曰我侬,视曰张,认曰

---

① 曹小云、曹嫄辑校:《历代方志方言文献集成》(第3册,上海市江苏省),北京:中华书局2021年版,第2147—2149页。
② 曹小云、曹嫄辑校:《历代方志方言文献集成》(第3册,上海市江苏省),北京:中华书局2021年版,第2034—2035页。

召,箸曰快,托盘曰反供,布袋曰叉口,如何曰到则、曰那泞,西乡曰告了,皆俗谈也。

吴曰洪,盛曰绽,章曰臧,季曰㩀,此土音也。

赵曰走肖,李曰木子,陈曰耳东,张曰弓长,林曰双木,此拆字之隐语也。

王曰主蒙,尹曰君蒙,袁曰团采,杨曰膻采,此市井之隐语也。

略举之,听言察理者可以审矣。①

(十) 明崇祯《太仓州志》

钱肃乐、张采纂修。崇祯十五年修。太仓州,辖境包括今江苏省苏州市太仓市、上海市嘉定区等地,州治在今江苏省苏州市太仓市。"方言"见卷五《风土志》。录文据康熙十七年递修本《太仓州志》。

方言存古者。

利市,谓得财及如意也。出《易经》。

哉,谓事已然,止语辞也。

且,音嗟,语尾缀辞。皆《诗经》。

捽,音恻。以手执人也。《左传》:"捽而出之。"

数说,谓责人也。《左》:"乃执子南而数之。"

抚选,数人罪过也。《左》:"弗去,惧选。"杜注:"选,数也。"以上皆《左传》。

秕,事不实也。"军无秕政。"见《国语》。

扳,以手摘高。《公羊传》。

盐,去声。以醝䱹物。《内则》:"屑桂与姜,以洒诸上而盐之。"

月半,谓望日。皆《礼记》。

械数,谓执变。见《荀子》。

㨰㨰,苦骨切。《庄子》:"㨰㨰然用力甚。"

糁,桑感切。《庄子》:"藜羹不糁。"今俗云米糁。又有作散粲

---

① 曹小云、曹嫄辑校:《历代方志方言文献集成》(第3册,上海市江苏省),北京:中华书局2021年版,第2199页。

义者,如云糁盐、糁沙是也。

吻,美陨切。两合无漏貌。《庄子》亦作䐇。俗谓吻缝。以上皆《庄子》。

眠娗,眠,莫典切。娗,徒典切。《列子》:"眠娗誑誒。"俗谓不俏傥者。

蜇,音哲。《列子》:"蜇于口,惨于腹。"以上皆《列子》。

抓,音琶。搔也,扫也。见《淮南子》。

欢喜,《史记》:"民得以接欢喜。"里俗祀灶曰谢欢喜,讳躁也。

罢休,吴王谓孙武曰:"将军罢休。"俗言罢必缀休。

揵,音乾。担也。以上皆《史记》。

百姓,《蒯通传》:"臣万阳百姓也。"今军卫多呼州人为百姓,又曰有司。

卒暴,《陈汤传》:"兴卒暴之师。"卒,音猝。俗谓性急。

放手,《后汉》:"残吏放手。"

缩朒,《五行志》:"王侯缩朒。"

钞暴,建武九年,匈奴转盛,钞暴日增。

客作,《汉·匡衡传》:"衡乃与客作,而不求价。"

鏖,《霍去病传》:"合短兵,鏖皋兰下。"颜师古曰:"鏖者,苦击而多杀之也。"俗谓打击甚曰鏖。

黄撰,汉武帝造白金三品,一曰白撰。钱乃铜造,故俗呼黄撰。

那,"公是韩伯休那?"注:"那,语余声。"乃贺切。吴人语后多那字。又乃可切。今俗音乃打切。言何人曰那个也。以上皆《汉书》。

甋砖,《扈累传》:"独居道侧,以甋砖为障。"

功夫,勤动也。

日子,逐日计数也。以上皆《魏书》。

宁馨,宁犹言如此,馨,语助也。山涛所谓宁馨儿。今音更变如云那样,而粗其声。

寒毛,《夏统传》:"闻君之谈,不觉寒毛尽戴。"

绵絮,《徐则传》:"虽隆冬沍寒,不服绵絮。"

幡布,晋人云:"不见酒家幡布乎?"今俗呼幡布,亦曰抹布。船中则云展布,讳翻、没也。

孛窣,急遽意。以上皆《晋书》。

芦蘧,琅琊王敬胤遗命,一芦蘧藉下。

抽替,柜有板匣者。以上皆《宋书》。

指望,期预也。见《梁书》。

多许,"天下何处有多许贼?"许音若黑可切。

修娖,整葺也。《唐》,"中和二年,修娖部伍。"娖音捉。

面孔,唐《傅信记》:"面孔不似胡孙。"

含胡,《颜杲卿》:"含胡而绝。"

辜负,谓虚人意也。

温暾,熟不透也。

郎当,不强健也。

眼麻嗏,倦眼也。

直笼统,不委屈、曲也,以上皆《唐书》。

阿儓儓,笑人落计,亦招呼也。

邀喝,叱咤也。又邀呼,又邀遏。

扑水,善没者。

勾当,音够。有事做也。以上皆《宋史》。

手记,俗呼指镮也。出郑玄《诗笺》。

唱喏,宋以前揖比声喏,妇人亦然。

来厘,范蠡云:"得时无怠,时不再来。"

吴氏《补韵》云;"怠,读作怡;来,读作厘。"今俗应人呼则曰来厘。

一片,众声高也。出薛能诗。

活计,生理也。出白乐天诗。

中饭,俗谓午飧。以上皆出唐诗。

侬,称我也。《钱王歌》:"你辈见侬的欢喜,永在我侬心子里。"出《湘山野录》。

荡户,破家也。

喃喃,语不休也。

袜,妇人围胸。以上皆古诗。

异古者。

看曰张、曰望、曰睒,执曰当,两手曰掇。卧曰困。藏曰园。音抗。移曰捅。夸曰卖弄。忍曰熬。按曰钦。去声。转曰跋。助曰挚。妄语曰赵。积物曰顿,上声。避曰躲。得利曰赚。巧曰搂搜、曰尖钻。苛细曰甏甏。音兜达。能曰张主。主去声。弱曰愠愗。机变曰乖、曰唧嚼。无着落曰尴尬。一番曰一泼。有几番者曰头泼、二泼。以往曰过头。热物曰顿。热酒曰汤。去声。遮阑曰汤。贮物曰坐。盖曰匼,满足曰彀。浮曰吞。上声。流曰淌。帛薄曰浇。泻曰筛。稠曰猛。首饰曰头面。鞋曰脚手。衣曰身命。器曰家生。物曰牢曹。往处曰窠座。夹室曰落叶。夏屋旁曰山头。阶磴曰礓磜。断港曰浜。筋曰快。女人拜曰屈。音去上声。城郭称戏谑曰顽,音还。又曰草、曰搂;东北乡曰溃。闲游曰白相。白鼻音,相去声。

翻语为字者。

囵为突乐。孔为窟窣。精为即零。壶为葫芦。呼为唔涂。纙罗为波波。舅母为妗。

方音存古者。

儿与倪同。又与以同。死与洗同。争,侧羊反。晷鬼音举。大音惰。归龟叶居。兄音况。那去声。烹庚更彭朋盲筝撑铮生甥成轰行横羹坑,并阳韵。石白百伯宅尺赤格客额择迫拍陌麦吓,并药韵。梗,养韵。晏,翰韵。

音转者。

认为绍。授为胄。江为岗。疟为愕。商为丧。泰为忒。水为暑。霞为华。男为暖。平声。积为际。如柴际之类。铁犁如铁懒。儇利为还赖。手记为巾。熨斗为云斗。尺赤折如察。糊涂为鹘突,又葫芦蹄,亦为鹘,又和罗槌,皆一意。相音厮。入声。枇杷音弼杷。二音唐人已然。

音转而字亦转者。

围为圩。厉为赖。癫为痲。愈为越。揭为杰。平声。浦为步,又为埠,又或音蒲。傕为碎。者为这。姊为姐。踬为钝置。核桃为胡桃。

音不转而字误者。

废格为阁。捏为捏。憃为闷。缘为沿。盘博为剥。依为捱。么邪为歪。姥为妈。坫为店。捌为拨。喷为哄。

按州并两卫,故时卫家操汉语曰打官话,居民土音曰打乡谈,打字义不审何解。今或老军问汉语,挥使下皆土音矣。兹就仲超氏所辑分类释注,固欲通娄于天下尔。①

二、清代地方志所录吴方言

清代地方志中的"方言""风俗""语音"等部分有不少有关吴方言的记载。这些地方志主要包括《苏州府志》《江阴县志》《常昭合志稿》《太仓州志》等,记载了清代江苏吴方言的语音、词汇现象的同时,结合史料对其来源加以考释。这些方言志反映了清代吴方言区的风俗、方音、称谓、器物等方面的内容,为研究清代吴方言史提供了重要资料。

表 5-8　清代录吴方言的地方志

书名	朝代	成书年代	修纂人	版本	录文备注
苏州府志	清朝	康熙三十年（1691）	卢腾龙等修,沈世奕等纂	刻本	《古今图书集成》本
苏州府志	清朝	乾隆十三年（1748）	雅尔哈善等修,王峻等纂	刻本	
苏州府志	清朝	道光四年（1824）	宋如林等修,石韫玉纂	刻本	
苏州府志	清朝	同治年间	李皖铭修,冯桂芬等纂	刻本	光绪八年（1882）刻本

---

① 曹小云、曹嫄辑校:《历代方志方言文献集成》(第 3 册,上海市江苏省),北京:中华书局 2021 年版,第 2060—2067 页。

续表

书名	朝代	成书年代	修纂人	版本	录文备注
吴县志	清朝	乾隆十年（1745）	姜顺蛟等修，施谦纂	刻本	
长洲县志	清朝	乾隆十八年（1753）	李光祚修，沈德潜等纂	刻本	
元和县志	清朝	乾隆二十六年（1761）	许治修，沈德潜纂	刻本	
常熟县志	清朝	康熙二十六年（1687）	高士鹚等修，钱陆灿等纂	刻本	
虞乡志略	清朝	道光二十年（1840）	邓林纂	抄本	
常昭合志	清朝	乾隆六十年（1795）	王锦等修，言如泗等纂	刻本	光绪二十四年（1898）活字本
常昭合志稿	清朝	光绪三十年（1904）	郑钟祥等修，庞鸿文等纂	活字本	
常昭合志稿	清朝	光绪年间	杨泗孙纂	抄本	
吴江县志	清朝	乾隆十二年（1747）	陈莫纕等修，倪师孟等纂	刻本	
震泽县志	清朝	乾隆十一年（1746）	陈和志修，倪师孟纂	刻本	光绪十九年（1893）重刻本
昆山县志稿	清朝	康熙年间（1662—1722）	董正位修，叶奕苞、盛符升纂	抄本	
昆山新阳合志	清朝	乾隆十六年（1751）	张予介等修，王峻等纂	刻本	
陈墓镇志	清朝	雍正二年（1724）	陈尚隆原纂，陈树鈺续纂	抄本	民国35年（1946）抄本
昆新两县志	清朝	道光六年（1826）	张鸿等修，王学浩等纂	刻本	
昆新两县续修合志	清朝	光绪六年（1880）	金吴澜等修，汪堃等纂	刻本	
直隶太仓州志	清朝	嘉庆七年（1802）	鳌图等修，王昶等纂	刻本	

续表

书名	朝代	成书年代	修纂人	版本	录文备注
双凤里志	清朝	道光六年(1826)	时宝臣纂修	活字本	
太仓直隶州志	清朝	光绪四年(1878)	吴承潞修,叶裕仁等纂	稿本	
太仓州志	清朝	宣统年间	王祖畲等纂	刻本	民国8年(1919)刻本
杨舍堡城志稿	清朝	光绪九年(1883)	叶长龄纂,叶钟敏重辑	活字本	
黎里续志	清朝	光绪二十五年(1899)	蔡丙圻纂	刻本	
盛湖志	清朝	同治十三年(1874)	仲廷机纂修	覆刻本	民国14年(1925)覆刻吴江仲氏本
盛湖志补	清朝	光绪二十六年(1900)	仲虎腾纂	刻本	
周庄镇志	清朝	光绪八年(1882)	陶煦纂	刻本	
璜泾志略	清朝	乾隆嘉庆年间	冯恒原纂,赵曜删辑	影印本	江苏广陵古籍刻印社1986年影印稿本
璜泾志稿	清朝	道光十年(1830)	施若霖纂修	抄本	民国29年(1940)铅印本
吴门补乘	清朝	嘉庆二十五年(1820)	钱思元纂,钱士锜补辑	刻本	
江阴县志	清朝	康熙二十二年(1683)	龚之怡修,沈清世续修;陈芝英纂,朱廷鋐等续纂	刻本	
江阴县志	清朝	乾隆九年(1744)	蔡澍纂修,罗士瓒续修	刻本	
江阴县志	清朝	道光二十年(1840)	陈廷恩修,李兆洛等纂	刻本	

续表

书名	朝代	成书年代	修纂人	版本	录文备注
江阴县志	清朝	光绪四年（1878）	卢思诚等修，季念贻等纂	刻本	

资料来源　曹小云、曹嫄辑校:《历代方志方言文献集成》(第3册,上海市江苏省),北京:中华书局2021年版。

（一）清康熙《江阴县志》

龚之怡修，沈清世续修；陈芝英纂，朱廷鋐等续纂。江阴县，范围大致在今江苏省无锡市江阴市。"方言"见卷二《风俗记》。录文据康熙二十二年刻本《江阴县志》。

《礼》:"入国问禁,入门问讳。"方言之不辨,将无禁讳之不明乎？是以一方之言,不尽通于他国者,乌容弗志。

有方言,有方音。

如谓人曰你侬,自谓曰我侬,私觇人曰张,承认曰绍,物尽曰办,如何曰那㳂,什么曰得告,此方言也。

音之讹,则以支韵入齐(儿音若倪),又入鱼(龟音如居)。庚韵入阳(羹音若冈)。以泰韵入个,大音如惰。此方音也。

举其略,而听言察音其审矣。①

（二）清康熙《苏州府志》

卢腾龙等修,沈世奕等纂。苏州府,辖境包括吴县、长洲、元和、昆山、新阳、常熟、昭文、吴江、震泽九县和太湖厅。府治在吴县,即今江苏省苏州市吴中区。有康熙三十年刻本。录文据《古今图书集成》本《苏州府志》。

有方言,有方音,谣俗相仍,或袭古义,或讹土语。如:相谓曰侬。(嘉定号三侬之地,隔户问人曰:"谁侬",应曰"我侬",出视之,

---

① 曹小云、曹嫄辑校:《历代方志方言文献集成》(第3册,上海市江苏省),北京:中华书局2021年版,第2200页。

识,曰:"却是你侬。")谓不慧曰呆。(范成大诗:"千贯卖汝痴,万贯卖汝呆。"又《卖痴呆词》:"除夕更阑人不睡,厌禳滞钝迎新岁。小儿呼叫走长街,云有痴呆招人买。二物于人谁独无,就中吴侬仍有余;巷南巷北卖不得,相逢大笑相揶揄。栎翁块坐重帘下,独要买添令问价。儿云翁买不须钱,奉赊痴呆千百年。"又《白獭髓》记石湖戏答同参诗云:"我是苏州监本呆。")问为何如曰宁馨。(宋洪容斋《随笔》:"宁馨,晋宋间人语助耳。"今吴语多用宁馨为问,犹言若何也。城阳居士《桑榆杂录》云:"宁,犹言如此。馨,语助也。"今以晋山涛谓王衍"何物老妪,生宁馨儿"、南宋皇太后惠子业"那得生宁馨儿"二语观之,则《杂录》所释为是。)谓罢必缀为一休字。(《史记》吴王谓孙武曰:"将军罢休。")谓嬉劣无益曰薄相。(薄音敦。)谓不任事为缩朒。(《汉·五行志》:"王侯缩朒。")骂佣工曰客作。(《汉·匡衡传》:"衡乃与客作,而不求价。")谓贪纵为非曰放手。(《后汉书》:"残吏放手。")谓钱之美者曰黄撰。(《平准书》:汉武造白金三品,其名一曰白撰。钱乃铜造,故云黄撰。)谓绦帨之蕊为苏头。(挚虞云:"流苏者,缉鸟尾,垂之若流然,以其蕊下垂,故曰苏。")谓葺理整齐之曰修娖。(娖音捉。《唐》,"中和二年,修娖部伍。")谓当筵犒赏为喝赐。(唐人娼妓当筵舞者,亦有缠头喝赐。)谓责人而姑警之曰受记。(警谕以伺其悛改也。)谓责人曰数说。(如汉高之数项羽,范雎之数须贾,数其罪而责之也。)谓睡声曰嘑涂。(北人谓之打呼,吴人则曰打嘑涂。嘑涂二字,疑即呼字之反切,如孔称窟笼、团称突栾之例耳。)谓语不明曰含胡。(《唐·颜杲卿》,"含胡而死。")谓机巧曰儇利。(乡音讹为还赖。)谓指镮曰手记。(郑康成《诗笺》云:"后妃群妾以礼御于君所,女史书其日月,授之以镮。当御者著于左手,既御者著于右手。"今俗亦呼为戒指。)谓暖酒曰急须。(今译为滴苏。《菽园杂记》云:"急须,饮器也。赵襄子杀智伯,漆其头为饮器。"注:"饮,于禁切,溺器也。今人以暖酒为急须,盖饮字误之耳。")谓以醯腌物曰盐。(去声。《内则》:"屑姜与桂,以洒诸上而盐之。")谓数人罪过曰抚选。(《左传》:"弗去,惧选。"杜预注:"选,数也。")谓搬运曰捵。(力展切。

《南史》:"何远为武昌太守,以钱买井水,不受钱者,捵水还之。"今吴语搬茶捵水。)谓不佃侸为眠娗。(《列子》:"眠娗誗诿。"注:"眠,莫典切,娗,徒典切。瑟缩不正之貌。")谓合口无际曰吻。(美韵切,吴人谓合唇曰吻嘴。合而无间曰吻缝。缝音去声。)谓甓曰甋砖。(《魏·扈累传》:"独居道侧,以甋砖为障。")谓苇席曰芦蘧。(宋琅琊王敬胤遗命,"一芦蘧借下。")谓多众曰多许。(许字音若黑可切。谓所在亦曰场许。)语后每曰那。(音乃贺切。《后汉书》:"公是韩伯休那?"注:"那,语余声。")谓祀灶为谢欢喜。(忌恼燥字也。)谓虹为蟥。(许候切。)谓有事曰事际。(《南史》:"王晏专权,帝虽以事际须晏,而心恶之。")谓死为过世。(《秦苻登传》:"陛下虽过世为神。")嘲笑人曰阿儋儋。(亦招呼也。)谓冷热适中曰温暾。(王建诗:"新晴草色暖温暾。")谓亮窗曰库露格。(古以玲珑空虚曰库露。皮日休诗:"襄阳作髹器,中有库露真。"今人以名窗槅,但库露用平声。)谓发黏曰胹。(音织。见《考工记·弓人》注。)谓物之不齐曰参差。(土音参如仓含切,差如仓何切。或云七参八差。)谓恶少趫捷曰伙飞。(即汉伙飞字,伙音如侧。)事之已了者,郡城曰哉,昆山曰赍,太仓曰借,吴江曰借,嘉定曰嗟。走字义,郡城曰奔,吴江曰跳,常熟曰跑,昆山曰跌,太仓、崇明、嘉定俱曰躟,皆方言也。至于声之转而为讹者,若呼儿与倪同音,呼羹、庚与冈同音,呼行、衡与杭同音,呼死与洗同音,呼争为侧羊反,皆方音也。①

(三) 清康熙《常熟县志》

高士鶹等修,钱陆灿等纂。康熙二十二年修。常熟县,今江苏省苏州市常熟市。"方言"见卷九《风俗》。录文据康熙二十六年刻本《常熟县志》。

> 人之囿于方言,非特五方也。同一吴语,而郡邑异之,乡城异之,界于他邑之边鄙者又异之。大抵口与耳相因,则或袭古义,或

---

① 曹小云、曹嫄辑校:《历代方志方言文献集成》(第3册,上海市江苏省),北京:中华书局2021年版,第2018—2020页。

讹土音,其所由来久矣。

如相谓曰侬。谓不慧曰呆。俗作呆。谓不任事曰缩朒。《汉·五行志》:"王侯缩朒。"谓嬉戏曰薄相。(薄音勃。谓机巧曰儇利。乡音讹为还赖。谓睡声曰唔涂。北人谓之打呼,吴人则曰打唔。唔涂二字,疑即呼字之反切。)谓茸理整齐曰修娖。(娖音捉。《唐》,"中和二年,修娖部伍。")谓搬运曰捷。(力展切。《南史》:"何远为武昌太守,以钱买井水,不受钱者,捷水还之。"今吴语搬汤捷水。)谓以醯腌物曰盐。(去声。《内则》:"屑姜与桂,以洒诸上而盐之。")谓指镮曰手记。(《诗》郑笺:"后妃群妾以礼御于君所,女史书其日月,授之以镮。当御者著左,既御者著右。"今俗亦呼曰戒指。)谓鯠帨之蕊曰苏头。(挚虞云:"流苏者,缉鸟尾,垂之若流然。以其蕊下垂,故曰苏。")谓苇席曰芦蘧。谓虹曰鲎。(音许候切。)嘲笑人曰阿哙哙。(亦招呼也。)助语词曰子、曰哉、曰且(音嗟)、曰那。若声之转而为讹者:呼儿曰倪,呼章曰减,呼吴曰红,呼季曰踞,呼归曰居,呼王曰巷(平声)。呼弹曰团,皆虞邑之方音也。①

(四) 清康熙《昆山县志稿》

董正位修,叶奕苞、盛符升纂。未刊。昆山县,今江苏省苏州市昆山市。"方言"见卷六《风俗》。有清钞本。录文据江苏科技出版社1994年点校本《康熙昆山县志稿》。

方言之近古而异于他方者。

语了曰哉。《书经》,"股肱喜哉。""元首起哉。"语了曰且。《诗经》"只且""狂且"。音嗟。又语余曰那。(《后汉书》,"公是韩伯休那?")不曰弗。(《中庸》,"弗知弗措也。")数人罪过曰敷选。(《左传》:"弗去,惧选。杜注:"选,数也。")又曰数说。(如汉高之数项羽。)指人曰其(《论语》:"非其罪也。"),又曰伊。(《诗经》:"矧伊人

---

① 曹小云、曹嫄辑校:《历代方志方言文献集成》(第3册,上海市江苏省),北京:中华书局2021年版,第2035—2036页。

兮。")木片曰柿。(《晋书·王濬传》:"木柿蔽江而下。"音废。)饭粒曰米糁。(《庄子》,"藜藿不糁。"桑感切。)满足曰觳。(弓满也。)两合无漏曰吻。(出《庄子》,亦作䐇、俗云吻缝。美陨切。)十五日曰月半。(出《礼记》。)劳苦曰擗仆。(《孟子》:"仆仆尔亟拜。")整理曰修娖。(音捉。《唐书》:"修娖部伍。")以肩举物曰揵。(出《史记》。音干。)不舒展曰缩朒、退后曰缩朒。(《汉书·五行志》:"王侯缩朒。")佣工曰客作。(《汉书·匡衡传》:"乃与客作。")打击甚曰鏖。(《汉书·霍去病传》:"合短兵,鏖皋兰下。"颜注:"鏖者,苦击而杀之。")人物作闹声,俱曰击毂。(《国策》:"车击毂,人肩摩。")指环曰手记。(《诗》郑笺:"后妃群妾以礼御于君所,女史书其日月,授之以环。当御者着于左手,既御者着于右手。")今俗亦称戒指。厚甎曰甋砖。(《魏书·扈累传》:"以甋砖为障。")畏惧曰寒毛卓卓竖。(《晋书·夏统传》:"不觉寒毛尽戴。")众多曰多许。(《隋书》:"天下何处有多许贼?"许音同浒。《诗经》:伐木许许。")所在曰场许。(《世说》:"桓大司马先过王、刘诸人许。")污秽曰恶臭。《大学》:"如恶恶臭。"臭,俗音近触。声闹曰击戞。(《书经》:"击戞鸣球。")清雅曰宿留。(唐诗:"宿留洞庭。"音秀溜。)称我曰侬。(《湘山野录》:"《钱王歌》:'永在我侬心子里。'")热不透曰温暾。(《楚辞》:"暾将出兮东方。"音吞。日初出。唐王建诗:"新晴草色暖温暾。")物相类曰一样能。(《汉书》"不相能",谓不相合也。俗相比曰能,取相合意。)如今曰乃今。(《汉书》:"吾乃今知皇帝之贵也。")两手取物曰掇。(《易》注:"掇,自取也。")盖物曰礚,亦曰礓。(出《汉书》。石盖也。音感。)不慧曰呆。(《唐韵》:"小呆大痴。")粗蠢曰笨。(《宋书·王微传》亦有"粗笨"之语。音朋去声。)种秧曰莳。(古注:"植也。")热酒曰汤。(《集韵注》:"热水灼也。"去声。)以齹腌物曰盐。(去声。《内则》:"屑姜与桂,洒诸上而盐之。")缺齿曰齴。(见韵书。牛瞎切。)吃食曰噁。(出《礼记》,大啜也。)如此曰是盖。(古文承接通用。)死曰过世。(《晋书·秦苻登传》:"陛下虽过世为神。")嘲笑曰阿谵。(亦招呼声。)

异古异他方而义稍通者。

此所以曰呼吸道。(取语脉相应意。)走曰上。(俗音。自云间来,取上程意。)窃视曰张。远视曰望。近视曰睃。(张,取开眼义。望、睃与看意相通。)睡曰困。(取偃伏意。)睡声曰惛涂。藏曰圹,或作囥。(取深穴意。)忍曰熬。(取煎迫意。)转曰跋。(取移足意。)积物曰顿。(取顿舍意。)巧曰搂搜、曰尖钻。(皆取得窍意。)伶俐曰即溜。自夸曰卖弄。事幸相值曰偶凑。贮物曰坐。(取放下意。)谓人不能曰无主张。谓人有疾曰无张主。作事无据曰没雕当。置物曰安。(取平稳意。)完全曰囫囵。布帛薄者曰浇。点茶酒曰筛。(取出物意。)门之关曰闩。首饰曰头面。(取饰容意。)托盘曰反供。指物曰那。(拿去声,犹言那个。)家伙曰家生。住处曰窠坐。(取藏身意。)阶级曰僵礤。此处曰间边。彼处曰个边。男人揖曰唱喏。(取声喏意。)女人拜曰屈。(去,上声,取屈曲意。)戏谑曰蛮。(取鄙俗意。)又曰取笑。(取,音同楚,取笑乐意。)又曰草。(取草率意。)意又曰搂。(取牵惹意。)躲避曰畔。(宜作叛。)速走曰跌,强出尖曰行霸。(取雄踞意。)非常事曰咤异。移物曰捅。(取进前意。)不料理曰喇麻。(西域之名,亦蛮意。)富曰从容。(取宽展意。)遇可喜事曰利市,亦曰造化。得利曰赚钱。锄地曰倒地。日曰日头。(取尊阳意。)月曰月亮。(取明意。)怠惰曰邋遢。(明初有张邋遢。取阘茸不理意。)谢人曰聒噪。(取搅扰意。)帮话曰搭嘴。(取救搭意。)祭牲曰牲少。(取少牢意。)屈抑曰郁捺。(取困屈意。)在曰来到。(取不去意。)极至曰得势。(犹他处曰紧、曰狠。取威势非常意。)折纸曰夭。(夭,亦折也。)以杓取水曰舀。(遥上声。《字汇》子:"杓曰也。"盖借用之。)数钱五文曰一花。呼六畜总曰众生。众作平声。

异古异他方而义难通者。

何人曰啰个。何物曰夯个。那里曰啰里。怎的曰那涝,又曰那哼。(或即"宁馨"二字。按语气亦不相通。)在此曰来里。何说曰那话。恰才曰姜才。状貌曰意里。纠缠逼迫曰擂堆。了曰子。执物曰当。去声。按物曰擎。妄语曰赵。苛细曰兜搭。不洁曰喇搭。一番曰一波,有几番者曰头波、二波。热物曰顿。物浮曰佘。

（吞上声。）稠密曰猛。鞋曰鞋脚。手物曰牢曹。闲游曰白相，又曰鼻相。怒曰气。掷物曰豁，又曰彭，又曰虱。（当入声。）上曰浪。（如言书上、台上，则曰书浪、台浪。）柴余曰拉撒。烹饪曰挣理。在行曰留得。沮毁曰打破鬼。多言曰饶格喇。多事曰掀格喇。物多曰一拍喇。能曰本事。事难处曰间架。摸物曰婆。

反言者。

神气不振曰葳蕤。（二字本荣盛意。）举箸曰按。宰牲曰活。不要曰极要。决不肯曰不知阿肯。决无曰不知阿有。（以上三语，明季始有之，亦风俗自淳而浇之一端。）

名不正者。

呼妻父为伯伯。呼姪为孙。呼外孙为甥。呼曾孙曰玄孙。呼神道为佛，为菩萨。呼肉曰菜蔬。（音师。）呼医曰郎中。呼镊工曰待诏。呼马鞍山为昆山。

讳言而变其名者。

讳散，呼伞曰竖笠。讳滞，呼箸曰快。讳死，呼洗曰净。讳没，呼抹布曰展布。讳挫，呼醋曰忌讳。讳穷，呼蚕曰赚积。讳离，呼梨曰秋白。讳极，呼屐曰木套。

翻语为字者。

团为夺栾。孔曰窟笼。盘为跋栾。精为即零。村为秋根。（讥人村俗也。）呼为唔涂。

借喻者。

陪堂帮衬曰箧片。闯席曰吹木屑。武断曰横撑船。瞒人曰抡眼皮。柔软曰衣皮。雷同附和曰一窝蜂。无用曰跕跌倒。夹杂曰夹篱撑。糊涂曰葫芦提。群饮曰扛匪。存私得钱曰纲巾圈。无知曰黑漆皮灯笼。外貌好曰金漆粪桶。懊悔曰惜尸还魂。妇人健争曰磕枪头。

音存古而异于他方者。

儿音同倪。又音同以。死音同洗。争音侧羊反。暑鬼音同举。大音同悌。作音同做。兄音同况。归龟音同居。那去声。烹庚更彭朋盲争撑铮声生行横羹耕坑莺城等字，并阳韵。梗，养韵。

硬盛,并漾韵。石白百宅尺赤折格客射额择掷迫拍陌麦吓只画碛责等,并药韵。

音异他方而非古者。

认为召。税为世。授为胄。江为冈。疟为愕。吹为痴。庄为臧。葵为蘧。人为迎。赊为沙。遮为诈。平声。蛇为茶。伤为丧。忘为忙。尝为藏。王为降。降为杭。任为迎。水为暑。癸为举。耳为你。二为腻。取为楚。蟹为海。罢为败。去为弃。贵为句。胖为滂。去声。孝为好。巧为考。让为娘。去声。唱为仓。去声。肉为恶。觉为阁。日为逆。月为额。热为稔。物为没。铁犁为铁赖。儇利曰赖。枇杷为弼杷。

字音口诵不正者。

之为兹。支为孜。章为妆。诗为思。微为肥。文为焚。纸为子。是为士。旨为梓。矢为使。始为史。齿为此。吾为鹅。笋为损。永为勇。义为异。帜为恣。岳为鹤。山为三。玉为衄。朔为索。卓为竹。琢为竹。剥为卜。握为屋。万为饭。晚为凡。上声。畿为几。鱼为余。徐为齐。无为符。武为柎。黄为王。胡为何。吕为李。问为忿。去声。爱为碗。年为妍。沿为言。襄为蹇。宁为迎。宏为红。赏为爽。未为吠。外为坏。

音异而字亦讹者。

围为圩。都为保。鄙为图。姪为侄。浦为埠,又为步。愈为越。太为忒。晃为夼。(地名有夼子。)剑为及。(地名有杨及泾。)一带为一答。掌故为帐簿。核桃为胡桃。恼鸦为老鸦。(恼鸦之名本与喜鹊为对。)

音不异而字讹者。

盘博为盘剥。钓销为吊销。姥为妈。①

(五)清乾隆《江阴县志》

蔡澍纂修,罗士瓒续修。江阴县,今江苏省无锡市江阴市。"方音"

---

① 曹小云、曹嫄辑校:《历代方志方言文献集成》(第3册,上海市江苏省),北京:中华书局2021年版,第2103—2109页。

见卷三《风俗》。录文据乾隆九年刻本《江阴县志》。

  江邑东接琴川,南通梁溪,西连毗陵,言语声音,各从所近。前志已举其大概,今更缀以所闻云。足谓之毂。认谓之召。扶谓之当。捧谓之掇。视谓之张。看谓之望。虹谓之吼。箸谓之快。团谓之突栾。孔谓之窟洞。所居曰窠坐。所用曰家生。呼六畜曰中牲。语物件曰牢曹。布袋曰叉口。托盘曰反供。首饰曰头面。鞋袜曰脚手。何物曰到则。商议曰□□。西乡什么曰得告。沙洲如何曰怎能。东南□□□相谓曰你侬、我侬。吴姓曰洪。盛姓曰绽。章曰臧。季曰据。儿曰倪。龟曰居。大曰惰。学曰嚣。

  按先儒云:平、上、去、入声者为经,宫、商、角、征、羽、半征、半商七音为纬,而后《切韵》、协韵兴焉。方音之不能叶于正韵者,各郡县皆然。因方音之误,以致方言之讹,或有言之自讹,不由于音者。邑地负江扼险,民气刚勇,其声奋末广赉之音多,而和平啴缓之音少。学士大夫泽以《诗》《书》,归于和平,大雅以□移□气,此乐操土风者之责也。①

(六) 清乾隆《吴县志》

姜顺蛟等修,施谦纂。吴县,今江苏省苏州市吴中区。"风俗"见卷二四。录文据乾隆十年刻本《吴县志》。

  有方言土语,其词似俗,而出处甚典者。如:不慧者谓之呆子。(范成大有《卖痴呆》诗。)怕见人谓之缩朒。(《汉·五行志》:"王侯缩朒"。)骂佣工曰客作。(《汉·匡衡传》:"乃与客作,而不求价"。)谓贪纵为放手。(《后汉书》:"残吏放手。")绦帨之蕊为苏头。(即流苏之意。)谓茸理整齐曰修(音收)娖。(音捉。《唐书》:"中和二年,修娖部伍。")不冷不热曰温暾。(王建诗:"新晴草色暖温暾。")

---

① 曹小云、曹嫄辑校:《历代方志方言文献集成》(第3册,上海市江苏省),北京:中华书局2021年版,第2200—2201页。

发久不梳而不通曰膱。(音织。见《考工记·工人》注。)①

(七) 清乾隆《震泽县志》

陈和志修,倪师孟纂。震泽县,今属江苏省苏州市吴江区。"语音"见卷二六《风俗》。有乾隆十一年刻本。录文据光绪十九年重刻本《震泽县志》。

吴江徐志曰:"古称吴为东夷,其言鴃舌。"由今观之,则有未尽然者。大抵语必有义,最为近古。如相谓曰侬。(隔户问人曰"谁侬",应曰"我侬",视之乃识,曰"却是你侬"。指他人而称之曰"渠侬"。)《湘山野录》记《钱王歌》云:"你辈见侬的欢喜,在我侬心子里。"谓中州人曰伧。周玘曰:"害我者,诸伧子也。"陆玩曰:"几作伧鬼。"顾辟疆曰:"不足齿之伧。"宋孝武目王玄谟为老伧。言宁可曰耐可,音如能可。《汉书》:"杨越之人耐暑。"注:"与能同。"李太白诗:"耐可乘明月。"又:"耐可乘流直上天。"皆读如能。言之胸次不坦夷、逞独见以忤人者曰犎犎,音如列挈。《汉书》:"犎犎而无志节。"言人不慧曰呆,音如僵。范成大有《卖痴呆》词。言人犹与不前猛者曰墨尿,音如眉痴。皮日休《反招魂》:"上暧昧而下墨尿。"言人蕴藉不躁暴者曰眠娗,音如缅忝,出《列子》。言人进退不果曰伦拟,音如炽腻。司马相如赋:"仡以伦拟。"柳子厚《梦归赋》:"纷若倚而伦拟兮。"问为何如曰宁馨,音如宁(莫志作能,非)亨。山涛见王衍曰:"何物老妪,生宁馨儿。"骂人曰老狗。《汉武故事》:"上尝语栗姬,怒弗应,又骂上为老狗。"詈小儿桀猾不循理曰杂种。《晋书·前燕载记》赞曰:"蠢兹杂种,弈世弥昌。"见人有不当意者曰看嘴鼻。《金史》:宋破金泗州,守将毕资伦不肯降,系狱十四年,及盱眙守将纳合买住降,北望哭拜,谓之辞故主。资伦见买住骂曰:"国家未尝负汝,何所求死不可,乃作如此嘴鼻也。"言人聆言不省曰耳边风。杜荀鹤诗:"百岁有涯头上雪,万般无染耳边风。"物

---

① 曹小云、曹嫄辑校:《历代方志方言文献集成》(第3册,上海市江苏省),北京:中华书局2021年版,第2153—2154页。

微暖曰温暾。王建《宫词》："新晴草色暖温暾。"白乐天诗："池水暖温暾。"人有病曰不快。《华佗传》："体有不快，起作一禽之戏。"言人疏朗曰不耐烦。《庾炳之传》："为人强急而不耐烦。"言不洁曰鏖糟。《霍去病传》："鏖皋阑下"注云："尽死杀人为鏖糟。"盖血汗狼藉之意。诉人佣工曰客作。《三国志》："焦先饥则为人客作，饱食而已。"呼女子之贱者曰丫头。刘宾客诗："花面丫头十二三。"男女冠笄曰上头。花蕊夫人《宫词》："新赐云鬟使上头。"草木稚而初萼者曰始花，音如试。《月令》："桃始华，蝉始鸣。"注皆去声。言人戏扰不已及作事不循理者曰嬲，音如袅。嵇叔夜书："嬲之不置。"鄙人营生曰经纪。唐高宗敕滕王、蒋王曰："滕叔蒋兄自能经纪，不须赐物。"鄙人之庸贱微薄者曰小家子。《霍光传》："任宣谓霍禹曰：使乐成小家子得幸大将军。"言日间小食曰点心。《唐史》郑傪夫人云："我未及餐，尔且可点心。"言人作事无据者曰没雕当，又曰没巴鼻。苏长公诗云："有甚意头求富贵，没些巴鼻使奸邪。"言人虚伪不检者曰楼头。盖宋时临安，何家楼下多亡赖，以滥恶物欺人，其时有何楼之号。楼头者，何楼之恶魁也。谓事曰事际。《南史》："王晏专权，帝虽以事际须晏，而心恶之。"谓罢曰罢休。《史记》吴王谓孙武曰："将军罢休。"语毕助辞曰寋。《楚辞》以寋为发语声，此则以为语助也。问何人曰遐个。《诗》云："遐不作人？"注云："遐，何也。"恨人而姑惊谕以伺之曰受记。见《夷坚志》。又谓虹曰鲎。谓已然曰哉。谓嬉戏曰薄（莫志作孛）相。又如以秀为鲫溜，以团为突栾，以精为鲫令，是以二字反切一字以成声也。凡此皆方言也。他若儿音若倪，则支韵入齐。羹音若冈，则庚韵入阳。又音若异，则宥韵入置。孥音若拿，则虞韵入麻。（呼小儿为孥儿。孥，子孙也。）又唐宋时来音若厘，则灰韵入支。今不尽然，或古有之而今改耳，此则所谓方音也。

按此篇乃本莫志及苏州卢、王二郡志而增益为之。今震泽县语音亦尚多同者。

又按康熙间府志于方言云：谓绦悦之蕊为苏头。挚虞云："流苏者，缉鸟尾，垂之若流然。以其蕊下垂，故曰苏。"谓茸理整齐之曰修妮。妮音捉。《唐》,"中和二年,修妮部伍。"谓睡声曰唔涂。北人谓之打呼,吴人则曰打唔涂。唔涂二字,疑即呼字之反切。如孔称窟咙,团称突栾之例耳。谓语不明曰含胡。《唐·颜杲卿》:"含胡而死。"谓指镮曰手记。郑康成《诗笺》云:"后妃群妾以礼御于君所。女史书其日月,授之以镮。当御者著于左手,既御者著于右手。"今俗亦呼为戒指。谓以醯腌物曰盐去声。《内则》:"屑姜与桂,以洒诸上而盐之。"谓吻合无际曰吻。美韵切,吴人谓合唇曰吻嘴,合而无间曰吻缝,缝,去声。谓甓曰甗砖。《魏·扈累传》:"独居道侧,以甗砖为障。"谓苇席曰芦蕟。宋琅琊王敬胤遗命,"一芦蕟藉下。"谓多众曰多许。许音若黑可切。谓所在亦曰场许。语后每曰那。音乃贺切。《后汉书》:"公是韩伯休那?"注:"那,语余声。"谓死曰过世。《秦符登传》:"陛下虽过世为神。"嘲笑人曰阿儓儓,亦招呼也。谓发黏曰胆。音织。见《考工记·弓人》注。谓物之不齐曰参差。参音如仓衔切,差音如仓何切。于《方音》云:"呼行与杭同音,呼死与洗同音,呼争为侧羊反。"

此以上又皆震泽县与一郡所同之语音,而旧志皆未载者也,故补录之。①

(八) 清乾隆《吴江县志》

陈荙纕等修,倪师孟等纂。吴江县,今属江苏省苏州市吴江区。"语音"见卷三九。录文据乾隆十二年刻本《吴江县志》。

徐志曰:"古称吴为东夷,其言鴃舌。"由今观之,则有未尽然者。大抵语必有义,最为近古。如相谓曰侬。(隔户问人曰"谁侬",应曰"我侬",视之乃识,曰"却是你侬"。指他人而称之曰"渠侬"。)《湘山野录》记《钱王歌》云:"你辈见侬的欢喜,在我侬心子里。"谓中州人曰伧。周玘曰:"害我者,诸伧子也。"陆玩曰:"几作伧鬼。"顾辟疆曰:"不足齿之伧。"宋孝武目王玄谟为老伧。言宁可

---

① 曹小云、曹嫄辑校:《历代方志方言文献集成》(第3册,上海市江苏省),北京:中华书局2021年版,第2178—2182页。

曰耐可,音如能可。《汉书》:"杨越之人耐暑。"注:"与能同。"李太白诗:"耐可乘明月。"又:"耐可乘流直上天。"皆读如能。言人胸次不坦夷、逞独见以忤人者曰犿奡,音如列挈。《汉书》:"犿奡而无志节。"言人不慧曰呆,音如僝。范成大有《卖痴呆》词。言人狃与不前猛者曰墨尿,音如眉痴。皮日休《反招魂》:"上暧昧而下墨尿。"言人蕴藉不躁暴者曰眠娗,音如缅忝,出《列子》。言人进退不果曰伩拟,音如炽腻。司马相如赋:"伅以伩拟。"柳子厚《梦归赋》:"纷若倚而伩拟兮。"问为何如曰宁馨,音如宁莫志作能,非亨。山涛见王衍曰:"何物老妪,生宁馨儿。"骂人曰老狗。《汉武故事》:"上尝语栗姬,怒弗应,又骂上为老狗。"詈小儿桀猾不循理曰杂种。《晋书·前燕载记》赞曰:"蠢兹杂种,弈世弥昌。"见人有不当意者曰看嘴鼻。《金史》:宋破金泗州,守将毕资伦不肯降,系狱十四年,及盱眙守将纳合买住降,北望哭拜,谓之辞故主。资伦见买住骂曰:"国家未尝负汝,何所求死不可,乃作如此嘴鼻也。"言人聆言不省曰耳边风。杜荀鹤诗:"百岁有涯头上雪,万般无染耳边风。"物微暖曰温暾。王建《宫词》:"新晴草色暖温暾。"白乐天诗:"池水暖温暾。"人有病曰不快。《华佗传》:"体有不快,起作一禽之戏。"言人疏朗曰不耐烦。《庾炳之传》:"为人强急而不耐烦。"言不洁曰鏖糟。《霍去病传》:"鏖皋阑下。"注云:"尽死杀人为鏖糟。"盖血汗狼藉之意。诟人佣工曰客作。《三国志》:"焦先饥则为人客作,饱食而已。"呼女子之贱者曰丫头。刘宾客诗:"花面丫头十二三。"男女冠笄曰上头。花蕊夫人《宫词》:"新赐云鬟使上头。"草木稚而初萼者曰始花,音如试。《月令》:"桃始华,蝉始鸣。"注皆去声。言人戏扰不已及作事不循理者曰㩭,音如袅。嵇叔夜书:"㩭之不置。"鄙人营生曰经纪。唐高宗敕滕王八、蒋王曰:"滕叔蒋兄,自能经纪,不须赐物。"鄙人之庸贱微薄者曰小家子。《霍光传》:"任宣谓霍禹曰:'使乐成小家子得幸大将军。'"言日间小食曰点心。《唐史》:郑傪夫人云:"我未及餐,尔且可点心。"言人作事无据者曰没调当,又曰没巴鼻。苏长公诗云:"有甚意头求富贵,没些巴鼻使奸邪。"言人虚伪不检者曰楼头。盖宋时临安,何家楼下多亡赖以滥恶物欺人,其时有何楼之号。楼头者,何楼之恶魁也。谓事曰事际。《南史》:"王晏专权,帝虽以事际须晏,而心恶之。"谓罢曰罢休。《史记》吴王谓孙武曰:"将军罢休。"语毕助辞曰蹇。《楚辞》以蹇为发语声,此则以为语助也。问何人曰遐个。《诗》云:"遐不作人?"注云:"遐,何也。"恨人而姑惊谕以伺之曰受记。见《夷坚志》。又谓虹曰鲎。谓已然曰哉。谓嬉戏曰薄(莫志作亭)相。又如以秀为鲫溜,以团为突栾,以精为鲫令,是以二字反切一字以成声也。凡此皆方言也。他若儿音若倪,则支韵入齐。羹音若冈,则庚韵入阳。又音若异,则宥韵入寘。孥音若拿,则虞韵入麻。(呼小儿为孥儿。孥,子孙也。)又唐宋时来音若厘,则灰韵入支,今不尽然,或古有之而今改耳,此则所谓方音也。

按此篇乃本莫志及卢、王二郡志而增益为之。今吴江县语音亦尚多同者。

又按康熙间府志于方言云:谓绦悦之蕊为苏头。挚虞云:"流苏者,缉鸟尾,垂之若流然。以其蕊下垂,故曰苏。"谓葺理整齐之曰修娖,娖音捉。《唐》,"中和二年,修娖部伍。"谓睡声曰唔涂,北人谓之打呼,吴人则曰打唔涂。唔涂二字,疑即呼字之反切。如孔称窟窿,团称突栾之例耳。谓语不明曰含胡。《唐·颜杲卿》,"含胡而死。"谓指镮曰手记。郑康成《诗》笺云:"后妃群妾,以礼御于君所。女史书其日月,授之以镮。当御者着于左手,既御者着于右手。"今俗亦呼为戒指。谓以醋腌物曰盐去声。《内则》:"屑姜与桂,以洒诸上而盐之。"谓吻合无际曰吻,美韵切,吴人谓合唇曰吻嘴,合而无间曰吻缝,缝去声。谓甓曰甑砖。《魏·扈累传》:"独居道侧,以甑砖为障。"谓苇席曰芦薽。宋琅琊王敬胤遗命,"一芦薽藉下。"谓多众曰多许,许音若黑可切。谓所在亦曰场许。语后每曰那,音乃贺切。《后汉书》:"公是韩伯休那。"注:"那,语余声。"谓死曰过世。《秦符登传》:"陛下虽过世为神。"嘲笑人曰阿儓儓,亦招呼也。谓发黏曰腽,音织。见《考工记·弓人》注。谓物之不齐曰参差,参音如仓衔切,差音如仓何切。于《方音》云:"呼行与杭同音,呼死与洗同音,呼争为侧羊反。"此以上又皆吴江与一郡所同之语音,而旧志皆未载者也,故补录之。①

(九) 清乾隆《苏州府志》

雅尔哈善等修,王峻等纂。苏州府,辖境包括吴县、长洲、元和、昆山、新阳、常熟、昭文、吴江、震泽九县和太湖厅。府治在吴县,即今江苏省苏州市吴中区。"风俗"见卷二。录文据乾隆十三年刻本《苏州府志》。

吴谓善伊谓稻缓。(《春秋谷梁传》。)谓来为厘。(《吴郡志》:"本陆德明'贻我来牟''弃甲复来'皆音厘。德明吴人,岂遂以乡音释注?或自古本有厘音邪?")谓罢必缀一休字,曰罢休。(《史记》:"吴王谓孙武曰:'将军罢休。'")相谓曰侬。(自称我侬,称人你侬、渠侬。隔户问人云"谁侬"。《湘山野录》记钱武肃王歌云:"你辈见侬的欢喜,在我侬心子里。")谓中州人曰伧。(《晋书·周玘传》:"害我者,诸伧子也。")谓不慧曰呆。(《唐韵》:"小呆大痴,不解事者。")谓虹曰罃。(罃,详候切。)谓嬉劣曰薄相。(薄音教。)谓不任事曰缩肭。(《汉书·五行志》:"王侯缩肭。")骂佣工曰客作。(《汉书·匡衡传》:"衡乃与客作,而不求价。")谓贪纵曰放手。(《后汉书》:"残吏放手。")谓钱之美者曰黄撰。(撰与选同。《史记·平准书》:"白金三品,其一曰重八两,圜之,其文龙,名曰白选。"钱乃铜造,故云黄撰。)谓绦帨之垂曰苏头。(晋挚虞云:"流苏者,缉鸟尾,垂之若流然。以其蕊下垂。故曰苏。")谓葺理整齐曰修妮。(妮音捉。《唐书》:"修妮部伍。")谓当筵犒赏曰喝赐。(唐时娼妓有缠头喝赐。)谓责人而姑警之曰受记,责人曰数说。(如汉高之数项羽。)谓语不明曰含胡。(《唐书·颜杲卿传》:"含胡而绝。")谓机巧曰儇利。(乡音讹还赖。)谓指镮曰手记。(《诗》郑笺:"后妃群妾以礼御于君所,女史书其日月,授之以镮。当御者着于左手,既御者着于右手。"今俗亦称戒指。)谓暖酒曰急须。(《菽园杂记》:"急须,饮器也。赵襄子杀智伯,漆其头为饮器。"注:饮,于禁切,溺器也。今人

---

① 曹小云、曹嫄辑校:《历代方志方言文献集成》(第3册,上海市江苏省),北京:中华书局2021年版,第2150—2153页。

误以暖酒为急须,盖饮字误之耳。俗又讹为滴苏。)谓以醝腌物曰盐。(去声。《内则》:"屑姜与桂,以洒诸上而盐之。")谓般运曰捵。(力展切。《南史》:"何远为武昌太守,以钱买井水,不受钱者,捵水还之。")谓不倜傥为眠娗。(《列子》"眠娗諈诿"注:眠,莫典切。娗,徒典切。瑟缩不正之貌。)谓凑合无罅隙曰吻缝。(胎,美韵切,合唇也。缝,去声。唇合无间。)谓甓曰甗砖。(《尔雅》:"瓴甋谓之甓。"注:"甗砖也。")谓苇席曰芦蘧。(宋琅邪王敬胤遗命,"以一芦蘧藉下。")谓众多曰多许。(许字音若黑可切。谓所在亦曰场许。)语尾每曰那。(那,乃贺切。《后汉书》:"公是韩伯休那?")谓有事曰事际。(《南史》:"王晏专权,帝虽以事际须晏,而心恶之。")谓死曰过世。(《晋书·秦苻登传》:"陛下虽过世为神。")嘲笑人曰阿儋儋。(亦招呼声。)谓冷热适中曰温暾。(唐王建诗:"新晴草色暖温暾。")谓发黏曰膱。(膱音织。《周礼·考工记·弓人》注:"槷,脂膏膱败之膱。膱亦粘也。"疏:"若今人头发有脂膏者,则谓之膱。")谓物之不齐曰参差。(参音如仓含切,差音如仓何切。亦云七参八差。)谓恶少趫捷曰伙飞。(伙音侧。《汉书》谓伙飞,即此。)事已了,将了皆曰哉。(常熟曰且,音若嗟,即诗中句尾助字。吴江曰寋,疑即《楚辞》之发语声。)谓走曰奔。(昆山曰跌,常熟曰跑,吴江曰跳。)谓睡声曰惛涂。(北人曰打呼,惛涂疑即呼字反切。)孔曰窟笼。团曰突銮。侦视曰张。看曰望。羞曰钝。扶曰当。(去声。)按曰钦。(去声。)转曰跋。浮曰吞。(上声。)流曰倘。盖曰匼。捧曰掇。藏避曰伴。藏物曰囡。稠密曰猛。积物曰顿。布帛薄者曰浇。门之关曰闩。美恶兼曰暖。见陵于人曰欺负。非常事曰咤异。喜事曰利市。忧事曰钝事。下酒具曰添按。物完全曰囫囵。挦曰唱嗒。阶级曰僵礤。所居曰窠坐。托盘曰反供。此处曰闲边。彼处曰个边。作事无据曰没雕当。(入声。)谓人不能曰无张主。不便利曰笨,亦曰不即溜。自夸大者曰卖弄。事之相值曰偶凑。六畜总曰众(作平声)生。数钱五文曰一花。觅利曰赚钱。锄地曰倒地。首饰曰头面。鞋袜曰脚手。器用曰家生,亦曰家伙。常熟谓何人曰遐个。(《诗》:"遐不作人。"注:"遐,何也。")

灰韵入支。(即来为厘之类。)支韵入齐。(儿为倪之类。)庚韵入阳。(羹为冈之类。)虞韵入麻,又入东。(小儿为孥儿之类,常熟以吴塔为红塔。)①

(十) 清乾隆《昆山新阳合志》

张予介等修,王峻等纂。昆山,今江苏省苏州市昆山市。新阳,雍正时从昆山中析置,民国又并入昆山县。"方言"见卷一。录文据乾隆十六年刻本《昆山新阳合志》。

方言之近古而异于他方者。

语了曰哉。(《书经》:"股肱喜哉。")语了曰且。(《诗经》:"只且""狂且"。)语余曰那。(《后汉书》"公是韩伯休那?")不曰弗。(《中庸》:"弗知弗措。")不慧曰呆。《唐韵》:"小呆大痴。"粗蠢曰笨。(《宋书·王微传》亦有"粗笨"之语。)指人曰其(《论语》:"非其罪也。"),又曰伊。(《诗经》:"蒹葭伊人兮。")称我曰俫。(《湘山野录》:"《钱王歌》:在我俫心子里。")满足曰彀。(弓满也。)两合无漏曰吻。(出《庄子》亦作䐉,俗云吻缝。)以肩举物曰揵。(出《史记》。)打击甚曰鏖。(《汉书·霍去病传》:"合短兵,鏖皋兰下。"颜注:"鏖,苦击而杀之。")种秧曰莳。(古注:"植也。")热酒曰汤。(《集韵注》:"热水灼也。")缺齿曰齼。(见韵书。)以䤉腌物曰盐。(《内则》:"屑姜与桂,以洒诸上而盐之。")吃食曰啜。(出《礼记》,大啜也。)两手取物曰掇。(见《易注》。)盖物曰礚,亦曰䃎。(出《汉书》。)木片曰柿。(《晋书·王濬传》,"木柿蔽江而下。")十五曰月半。(出《礼记》。)如今曰乃今。(《汉书》:"吾乃今知皇帝之贵也。")数人罪过曰抚选。(《左传》:"弗去,惧选。"杜注:"选,数也。")又曰数说。(如汉高之数项羽。)污秽曰恶臭。(如恶恶臭,俗音近触。)劳苦曰撚仆。(《孟子》:"仆仆尔亟拜。")整理曰修娖。(《唐书》:"修娖部伍。")不舒展曰缩朒,退后亦曰缩朒。(《汉书·

---

① 曹小云、曹嫄辑校:《历代方志方言文献集成》(第3册,上海市江苏省),北京:中华书局2021年版,第2021—2023页。

五行志》:"王侯缩朒。")佣工曰客作。(《汉书·匡衡传》:"乃与客作。")饭粒曰米糁。(《庄子》:"藜藿不糁。")指环曰手记。(《诗》郑笺:"后妃群妾以礼御于君所,女史书其日月,授之以环,当御者着于左手,既御者着于右手。"今俗亦称戒指。)厚砖曰甋砖。(《魏书·扈累传》:"以甋砖为障。")众多曰多许。(《隋书》:"天下何处有多许贼?")在其处曰里许。(《世说》:"桓大司马先过王、刘诸人许。")人物作闹声曰击毂。(《国策》:"车击毂。")热不透曰温暾。(《楚辞》:"暾将出兮东方。")物相类曰一样能。(《汉书》:"不相能。"谓不相合也。)嘲笑曰阿儃儃。(亦招呼声。)畏惧曰寒毛卓卓竖。(《晋书·夏统传》:"不觉寒毛尽戴。")人死曰过世。(《晋书·秦苻登传》:"陛下虽过世为神。")

异古异他方而义稍通者。

窃视曰张。远视曰望。近视曰睒。(张取开眼义,望、睒与看意相通。)藏曰圹。(或作圆,取深穴意。)忍曰熬。(取煎迫意。)转曰跋。(取移足意。)贮物曰坐。(取放下意。)置物曰安。(取平稳意。)移物曰捅。(取挪动意。)积物曰顿。(取顿舍意。)布帛薄者曰浇。(浇,亦薄也。)点茶、点酒曰筛。(取出物意。)折纸曰夭。(夭,亦折也。)以杓取水曰舀。指物曰那。戏谑曰蛮(鄙俗之意)。又曰草(率略之意)。又曰搂(牵惹之意)。又曰取笑。(俗云楚笑。)躲避曰畔。速往曰跌。门之关曰闩。睡曰困。(取偃伏意。)睡声曰惛涂。(或作昏瞿。)天明曰天亮。巧曰搂搜,亦曰尖钻。(皆取得窾意。)伶俐曰即溜。自夸曰卖弄,亦曰喇天。能干事曰在行,亦曰奢遮。事幸相值曰偶凑。数人罪过曰羞削,亦曰牙钝。骗人曰串局。受骗曰上档。强出尖曰行霸。(取雄踞意。)屈抑人曰郁捺。谢人曰聒噪(取搅扰意),亦曰打搅。非常事曰咤异。心不定曰鹘突。怠惰曰邋遢。(阘冗之意。)富曰从容。(取宽展意。)遇可喜事曰利市,亦曰造化。物完全曰囫囵。事完全曰连牵。专决裂曰了哉。悔气曰不色骰,亦曰倒运。得利曰赚钱。聚小成大曰亟当。极至处曰得势。(取非常意。)安身处曰窠坐。(取退藏意。)此处曰间边。彼处曰个边。在曰来到。(取不去意。)日曰日头。(取尊阳意。）月曰月亮。（取明照意。）男人揖曰唱喏。（声喏之意。）女人拜曰屈。（俗作去，屈曲意。）首饰曰头面。（取饰容意。）托盘曰反供。家伙曰家生。阶级曰僵礤。锄地曰倒地。呼六畜总曰众生。数钱五文曰一花。（取五瓣意。）谓人不曰无主张。谓人有疾曰无张主。作事无据曰没雕当，又曰无影子。作事不清楚曰腻夹夹。彼此错误曰两双闪。说人妆体面曰摆架子。此所以曰呼吸道。（语意相应。）

异古异他方而义难通者。

执物曰当。按物曰擎。掷物曰豁，又曰虱。摸物曰搂。热物曰顿。物浮曰氽。稠密曰猛。妄语曰赵。怒曰气。上曰浪。（如书浪、台浪。）货之低曰邱，曰邹。何人曰啰个。何物曰爹个。那里曰啰里。怎的曰那涝，又曰那哼。何说曰那话。刚才曰姜才。状貌曰意里。纠缠逼迫曰擂堆。苛细曰兜搭。不洁曰喇搭。一番曰一泼，几番曰头泼、二泼。浑举物件曰东西。指物之多曰牢曹。闲游曰白相，又曰鼻相。柴余曰拉撒。烹饪曰挣理。在行曰留得。能曰本事。事难处曰尴尬。沮事曰打破句。多言曰饶格喇。多事曰掀格喇。物多曰一拍喇。

反言者。

神气不振曰葳㾿。（本荣盛意。）举箸曰按。宰牲曰活。不要曰极要。不肯曰倒肯。无曰倒有。

名不正者。

呼姪为孙。呼外孙为甥。呼曾孙曰玄孙。呼神道为天地。呼医生曰郎中。呼镊工曰待诏。呼鱼肉曰菜蔬。

讳言而变其名者。

讳散呼伞曰竖笠。讳极呼屐曰木套。讳离呼梨曰秋白。讳没呼抹布曰展布。讳死呼洗曰净。讳滞呼箸曰快。讳挫呼醋曰秀才。

翻语为字者。

囡为夺栾。孔曰窟笼。盘为跋栾。精为即零。村为秋根。呼为唔涂。

借喻者。

帮闲曰箆片。软弱曰衣皮。瞒人曰抡眼皮。闯席曰吹木屑。

横逆曰横撑船。多事曰夹篙撑。附和曰一窝蜂。无用曰水统蟹。醵钱共饮曰扛匮。妇人健争曰磕枪头。懊悔曰借尸还魂。外貌好曰金漆马桶。无知曰黑漆皮灯笼。

音存古而异于他方者。

儿音同倪。又音同亦。死音同洗。大音同惰。作音同做。兄音同况。暑鬼音同举。归龟音同居。争音侧羊反。那去声。烹庚更彭朋盲撑铮声生甥笙牲行横羹耕坑莺樱鹦橙等字并阳韵,梗养韵,硬盛并漾韵,石白百宅尺赤折格客射额择掷迫拍陌麦吓双画碛责等并药韵。

音异他方而非古者。

税为世。授为胄。认为绍。江为冈。疟为愕。吹为痴。庄为臧。葵为薳。人为迎。赊为沙。遮为诈。蛇为茶。伤为丧。忘为忙。尝为藏。王为降。降为杭。壬为迎。水为暑。耳为你。二为腻。取为楚。蟹为海。罢为败。去为弃。贵为句。胖为滂。孝为好。巧为考。让为酿。唱为仓。肉为恧。觉为阁。日为蹑。月为额。热为业。物为没。铁犁为铁赖。枇杷为弥杷。

字音口诵不正者。

之为兹。支为孜。章为妆。诗为思。微为肥。文为焚。纸为子。是为士。旨为梓。矢为使。始为史。齿为此。吾为鹅。笋为损。永为勇。义为异。帜为恣。岳为鹤。山为三。玉为虯。朔为索。卓为竹。琢为竹。剥为卜。握为屋。万为饭。晚为凡。畿为几。鱼为余。徐为齐。无为符。武为拊。黄为王。胡为何。吕为李。问为恣。爱为碗。年为妍。沿为言。襄为塞。宁为迎。宏为红。赏为爽。未为吠。外为坏。

音异而字亦讹者。

围为圩。都为保。鄙为嗇。姪为侄。浦为埠,又为步。愈为越。太为忒。晃为斋。(地名有斋子。)剑为及。(地名有杨及泾。)掌故为帐簿。一带为一答。恼鸦为老鸦。(恼鸦本与喜鹊为对。)①

---

① 曹小云、曹嫄辑校:《历代方志方言文献集成》(第3册,上海市江苏省),北京:中华书局2021年版,第2109—2115页。

(十一) 清乾隆《长洲县志》

李光祚修,沈德潜等纂。长洲县,今属江苏省苏州市吴中区。"风俗"见卷十一。录文据乾隆十八年刻本《长洲县志》。

五方音各不同,里语方言,绝然各异。《世说》:"刘真长见王丞相,既出,人问见王公云何,答曰:'未见他异,惟闻作吴语耳。'"然著书作文,古人亦有用土音者。《公羊》多齐言,《淮南》多楚语。今录吴下方言,备审音者察焉。

如相谓曰侬。(自称我侬,称人你侬、渠侬。隔户问人云"谁侬"。《湘山野录》记钱武肃王歌云:"你辈见侬的欢喜,在我侬心子里。")谓不慧曰呆。(《唐韵》:"小呆大痴,不解事者。")谓嬉戏曰薄相。(薄音勃)。谓不任事曰缩朒。(《汉书·五行志》:"王侯缩朒。")骂佣王曰客作。(《汉书·匡衡传》:"乃与客作,而不求价。")谓贪纵曰放手。(《后汉书》:"残吏放手。")谓绦帨之蕊曰苏头。(晋挚虞云:"流苏者,缉鸟尾,垂之若流然。以其蕊下垂,故曰苏。")谓葺理整齐曰修娖。(娖音捉。《唐书》:"修娖部伍。")谓责人而姑警之曰受记。(警谕以俟其悛改也。)责人曰数说。(如汉高之数项羽。)谓语不明曰含胡。(《唐书·颜杲卿传》:"含胡而绝。")谓指镮曰手记。(《诗》郑笺:"后妃群妾以礼御于君所。女史书其日月,授之以镮。当御者著于左手,既御者著于右手。"今俗亦称戒指。)谓以盬腌物曰盐。(去声。《内则》:"屑姜与桂,以洒诸上而盐之。")谓搬运曰搌。(力展切。《南史》:"何远为武昌太守,以钱买井水,不受钱者,搌水还之。"谓虹曰蟗。许候切。)谓不倜傥为眠娗。(《列子》:"眠娗诬讕。"注:"眠,莫典切。娗,徒典切。瑟缩不正之貌。")谓凑合无罅隙曰吻缝。(吻,美韵切,合唇也。缝,去声。唇合无间。)谓甓曰甋砖。(《尔雅》:"瓴甋谓之甓。"注:"甋砖也。")谓苇席曰芦蘧。(宋琅琊王敬胤遗命,"以一芦蘧藉下。")谓众多曰多许。(许字音若黑可切。谓所在亦曰场许。)语尾每曰那。(那,乃贺切。《后汉书》:"公是韩伯休那。")谓死曰过世。(《晋书·秦符登传》,"陛下虽过世为神。")嘲笑人曰阿儹儹。(招呼声。

《辍耕录》："大家齐唱阿儃儃。")窥曰张。看曰望。不齐曰参差。(参音搀,差音叉。七参八差是也。)事已了、将了皆曰哉。(《左传》"诺哉""与君王哉"。)走曰奔。睡声曰惛涂。(北人曰打呼。惛涂疑即呼字反切。)孔曰窟笼。团曰突乐。冷暖适中曰温暾。(唐王建诗:"新晴草色暖温暾。")髮粘曰胿。(音织。《考工记·弓人》疏。)羞曰钝。扶曰当。(去声。)按曰钦。(去声。)转曰跋。浮曰氽。流曰徜。盖曰匼。捧曰掇。藏避曰伴。藏物曰囥。稠密曰猛。布帛薄者曰浇。门之关曰闩。美恶兼曰暖。见陵于人曰欺负。非常事曰咤异。喜事曰利市。忧事曰钝事。物完全曰囫囵。揖曰唱喏。阶级曰僵礤。所居曰窠坐。托盘曰反供。此处曰间边。彼处曰边。谓人不能曰无张主。不便利曰笨,亦曰不即溜。自夸大曰卖弄。事之相值曰偶凑。六畜总曰众平声生。数钱五文曰一花。觅利曰赚钱。锄地曰倒地。首饰曰头面。鞋袜曰脚手。器用曰家生,亦曰家伙。①

(十二) 清乾隆《陈墓镇志》

陈尚隆原纂,陈树轱续纂。雍正二年修,乾隆三十五年续修。陈墓镇,今江苏省苏州市昆山市陈墓镇。"方言"见卷三《风俗》。录文据民国35年抄本《乾隆陈墓镇志》。

言之近古而异于他方者如。

罢休。(《史记》谓:"吴王谓孙武曰:将军罢休。")相谓曰侬。(如你侬、我侬。)不慧曰呆。(《唐韵》:"大呆小痴。")不任事曰缩朒。(《汉·五行志》:"王侯缩朒。")骂佣工曰客作。(《汉·匡衡传》:"衡乃与客作,而不求价。")葺理曰修娷。(唐中和二年,修娷部伍。)姑警曰受记。(警谕以俟其悛改也。)责人曰数说。(如汉高之数项羽。范雎之数贾须。)语不明曰含胡。(《唐书》:"颜杲卿含胡而死。")指环曰手记。(郑康成《诗笺》云:"后妃群妾以礼御于君

---

① 曹小云、曹嫄辑校:《历代方志方言文献集成》(第3册,上海市江苏省),北京:中华书局2021年版,第2176—2178页。

所,女史书其日月,授之以环,当御者着于左手,既御者着于右手。")热不透曰温暾。(王建诗:"新晴草色暖温暾。")语后每曰那(《后汉书》云:"是韩伯休那?"),亦曰哉。(《书经》:"股肱喜哉。"《左氏》:"诺哉。""与君王哉。")不曰弗。(《中庸》:"弗知弗措。")粗蠢曰笨。(《宋·王微传》亦有"粗笨"之语。)指人曰伊。(《诗经》:"矧伊人兮。")以肩举物曰揵。(出《史记》。)热酒曰汤。(《集韵注》:"热水灼也。")缺齿曰齾。(见韵书。)吃食曰嚃。(出《礼记》:"大啜也。")两手取物曰掇。(见《易注》。)盖物曰磕,亦曰匼。(出《汉书》)。木片曰柿。(《晋书·王浚传》,"木柿蔽江而下。")十五日曰月半。(出《礼记》。)劳苦曰擗仆。(《孟子》:"仆仆尔亟拜。")饭粒曰米糁。(《庄子》:"藜藿不糁。")物相类曰样能。(《汉书》:"不相能。")畏惧曰寒毛卓卓竖。(《晋书·夏统传》:"不觉寒毛尽戴。")人死曰过世。(《晋书·秦苻登传》,"陛下虽过世为神。")苇席曰芦蘧。(宋琅琊王敬胤遗命,"以一芦蘧藉下。")

言之异而义可通者。

窃视曰张。远视曰望。近视曰睃。藏曰坑。忍曰熬。煎迫也。转曰跋。贮物曰坐,又曰安。移物曰桶。积货曰顿。布薄曰浇。点茶、点酒曰筛。以杓取水曰舀。指物曰那。谑曰蛮,又曰草,又曰搂,又曰取笑。避曰畔。睡曰困。睡声曰惛涂。自夸曰喇天。能干事曰在行。事幸相值曰偶凑,亦曰凑巧。数人罪曰差削。骗事曰串局。受骗曰上挡。强出尖曰行霸。屈抑曰郁捺。谢人曰打搅。非常曰咤异。富曰从容。可喜事曰造化。物全曰囫囵。事全曰连牵。事决裂曰了哉。悔气曰弗色骰,又曰倒运。得利曰赚。聚小成大曰苤当。安身处曰窠坐。此处曰间边。彼处曰个边。在曰来到。不在曰不来到。男揖曰唱喏。女拜曰屈。(俗曰去,屈曲意。)首饰曰头面。家伙曰家生。阶级曰僵磕。呼六畜曰众生。数钱五文曰一花。(取梅花之意。)谓人不能曰无主张。作事无据曰无影子,又曰没雕当。作事不清曰腻夹夹。说人装体面曰摆架子。招呼曰膻。

言之异而义有难通者。

执物曰当。按物曰擎。掷物曰豁，又曰虱，又曰丢，又用，又甩。摸物曰搂。热物曰顿。物浮曰余。密曰猛。妄语曰赵。怒曰气。上曰浪。货之低曰邱，又曰邹。何人曰啰顾。何物曰夅个。那裏曰啰里，曰啰荡。怎的曰那涝，又曰那哼。何说曰那话。即刻曰姜姜，又曰刚刚。纠缠曰垒堆。苛细曰兜搭。不洁曰喇搭。一次曰一通。举物曰东西。闲游曰白相。柴之余曰拉撒。称好曰罶得。能曰本事。事难处曰尴尬。沮事曰打破句。多曰掀格。物多曰一拍喇。物有人买曰趨（少去声）。无人买曰迟。比匪之辈曰道兄。物好曰斩货。可是曰阿实梗。为什么曰足夅涝。求训曰告当。高声曰错訾，又曰訾离。多言曰激谷。背后多言曰谷东谷东。不该应曰蛮上声孜孜。无人声曰末同同。不响曰寂测测。诚实人曰牢实头。不知趣曰讨惹厌，又曰讨淹咨。步声曰曜（笛）騳（独）曜騳。急行曰鲸（欣）吐鲸吐。邪人曰倢（练）偻（检）。语不和曰硬呛。细切曰剝（速）没。扎紧曰紃紧。炭柴声曰爆煇炟。有孕曰腫（平声）身。手冷曰殫冚。物少缺曰齾。不正曰歪艋。（扯。）物干曰干眴。香曰香馦馦。（蓬。）臭曰臭髂髂。物不洁曰邋遢。催讨急曰呎呎（鼻）响。多话曰齐喇嚹喇。用力曰讫力。不知曰薏趝。（音梦抚。）众人多言曰齐作之声。不听曰摇摇（额）弗动。怒行曰勦来勦去。诉于人手足舞曰庹（托）手庹脚。物投水声曰扑涌。不正当曰癞孙。少年曰小伙子。连声曰佶伶仾（乌扎切）娘。羞曰坦眼。

言之反者如。

神气不振曰葳蕤。（本荣盛意。）举箸曰按。不要曰极要。不肯曰倒肯。无曰倒有。

言之名不正者。

呼侄为孙。曾孙为玄孙。元邑称祖母曰亲娘。昆邑祖母曰婆。称母曰阿嬲。呼神曰天地。呼医曰郎中。呼鱼肉曰菜。

言之讳而变其名者。

讳醋呼挫曰秀才。讳箸呼滞曰快。讳洗呼细曰净。讳抹布曰汰郎。讳梨呼离曰秋白。讳屐呼极曰木套。讳伞呼散曰竖笠。

言之翻语为字者。

团曰夺乐。孔曰窟笼。小曰□□。精曰即零。村为秋根。呼为唔涂。盘为跋乐。

言之借喻者。

帮闲曰箆片。软弱曰衣皮。瞒人曰抡眼皮。多事曰夹篙撑。附和曰一窝蜂。无用曰水统蟹。醵钱共饮曰扛匮。妇人健争曰磕枪头。懊悔曰借尸还魂。无知曰黑漆皮灯笼。

言之音存古而异他方者。

儿，倪。又，亦。死，洗。大，惰。作，做。兄，况。暑、鬼，举。归、龟，居。争，侧羊反。那，去声。烹庚更彭朋盲撑铮声生甥笙牲行横羹耕坑莺樱鹦橙等字，并阳韵。梗，养韵。硬盛，并漾韵。石白百宅尺赤折格客射额择掷迫拍陌麦吓双画碛责等，并药韵。

言之音异他方而非古者。

税，世。江，冈。疟，愕。吹，痴。章，庄。庄，臧。人，迎。赊，沙。蛇，茶。伤，丧。忘，忙。尝，藏。水，暑。耳，你。二，腻。取，楚。蟹，海。罢，败。去，弃。贵，句。胖，滂。孝，好去声。让，酿去声。唱，创。肉，恧。觉，阁。日，蹑。月，额。热，业。物，末。

字音之口诵不正者。

之，兹。支，孜。诗，思。微，肥。文，焚。纸，子。是，士。齿，此。吾，我。笋，损。永，勇。义，异。岳，鹤。山，三。朔，索。剥，卜。万，饭。鱼，余。徐，齐。无，符。黄，王。胡，何。年，妍。沿，言。襄，塞。宁，迎。宏，红。赏，爽。未，吠。外，坏。

音之异而字亦讹者。

围为圩。都为保。鄙为图。姪为侄。掌故为帐簿。一带为一答。恼鸦为老鸦。（恼鸦与喜鹊对。）①

（十三）清乾隆《元和县志》

许治修，沈德潜纂。元和县，今江苏省苏州市吴中区。"风俗"一见

---

① 曹小云、曹嫄辑校：《历代方志方言文献集成》（第3册，上海市江苏省），北京：中华书局2021年版，第2137—2143页。

卷十。录文据乾隆二十六年刻本《元和县志》。

> 郡志有方言一段,其中有不合于今者去之,合者存之。如:
> 相谓曰侬。(如你侬、我侬也。)谓不慧曰呆。(范成大有《卖痴呆》诗。)问为何如曰宁馨。(晋山涛谓王衍:"何物老妪,生此宁馨儿。")谓嬉戏曰薄相。(薄音勃。)谓不任事曰缩朒。(《汉·五行志》:"王侯缩朒。")骂佣工曰客作。(《汉·匡衡传》:"衡乃与客作,而不求价。")谓绦脱之蕊为苏头。(挚虞云:"流苏者,缉鸟尾,垂之若流然。以其蕊下垂,故曰苏。")谓葺理整齐之曰修娻。(唐中和二年,修娻部伍。)谓责人而姑警之曰受记。(警谕以俟其悛改也。)责人曰数说。(如汉高之数项羽、范雎之数须贾,数其罪而责之。)指镮曰手记。(郑康成《诗笺》云:"后妃群妾以礼御于君所,女史书其日月,授之以镮。当御者着于左手,既御者着于右手。")谓虹曰蟹。(许候切。)嘲笑人曰阿瘤瘤。谓冷暖适中曰温暾。(王建诗:"新晴草色暖温暾。")发黏曰胑。(音织。《考工记》"凡昵之类"注。)物之不齐曰参差。(参音搀,差音叉,七参八差是也。)谓多聚曰多许。(许字音若黑可切。)语后每曰那。(《后汉书》:"公是韩伯休那?")亦曰哉。(《左传》"诺哉""与君王哉"。)①

(十四) 清乾隆《常昭合志》

王锦等修,言如泗等纂。常,指常熟县;昭,指昭文县。常昭,即今江苏省苏州市常熟市。"方言"见卷一《风俗》。有乾隆六十年刻本。录文据光绪二十四年活字本《常昭合志》。

> 人之囿于方言,非特五方也。同一吴语,而郡邑异之,乡城异之,界于他邑之边鄙者又异之。大抵口与耳相因,则或袭古义,或讹土音,其所由来久矣。
> 如相谓曰侬。谓不慧曰呆。俗作呆。谓不任事曰缩朒。《汉·五行志》:"王侯缩朒。"谓嬉戏曰薄相。薄音勃。谓机巧曰儇

---

① 曹小云、曹嫄辑校:《历代方志方言文献集成》(第3册,上海市江苏省),北京:中华书局2021年版,第2172—2173页。

利。乡音讹为还赖。谓睡声曰唔涂。北人谓之打呼,吴人则谓打唔。唔涂二字,疑即呼字之反切。谓葺理整齐曰修娖。娖音捉。《唐》:"中和二年,修娖部伍。"谓搬运曰搌。力展切。《南史》:"何远为武昌太守,以钱买井水,不受钱者,搌水还之。"今吴语搬汤搌水。谓以醯腌物曰盐。去声。《内则》:"屑姜与桂,以洒诸上而盐之。"谓指环曰手记。郑康成《诗笺》云:"后妃群妾以礼御于君所,女史书其日月,授之以环。当御者著左,既御者著右。"今俗亦呼曰戒指。谓绦帨之蕊曰苏头。挚虞云:"流苏者,缉鸟尾,垂之若流然,以其蕊下垂,故曰苏。"谓苇席曰芦藅。谓虹曰䗖。音许候切。嘲笑人曰阿唅唅。亦招呼也。

助语词曰子、曰哉、曰且、音嗟。曰那。

若声之转而为讹者,呼儿曰倪,呼章曰㵥,呼吴曰红,呼季曰踞,呼归曰居,呼王曰巷,平声。呼弹曰团,皆虞邑之方音也。①

(十五) 清乾隆嘉庆《璜泾志略》

清乾隆、嘉庆间冯恒原纂,赵曜删辑。稿本,不分卷。璜泾,在今江苏省苏州市太仓市。录文据江苏广陵古籍刻印社 1986 年影印稿本《璜泾志略》。

呼父曰阿爹,亦曰爹爹。(韩文:"阿爹阿八。")

呼母曰阿妈,亦曰妈妈。(《博雅》:"妈,母也。")

呼兄曰哥。(《韵会》:"颍川语小曰哥。"今以配姐字,为兄弟之称。)

弟妻谓夫嫂曰大姆,兄妇谓弟妻曰阿婶。(吕祖谦《紫薇杂记》:"吕氏母母受婶房婢拜,婶见母母房婢拜即答。"今俗兄妇呼弟妻曰婶,弟妻呼兄妇曰姆姆,即母母也。)

呼妻兄弟曰舅。(《楚策》:"李园不治国,王之舅也。"按园于考烈王为妻兄,而云舅,当如今郎舅之谓。)

---

① 曹小云、曹嫄辑校:《历代方志方言文献集成》(第 3 册,上海市江苏省),北京:中华书局 2021 年版,第 2037 页。

毛曰寒毛。(《魏书·夏统传》:"闻君之谈,不觉寒毛尽戴。")

面曰面孔。(唐《传信记》:"面目不似胡孙。")

喉咙曰胡咙。(《诗》:"狼跋其胡。"胡,领下垂肉。《汉·金日䃅传》:"捽胡投何罗殿下。"晋灼曰:"胡,颈也。"胡咙亦可作咙胡。《后汉·五行志》童谣云:"吏置马,君具车,请为诸君鼓咙胡。")

以手执人曰捽。(音恻。《左传》:"捽而出之。")

以手挤人曰搎。(音尊去声。《左传》:"搎卫侯之手及捥。")

以手搬物曰揵。(《南史》:"何远为武昌太守,以钱买井水,不受钱者,揵水还之。")

以手摘高曰扳。(《公羊传》:"扳隐而立之。")

以肩举物曰捷。(《后汉》:"捷弓鞬九鞬。")

横关对举曰扛。(《史记》:"力能扛鼎。")

以物散粢曰糁,米之零碎者亦曰糁。(《庄子》:"藜羹不糁。")

以物相偿曰赔。(即古备字。《北齐书》:"高欢立法,盗私家十备五,盗官物十备三。后周侵盗仓库,虽经赦免,征备如法。")

以布濯器曰幡布。(《晋书》云:"不见酒家幡布乎?"今俗呼幡布亦曰抹布。)

以鹾腌物曰盐。(去声。《内则》:"屑桂与姜,以洒诸上而盐之。")

两合无漏曰吻。(《庄子》:"为其吻合,置其滑涽。")

得财曰利市。(《易》。)

事已然曰哉。语尾缀辞曰且。(音嗟。俱见《诗》。)

责人曰数说。(《左传》:"乃执子南而数之。")

目人不正曰差路。(唐诗:"枯木岩前差路多。")

人习气曰毛病。(黄山谷《刀笔》曰:"此荆南人毛病。")

语不明曰含胡。(《唐书》:"颜杲卿含胡而绝。")

性急曰卒暴。(《汉书·陈汤传》:"兴卒暴之师。")

不任事曰缩朒。(《五行志》:"王侯缩朒。")

非常曰侅事。(见杨子《方言》。《说文》:"奇侅,非常也。")

事已了曰罢休。(《史记》:"吴王谓孙武曰:'将军罢休。'")

速曰流水。（汉明德皇后曰："车如流水。"）

隐避曰畔。（陈后主时谣曰："齐云观，寇来无处畔。"）

事不实曰秕。（《国语》："军无秕政。"）

物寒暖适中曰温暾。（王建诗："新晴草色暖温暾。"）

整葺曰修娖。（《唐》："中和二年，修娖部伍。"）

平稳曰妥帖。（杜诗："千里初妥帖。"韩诗："妥帖力排奡。"）

名屋上窗曰天窗。（《鲁灵光殿赋》："天窗绮疏。"）

柜有板匣曰抽替。（见《宋书》。）

凳之长者曰春凳。（《事物绀珠》："凳，长跳坐器，有春凳、靠凳。"）

凳之小者曰马杌。（钱世昭《钱氏私志》："贤穆有荆雍大长公主金撮角，红藤下马杌子。国朝贵主乘马，故有之。"）

望曰月半。（见《礼记》。）

逐日计数曰日子。（见《魏书》。）

死曰过世。（《晋书·秦符登传》："陛下虽过世为神。"）

生曰出世。

揖曰唱喏。（宋以前揖必声喏，妇女亦然。）

以事订人曰丁一确二。（盖取着实不爽之意。朱子《语录》有之。）

责人而姑警之曰受记，亦曰摩顶受记。（盖袭释氏之词。今讹记为句。）

右皆方言而见之传记者也。

看曰张。执物当两手曰掇。卧曰困。藏曰囥。移曰圊。贮曰坐、曰安，曰放，曰摆。忍曰熬。按曰钦。（去声，按五代时曾有此语："齐主萧道成，人有罪辄付桓康擎杀之。"）助曰帮。妄语曰赵。（《尔雅》："休，无实李。"郭注："一名赵李。"为无实，似即此义。）给人曰黄六。（王氏萱云："黄巢行六而多诈，故云。"未知是否）。积物曰顿。熟物曰顿。熟物曰汤。（去声。）遮蔽曰汤。避曰躲。盖曰匦。浮曰吞。（上声。）泻曰筛。稠曰猛。喜事曰造化。忧事曰晦气。贸易而得利曰赚。不得利曰入本。巧曰尖钻。弱曰煋煋。

苛细曰兜搭、曰累坠。机变曰凶、曰乖、曰唧嚼。（《元亭闲话》云："俗人不识字，称人子弟曰凶、曰乖，其意为美词，而不知相反也。"）无着落曰尴尬。作事无畏避曰太。（上声。）作事有能干曰觔。羡人作事铺张曰趈（平声）盖。事之相值曰偶凑。憎人管事曰闲穷健。憎人多事曰见有做。走曰跑。疾走曰奔、曰跌。首饰曰头面。鞋袜曰手脚。器用曰家生。六畜统名曰众（平声）生。物曰牢曹。住处曰窠坐。夹室曰落叶。箸曰筷。断港曰浜。锄地曰倒地。女子揖曰屈。（平声。）闲游曰白相。戏人曰楼、曰稿。父子曰贤两个。数钱五文曰一花。一番曰一泼，有几番曰头泼、二泼。已往曰过头，亦曰过断。非常曰利害。

右皆不见之古书者也。

囵为突乐。孔为窟笼。精为即零。呼为唔涂。

右皆翻语为字者也。

儿与倪同。又与以同。死与洗同。争，侧羊反。暑鬼皆音举。大音惰，归龟叶居。兄音况。那去声。烹庚更彭朋盲筝撑铮生声成轰行横羹坑，并阳韵。石白百柏伯宅尺赤格各额择迫拍陌麦吓，并药韵。梗，养韵。晏，翰韵。

右皆方音存古者也。

认为绍。授为胄。江为岗。疟为愕。商为丧。泰为忒。水为暑。霞为华。男为暖。（平声。）积为际。（如柴际之类）。铁犁为铁懒。偿利为还赖。手记为巾。熨斗为云斗。糊涂为鹘突。相为厮。（入声。）枇杷音弻杷。（二字唐人已然。）

右皆音转者。

围为圩。厉为赖。癞为辣。愈为越。揭为杰。（平声。）浦为步，又为埠。又或音蒲。堡音碎。者为这。姊为姐。顿踣为钝置。核桃为胡桃。

右皆音转而字亦转者。

废格为阁。捉为捏。懑为闷。缘为沿。盘博为剥。依为揸。么邪为歪。姥为妈。坫为店。捌为泼。喷为哄。

右皆音不转而字误者。

补：

呼巷曰弄。（《南史》："萧谌接郁林王出至延德殿西弄杀之。"弄，巷也。）背呼人曰伊。（《诗》："所谓伊人。"）体肥为胖。（普谤切。《大学》："心广体胖。"古注：胖，大也。陆氏释文："胖，步丹切。"则今特变去声耳，然俗谓鳡为胖头鱼。仍读步丹切，盖平声二音兼用之。）编竹为竹簰，木为木簰。（音牌，古作箄。《后汉·岑彭传》："公孙述遣其将乘枋箄下江关。"注："枋箄，以竹木为之，浮水上。"）不委曲曰直笼统。（州志云："见《唐书》。"）应人呼曰来厘。（范蠡云："得时无怠，时不再来。"吴氏《补韵》云："怠读作怡，来读作厘。"）

张受先志"方言"分类释注最为精当，今本其文稍广之，而去其吾里所无者也。①

（十六）清嘉庆《直隶太仓州志》

鳌图等修，王昶等纂。太仓直隶州，辖境包括镇洋、嘉定、宝山、崇明四县，即今江苏省苏州市和上海市苏州河以北地区；州治在今江苏省苏州市太仓市。"方言"见卷十七《风土下》。录文据嘉庆七年刻本《直隶太仓州志》。

太仓州

利市，见《易经》。谓得财也。

指望，期预也，见《梁书》。

哉，已然之词，如来哉、去哉之类，见《诗经》。

那，语助词，音乃贺反。

数说，责人也。《左传》："乃执子南而数之。"

秕，事不实也。《国语》："军无秕政。"

盐，去声，以醝腌物也。见《礼记》。

月半，见《礼记》。械数，谓执变。见《荀子》。

---

① 曹小云、曹嫄辑校：《历代方志方言文献集成》（第 3 册，上海市江苏省），北京：中华书局 2021 年版，第 2090—2096 页。

楈楈,用力貌。见《庄子》。

糁,《庄子》:"藜羹不糁。"今俗云米糁,又作散义,如糁盐、糁沙之类。

吻,美陨切。两合无漏貌。俗称吻缝。见《庄子》。

蛰,音哲。《列子》:"蛰于口,惨于腹。"

欢喜,《史记》:"民得以接欢喜。"

百姓,《史记》:"蒯通曰:臣范阳百姓。"今军卫呼州人曰百姓。

揵,以肩承物也。见《史记》。

以手执人曰捽。《左传》:"捽而出之。"

贪纵为非曰放手。《后汉书》曰:"残吏放手。"

绦悦之蕊为苏头。挚虞曰:"流苏者,缉鸟尾,垂之若流然。以其蕊下垂,故曰苏。"

钱之美者曰黄撰。汉武帝造白金三品,一曰白撰,钱乃铜撰,见《汉书·食货志》,故俗呼黄撰。

葺理整齐为修媸。音捉,《唐》,"中和二年,修媸部伍。"

语尾缀且。音嗟,语助声。《诗》:"彼留子且。"

含糊,《唐·颜杲卿》,"含糊而绝。"

唔涂,谓酣睡声曰打唔涂。

幡布,晋人云:"不见酒家幡布乎?"亦曰抹布。船家则曰展布,忌与翻、没同声也。

儇利,谓机巧者曰儇利。乡音读若还赖二字。

手记,郑康成《诗笺》:"后妃群妾,当御者,授之以镮,著于左手;既御者,著于右手。事无大小,记以成法。"今男子所著曰戒指,女子曰手记。

面孔,《唐·傅信记》:"面孔不似胡孙。"

急须,沈括《忘怀录》行具有虎子、急须。《菽园杂记》注:"饮器,谓溺器也。"

撶,力展切。《南史》:"何远为武昌太守,以钱买水,不受钱者,撶水还之。"今俗呼搬茶,撶水。

寒毛,《晋书》:"闻君之言,不觉寒毛尽戴。"

甋砖,魏扈累独居,甋砖以为障。

多许,俗呼许为黑可切。《隋书》:"天下何处有多许贼?"又呼所在曰场许。

芦蕠,苇席也。见《宋书》。

棉絮,俗呼衣贮棉花曰棉絮。见《晋书》。

过世,俗呼人死为过世,谓来世亦曰过世。见《晋书·载记》。

活计,谓治生理者。唐白居易诗:"休厌家贫活计微。"

中饭,午餐曰中饭。唐诗:"山僧相劝期中师。"

眠娗,眠,莫典切。娗,徒典切。俗谓不佣觉任事者曰眠娗。见《列子》。

荒唐,语不经也。见《庄子》。

日子,逐日计数也。见《魏书》。

抽替、谓柜之有板匣者。见《宋书》。

温暾,微暖曰温暾。唐王建词:"新晴草色暖温暾。"

唱喏,作揖曰唱喏。《崔炜传》:"使者唱喏。"宋以前揖必声喏。

直笼统,不委曲也。见《唐书》。

麸炭,松炭也。见《老学庵笔记》。

生活,谓以手做事也。

家生子,凡奴婢所生曰家生子。《汉书》:"免骊山徒、人奴产子。"师古注:即家生儿。

勃窣,俗呼人体短而行步钝涩曰勃窣。《汉书》:"双珊勃窣上金堤。"

落度,音铎,疏略之意。俗呼人不管事者曰落度虫。《宋书》:"元超兄弟太落度。"

啓昼,雨昼止也。啓音牵去声。杨慎曰:"雨而昼见日曰啓。"

瓜葛,有亲曰瓜葛。王导与子围棋争道,导笑曰:"相与有瓜葛,那得为尔耶?"

弄,俗呼小儿曰弄,亦作弄巷。见《南史》。

儱偅,俗呼人性呆劣者曰儱偅,音如赖呆。古乐府:"今世儱偅子。"

磨铅,铅,俗呼如异,物渐磨耗也。见《史记·平准书》。

耳边风,谓聆言不省也。唐杜荀鹤诗:"万般无染耳边风。"

鹘突、俗以瞆瞆不晓事曰鹘突。见朱子《语录》。

彭亨,俗称腹胀曰彭亨。亨从阳韵。唐韩愈《石鼎联句》:"豕腹胀彭亨。"

飞风,唐制,马入上乘局者印以三花,其余杂马,于左膊印飞,于右膊印风字。俗以疾速为飞风本此。

子细,唐杜甫诗:"野桥分子细。"

瓦刺骨、瓦刺国人最丑陋。今俗呼妇女之不正者曰瓦刺骨,转其音如歪懒姑。

杂种,俗骂小儿之桀猾者曰杂种。《晋书·前燕纪》:"蠢兹杂种。"

眼孔浅,俗呼见物生羡曰眼孔浅。《书言故事》云:"桑维翰爱钱,上曰:'措大,眼孔浅,与钱十万贯,塞破屋子矣。'"

姻嫪,妓称游婿曰姻嫪。按士之无行者曰嫪毒本此。

蜪伴,人众相随曰蜪伴。蜪,蝗属,飞则群聚,故云。

霉黦,湿气蒸物色变青黑也。

妊婆、骂老妇曰妊婆,妊音虔,谓能以甘言悦人也。

一出,谓一番也。《世说》:"林道人云:'今日与谢孝剧谈一出来。'"又云一泼。

滑溇、行步欲倾跌曰打滑溇。唐皮日休《苦雨》诗:"薛地滑溇足。"

白衣人,俗呼未进身者曰白衣人。唐制,士子入试皆白衣,语本此。

经纪,俗鄙人营生者曰经纪。见《唐书》。

流落,俗谓人漂流在外曰流落。《明皇杂录》:"流落不偶。"

习惯,练于事曰习惯。《贾子》:"习惯如自然。"

耐可,俗呼宁可曰耐可。唐李白诗:"耐可乘明月。"耐读如能。

天花板,藻井也。《山房随笔》:"元好问妹手自补天花板。"

墨尿,音如瀰痴,谓犹预不前曰墨尿。《列》:"墨尿,单至。"

佁拟,音如滋腻,谓人进退不果也。司马相如赋:"仡以佁拟。"

儿为倪。《汉·兒宽》亦然。又与异同。死与洗同,《诗》"犹来无死"叶想止反。争为侧羊反。

以上方言近古者。

看曰张、曰望、曰晙。执曰当。(去声。)两手曰掇。卧曰困。藏曰囡。移曰捅。(音统。)夸曰卖弄。忍曰熬。按曰揿。(音庆。)转曰跋。助曰帮。妄语曰赵。积物曰顿。避曰躲、曰叛。得利曰赚。巧曰搂搜、曰尖钻。苛细曰甏毺。(音兜搭。)能曰张主。弱曰㞎㞎。机变曰乖、曰唧溜。

无着落曰尴尬。一番曰一泼,有几番曰头泼、二泼。已往曰过头。热物曰顿。热酒曰汤。(去声。)遮拦曰挡。贮物曰坐。盖曰匦。满足曰𪉞。浮曰余。(音吞上声。)流曰淌。帛薄曰浇。泻曰筛。稠曰网。疏曰稀。首饰曰头面。鞋曰脚手。衣曰身命。器曰家生。物曰牢曹。住处曰窠座。夹室曰落叶。屋旁曰山头。阶磴曰疆磜。断港曰浜。箸曰快。女人拜曰屈。(去声。)戏谑曰顽、曰抄、曰搂,东北乡曰溃。闲游曰白相,亦曰闯。手记曰巾。子女曰大细。男曰囝。(音暖平声。)女曰囡。(音暖去声。)奴曰猴子。婢曰丫头。妾曰姬娘。内姊妹之夫曰联襟。谓人之仆曰鼻头。随母再嫁者曰他有名。(俗呼如拖油瓶。)呆谓之犰。呆谓之度。(入声。)媚于人者曰箆片。拙于逢时曰秋。富人曰财主、曰从容。不循理曰蛮门。事难理曰累坠,又为偻兜。诱人成事曰撺掇。不认曰赖。偿物曰赔。习声歌者曰清客。作事无据曰没雕当。(入声。)好为张大曰摆架子。眼作细缝曰买斜。(音弥妻。)目脂曰眼眵。体肥曰胖。体瘦曰清减。不豪爽曰敕戾。(音练简。)纠缠曰噜唆。悔心曰懊侬。犯上曰冲撞。事烦琐曰秕细。物秽曰麀糟。积秽曰垃圾。(音勒塞。)衣服破曰褴褛。袖笼手曰相笼松。太甚曰忒煞。物不中程曰獭㹨头。物不适用曰呆剩货。物下垂曰离提。(音如。)不满人意曰促恰。物不鲜润曰干瘪。腻曰酾酽。托他人名以取物曰顶泛供。(音龚。)据地行曰蓌。细行曰趑。(音色。)相触曰碰。倚物曰戤。提物曰拎。掷物曰殿(音真。)亦曰掼。

手扳曰扐。（音宕入声。）手握曰挼。（音尊。）爪掐曰扚。（音的。）去涕曰擤。（音狠。）平曰戬子。酒壶曰注子。蟋蟀曰赚绩。杓曰调羹。物已卖再卖曰楼上楼。雾曰迷路。

豕曰狋狋。少曰零星。全曰齐当。整物使洁曰撇打。犁曰铁篦。锄曰耩头。针曰引线。髻曰纂。装潢曰裱褙。筐曰篮。舂米曰碓。醋曰秀才。净花曰缛子。卖买曰生意。虹曰鲎①。围曰圩。认曰绍。授为胄。江为冈。疟为疼。泰为忒。水为暑。霞为华。厉为赖。积为际。（如柴际之类。）癞为瘌。（音腊。）愈为越。揭为杰。团为突栾。孔为窟笼。圈为屈挛。精为即零。壶为葫芦。䍩䍩曰波波。（今俗又呼）䀎䀎。鼾鬼为举。大为惰。二为腻。归龟为居。姊为姐。缘为沿。姥为妈。格为阁。捉为捏。懑为闷。盘搏为剥。浦为步、为埠。者为这。核桃为胡桃。幺邪为歪。熨斗为云斗。坫为店。尺为察。赤拆亦为察。烹庚更彭朋棚盲争铮撑生声行横羹坑，并阳韵。石白百伯宅格客额择迫拍陌麦吓魄，并药韵。梗，养韵。晏，翰韵。

以上方言通俗者。

嘉定县

古称三侬之地，谓自称曰我侬，称人曰你侬，谓他人曰渠侬也。时俗称谓与州境略同，惟音节稍带南音。至于清浊之异，则随人性而殊。

宝山县（与嘉定同）

崇明县

邑旧隶扬州，故以苏郡为江南，今犹相沿不改。称人杂曰三州七县，亦以隶扬州，故相仍。栽秧者谓之莳秧相公、养生，故重之。舵工谓之老大，则一船之司命也。体寒而震谓之扈竹抖。自称曰侬，亦曰壮。走曰躟。其余悉同。

按方言之辩，原为官斯土者听讼而设，人情之真伪，事物之繁赜，胥于是乎在一苟言语不通，听辞者曷赖焉？释方言，所以通娄于天下也。州属僻在海隅，尤多俚俗之语，采诸旧志，缀以近闻，非谓委巷丛谈遂无关乎政治也。①

（十七）清嘉庆《吴门补乘》

钱思元纂，钱士锜补辑。嘉庆八年纂，二十五年补辑。苏州旧称吴门。"风俗"见卷一《风俗补》。录文据嘉庆二十五年刻本《吴门补乘》。

> 吴下方言已详郡邑志，然尚有当记者。如：
> 呼妇人曰女客。（《高唐赋》："妾巫山之女也，为高唐之客。"）
> 打亦谓之敲。（《左传》："执其戈以敲之。"）
> 刺亦谓之擉。（《庄子》："冬则擉鳖于江湖。"）
> 相连曰连牵，亦曰牵连。（《晋书·五行志》："符坚初，童谣曰：阿坚连牵三十年。"《淮南子》："以摸苏牵连物之微妙。"）
> 折花曰拗花。（元微之诗："今朝谁是拗花人。"）
> 言人逞独见而多忤者㑥㑰。（音如列的。《汉书》："㑥㑰而无志节。"）
> 言人无所可否而多笑貌者曰墨㐅。（音如迷痴。《俗呼小录》作眉西。出《列子·力命篇》。）
> 言人胸次耿耿曰伿拟。（音如炽腻。司马相如赋："仡以伿拟。"）
> 言人无用曰不中用。（《史记·秦始皇本纪》："始皇怒曰：吾前收天下书不中用者尽去之。"）
> 言人聆言不省曰耳边风。（杜荀鹤诗："百岁有涯头上雪，万般无染耳边风。"）
> 人有病曰不耐烦。（刘宋《庾炳之传》："为人强急不耐烦。"）
> 谓人之愚者曰不知蒛䓴。（《尔雅》："蘱，蒛䓴"注："似蒲而细。"不知蒛䓴者，即不辨菽麦意。）
> 习气曰毛病。（黄山谷《刀笔》云："此荆南人毛病。"）
> 物不洁曰鏖糟。（《前汉书·霍去病传》注："尽死杀人为鏖

---

① 曹小云、曹嫄辑校：《历代方志方言文献集成》（第3册，上海市江苏省），北京：中华书局2021年版，第2067—2076页。

糟。"盖血肉狼藉意。）

言戏扰不已曰㦬。（音如衺去声。嵇叔夜书："㦬之不置。"）

小食曰点心。（《能改斋漫录》："唐郑傪夫人云：'我未及餐，尔且可点心。'"）

憎人而不与接曰不睬。（《北齐书》："后不睬轻霄。"）

以网兜物曰揩兜。（揩，呼孩切，音海平声，见《类聚·音韵》。）

诱人为恶曰撺（平声）掇。（见《韵会小补》。）

疾速曰飞风。（唐制：凡杂马送上乘局者，以风字印印右髀，以飞字印印左髀。）

胡说曰扯谈。（宋时梨园市语。）

问何人曰陆顾。（吴中陆、顾两姓最多，故以为问。）

言人举止仓皇曰麕獐马鹿。（盖四物善骇，见人则跳跃自窜，故以为喻。）

又《俗呼小录》载："忍谓之慭。足谓之穀。移谓之捅。"（按《集韵》，捅，他孔切，进前也，引也。）热物谓之焞。熟酒谓之锡。泻酒谓之筛。遥相授受曰胄。干求请托谓之钻。断港谓之浜。鸟兽交感，鸡鹅曰撩水，余鸟曰打雄，蚕蛾曰对，狗曰练，蛇曰交。窍谓之洞。概谓之荡。通称一顿。（《世说》："欲乞一顿食"，《汉书》："一顿而成"，《唐书》："打汝一顿"。）语物事曰牢曹。疟疾曰愕子。俗牵连之辞，如指某人至某人、某物及某物皆曰打。（按，张晋公诗："赤洪崖打白洪崖。"俗作入声，读如笪。）事在两难曰尴尬。

广中俗字最多，如㘴、稳。𡕢、矮。㞒、亦音矮。夭（勒之类），见范石湖《桂海虞衡志》。吾苏亦有之，如谓积秽物曰垃圾，音腊闸。谓人能干曰啤（亦作吟）嗻，上音如厍平声，下音遮。垃字、啤字不载字书。圾，《集韵》同岌，危也；嗻，《类篇》多言也，其解不同。又物残缺不齐曰齾齼，上颜入声，齼下残入声。又齾齼二字，俱五辖切，上字齿缺也，下字器皿缺也。四字见《俗呼小录》。①

---

① 曹小云、曹媛辑校：《历代方志方言文献集成》（第 3 册，上海市江苏省），北京：中华书局 2021 年版，第 2173—2176 页。

（十八）清道光《虞乡志略》

邓林纂。虞乡,今江苏省苏州市常熟市的旧称,本志指旧常熟、昭文二县。"方言"见卷八。录文据道光二十年钞本《虞乡志略》。

人之囿于方言,非特五方也。同一吴语,而郡邑异之,乡城异之,界于他邑之边鄙者又异之,大抵口与耳相因,或袭古义,或讹土音,其所由来久矣。

如相谓曰侬。谓不慧曰呆,俗又曰呆。谓不任事曰缩肭。《汉书·五行志》:"王侯缩肭。"谓嬉戏曰薄相。薄音勃。谓机巧曰儇利,乡音讹为还赖。谓睡声曰唔涂,北人谓之打呼,吴人则曰打唔。唔涂二字疑即呼字之反切。谓葺理整齐曰修妮。妮音捉。《唐书》:"中和二年,修妮部伍。"谓搬运曰搋。搋,力展切。《南史》:"何远为武昌太守,以钱买井水,不受钱者,则搋水还之。"今吴语搬场搋水。谓以鹾腌物曰盐。去声。《礼记·内则》:"屑姜与桂,以洒诸上而盐之。"谓指镮曰手记。郑康成《诗笺》云:"后妃群妾以礼御于君所,女史书其日月,授之以镮,当御者著左,既御者著右。"今俗亦呼曰戒指。谓绦帅之蕊为苏头。晋挚虞云:"流苏者,缉鸟尾,垂之若流然,以其蕊下垂,故曰苏。"谓苇席曰芦蘧。谓虹曰鲎。鲎,许候切。嘲笑人曰阿唅唅,亦为招呼之词。助语词曰子、曰哉、曰且(且音嗟)。曰那。若声之转而讹者,呼儿曰倪,呼章曰滅,呼吴曰洪,呼季曰倨,呼归曰居,呼王曰巷平声,呼弹曰团,皆虞邑之方音也。(县志。)①

（十九）清道光六年活字本《双凤里志》

时宝臣纂修。双凤里,今江苏省苏州市太仓市双凤乡。"方言"见卷一《地域志》中。录文据道光六年活字本《双凤里志》。

凡方音随地而分,而犬牙相错处,时杂出于他邑。吾里旧隶常

---

① 曹小云、曹嫄辑校:《历代方志方言文献集成》(第3册,上海市江苏省),北京:中华书局2021年版,第2051—2052页。

熟,南数百步越寺泾即昆山。后分隶太仓,西北三里即常熟(今为昭文),直西五里即昆山(今为新阳),方音每错见焉(常音儴,昆音轻,太音滞),并有一字数音、一物数称者,皆以地滨两邑故耳。①

(二十) 清道光《苏州府志》

宋如林等修,石韫玉纂。苏州府,辖境包括吴县、长洲、元和、昆山、新阳、常熟、昭文、吴江、震泽九县和太湖厅。府治在吴县,即今江苏省苏州市吴中区。"风俗"见卷二。录文据道光四年刻本《苏州府志》。

吴谓善伊谓稻缓。(《春秋谷梁传》。)谓来为厘。(《吴郡志》:"本陆德明'贻我来牟''弃甲复来'皆音厘。德明吴人,岂遂以乡音释注?或自古本有厘音邪?")谓罢必缀一休字,曰罢休。(《史记》:"吴王谓孙武曰:'将军罢休。'")相谓曰侬。(自称我侬,称人你侬、渠侬。隔户问人云"谁侬"。《湘山野录》记钱武肃王歌云:"你辈见侬的欢喜,在我侬心子里。")谓中州人曰伧。(《晋书·周玘传》:"害我者,诸伧子也。")谓不慧曰呆。(《唐韵》:"小呆大痴,不解事者。")谓虹曰鲎。(鲎,详候切。)谓嬉劣曰薄相。(薄音教。)谓不任事曰缩朒。(《汉书·五行志》:"王侯缩朒。")骂佣工曰客作。(《汉书·匡衡传》:"衡乃与客作,而不求价。")谓贪纵曰放手。(《后汉书》:"残吏放手。")谓钱之美者曰黄撰。(撰与选同。《史记·平准书》:"白金三品,其一曰重八两,圜之,其文龙,名曰白选。"钱乃铜造,故云黄撰。)谓涤悦之垂曰苏头。(晋挚虞云:"流苏者,缉鸟尾,垂之若流然。以其蕊下垂。故曰苏。")谓葺理整齐曰修娖。(娖音捉。《唐书》:"修娖部伍。")谓当筵犒赏曰喝赐。(唐时娼妓有缠头喝赐。)谓责人而姑警之曰受记,责人曰数说。(如汉高之数项羽。)谓语不明曰含胡。(《唐书·颜杲卿传》:"含糊而绝。")谓机巧曰儇利。(乡音讹还赖。)谓指镮曰手记。(《诗》郑笺:"后妃群妾以礼御于君所。女史书其日月,授之以镮。当御者着于左手,既御者着于

---

① 曹小云、曹嫄辑校:《历代方志方言文献集成》(第3册,上海市江苏省),北京:中华书局2021年版,第2103页。

右手。"今俗亦称戒指。)谓暖酒曰急须。(《菽园杂记》:"急须,饮器也。赵襄子杀智伯,漆其头为饮器。"注:饮,于禁切,溺器也。今人误以暖酒为急须,盖饮字误之耳。俗又讹为滴苏。)谓以醝腌物曰盐。(去声。《内则》:"屑姜与桂,以洒诸上而盐之。")谓般运曰揰。(力展切。《南史》:"何远为武昌太守,以钱买井水,不受钱者,揰水还之。")谓不偶傥为眠娗。(《列子》"眠娗諈诿"注:眠,莫典切。娗,徒典切。瑟缩不正之貌。)谓凑合无罅曰吻缝。(吻,美韵切,合唇也。缝,去声。唇合无间。)谓甓曰甋砖。(《尔雅》:"瓴甋谓之甓。"注:"甋砖也。")谓苇席曰芦蒢。(宋琅邪王敬胤遗命,"以一芦蒢藉下。")谓众多曰多许。(许字音若黑可切。谓所在亦曰埸许。)语尾每曰那。(那,乃贺切《后汉书》:"公是韩伯休那?")谓有事曰事际。(《南史》:王晏专权,帝虽以事际须晏,而心恶之。)谓死曰过世。(《晋书·秦苻登传》:"陛下虽过为神。")嘲笑人曰阿詹詹。(亦招呼声。)谓冷热适中曰温暾。(唐王建诗:"新晴草色暖温暾。")谓发黏曰胴。(胴音织。《周礼·考工记·弓人》注:"橪,脂膏胴败之胴。胴亦黏也。"疏:"若今人头发有脂膏者,则谓之胴。")谓物之不齐曰参差。(参音如仓含切,差音如仓何切。亦云七参八差。)谓恶少趫捷曰伙飞。(伙音侧。《汉书》谓侠飞,即此。)事已了、将了皆曰哉。(常熟曰且,音若嗟,即诗中句尾助字。吴江曰寒,疑即《楚辞》之发语声。)谓走曰奔。(昆山曰跌,常熟曰跑,吴江曰跳。)谓睡声曰惛涂。(北人曰打呼,惛涂疑即呼字反切。)孔曰窟笼。团曰突栾。侦视曰张。看曰望。差曰钝。扶曰当。(去声。)按曰钦。(去声。)转曰跂。浮曰吞。(上声。)流曰倘。盖曰匦。捧曰掇。藏避曰伴。藏物曰园。稠密曰猛。积物曰顿。布帛薄者曰浇。门之关曰闩。美恶兼曰暖。见陵于人曰欺负。非常事曰咤异。喜事曰利市。忧事曰钝事。下酒具曰添按。物完全曰囫囵。揖曰唱喏。阶级曰僵碌。所居曰窠坐。托盘曰反供。此处曰闲边。彼处曰个边。作事无据曰没雕当。(去声。)谓人不能曰无张主。不便利曰笨,亦曰不即溜。自夸大者曰卖弄。事之相值曰偶凑。六畜总曰众(作平声)生。数钱五文曰一花。觅利曰赚钱。锄地曰倒地。首饰曰头面。鞋袜曰脚手。器用曰家生,亦曰家伙。常熟谓何人曰㪇个。(《诗》:"㪇不作人。"注:"㪇,何也。")灰韵入支。(即来为厘之类。)支韵入齐。(儿为倪之类。)庚韵入阳。(羹为冈之类。)虞韵入麻,又入东。(小儿为孥儿之类,常熟以吴塔为红塔。旧志。)

吴下方言已详旧志,然尚有当记者。如:

呼妇人曰女客。(《高唐赋》:"妾巫山之女也,为高唐之客。")打亦谓之敲。(《左传》:"执其戈以敲之。")刺亦谓之擉。(《庄子》:"冬则擉鳖于江湖。")相连曰连牵,亦曰牵连。(《晋书·五行志》:"符坚初,童谣曰:阿坚连牵三十年。"《淮南子》:"以摸苏牵连物之微妙。")折花曰拗花。(元微之诗:"今朝谁是拗花人。")言人逞独见而多忤者曰㚥㚲。(音如列的。《汉书》:"㚥吉而无志节。")言人无所可否而多笑貌者曰墨屎。(音如迷痴。《俗呼小录》作眉西,出《列子·力命篇》。)言人胸次耿耿曰㐲拟。(音如炽腻。司马相如赋:"仡以㐲拟。")言人无用曰不中用。(《史记·秦始皇本纪》:"始皇怒,曰:吾前收天下书不中用者尽去之。")言人聆言不省曰耳边风。(杜荀鹤诗:"百岁有涯头上雪,万般无染耳边风。")人有病曰不耐烦。(刘宋《庾炳之传》:"为人强急而不耐烦。")谓人之愚者曰不知蒚董。(《尔雅》蒚注:"似蒲而细。"不知鼎董者,即不辨菽麦意。)习气曰毛病。(黄山谷《刀笔》云:"此荆南人毛病。")物不洁曰鏖糟。(《前汉书·霍去病传》注:"尽死杀人为鏖糟。"盖血肉狼藉意。)言戏扰不已曰㘝。(音如袅去声。嵇叔夜书,"㘝之不置。")小食曰点心。(《能改斋漫录》:"唐郑傪夫人云,'我未及餐,尔且可点心。'")憎人而不与接曰不睬。(《北齐书》:"后不睬轻霄。")以网兜物曰㨞兜。(㨞,呼孩切,音海平声,见《类聚·音韵》。)诱人为恶曰撏(平声)掇。(见《韵会小补》。)疾速曰飞风。(唐制,凡杂马送上乘局者,以风字印印右髀,以飞字印印左髀。)胡说曰扯谈。(宋时梨园市语。)问何人曰陆顾。(吴中陆、顾两姓最多,故以为问。)言人举止仓皇曰麕獐马鹿。(盖四物善骇,见人则跳跃自窜,故以为喻。)《俗呼小录》载,"忍谓之熬。足谓之穀。移谓之捅。"(按《集韵》捅,他总切,进前也,引也。)热物谓之顿。热酒谓之铴。泻酒谓之筛。遥相授受曰胄干。求请讬谓之钻。断港谓之浜。鸟兽交感,鸡鹅曰撩水,余鸟曰打雄。蚕蛾曰对。狗曰练。蛇曰交。窍谓之洞。概谓之荡。通称一顿。(《世说》:"欲乞一顿食。"《汉书》:"一顿而成。"《唐书》:"打汝一顿。")语物事曰牢曹。疟疾曰愕子。俗牵连之辞,如指某人至某人、某物及某物,皆曰打。(按张晋公诗:"赤洪崖打白洪崖。"俗作入声,读如笪。)事在两难曰尴尬。

广中俗字最多,如夎(稳),矞(矮),裵(亦音矮)。奀(勒)之类,见范石湖《桂海虞衡志》。吾苏亦有之,如谓积秽物曰垃圾,音腊闸。谓人能干曰啤(亦作吟)嗻,上音如库平声,下音遮。垃字、啤字不载字书。圾,《集韵》同岌,危也;嗻,《类篇》多言也,其解不同。又物残缺不齐曰颥齹,上颜入声,下残入声。又齺齹二字,俱五辖切,上字齿缺也,下字器皿缺也。四字见《俗呼小录》。(以上《吴门补乘》。)①

(二十一) 清道光《昆新两县志》

张鸿等修,王学浩等纂。昆新,指昆山、新阳。昆山,今江苏省苏州市昆山市。新阳,雍正时从昆山中析置,民国初又并入昆山县。"方言"见卷一《风俗》。录文据道光六年刻本《昆新两县志》。

方言之近古者。

语了曰哉,(多见经传。)又曰且。(《诗经》:"只且""狂且"。)语余曰那。(《世说》:"公是韩伯休那?")不曰弗。不慧曰呆。(《唐韵》:"小呆大痴。")粗蠢曰笨。(音朋去声。《宋书·王微传》亦有"粗笨"之语。)指人曰其,又曰伊。多见经传。称我曰侬。《湘山野录》:"《钱王歌》:'在我侬心子里。'"满足曰縠。(弓满也。)以肩举物曰捷。(出《史记》,音乾。)打击甚曰鏖。(《汉书·霍去病传》:"合短兵,鏖皋兰下。"颜注:"鏖者,苦击而杀之。")种苗曰莳。(古

---

① 曹小云、曹嫄辑校:《历代方志方言文献集成》(第 3 册,上海市江苏省),北京:中华书局 2021 年版,第 2023—2027 页。

注:"植也。")热酒曰汤。去声。《集韵注》:"热水灼也。"缺齿曰齼。见韵书。牛瞎切。以醝腌物曰盐。(出《礼记·内则》。去声。)吃食日嚃。(出《礼记》,大啜也。)两手取物曰掇。(见《易经·说卦》。)盖物曰碱,亦曰匧。(出《汉书》。)十五日曰月半。(出《礼记》。)数人罪过曰数说,又曰抚选。《左传》:"弗去,惧选。"杜注:"选,数也。"污秽曰恶臭。(见《大学》。俗音臭近触。)劳苦曰擗仆。(《孟子》:"仆仆尔亟拜。")整理曰修妮。(《唐书》:"修妮部伍。")不舒展曰缩朒,退后亦曰缩朒。《汉书·五行志》:"王侯缩朒。"佣工曰客作。(《汉书·匡衡传》:"乃与客作。")饭粒曰米糁。(桑感切。《庄子》:"藜藿不糁也。")厚砖曰甋砖。(《魏书·扈累传》:"以甋砖为障。")众多曰多许。(《隋书》:"天下何处有多许贼?")人物作闹声曰击毂。(《国策》:"车击毂。")热不透曰温暾。(《楚辞》:"暾将出兮东方。")物相类曰一样能。(《汉书》:"不相能。"谓不相合也。能取相合意。)畏惧曰寒毛卓卓贤。(《晋书·夏统传》:"不觉寒毛尽戴。")人死曰过世。(《晋书·秦苻登传》:"陛下虽过世为神。")如此曰是盖。

异古异他方而义稍通者。

看曰张、曰望、曰睃。藏曰圹。或作园(取深穴意)。忍曰熬。(取煎迫意。)转曰跋。(取移足意。)贮物曰坐。(取放下意。)置物曰安。(取平稳意。)移物曰捅。(取挪动意。)积物曰顿。(取顿舍意。)布帛薄者曰浇。(浇,亦薄也。)点茶酒曰筛。(取出物意。)折纸曰夭。(夭,亦折也。)以杓取水曰舀。(遥上声。《字汇》:"杵,臼也。"盖借用之。)指物曰那。(拿去声。犹言那个。)戏谑曰蛮(鄙俗之意)。又曰草(率略之意)。又曰搂(牵惹之意)。又曰取笑(俗音楚笑)。躲避曰畔。速往曰跌。门之关曰闩。垂曰困。(取偃伏意。)睡声曰惛涂。天明曰天亮。巧曰搂搜,亦曰尖钻。(皆取得窍意。)伶俐曰即溜。自夸曰卖弄,曰说嘴,亦曰喇天。能干事曰在行,亦曰在道。事幸相值曰偶凑。数说人过曰差削,亦曰牙钝。骗人曰串局。受骗曰上档。强出尖曰行霸。屈抑人曰郁捺。谢人曰聒噪(取搅扰意)。亦曰打搅。帮话曰搭嘴。可怪事曰咤异。心不定曰鹘突。怠惰曰邋遢。取阘茸意。富曰从容。取宽展意。事可喜曰利市，亦曰造化。物完全曰囵囫。事完全曰连牢，又曰结题。事决裂曰了哉。悔气曰不色骰，亦曰倒运。得利曰赚钱。聚小成大曰疋当。些微曰粒屑。安身处曰窠坐。此处曰该边。彼处曰个边。在曰来到。（取不去意。）日曰日头。（取尊阳意。）月曰月亮。（取明照意。）男人揖曰唱喏。（声喏之意。）女人拜曰屈。（俗作上声，取屈曲意。）首饰曰头面。（取饰容意。）托盘曰反供。家伙曰家生。阶级曰礓磙。锄地曰倒地。呼六畜曰众生。数钱五文曰一花。（取五瓣意。）藐视物之多曰夥勪。（《集韵》："夥勪，物未精也。"）事无碍曰不反道。昏愚曰懵懂。谎言曰捣鬼。作事不清楚曰腻夹夹。

彼此错误曰两双闪。天微明曰乌昽昽。不料事曰喇嘛。（西域名，亦取蛮意。）作事无据曰没雕当，又曰无影子。诮人夸张曰摆架子，又曰摆摊。此所以曰呼吸道。（语意相应。）自主意曰杜田。（万峰禅师偈曰："七十九年，一味杜田。悬崖撒手，白日昊天。"）

异古异他方而义难通者。

执物曰当。去声。按物曰擎。掷物曰豁，又曰虱。当入声。摸物曰搂。热物曰顿。物浮曰籴。吞上声。稠密曰猛。妄语曰赵。（妄语谓喜造言生事，当是造字，音误为赵。）痴曰铎。（明郑文康有友十人，忌者呼为十铎。）怒曰气。上曰浪。（如言书上、台上，则曰书浪台浪。）货之低曰邱，亦曰邹。何人曰啰个。何物曰㗗个。那里曰啰里。怎的曰那涝，又曰那哼。在此曰来里。何说曰那话。刚才曰姜才。状貌曰意里。纠缠曰累堆。苛细曰兜搭。嘲笑曰阿㑳㑳。不洁曰喇搭。一番曰一泼。几番曰头泼、二泼。闲游曰白相。秽杂曰拉撒。有能曰本事。事难处曰尴尬。沮事曰打破句。多事曰掀格喇。物多曰一拍喇。滴曰帝。

反言者。

神气不振曰葳蕤。（本草木荣盛意。）举筋曰按。宰牲曰活。

名不正者。

呼侄为孙。呼外孙为甥。呼曾孙为元孙。呼父为老土地。呼母为阿妈。呼神道为佛、为菩萨。呼医生为郎中。呼锓工为待诏。呼鱼肉为菜蔬。

讳言而变其名者。

讳散呼伞曰竖笠。讳极呼屐曰木套。讳离呼梨曰秋白。讳没呼抹布曰展布。讳死呼洗曰净。讳滞呼箸曰快。讳挫呼醋曰秀才。

借喻者。

帮闲者曰篾片。软弱者曰衣皮。瞒人者曰抡眼皮。闯席曰吹木屑。伺隙加害曰踢痛腿，又曰踏沈船。武断曰横撑船。插入事中曰夹蒿撑。附和曰一窝蜂。无用曰水统蟹。醵钱共饮曰扛柜。许物不偿曰拔短梯。轻易举事曰捷木梢。状人狠戾曰横牙神。妇人健争曰磕枪头。懊悔曰借尸还魂。外貌好曰金漆马桶。无知曰黑漆皮灯笼。

翻语为字者。

团为夺栾。孔为窟窿。盘为跋栾。精为即零。村为秋根。讥人村俗也。呼为唔涂。

音存古而异于他方者。

儿音同倪。又音同亦。死音同洗。大音同惰。作音同做。兄音同况。鬼音同举。归龟音同居。争音侧羊反。他如，烹庚更彭朋盲撑铮声生甥笙牲行横羹耕坑莺樱鹦橙等并作阳韵，梗养韵之硬梗盛并作泳韵，石白百宅尺赤折格客射额择掷迫拍陌麦吓双画碛责等并作药韵，开口呼。

音异他方而非古者如。

水为暑。税为世。授为冑。诏为召。江为刚。葵为藘。人为迎。赊为沙。遮为诈。平声。蛇为茶。伤为丧。忘为忙。尝为藏。王为降。降为杭。壬为迎。耳为你。二为腻。取为楚。贵为句。孝为好。去声。让为酿。唱为仓。去声。肉为恶。觉为阁。日为蹑。月为额。热为业。物为末。铁犁为铁赖，亦作铁搭。枇杷为弼杷。庄为臧。疟为愕。吹为痴。

字音口诵不正者。

之支并作兹。诗作思。章为妆。文为焚。纸为子。是为士。旨为梓。卓琢并为竹。剥为卜。万为饭，晚为凡。徐为齐。无为符。武为拊。胡为何。吕为李。问为忿。爱为碗。赏为爽。(外此如微惟、朱诸之类，尚不可枚举。)

音异而字亦讹者。

围为圩。都为保。鄙为啬。愈为越。太为忒。晃为夼。剑为及。一带为一答。恼鸦为老鸦。(恼鸦与喜鹊对，悮作老鸦。)①

(二十二) 清道光《璜泾志稿》

施若霖纂修。璜泾，在今江苏太仓市。"方言"见卷一《风俗志》。有道光十年钞本。录文据民国29年铅印本《璜泾志稿》。

按，以得为登，以来为离。五方之民，言语不通。固宜会意以谐声，假借以转注者也。张受先志方言，分类注释最为精当，冯氏本其文稍广之，而去其里中所无者。

呼父曰阿爹，亦曰爹爹。(韩文："阿爹阿八。")

呼母曰阿妈，亦曰妈妈。(《博雅》："妈。母也。")

呼兄曰哥。(《韵会》："颍川语小曰哥。"今以配姐字，为兄弟之称)。

弟妻谓夫嫂曰大姆，兄妇谓弟妻曰阿婶。(吕祖谦《紫微杂记》："吕氏母母受婶房婢拜，婶见母母房婢拜，即答。"今俗兄妇呼弟妻曰婶，弟妻呼兄妇曰姆姆，即母母也。)

呼妻兄弟曰舅。(《楚策》："李园不治国，王之舅也。"按园于考烈王为妻兄，而云舅，当如今郎舅之谓。)

毛曰寒毛。(《魏书·夏统传》："闻君之谈，不觉寒毛尽戴。")

面曰面孔。(唐《传信记》："面目不似胡孙。")

喉咙曰胡咙。(《诗》："狼跋其胡。"胡，颔下垂肉。《汉·金日磾传》："捽胡投何罗殿下。"晋灼曰："胡，颈也。"胡咙亦可作咙胡。

---

① 曹小云、曹嫄辑校：《历代方志方言文献集成》(第3册，上海市江苏省)，北京：中华书局2021年版，第2115—2120页。

《后汉·五行志》童谣云:"吏置马,君具车,请为诸君鼓咙胡。")

以手执人曰捽。(音恻。《左传》:"捽而出之。")

以手挤人曰捘。(音尊去声。《左传》:"捘卫侯之手及腕。")

以手搬物曰揵。(《南史》:"何远为武昌太守,以钱买井水,不受钱者,揵水还之。")

以手摘高曰扳。(《公羊传》:"扳隐而立之。")

以肩举物曰捷。(《后汉》:"捷弓鞬九鞬。")

横关对举曰扛。(《史记》:"力能扛鼎。")

以物敖粲曰糁,米之零碎者亦曰糁。(《庄子》:"藜羹不糁。")

以物相偿曰赔。(即古备字。《北齐书》:"高欢立法,盗私家十备五,盗官物十备三。后周侵盗仓库,虽经赦免,征备如法。")

以布濯器曰幡布。(《晋书》云:"不见酒家幡布乎?"今俗呼幡布亦曰抹布。)

以醝腌物曰盐。(去声。《内则》:"屑桂与姜,以洒诸上而盐之。")

两合无漏曰吻。(《庄子》:"为其吻合,置其滑湣。")

得财曰利市。(《易》。)

事已然曰哉。语尾缀声曰且。(音嗟。俱见《诗》。)

责人曰数说。(《左传》:"乃执子南而数之。")

目人不正曰差路。(唐诗:"枯木岩前差路多。")

人习气曰毛病。(黄山谷《刀笔》曰:"此荆南人毛病。")

语不明曰含胡。(《唐书》:"颜杲卿含胡而绝。")

性急曰卒暴。(《汉·陈汤传》:"兴卒暴之师。")

不任事曰缩朒。(《五行志》:"王侯缩朒。")

非常曰佽事。(见杨子《方言》。《说文》:"奇佽,非常也。")

事已了曰罢休。(《史记》:"吴王谓孙武曰:'将军罢休。'")

速曰流水。(汉明德皇后曰:"车如流水。")

隐避曰畔。(陈后主时谣曰:"齐云观,寇来无处畔。")

事不实曰秕。(《国语》:"军无秕政。")

物寒暖适中曰温暾。(王建诗:"新晴草色暖温暾。")

整茸曰修妮。(《唐》:"中和二年,修妮部伍。")

平稳曰妥帖。(杜诗:"千里初妥帖。"韩诗:"妥帖力排奡。")

名屋上窗曰天窗。(《鲁灵光殿赋》:"天窗绮疏。")

柜有板匣曰抽替。

凳之长者曰春凳。(《事物绀珠》:"凳,长跳坐器,有春凳、靠凳。")

凳之小者曰马机。(钱世昭《钱氏私志》:"贤穆有荆雍大长公主金撮角,红藤下马机子。国朝贵主乘马,故有之。")

望曰月半。(见《礼记》。)

生曰出世。(见一物出世。)

揖曰唱喏。(宋以前揖必声喏,妇女亦然。)

以事订人曰丁一确二。(盖取着实不爽之意。朱子《语录》有之。)

责人而姑警之曰受记,亦曰摩顶受记。(盖袭释氏之词。今讹记字为句。)

右皆方言而见之传记者也。

看曰张。执物当两手曰掇。卧曰困。藏曰囥。移曰圊。贮曰坐、曰安、曰放、曰摆。忍曰熬。按曰钦。(去声。按五代时曾有此语:"齐主萧道成,人有罪辄付桓康揿杀之。")助曰帮。妄语曰赵。(《尔雅》:"休,无实李",注:"一名赵李。"为李。郭无实,似即此义。)给人曰黄六。(王氏萱云:"黄巢行六而多诈,故云。"未知是否。)自恼而恼人曰桓灵。(东汉桓帝、灵帝无道,故人以为戒。未知是否。)积物曰顿。热物亦曰顿。热物曰汤。(去声。)遮蔽曰汤。避曰躲。盖曰匦。浮曰吞。(上声。)写曰筛。稠曰猛。喜事曰造化。忧事曰痗气。贸易得利曰赚。不得利曰赶本。巧曰尖钻。弱曰尵㥮。苛细曰兜搭、曰累坠。机变曰凶、曰乖、曰唧嚁。(《元亭闲话》云:俗人不识字,称人子弟曰凶、曰乖,其意为美词,而不知相反也。)无着落曰魕尬。作事无畏避曰太。(上声。)作事有能干曰跡。羡人作事铺张曰气盖。事之相值曰偶凑、曰有凑头。憎人管事曰闲穷健。憎人多事曰见有做。走曰跑。疾走曰奔、曰跌。首饰曰头面。鞋袜曰手脚。器用曰家生。六畜统名曰众(平声)生。物曰牢曹。住处曰窠坐。夹室曰落叶。箸曰筷。(平声。)断港曰浜。锄地曰倒地。女子揖曰屈。(平声。)闲游曰白相。戏人曰搂、曰稿。父子曰贤两个。数钱五文曰一花。一番曰一泼,有几番曰头泼、二泼。已往曰过断,亦曰过头。非常曰利害,亦曰交锋。

右皆不见之古书者也。

团为突乐。孔为窟笼。精为即零。呼为唔涂。

右皆翻语为字者也。

兄与倪同。又与以同。死与洗同。争,侧羊反。晷鬼皆音举。大音惰。归龟叶居。兄音况。那去声。烹庚更彭朋盲莺撑铮生声成轰行横羹坑,并阳韵。石白百柏伯宅尺赤格各额择迫拍陌麦吓,并药韵。梗,养韵。晏,翰韵。

右皆方音存古者也。

认为绍。授为胄。江为冈。疟为愕。商为丧。泰为忒。水为暑。霞为华。男为暖。(平声。)积为际。(如柴际之类。)铁犁为铁懒。儇利为还赖。手记为巾。熨斗为云斗。糊涂为鹘突。相为厮。(入声。)枇杷音弼杷。二字唐人已然。

右皆音转者。

围为圩。厉为癞。癞为辣。愈为越。揭为杰。(平声。)浦为步,又为埠,又或音蒲。儍音碎。者为这。姊为姐。顿踬为钝置。核桃为胡桃。

右皆音转而字亦转者。

废格为阁。捝为捏。懑为闷。缘为沿。盘博为剥。依为捱。幺邪为歪。姥为姆。坫为店。捌为泼。喷为哄。

右皆音不转而字误者。(州志以上。)

呼巷曰弄。背呼人曰伊。体肥为胖。(普谤切。)呼鳡胖(平声)头鱼。不委曲曰直笼统。应人呼曰来厘。(冯氏补。)①

---

① 曹小云、曹嫄辑校:《历代方志方言文献集成》(第 3 册,上海市江苏省),北京:中华书局 2021 年版,第 2096—2102 页。

（二十三）清道光《江阴县志》

陈廷恩修,李兆洛等纂。江阴县,即今江苏省无锡市江阴市。"方言"见卷九《风俗》。录文据道光二十年刻本《江阴县志》。

  虹曰鲎。坎曰潭。孔曰洞。支港曰浜。堂庭曰天井。箸曰快。托盘曰反供。饮食曰吃。器物曰家生、曰末事。觋人曰张。足曰毂。何物曰到则、曰舍个。如何曰那呢。六畜曰中牲。

  认曰侫。扶曰档。捧曰掇。首饰曰头面。翟姓曰宅。盛姓曰绽。章姓曰臧。季姓曰据。吴姓曰洪。儿曰倪。归曰居。大曰杜,惟大黄、大蒜、大麦曰代。学曰斛。①

（二十四）清同治《盛湖志》

仲廷机纂。同治十三年修。盛湖,指盛泽,今江苏省苏州市吴江区盛泽镇。"方言"见卷二。录文据民国14年覆刻吴江仲氏本《盛湖志》。

  古称吴为东夷,其言缺舌。然语皆有本,举其大略。

  如相谓曰侬。(隔户问人曰"谁侬",应曰"我侬",视之乃识,曰"却是你侬"。指他人而称之曰"渠侬"。出《湘山野录》,记《钱武肃王歌》云:"你辈见侬的欢喜,在我侬心子里。")

  言人不慧曰呆。(《唐韵》:"小呆大痴。"不解事者。又见范成大有《卖痴呆》词。)

  言人逞独见而多忤者曰㾴㾴。(音如列的。出《汉书》:"㾴㾴而无志节。")

  言人无所可否而多笑貌者曰墨㾴。(音如迷痴。《俗呼小录》作眉西。皮日休《反招魂》:"上暧昧而下墨㾴。")

  言人蕴藉不躁暴者曰眠娗。(音如缅忝。出《列子》:"眠娗諈诿。"注:"眠,莫典切。娗,徒典切。瑟缩不正之貌。")

---

① 曹小云、曹嫄辑校:《历代方志方言文献集成》(第3册,上海市江苏省),北京:中华书局2021年版,第2201—2202页。

言人进不果曰佁儗。(音如炽腻。司马相如赋,一佁以怡儗。)

言人无用曰不中用。(《史记·秦始皇本纪》:"始皇怒曰:'吾前收天下书不中用者尽去之。'")

言人聆言不省曰耳边风。(杜荀鹤诗:"百岁有涯头上雪、万般无染耳边风。")

言人急躁曰不耐烦。(《庾炳之传》:"为人急而不耐烦。")

言人之愚者曰不知蘮董。(《尔雅》:"蘮,蘮董。"注:似蒲而细。不知蘮董者,即不辨菽麦意。)

言人戏扰不已曰㥯。(音如衰,去声。嵇叔夜书:"㥯之不置。")

言人而不与接曰不睬。(出《北齐书》:"后不睬轻霄。")

呼妇人曰女客。(《高唐赋》:"妾,巫山之女也,为高唐之客。")

男女冠笄曰上头。(花蕊夫人《宫词》:"新赐云鬟使上头。")

称奴仆曰底下人。(《陈伯之传》河南褚緭曰:"草泽底下,悉成贵人。"又李商隐《与陶进士书》云:"仆此世固不待学奴婢下人,指誓神佛而后已。")

奴仆自称曰小的。(《金史·百官志》有云:"一奉御十六人,旧名入寝殿小底,奉职三十人,旧名不入寝殿小底,又名外帐小底。即今奴仆小的之称。")

名婢女曰丫头。(刘宾客诗:"一花面丫头十二三。")

鄙人营生曰经纪。(唐高宗敕滕王、蒋王曰:"滕叔蒋兄,自能经纪,不须赐物。")

鄙人之庸贱微薄者曰小家子。(《霍光传》:"任宣谓霍禹曰:'使乐成小家子得幸大将军。'")

言人有病曰不快。(《华佗传》:"体有不快,起作一禽之戏。")

物不洁曰麤糟。(《霍去病传》注:"尽死杀人为麤糟。"盖血肉狼藉意。)

午饭、小食皆曰点心。(《唐史》:"郑侑夫人云:'我未及餐,尔且可点心。'")

物微暖曰温暾。(王建《宫词》:"新晴草色暖温暾。"白乐天诗:

"池水暖温暾。")

作事无据者曰没调当,又曰没巴鼻。(苏长公诗:"有甚意头求富贵,没些巴鼻使奸邪。")

虚伪不检者曰楼头。(盖宋时临安何家楼下多亡赖,以滥恶物欺人,其时有何楼之号。楼头者,何楼之恶魁也。)

语不明曰含胡。(《颜杲卿传》:"含胡而绝。")

习气曰毛病。(黄山谷《刀笔》云:"此荆南人毛病。")

疾速曰飞风。(唐制,凡杂马送上乘局者,以风字印印右髀,以飞字印印左髀。)

谓事曰事际。(《南史》:"王晏专权,帝虽以事际须晏,而心恶之。")

谓罢曰罢休。(《史记》吴王谓孙武曰:"将军罢休。")

谓不任事曰缩朒。(《汉书·五行志》:"王侯缩朒。")

谓佣工曰客作。(《匡衡传》:"衡乃与客作,而不求价。")

谓贪纵曰放手。(《后汉书》:"残吏放手。")

谓绦帨之蕊曰苏头。(挚虞云:"流苏者,缉鸟尾,垂之若流然。以其蕊下垂,故曰苏。")

谓葺理整齐曰修娖。(娖音捉。《唐书》:"修娖部伍。")

谓责人而姑警之曰受记。

责人曰数说。(如汉高之数项羽。)

谓指镮曰手记。(《诗》郑笺:"后妃群妾以礼御君所,女史书其日月,授之以镮,当御者左手,既御者右手。"今俗亦称戒指。)

谓以醝腌物曰盐。(去声。《内则》:"屑姜与桂,以洒诸上而盐之。")

谓凑合无罅隙曰赠缝。(吻,美韵切,合唇也。缝,去声,唇合无间。)

谓甍曰甋砖。(《尔雅》:"瓴甋谓之甓。"注:"甋砖也。")

谓苇席曰芦葹。(宋琅邪王敬胤遗命,"以一芦葹藉下。")

谓众多曰多许。(许,音若黑可切。谓所在曰场许。)

语尾每曰那。(那,乃贺切。《后汉书》:"公是韩伯休那?")

谓死曰过世。(《秦符登传》:"陛下虽过世为神。")

嘲笑人曰阿儓儓。(亦招呼声。)

谓发黏曰膱。(膱,音织。《周礼·考工记·弓人》注:"欙,脂膏膱败之膱。膱亦黏也。"疏:"若今人头发有脂膏者,则谓之膱。")

谓物之不齐曰参差。(参音如仓含切,差音如仓何切。亦云七参八差。)

谓睡声曰惛涂。(北人谓之打呼。惛涂,疑即呼字反切。)

打亦谓之敂。(《左》:"使执其戈以敂之。")

刺亦谓之擉。(《庄子》:"冬则擉鳖于江。")

折花曰拗花。(元微之诗:"今朝谁是拗花人。")

草木稚而初萼者曰始花。(音如试。《月令》:"桃始华,蝉始鸣。"注皆去声。)

见人有不当意者曰看嘴鼻。(《金史》:宋破金泗州,守将毕资伦不肯降,系狱十四年。及盱眙守将纳合买住降,北望哭拜,谓之辞故主。资伦见买住,骂曰:"国家未尝负汝,何所求死不可,乃作如此嘴鼻也。")

言宁可曰耐可。(音如能可。《汉书》:"扬越之人耐暑。"注:"与能同。"李白诗:"耐可乘明月。"又:"耐可乘流直上天。"皆读如能。)

语毕助词曰塞。(《楚辞》以塞为发语声,此则以为语助也。)

问何人曰遐个。(《诗》云:"遐不作人。"注云:"遐,何也。")

又俗语无本者:

谓虹曰鲎。(海中有鱼名鲎,其形最长。)

嬉戏曰薄相。(周永年云:"赵闲闲《游华山寄元裕之》诗有云:'山神戏人亦薄相。'俗语薄相之见于诗句者若此。")

自称曰吾奴。(《说文》:"吾,我,自称也。从口,五声。"五乎切。今俗书作吾,吴音如是,字书无之。奴音怒,转为去声。)

称人曰倷呐。(倷亦俗字,字书无之。吴音曰倷朵,今转为呐,亦曰嗦。)

称己之家曰吾里。称人之家曰伊拉。对人称其家曰倷哪。以示人曰伊喥。

眼音若限。耳音若眖。鼻音若勃。牙音若鞋。白音若拔。赤音若尺。藕音若厚。鹅音若何。谑曰陶写。写音若先。盖地居吴境之极边,音近于浙矣。①

(二十五) 清同治《苏州府志》

李皖铭修,冯桂芬等纂。同治十三年修。苏州府,辖境包括吴县、长洲、元和、昆山、新阳、常熟、昭文、吴江、震泽九县和大湖厅。府治在吴县,即今江苏省苏州市吴中区。"风俗"见卷三。录文据光绪八年刻本《苏州府志》。

吴谓善伊为稻缓。(《春秋谷梁传》。)谓来为厘。(《吴郡志》):("本陆德明'贻我来牟''弃甲复来'皆音厘。德明吴人,岂遂以乡音释注?或自古本有厘音邪?")谓罢必缀一休字,曰罢休。(《史记》:"吴王谓孙武曰:'将军罢休。'")相谓曰侬。(自称我侬,称人你侬、渠侬。隔户问人云"谁侬"。《湘山野录》记钱武肃王歌云:"你辈见侬的欢喜,在我侬心子里。")谓中州人曰伧。(《晋书·周玘传》:"害我者,诸伧子也。")谓不慧曰呆。(《唐韵》:"小呆大痴,不解事者。")谓虹曰鲎。(鲎,详候切。)谓嬉劣曰薄相。(薄音敦。)谓不任事曰缩朒。(《汉书·五行志》:"王侯缩朒。")骂佣工曰客作。(《汉书·匡衡传》:"衡乃与客作,而不求价。")谓贪纵曰放手。(《后汉书》:"残吏放手。")谓钱之美者曰黄撰。(撰与选同。《史记·平准书》:"白金三品,其一曰重八两,圜之,其文龙,名曰白选。"钱乃铜造,故云黄撰。)谓绦悦之垂曰苏头。(晋挚虞云:"流苏者,缉鸟尾,垂之若流然。以其蕊下垂。故曰苏。")谓葺理整齐曰修娖。(娖音捉。《唐书》:"修娖部伍。")谓当筵犒赏曰喝赐。(唐时娼妓有缠头喝赐。)谓责人而姑警之曰受记,责人曰数说。(如汉高祖之数项羽。)谓语不明曰含胡。(《唐书·颜杲卿传》:"含胡而

---

① 曹小云、曹嫄辑校:《历代方志方言文献集成》(第 3 册,上海市江苏省),北京:中华书局 2021 年版,第 2183—2188 页。

绝。")谓机巧曰儇利。(乡音讹还赖。)谓指镮曰手记。(《诗》郑笺:"后妃群妾以礼御于君所。女史书其日月,授之以镮。当御者着于左手,既御者着于右手。今俗亦称戒指。")谓暖酒曰急须。(《菽园杂记》:"急须,饮器也。赵襄子杀智伯,漆其头为饮器。"注:饮,于禁切,溺器也。今人误以暖酒为急须,盖饮字误之耳。俗又讹为滴苏。)谓以醝腌物曰盐。(去声。《内则》:"屑姜与桂,以洒之上而盐之。")谓搬运曰揵。(力展切。《南史》:"何远为武昌太守,以钱买井水,不受钱者,揵水还之。")谓不侚傥为眠娗。(《列子》:"眠娗诿諉。"注:眠,莫典切。娗,徒典切。瑟缩不正之貌。)谓凑合无罅隙曰吻缝。(吻,美韵切,合唇也。缝,去声。唇合无间。)谓甓曰甎砖。(《尔雅》:"瓴甋谓之甓。"注:"甎砖也。")谓苇席曰芦蘧。(宋琅邪王敬胤遗命,"以一芦蘧藉下。")谓众多曰多许。(许字音若黑可切。谓所在亦曰场许。)谓尾每曰那。(那,乃贺切。《后汉书》:"公是韩伯休那?")谓有事曰事际。(《南史》:"王晏专权,帝虽以事际须晏,而心恶之。")谓死曰过世。(《晋书·秦苻登传》:"陛下虽过世为神。")嘲笑人曰阿儈儈。(亦招呼声。)谓冷热适中曰温暾。(唐王建诗:"新晴草色暖温暾。")谓发黏曰腈。(腈音织。《周礼·考工记·弓人》注:"橪,脂膏腈败之腈,腈亦黏也。"疏:"若今人头发有脂膏者,则谓之腈。")谓物之不齐曰参差。(参音如仓含切,差音如仓何切。亦云七参八差。)谓恶少趫捷曰仸飞。(仸音侧。《汉书》谓仸飞,即此。)事已了,将了皆曰哉。(常熟曰且,音若嗟,即诗中句尾助字。吴江曰謇,疑即《楚辞》之发语声。)谓走曰奔。(昆山曰跌,常熟曰跑,吴江曰跳。)谓睡声曰惛涂。(北人曰打呼,惛涂疑即呼字反切。)孔曰窟窿。团曰突栾。侦视曰张。看望羞曰钝。扶曰当。(去声。)按曰钦。(去声。)转曰跛。浮曰吞。(上声。)流曰倘。盖曰匦。捧曰掇。藏避曰伴。藏物曰囥。稠密曰猛。积物曰顿。布帛薄者曰浇。门之关曰闩。美恶间曰暖。见凌于人曰欺负。非常事曰咤异。喜事曰利市。忧事曰钝事。下酒具曰添按。物完全曰囫囵。揖曰唱喏。阶级曰僵磜。所居曰窠坐。托盘曰反供。此处曰闲边。彼处曰个边。作事无据曰没雕当。(去声。)谓人不能曰无张主。不便利曰笨,亦曰不即溜。自夸大者曰卖弄。事之相值曰偶凑。六畜总曰众(作平声)生。数钱五文曰一花。觅利曰赚钱。锄地曰倒地。首饰曰头面。鞋袜曰脚手。器用曰家生,亦曰家伙。常熟谓何人曰遐个。(《诗》:"遐不作人。"注:"遐,何也。")灰韵入支。(即来谓厘之类。)支韵入齐。(儿谓倪之类。庚韵入阳。羹谓冈之颊。)虞韵入麻,又入东。(小儿为孥儿之颊,常熟以吴塔为红塔。以上乾隆志。)

吴下方言已详旧志,然尚有当记者。如:

呼妇人曰女客。(《高唐赋》:"妾巫山之女也,为高唐之客。")打亦谓之敲。(《左传》:"执其戈以敲之。")刺亦谓之擉。(《庄子》:"冬则擉鳖于江湖。")相连曰连牵,亦曰牵连。(《晋书·五行志》:"符坚初,童谣曰:阿坚连牵三十年。"《淮南子》:"以摸苏牵连物之微妙。")折花曰拗花。(元微之诗:"今朝谁是拗花人。")言人逞独见而多忤者曰佹僰。(音如列的。《汉书》:"佹僰而无志节。")言人无所可否而多笑貌者曰墨尿。(音如迷痴。《俗呼小录》作眉西,出《列子·力命篇》。)言人胸次耿耿曰佁儗。(音如炽腻。司马相如赋:"仡以佁儗。")言人无用曰不中用。(《史记·秦始皇本纪》:"始皇怒,曰:'吾前收天下书不中用者尽去之。'")言人聆言不省曰耳边风。(杜荀鹤诗:"百岁有涯头上雪,万般无染耳边风。")人有病曰不耐烦。(刘宋《庾炳之传》:"为人强急而不耐烦。")谓人之愚者曰不知藾薑。(《尔雅》藾注:"似蒲而细。"不知鼎薑者,即不辨菽麦意。)习气曰毛病。(黄山谷《刀笔》云:"此荆南人毛病。")物不洁曰鏖糟。(《前汉书·霍去病传》注:"尽死杀人为鏖糟。"盖血肉狼藉意。)言戏扰不已曰嬲。(音如袅,去声。嵇叔夜书:"嬲之不置。")小食曰点心。(《能改斋漫录》:"唐郑傪夫人云:'我未及餐,尔且可点心。'")憎人而不与接曰睬。(《北齐书》:"后不睬轻霄。")以网兜物曰揩兜。(揩,呼孩切,音海平声,见《类聚·音韵》。)诱人为恶曰撺(平声)掇。(见《韵会小补》。)疾速曰飞风。(唐制,凡杂马送上乘局者,以风字印印右髀,以飞字印印左髀。)胡说曰扯谈。(宋时黎园市语。)问何人曰陆顾。(吴中陆、顾两姓最多,故以为问。)

言人举止仓皇曰麕獐马鹿。(盖四物善骇,见人则跳跃自窜,故以为喻。)《俗呼小录》载,忍谓之熬。足谓之毂。移谓之捅。(按《集韵》捅,他总切,进前也,引也。)热物谓之顿。热酒谓之锡。泻酒谓之筛。遥相授受曰胄干。求请讬谓之钻。断港谓之浜。鸟兽交感,鸡鹅曰撩水,余鸟曰打雄。蚕蛾曰对。狗曰练。蛇曰交。窍谓之洞。概谓之荡。通称一顿。(《世说》:"欲乞一顿食。"《汉书》:"一顿而成。"《唐书》:"打汝一顿。")谓物事曰牢曹。疟疾曰愕子。俗牵连之辞,如指某人至某人、某物至某物,皆曰打。(按张晋公诗:"赤洪崖打白洪崖。"俗作入声,读如笪。)事在两难曰尴尬。

广中俗字最多,如埝(稳)。䂞、矮。㚈(亦音矮)。夭(勒)之类,见范石湖《桂海虞衡志》。吾苏亦有之,如谓积秽物曰垃圾,音腊闸。谓人能干曰啤(亦作吟)嚛,上音厍平声,下音遮。垃字、啤字不载字书。圾,《集韵》同岌,危也;嚛,《类篇》多言也,其解不同。又物残缺不齐曰颟鬑,上颜入声,下残入声。又齾齾二字,俱五辖切,上字齿缺也,下字器皿缺也。四字见《俗呼小录》。(《吴门补乘》。)

他如电曰霍闪。(顾云诗。)滴水曰渧。(《广韵》。)饭粒曰米糁。(《庄子》:"藜羹不糁。")吃食曰噬。(《礼记》。)附近曰左近。(《梁书·扶南传》:"左近人剥取树皮织布。")婢曰丫头。(刘禹锡诗:"花面丫头十三四。")共事曰火。(《唐书》兵志:"十人为火。")呼痛曰安伟。(《北史·儒林传》:"道晖徐呼:'安伟安伟。'")馈人曰作人情。(杜诗:"粔籹作人情。")问辞曰能亨。(《癸辛杂识》。)事烦无条理曰磊㙺。(《说文长笺》。)谓事曰正经。(桓谭《新论》篇目。)谓物曰物事。(《隋书·张衡传》:"我为人作何物事?")浣衣曰汰。(《说文》。)几下函谓之替。(宋武帝为殷淑仪作通替棺。)谓诈骗曰黄六。(黄巢行六而多诈,故诈骗人者曰黄六,见《艺林汇考》。)扶持曰抬举。(白居易诗:"亭亭自抬举。")物之阔者曰扁。(刘禹锡诗:"压匾佳人缠臂金。")有所倚曰靠。(范致明《岳阳风土记》:"虽无风涛之患,而常靠阁。")料事曰打算。(《元史·刘秉忠传》。)畏惧曰寒毛卓卓竖。(《晋书·夏统传》:"不觉寒毛尽戴。")

负而不偿、许而不予，皆曰赖。(《晋语》:"已赖其地,而又爱其实。")计簿曰帐目。(《宋史·孙何传》。)擘橙橘之属曰朳。(《广雅》。)匠斫木而复平之曰鉋。(元微之诗:"方椽郢匠鉋。")石声曰（《通志·六书略》）。人物作闹声曰击毂。(《国策》:"车击毂。")此虽俚俗无稽，征诸古籍，往往适合，又不独如《补乘》所称引矣。又案《渌水亭杂识》:"姑苏台,台因山名,合作胥,今作苏者,盖吴音声重,凡胥鬢字皆转而为苏,故直曰姑苏。"①

(二十六) 清光绪《常昭合志稿》

杨泗孙纂。常,指常熟县；昭,指昭文县。常昭,即今江苏苏州市常熟市。该志记事讫于光绪三年,不分卷。"方言"见《风俗》。录文据光绪钞本《常昭合志稿》。

> 人之囿于方言,非特五方也。同一吴语,而郡邑异之,乡城异之,界于他邑之边鄙者又异之。大抵口与耳相因,则或袭古义,或讹土音,其所由来久矣。
>
> 如相谓曰侬。谓不慧曰呆。(俗作呆。)谓不任事曰缩朒。(《汉·五行志》:"王侯缩朒。")谓嬉戏曰薄相。(薄音勃。)谓机巧曰儇利。(乡音讹为还赖。)谓睡声曰唇涂。(北人谓之打呼,吴人则谓打唇。唇涂二字,疑即呼字之反切。)谓葺理整齐曰修娖。(娖音捉。《唐》:"中和二年,修娖部伍。")谓搬运曰捵。(力展切。《南史》:"何远为武昌太守,以钱买井水,不受钱者,捵水还之。"今吴语搬汤捵水。)谓以醯腌物曰盐。(去声。《内则》:"屑姜与桂,以洒诸上而盐之。")谓指环曰手记。(郑康成《诗笺》云:"后妃群妾以礼御于君所,女史书其日月,授之以环。当御者著左,既御者著右。"今俗亦呼曰戒指。)谓绦悦之蕊曰苏头。(挚虞云:"流苏者,缉鸟尾,垂之若流然,以其蕊下垂,故曰苏。")谓苇席曰芦蕟。谓虹曰雩。(音许候切。)谓何人曰遐个。(《诗》:"遐不作人。"注:"遐,何也。")

---

① 曹小云、曹嫄辑校:《历代方志方言文献集成》(第3册,上海市江苏省),北京:中华书局2021年版,第2028—2032页。

嘲笑人曰阿唅唅。(亦招呼也。)助语词曰子、曰哉、曰且(音嗟)、曰那。

若声之转而为讹者,呼儿曰倪,呼章曰滅,呼吴曰红,呼季曰踞,呼归曰居,呼王曰巷,平声。呼弹曰团,皆虞邑之方音也。①

(二十七) 清光绪《太仓直隶州志》

吴承潞修,叶裕仁等纂。太仓直隶州,辖境包括镇洋、嘉定、宝山、崇明四县,即今江苏省苏州市和上海市苏州河以北地区;州治在今江苏省苏州市太仓市。"方言"见卷六《风土志》。录文据光绪四年稿本《太仓直隶州志》。

太仓州(镇洋县同)

语了曰哉(见经传)。又曰且。(《诗经》"只且""狂且",读如嗟音。)语余曰那。(《后汉书》:"公是韩伯休那?")不曰弗。指人曰其、曰伊。(见经传。)称我曰侬。(《湘山野录·钱王歌》:"永在我侬心子里。")宁可曰耐可。(唐李白诗:"耐可乘明月。"耐读如能。)米之零碎者曰糁。(《庄子》:"藜羹不糁。"今俗云米糁。又作散义,如糁盐、糁沙之类。)事不实曰秕。(《国语》:"军无秕政。")两合无漏曰吻。(美陨切。《庄子》:"为其吻合,置其滑涽。")以手按物曰揿。(音钦去声。《南史》齐主萧道成:"人有罪,辄付桓康擎杀之。")以肩举物曰揵。(见《史记》。音乾。又《后汉书》:"揵弓鞬九揵。")以手执人曰捽。(音测。《左传》:"捽而出之。")以手挤人曰。(音尊。《左传》:"㨉卫侯之手及捥。")以手搬物曰捵。(《南史》:"何远为武昌太守,以钱买井水,不受钱者,捵水还之。")以手摘高曰扳。(《公羊传》:"扳隐而立之。")横关对举曰扛。(《史记》:"力能扛鼎。")两手取物曰掇。(见《易·讼卦》《诗·芣苢》。)葺理齐整曰修娖。(音捉。《唐书》:"中和二年,修娖部伍。")预期曰指望。(见《梁书》。)责人曰数说。(《左传》:"乃执子南而数之。")众多曰

---

① 曹小云、曹嫄辑校:《历代方志方言文献集成》(第3册,上海市江苏省),北京:中华书局2021年版,第2038—2039页。

多许。(呼许为黑可切。《隋书》:"天下何处有多许贼。"又呼所在曰场许。)委曲曰直笼统。(见《唐书》。)语不经曰荒唐。(见《庄子》。)不管事曰落度。(音铎。《宋书》:"元超兄弟太落度。")体短而行步涩曰勃窣。(《汉书》:"媻珊勃窣上金隄。")行步欲倾跌曰打滑潅。(唐皮日休《苦雨》诗:"藓地滑潅足。")腹胀曰彭亨。(亨从阳韵。唐韩愈《石鼎联句》:"豕腹胀彭亨。")瞆瞆不晓事曰鹘突。(见朱子《语录》。)犹豫不前曰墨尿。(音如弥痴。《列子》:"墨尿单至。")进退不果曰佁拟。音如滋腻。司马相如赋:"仡以佁拟。"漂流在外曰流落。(《明皇杂录》:"流落不偶"。)事已了曰罢休。(《史记》:"吴王谓孙武曰:将军罢休。")不粗疏曰子细。(唐杜甫诗:"野桥分子细。")平稳曰妥帖。(韩诗:"妥帖力排奡。")不舒展曰缩朒,退后亦曰缩朒。(《汉书·五行志》:"王侯缩朒。")疾速曰飞风(唐制:马入上乘局者印以三花,其余杂马于左膊印飞,于右膊印风。俗语盖本此)。亦曰流水。(汉明德皇后曰:"车如流水。")满足曰彀。(弓满也。俗又作够。)性急曰卒暴。(《汉书·陈汤传》:"兴卒暴之师。")语不明曰含胡。(《唐书》:"颜杲卿含胡而绝。")人习气曰毛病。(黄山谷《刀笔》曰:"此荆南人毛病。")人物作闹声曰击毂。(《国策》:"车击毂。")物相类曰一样能。(《汉书》不相能谓不相合也,能取相合意。)

如此曰是盖。(古文承接通用。)得财曰利市。(见《易传》。)以手做事曰生活。(见《孟子》。)人众相随曰蚼伴。(蚼,蝗属,飞则群聚,故云。)一番曰一出。(《世说》:"林道人云:今日与谢孝剧谈一出来。")不慧曰默。(《唐韵》:"小呆大痴。")粗蠢曰笨。(音朋去声。《宋书·王微传》亦有粗笨之语。)缺齿曰齾。(见韵书,牛瞎切。)见物生羡曰眼孔浅。(《书言故事》曰:"桑维翰爱钱。上曰:'措大,眼孔浅,与钱十万贯,塞破屋子矣。'")躲避曰畔。(王隐《晋书》:"邓伯道避石勒难,以车马负妻子以叛。"叛与畔通。)聆言不省曰耳边风。(唐杜荀鹤诗:"万般无染耳边风。")口取食曰噬。《曲礼》:"无噬羹。"舌取物曰餂。(见《孟子》。)热酒曰汤。(去声,韵书:"热水灼也。")以醝腌物曰盐。(《内则》:"屑桂与姜,而洒诸上而盐之。"去声读。)微暖曰温暾。(唐王建词:"新晴草色暖温暾。)物渐磨耗曰磨鎈。(俗呼如异,见《史记·平准书》。)以事订人曰丁一确二。(取着实不爽之意。见朱子《语录》。)责人而姑警之曰受记,亦曰摩顶受记。(盖袭用释氏语,又讹记为句。)人死曰过世。(《晋书·秦苻登传》:"陛下过世为神。")佣工曰客作。(《汉书·匡衡传》:"乃与客作。")治生理曰活计。(唐白居易诗:"休厌家贫活计微。")鄙人营生者曰经纪。见《唐书》。有亲曰瓜葛。(王导与子围棋,争道,导笑曰:"相与有瓜葛,那得为尔耶?")未进身者曰白衣人。(《史记》:"公孙弘以白衣为天子三公。")奴婢所生子曰家生子。(《汉书》:"免骊山徒、人奴产子。"师古注:"即家生儿。")骂小儿之桀猾者曰杂种。(《晋书·前燕记》:"蠢兹杂种。")面曰面孔。(唐《传信记》:"面孔不似胡孙。")毫曰寒毛。(《晋书·夏统传》:"闻君之言,不觉寒毛尽戴。")喉曰胡咙。(《诗》:"狼跋其胡。"胡,颈下垂肉。《汉·金日磾传》:"捽胡,投胡罗殿下。"晋灼曰:"胡,颈也。"胡咙亦作咙胡。《汉·五行志》:"请为诸君鼓咙胡。")日曰日子。(见《魏书》。)望曰月半。(见《祭统》。)午餐曰中饭。(唐诗:"山僧相约期中饭。")柜有板匣者曰抽替。(见《宋书》。)凳之长者曰春凳。(《事物绀珠》:"凳,长跳坐。有春凳、靠凳。")凳之小者曰马机。(钱世昭《钱氏私志》:"贤穆有荆雍大长公主撮角红藤下马机子,国朝贵主乘马故有之。")厚砖曰甋砖。(《魏书·扈累传》:"以甋砖为障。")藻井曰天花板。(《山房随笔》:"元好问妹手自补天花板。")芦席曰芦蕟。(见《宋书》。)衣贮棉花曰棉絮。(见《晋书》。)绦悦之蕊下垂者曰苏头。(挚虞曰:"流苏者,缉鸟尾,垂之若流然。以其槃下垂,故曰苏。")指环曰手记。(《诗》郑笺:"后妃群妾,当御者,授之以镮,着于左手;既御者,着于右手。事无大小,记以成法。"今男子所着曰戒指,女子曰手记,本于此。)涤气之布曰幡布。(晋人云,"不见酒家幡布乎?"亦曰抹布。船家曰展布,忌与幡、没同音也。)松炭曰麩炭。(见《老学庵笔记》。)

已上并方言之有本者。

看曰张、曰望、曰睃。执曰当。(去声。)卧曰困。藏曰囥。(取深穴意。)移曰捅。(音统,取挪动意。)忍曰熬。(取煎迫意。)转曰跋。(取移足意。)贮物曰坐。(取放下意。)置物曰安。(取平稳意。)积物曰顿。(取顿舍意。)指物曰那。(拿去声。)倚物曰戤。提物曰拎。妄语曰赵。(盖造之转音,造言生事之意。)谎言曰捣鬼。怒曰气曰。得利曰赚。失利曰折本。(读折如入。)富曰从容。巧曰搂搜、曰尖钻。苛细曰合搭。(合呼如升合之合。)弱曰㥾㥾。呆曰犰。呆痴曰铎。昏愚曰懵懂。拙于逢时曰秋。不循理曰蛮门。机变曰乖、曰唧嚼。有能曰本事。戏谑曰蛮,鄙俗之意。又曰草(率略之意)。又曰搂(牵惹之意)。又曰取笑。(取读若楚。)闲游曰白相。速往曰跌。自夸曰卖弄、曰说嘴。不豪爽曰敕悬。(音练简。)纠缠曰噜唆、曰累堆、曰兜搭。悔心曰懊傺。犯上曰冲撞。能干事曰在行,亦曰在道。(读若调。)事幸相值曰偶凑。侥幸曰造化。事已了曰过头。事完曰连牵,又曰结题。事决裂曰索哉。不利曰倒运、曰悔气。不满人意曰促恰。物完全者曰囫囵。物不中程曰曰殰殈头。物不适用曰呆剩货。物不鲜洁曰干瘪。物聚少成多曰乇当,些微曰粒屑。不收拾曰邋遢。秽杂曰垃圾。骗人曰串局。受骗曰上档。强出尖曰行霸。谢人曰打搅。一番曰一波,有几番曰头波、二波。热物曰顿。火干曰燹。(音逼。)点茶酒曰筛。浮曰氽。(吞上声。)流曰淌。盖曰匜。以杓取水曰舀。遥上声。掷物曰豁,又曰虱。当入声。手扳曰拗。音岩入声。爪掐曰扚。音的。去涕曰擤。音狠。袖笼手曰相笼松。下垂曰离提。(音如。)物秽杂曰鏖糟,心烦懑亦曰鏖糟。安身处曰窠坐。夹室曰落叶。屋旁曰山头。阶级曰礓磜。门之关横曰闩,竖曰閂。首饰曰头面。鞋曰脚手。器曰家生。物多曰一拍刺。物多而杂曰勜勘。(《集韵》:"物未精也。")布帛薄曰浇,稠密曰猛。疏曰稀。腻曰醲酽。货之低曰邱,亦曰邹。衣服破曰褴褛。刚才曰姜亨。太甚曰忒杀。事无碍曰弗反道。事难处曰尴尬。不清楚曰夹腻。彼此错误曰两双闪。作事无据曰没雕当声,又曰无影子。沮事曰打破句。多事曰掀格喇。诮人夸张曰摆架子。状貌曰意里。男人揖曰唱喏。(宋以前必声喏,俗呼唱如仓去声。喏如乍。)女人拜曰屈。上声,读取屈曲之意。眼作细缝曰买斜。(音弥妻。)目脂曰眼眵。(音刺。)乳曰奶。体肥曰胖。体瘦曰清减。手足并行曰蹃。相触曰碰。数钱五文曰一花。(取五出意。)卖买曰生意。子女曰大细。男曰囝。(暖平声。)女曰囡。(暖去声。)奴曰猴子。妾曰姨姨、曰小。呼庶母曰姨娘、曰姨妈。谓人之仆鼻头。(鼻人声。)随母再嫁者曰他有名。(俗呼已为转音。)骂老妇曰姌婆。佣工人曰雇工人。从嫁相礼者曰伴娘,亦曰卖婆。收生者曰老娘。女巫曰师娘。婚丧赞礼曰司务。乐工曰鼓手。习歌曲者曰清客。庖人曰厨子。日曰日头。(呼日如蹑。)月曰月亮。(呼月如兀。)雾曰迷露。雹曰冰牌。霞曰华。虹曰鲎。天未明曰乌咙咙。自晨至午曰上昼。未申时曰下昼。祀神祭先曰斋。祀灶曰谢灶。年终祀神曰烧利市。田边高地曰畎头。(呼畎如杭去声。)田不贮水者曰漏罗。港之不通者曰浜兜。犁曰铁赖。锄曰耩头。锄地曰倒。插秧曰莳。木下有铁齿而长柄者曰挡。(去声。)苗已长而用以去草者曰挡稻。积稻曰稻罗。(罗盖楼之讹。)积柴曰柴际。(际盖积之转音。)打禾麦曰掼。采棉花曰捉。净花曰绰子。棉花已纺者曰纱。麻之已缉者曰縿。女人髻曰篡。新嫁假髻曰髶头。(髶如吼平声。)小儿总角曰丫角郎。盘曰反供。油灯曰油盏,竹者曰灯络。熨斗曰云斗。早韭曰韭牙。晚菘曰藏菜。核桃曰胡桃。葡萄曰弼桃。枇杷曰弼杷。(三者皆音之转。)

蟋蟀曰赚绩。竈竃曰蛄蛛。蛄读如决。蚓曰曲蟮。曲读如触。肌求曰合骚。(合如升合之合。)萤曰油火郎。子孑曰打拳虫。伊威曰骆驼。络纬之属曰纺绩娘、曰绩縿娘。蜗牛曰干蛄。虾蟆曰癞蛤霸、曰癞团。蛙曰田鸡、曰水鸡。小白鱼曰鱼、曰参条。(参如撑平声。)鳖曰甲鱼、曰团鱼。曰胖头。(胖读如滂。)鸺鹠曰猫头鹰、曰喔拉乌。鹁鸠曰鹁哥哥。獝曰偷瓜窳。(音血。)豕曰猪猡猡。羊曰羊乖乖。(绵婢切,俗转如妈。)呼鸭曰奚奚。呼鸡曰朎朎。(音画。)俗转促上声。呼狗曰攄攄。

以上并方言之通行者。

呼母曰妈妈、曰阿妈。呼母之女兄曰大姨,女弟曰娘姨。呼伯母曰大妈,叔母曰婶娘。呼弟曰兄弟,妹曰姊妹。呼曾孙曰元孙,外孙为外甥。呼女人执役者亦曰阿妈、曰妈妈、曰婶婶、曰娘姨。呼神道为佛、为菩萨。呼典多曰朝奉,医生为郎中,镊工为待诏。呼鱼肉为菜蔬。

此皆名称之不正者。

讳散,呼伞曰竖笠,讳极,呼屐曰木套。讳死,呼洗曰净。讳滞,呼箸曰快。讳挫,呼醋曰秀才。

此皆忌讳而变其名者。

媚人者曰篾片。软弱曰衣皮。讬他人名以给取曰顶反供。物卖而又卖曰楼上楼。瞒人曰抡眼皮。伺隙加害曰踏沈船。武断曰横撑船。插入事中曰夹篙撑。附和曰一窝蜂。无用曰水统蟹。醵钱共饮曰扛柜。许物不偿曰拔短梯。轻易举事曰捷木梢。

此皆以借喻为义者。

团为夺栾。孔为窟笼。船为跋栾。精为即零。村为秋根。(鄙人村俗。)呼为唔涂。

此以翻切为字者。

儿音同倪。又音同亦。死音同洗。大音同惰。作音同做。兄音同况。鬼音同举。龟音同居。此皆音之近于古者。他如烹庚更彭朋盲撑争羹行横耕坑莺樱橙等并作阳韵,梗养之硬梗盛并作漾韵,石白百宅尺赤拆格客射额择掷迫拍麦吓双昼磧责并作药韵,开口呼。又如水为暑,暑又转为处,税为世,授为胄,诏为召,江为冈,戊为武,人壬并为迎,认赁并为侫,赊为沙,遮为许平声,蛇为茶,伤为丧,忘为忙,尝为藏,降寒并为杭,旺为巷,耳为你,二为腻,贵为句,孝为好去声,让为酿,唱为仓去声,鼻为弼,肉为恧,觉为阁,日为蹑,月为额,热为业,物为末,疟为愕,吹为痴,吕为李,围为圩,愈为越,太为忒。吴鱼无并作鼻音,读三字并为一音。亩母五午并作鼻音,读亦并为一音,母如丈母、亲家母之类。读三如山,而声生甥笙牲亦如山。宏读如红。看读如康。忌讳之讳为觑。小儿毁齿之毁为煦。吃亏之亏为区。支韵与徽灰齐相乱,语音之不正有如此者。

按，太仓地濒海隅，出声重而舌不圆，与昆山同者十之八九，与嘉定、常熟同者十之二三。城与乡不皆同，四乡又各微异。鳌志方言本于张采志，然所载吴下通俗语居多，太仓独异者绝少。今据前志而增损之，删其今之所无，补其俗之所有，略存梗概云。①

（二十八）清光绪《江阴县志》

卢思诚等修，季念贻等纂。江阴县，今江苏省无锡市江阴市。"方言"见卷九《风俗志》。录文据光绪四年刻本《江阴县志》。

虹曰鲎。坎曰潭。孔曰洞。支港曰浜。堂庭曰天井。箸曰快。托盘曰反供。饮食曰吃。器物曰家生、曰末事。觇人曰张。足曰豰。何物曰到则、曰舍个。如何曰那呢。六畜曰中牲。认曰佞。扶曰档。捧曰掇。首饰曰头面。翟姓曰宅。盛姓曰绽。章姓曰臧。季姓曰据。吴姓曰洪。儿曰倪。归曰居。大曰杜，惟大黄、大蒜、大麦曰代。学曰斛。②

（二十九）清光绪《昆新两县续修合志》

金吴澜等修，汪堃等纂。昆新，指昆山、新阳。昆山，今江苏省苏州市昆山市。新阳，雍正时从昆山析置，民国初又并入昆山县。"方言"见卷一《风俗》。录文据光绪六年刻本《昆新两县续修合志》。

方言之近古者。

语了曰哉（多见经传）。又曰且。（《诗经》："只且""狂且"。）问语曰那。（《世说》："公是韩伯休那？"）不曰弗。不慧曰呆。（《唐韵》："小呆大痴。"）粗蠢曰笨。音朋去声。（《宋书·王微传》亦有"粗笨"之语。）指人曰其，又曰伊。（多见经传。）称我曰侬。《湘山野录》："《钱王歌》：'永在我侬心子里。'"满足曰豰。（弓满也。）以

---

① 曹小云、曹嫄辑校：《历代方志方言文献集成》（第3册，上海市江苏省），北京：中华书局2021年版，第2076—2084页。
② 曹小云、曹嫄辑校：《历代方志方言文献集成》（第3册，上海市江苏省），北京：中华书局2021年版，第2202页。

肩举物曰撨。（出《史记》。音乾。）打击甚曰鏖。（《汉书·霍去病传》："合短兵二，鏖皋兰下。"颜注："鏖者，苦击而杀之。"）种苗曰莳。（古注："植也。"）热酒曰汤。（去声。《集韵》注："热水灼也。"）缺齿曰齾。见韵书。牛瞎切。以齹腌物曰盐。（出《礼记·内则》。去声。）吃食曰嚃。（出《礼记》，大啜也。）两手取物曰掇。（见《易经·说卦》）盖物曰礛，亦曰匲。（出《汉书》。）十五日曰月半。（出《礼记》。）数人罪过曰数说，又曰抚选。（《左传》："弗去，惧选。"杜注："选，数也。"）污秽曰恶臭。（见《大学》。俗音臭近触。）劳苦曰擗仆。（《孟子》："仆仆尔亟拜。"）整理曰修婗。（《唐书》："修婗部伍。"）不舒展曰缩朒，退后亦曰缩朒。（《汉书·五行志》："王侯缩朒。"）佣工曰客作。《汉书·匡衡传》："乃与客作。"饭粒曰米糁。（桑感切。《庄子》："藜藿不糁。"）厚砖曰甂砖。（《魏书·扈累传》："以甂砖为障。"）众多曰多许。（《隋书》："天下何处有多许贼？"）人物作闹声曰击毂。（《国策》："车击毂。"）热不透曰温暾。（《楚辞》："暾将出兮东方。"）物相类曰一样能。（《汉书》："不相能。"谓不相合也。能取相合意。）畏惧曰寒毛卓卓竖。（《晋书·夏统传》："不觉寒毛尽戴。"）人死曰过世。（《晋书·秦苻登传》："陛下虽过世为神。"）如此曰是盖。（古文承接通用。）凑钱共饮曰公醵。（公音讹刚，醵见《礼记》。）

异古异他方而义稍通者。

看曰张、曰望、曰睃。（即"胥，相也"，古胥音若苏。）藏曰圹。（或作园，取深穴意。）忍曰熬。（取煎迫意。）转曰跤。（取移足意。）储物曰坐。（取放下意。）置物曰安。（取平稳意。）移物曰捅。（取挪动意。）积物曰顿。（取顿舍意。）布帛薄者曰浇。（浇，亦薄也。）点茶酒曰筛。（取出物意。筛即釃。《诗》："釃酒有衍。"）折纸曰夭。（夭，亦折也。）以杓取水曰舀。（遥上声。《字汇》："杵，曰也。"盖借用之。）指物曰那。（拿去声。犹言那个。）儿戏曰蛮。（鄙俗之意，顽声之转。）相谑曰草（草当作吵，调笑之意）。又曰搂（牵惹之意）。又曰取笑。（俗云楚笑。）躲避曰叛。（取相反意。）速往曰趹。门之关曰闩。睡曰困。（取偃伏意。）睡声曰惛涂。（即呼字之缓声。)天明曰天亮。巧曰搂搜,亦曰尖钻。(皆取得窍意。)伶俐曰即溜。自夸曰卖弄、曰说嘴,亦曰喇天。能干事曰在行,亦曰在道。事幸相值曰偶凑。数说人过曰羞削,亦曰牙钝。骗人曰串局。受骗曰上党。强出尖曰行霸。屈抑人曰郁捼。谢人曰聒噪(取搅扰意。)亦曰打搅。帮话曰搭嘴。可怪事曰咤异。心不定曰鹘突。怠惰曰邋遢。(取阘茸意。)富曰从容。(取宽展意,即充字之缓声。)事可喜曰利市,亦曰造化。物完全曰囫囵。即浑字之缓(声)。事完全曰连牵,又曰结题。事决裂曰了哉。悔气曰不色散,亦曰倒运。得利曰赚钱。聚小成大曰孨当。些微曰粒屑。安身处曰窠坐。此处曰该边。彼处曰个边。在曰来到。(取不去意。音如勒得。)日曰日头。(取尊阳意。)月曰月亮。(取明照意。)男人揖曰唱喏。(声喏之意。)女人拜曰屈。(俗作上声,取屈曲意。)首饰曰头面。(取饰容意。)托盘曰反供。家伙曰家生。阶级曰礓礤。锄地曰倒地。呼六畜曰众生。数钱五文曰一花。(取五瓣意。)藐视物之多曰眇勘。(《集韵》:"眇勘,物未精也。")事无碍曰不反道。昏愚曰懵懂。谎言曰捣鬼。作事不清楚曰腻夹夹。彼此错愦曰两双闪。天微明曰乌昽昽。不料事曰喇嘛。(西域名,亦取蛮意。)作事无据曰没雕当,又曰无影子。诮人夸张曰摆架子,又曰摆摊。此所以曰呼吸道。语意相应。自主意曰杜田。(万峰禅师偈曰:"七十九年,一味杜田。悬崖撒手,白日杲天。")

异古异他方而义难通者。

执物曰当。去声。按物曰撽。掷物曰豁,又曰虱。(当入声。)摸物曰搂。(即摩挲二字之合声。)热物曰顿。物浮曰汆。(吞上声。)稠密曰猛。妄语曰赵。(妄语谓喜造言生事,当是造字,音误为赵。)痴曰铎。(明郑文康有友十人,忌者呼为十铎。)怒曰气。上曰浪。(如言书上、台上,则曰书浪、台浪。)货之低曰邱,亦曰邹。何人曰啰个。何物曰爹个。那里曰啰里。怎的曰那涝,又曰那哼。在此曰来里。何说曰那话。刚才曰姜(恐当作将)才。状貌曰意里。纠缠曰累堆。事多牵率曰兜搭。嘲笑曰阿膺膺。不洁曰喇搭。一番曰一波,几番曰头波、二波。闲游曰白相。秽杂曰拉撒。

有能曰本事。事难处曰尴尬。沮事曰打破句。多事曰掀格喇。物多曰一拍喇。滴曰渧。（音之转。）

反言者。

神气不振曰葳甤。（本草木荣盛意。）举箸曰按。宰牲曰活。

名不正者。

呼侄为孙。呼外孙为甥。呼曾孙为元孙。呼父为阿伯。呼母为阿妈。呼神道为佛、为菩萨。呼医生为郎中。呼镊工为待诏。呼鱼肉为菜蔬。呼店伙为堂官。

讳言而变其名者。

讳散呼伞曰竖笠。讳极呼屐曰木套。讳离呼梨曰秋白。讳没呼抹布曰展布。讳死呼洗曰净。讳滞呼箸曰快。讳挫呼醋曰秀才。

借喻者。

帮闲曰篾片。软弱曰衣皮。瞒人曰抡眼皮。闯席曰吹木屑。伺隙加害曰踢痛腿，又曰踏沈船。武断曰横撑船。插入事中曰夹篙撑。附和曰一窝蜂。无用曰水统蟹。醵钱共饮曰扛柜。许物不偿曰拔短梯。轻易举事曰捷木梢。状人狠戾曰横牙神。妇人健争曰磕枪头。懊悔曰借尸还魂。外貌好曰金漆马桶。无知曰黑漆皮镫笼。

翻语为字者。

团为夺栾。孔为窟笼。盘为跋栾。精为即零。村为秋根。（讥人村俗也。）呼为唔涂。壜为乌贡。

音存古而异于他方者。

儿音同倪。又音同亦。死音同洗。大音同惰。作音同做。兄音同况。鬼音同举。归龟音同居。争音侧羊反。他如，烹庚更彭朋盲撑铮声生甥笙牲行横羹耕坑莺樱鹦橙等字并作阳韵,梗养韵之硬梗盛并作漾韵,石白百宅尺赤折格客射额择掷迫拍陌麦吓双画碛责等并作药韵。开口呼。

音异他方而非古者如。

水为暑。税为世。授为胄。诏为召。江为冈。葵为蘧。人为迎。赊为沙。遮为诈。平声。蛇为茶。伤为丧。忘为忙。尝为藏。王为降。降为杭。壬为迎。耳为你。二为腻。取为楚。贵为旬。孝为好。去声。让为酿。唱为仓。去声。肉为恧。觉为阁。日为蹑。月为额。热为业。物为末。铁犁为铁赖，亦作铁搭。枇杷为弸杷。庄为臧。疟为愕。吹为痴。

字音口诵不正者。

之支并作兹。诗作思。章为妆。文为焚。纸为子。是为士。旨为梓。卓琢并为竹。剥为卜。万为饭。晚为凡。徐为齐。无为符。武为拊。黄为王。胡为何。吕为李。问为忿。爱为碗。赏为爽。（外此如微惟、朱诸之类，尚不可枚举。）

音异而字亦讹者。

围为圩。都为保。鄙为啬。愈为越。太为忒。晃为乔。剑为及。一带为一答。恼鸦为老鸦。（恼鸦与喜鹊对，悮作老鸦。）①

（三十）清光绪《周庄镇志》

陶煦纂。光绪六年修。周庄镇，今江苏省苏州市昆山市周庄镇。"风俗"见卷四。录文据光绪八年刻本《周庄镇志》。

府志有方言一则，元和、吴江两县志俱摘录之。今亦即各志之合者载之，而参以镇中土语焉。如：

谓之人不慧曰呆子，亦谓之独头。谓人不利便曰笨（一作怀。）亦谓之夯。（呼港切。）谓人愚鲁曰不知蕱董，亦谓之呆徒。谓人能干曰奢遮（奢，式牙切；遮，之加切）。亦谓之道地。谓语事不明白曰含胡，亦谓之搭桥。谓嬉戏曰薄相（薄音勃，相去声）。亦谓之兜兜。谓作事乖张曰臬虔（音列及）。谓胸次耿耿曰伱拟。（音注腻。）谓心有不宁曰鏖糟。谓疟疾曰愕子。谓睡声曰憎涂。谓人妄语曰热憎。谓事出非常曰诧异。谓事在两难曰尴尬。谓事多舛误曰缠夹。（古鸭切。）谓行为不顺曰塞结。谓无可如何曰直死。（音

---

① 曹小云、曹嫄辑校：《历代方志方言文献集成》（第 3 册，上海市江苏省），北京：中华书局 2021 年版，第 2121—2126 页。

洗。）谓缠扰不已曰嬲（女教切）。亦谓之格里糊涂。谓肤痒曰苶。（音轩。）技痒亦曰苶。少年好事曰苶夹夹。谓你曰那。（乃嘉切，本吴江土语。）谓我曰奴。（去声。）谓此处曰间边。（间，古山切。）谓彼处曰个边。谓众多曰多许。（许，黑可切，花上声。）谓所在曰场许。（同上。）谓物微暖曰温暾。（音吞。）谓物不齐曰参差。（参，产平声；差，错去声。亦曰七参八差。）谓无罅隙曰吻缝。（音闵凤。）谓谋事可成曰连牵。谓如此曰人骱。谓物件曰牢曹。谓污秽曰邋遢。（音腊榻。）谓积尘秽曰垃圾。（音捋刷。）问何人曰啥人。啥（所驾切）。问何事曰啥事。啥（啐同上）。打曰敲。刺曰擉。（音齼。）扶曰当。（去声。）按曰揿。浮曰氽。（吞上声。）捧曰掇。积物曰顿。藏物曰囥。（康去声。）挹水曰舀。（尧上声。）比长短曰扊。（音晏。）此皆所谓方言也。①

（三十一）清光绪《杨舍堡城志稿》

叶长龄纂，叶钟敏重辑。杨舍堡城，今江苏省苏州市张家港市杨舍镇。"方言"见卷六《风俗》。录文据光绪九年活字本《杨舍堡城志稿》。

　　日曰热头。（俗呼日、热并如业。热头谓热物之首。方俗舌音、牙音多混也。）月曰亮兀。（亮取夜明象，兀月双声兼叠韵也。）雾曰眯露。（眯象雾形，支虞古通转。方俗呼轻唇多作重唇也。）虹曰犼。（犼本恶兽，呼吸能害物。虹患隐有呼吸意，或可作孔，亦有呼吸意也。邑志作堂，无义。）郭姓曰各。（合口误开口也。）江姓曰缸。（等小误等大也。）缪姓曰貌。（尤侯萧豪古通转也。）盛姓曰剩。（通庚转阳，亦古音也。邑志曰绽，谬甚。）吴胡呼无分别。（方俗牙喉多混也，独呼五午不误。）村民呼许姓曰喜、俞姓曰夷。夷于，雨曰以。（鱼模、支之，古通转也。）呼王黄姓及旺字，独依母有别。（读书识字者皆混为一声，反不如方俗也。）亡曰芒，网曰莽，望曰尩，闻曰门，问曰闷，味曰昧，万曰漫，蚊曰虻。（方俗呼轻唇音多

---

① 曹小云、曹嫄辑校：《历代方志方言文献集成》（第3册，上海市江苏省），北京：中华书局2021年版，第2143—2144页。

作重唇,古少重唇音,出切亦用类隔也。)梦曰愺。(东江古通也。)何事、何物曰舍个。(舍审双声,方俗又变审入照母,盖即怎字转上为入声。邑城曰到则乃怎之合声,而混齿于舌也。个为语助,犹乐府之添字剩声也。)如何曰那哼。(日泥两母字形声有互通者,如何亦那之二合。哼亦剩声也。)归曰居,去曰扣。(支鱼尤韵古通转也。)觇人曰张。(声转讹别也。)不好曰邱。(丑之讹别也。)美曰齐整、曰体面。睡曰困。(取其义也。)嬉游曰白相。(质言之也。)乳曰奶。毂之俗字(音亦变也)。大曰惰。(韵分收泰个二部,方俗多呼入个韵,惟大麦、大蒜、大黄呼入泰韵也。《邑志》"曰杜"音既全乖,韵亦失检,误甚。)弗曾曰分。(二合急呼也。)器具曰物事。托盘曰饭供。(方俗物呼重唇音,饭上声,俗多浊误清也。邑志曰末曰反,殊无理。)禽兽曰畜生。(方俗呼畜若中,知彻之误。邑志不察也,或谓是众生,然众生兼人言之义,不可也。)呼鸟为雕上声。(方俗呼音独正,士人呼入疑母,反讹误也。)雉曰野鸡。(沿汉旧也。)豕曰猪哪,羊曰羊咩咩。(并取其鸣声也。)猪舌曰赚头。(舌蚀声近,鐸蚀为赚,市井俗忌也。讳十为全同。)鼠曰老虫。(形小类虫,故加老别之也。)鳖曰甲鱼。(以有壳也。)蚌曰水菜。(谓多水也。)蛙曰田鸡。(以生于田而声似哺鸡也。)蜈蚣曰百脚。(取多足也。)蚓曰曲蟮。(象其形也。)蝇蠅曰臭虫。(因其臭味也。)继异姓子曰野鸡,又曰野猫。(以别于亲生也。)

以上诸条,但据一乡所闻知者述之,讹者略辨之,有邑志承讹袭谬者订正之,至方俗读字音舛误者十之八九例,不得泛及也。①

(三十二) 清光绪《黎里续志》

蔡丙圻纂。黎里,在今江苏省苏州市吴中区东南。"方言"见卷一。文据光绪二十五年刻本《黎里续志》。

里中方言相沿而呼,其字音本义间有乖谬者,与郡邑各处亦都

---

① 曹小云、曹嫄辑校:《历代方志方言文献集成》(第3册,上海市江苏省),北京:中华书局2021年版,第2033—2034页。

不同焉，纪之以资嗢噱。凡人自称曰旿（从口从五，音午。声从俗，字书不载）奴。称人曰那。称旁人曰伊奴。称已之家曰旿啨。称人之家曰伊拉。称其家曰旿哪。言人物之美曰趣、曰标致，形恶者曰难看。蠲曰干净，其不蠲曰齷齪、曰邋遢、曰鏖糟。大而重笨者曰齪扑。小而齐整者曰精致。言人之老成曰克实轻，薄曰佻傹。不雅驯曰粗坯。其俊快可喜曰伶俐、曰乖巧。其不聪明者曰笨壮，而不慧者曰騃、曰呆。无赖者曰落货。溪刻者曰疙瘩。财多者曰发迹。用财之吝曰滴惜、曰捻尖。贫乏者曰涩拮。处事能干曰虾胡牙切挝。夜寐曰困。夙兴曰陪起。坐而假寐曰磕铳。欠伸曰懒腰。呃逆曰格都。身之失跌曰拍挞。勉强行为曰拉扯，或曰扯搠。性坚执曰方柁梗。好搬弄是非曰乱说。自矜尚曰摆架子。修容止曰打扮。少精采曰萎蕤。阿承显富曰趋奉。以语恐吓人曰熏。故陷人于过令其处负曰捉弄。乘间而入曰钻。大言吓人曰烹。泥人不已曰缠。言语笼罩人曰蒙。解两家之忿曰落肩，或反是曰擀耸。强附而必使之从曰活订。纠缠不休曰臭嬲。内无实而外饰可观曰晃。不量力而好矜尚曰哈哈吽。有所趋避而倏遁曰溜。作事不果决曰摸捺。谈笑不诚恪曰欷（音希歌音哈）。行不端徐曰踉跄。交关人物曰瓜葛。阑入人中、事中曰夹插。旷大不拘束曰浪荡。人物之无用而勉强以之充数焉曰抓疲。言之凿空而杜撰也曰造。多而躁者曰沸翻摇天。其语小而可厌者曰噜苏。不分辨是非曰含糊。言事之轩昂曰阔绰。事物就理曰条直。事多支离曰垒堆。败坏之甚曰挞煞。能不彰着曰隐宿（音羞）。其反是曰彰扬。曲处以应之曰腾挪。事无决断曰瓮。不了结曰拖拉。欲了不了曰搭桥。了而不了曰拓浆。可憎曰讨厌。家败而姑安之、事坏而姑待之曰脓拌。已之所有以与人角胜曰背。（音卑。）人之被震恐而不能自主也曰酥，或曰矮。不知其人之隐曲而以言探出之曰透。知事与物可求之所而捷得之曰挖。初非有所要质也猝而与之遇曰撞。证人之辞也坚不可移曰咬。不告其人而私取其有若盗焉曰促搭。事之败而不可收拾曰坍。事理未明而好辩曰瞎帐，又强辩曰蛮帐。探事探人曰打听。怂恿人使为之曰擀掇。被人哄骗曰上挡。与人钮锘曰支难。口角曰嗾支。凡物之声急疾曰耆(虎伯切)剌(入声)。曰劈拍,又大曰砰磅。入水声曰汩冻,又大曰壳痛,更大曰共洞。无事闲游曰白相。与人戏谑曰逃仙。①

(三十三) 清光绪《盛湖志补》

仲虎腾纂。盛湖,指盛泽,今江苏省苏州市吴江区盛泽镇。"方言"见卷一。录文据光绪二十六年刻本《盛湖志补》。

吴江一邑。方言与一郡略同,已详载前志。然尚有可记者,补录之。

躲避曰畔。(陈后主创齐圣观,民谣。)斗殴曰相打。(《南史·黄回传》。)手牵物曰扯。(《宋史·杜纮传》。)干求、请谒曰钻。(班固《答宾戏》言)。呼箸曰筷。(《菽园杂记》。)谓多曰够。(音如遘。《文选·魏都赋》:"繁富伙够。"又见《广雅》。)嗔人勿慧曰笨。(《晋书》。)目物多为无万。(《汉书》。)水流物去曰湨。(吞稛切。见《留青日札》。)恶人自夸曰卖弄。(《南史》。)财不期得而得曰横财。(《独异志》。)谓人喜过甚曰脱下颏。(《癸辛杂志》。)阴地不如心地好。(同上。)知其一,不知其二。(《史记》汉高祖语。)大人不责小人过。(沈作喆《寓简》。)人微言轻。(《史记》《后汉书》。)好不须多。(晋元帝曲宴赋诗。)十八层地狱。(《梁书》。)垂头丧气。(《唐书·韩全诲传》。)掩耳盗铃。(唐高祖起兵时语。)上不上,下不下。(《唐书·田季安》。)见笑大方。(《秋水》篇。)黑漆皮灯笼。(《辍耕录》。)解围释急。(《吴志·吕蒙传》。)各为其主。(《魏志·曹爽传》注。)算无遗策。(《魏志》陈寿评荀攸、贾诩语。)骂人曰忘八。(明人小说谓忘"礼义廉耻孝弟忠信"八字也。)杂种。(《晋书》。)老狗。(《汉武故事》。)禽兽。(《孟子》:"则近于禽兽。""于禽兽奚择焉?")放屁。(《癸辛杂志》)。人面兽心。(《宋书·明帝纪》。)五逆不孝。(梁释僧祐《弘明集》载刘勰《灭惑论》。)矮蹼儠㑂,衣破褴

---

① 曹小云、曹嫄辑校:《历代方志方言文献集成》(第3册,上海市江苏省),北京:中华书局2021年版,第2192—2194页。

衫。(《集韵》。)七零八落。(《五灯会元》。)瞎打把势。(《辽金备考》。)酒囊饭袋。(王充《论衡·别通》篇。)寄居。(《汉书·息夫躬传》。)累重。(《汉·西域传》。)什物。(《后汉·宣秉传》。)便宜。(《齐书》顾宪之《疏》。)对手。(《唐书·宣宗纪》。)滑汰。(苏轼《秧马歌》:"耸踊滑汰如凫鹥。")龌龊。(《文选·吴都赋》。)流落。(《孔氏杂说》。)冤家。(《烟花记》。)分付。(《汉·原涉传》。)手下。(《吴·太史慈传》。)我辈。(《晋·石苞传》。)不便。(《魏·陈植传》。)谣言。(《蜀志·刘焉传》。)报应。(《汉华山碑》:"靡不报应。")年纪、修理。(俱《后汉·光武纪》。)难为人。(《表记》。)有瓜葛。(《后汉·礼仪志》。)商量。(《易·商兑》注。)致意。(《晋·简文纪》。)料理。(《晋·王徽之传》。)消息。(《魏·少帝纪》。)长进。(《晋·和峤传》。)郑重。(《汉书·王莽传》。)生活。(梁武帝谓临川王宏曰:"阿六,汝生活大可。")多谢。(《赵广汉传》。)布施。(周语。)行头。(吴语。)比校。(齐语。)当日。(晋语。)分外。(魏程晓上疏。)本色。(《唐·刘仁恭传》。)古老。(《书经·无逸》注。)孩儿。(《书·康诰注》。)老成人。(《书·盘庚》上篇。又见《诗》:"虽无老成人。")两造、奈何。(俱出《尚书》。)文书见在官府。(《周礼》。)军师消摇。(《檀弓》。)别号。(《月令》注。)老境。(《曲礼正义》。)好人姜菲。(《诗经》。)发财。(《大学》。)一撮。(《中庸》。)先生、后生、仍旧、下流。(《论语》。)市井人力。(《孟子》。)受业。(《国语》。)欢喜、事情、张罗、画蛇添足、自相矛盾。(《国策》。)斫丧、客气、奉承、告老、行李、请安、如夫人。(《左传》。)天下太平。(《礼记·仲尼燕居篇》。)放债。(《搜采异闻录》。)新鲜。(《太玄经》。)附近。(附,古作傅。出仲长统《昌言》。)债主。(《后汉·陈重传》。)连日。(《后汉·王符传》。)中饭。(《魏·王修传》。)门客。(《南史·戴发兴传》。)搜括。(《南史·梁武纪》。)乡风。(苏轼《馈岁》诗:"亦欲举乡风,独唱无人和。"又何逊诗:"乡乡自风俗。")破费。(苏诗:"破费八姨三百万,大唐天子要缠头。")门生。(徐干《中论谴交》篇云:"有荣名于朝,称门生于富贵者。")阿舅。(称妻兄弟。出《元史·桂完泽传》。)夫人。(白居易诗:"惟有夫人笑不休。")姊姊。(司空图诗:"姊姊教人且抱儿。")偏房。(《列女传·赵衰妻颂》:"身虽尊贵,不妒偏房。")婊子。(娼伎之称。出《辍耕录》。)校书。(亦妓之称。胡曾《诗赠薛涛》云:"万里桥边薛校书,枇杷花下闭门居。")口臭、择日、废物。(并出《吴越春秋》。)封君、处士、舅父、大姊、贤弟、子婿、败子、小鬼、寡居、良家子、小儿医、府上、居间、果然、罪过、抵罪、招摇、亡赖、负荆、草藁、数见不鲜、旁若无人、一败涂地、武断乡曲、有何面目、不值一钱、死灰复燃、后来居上、多多益善。(并见《史记》。)结发、同学、同门、偶然、权柄、发觉、风闻、如意、惶恐、逗遛、相思、底里、轻薄、切齿、主人翁、积少成多、和气致祥、谈何容易、延年益寿、稠人广众、见事风生、妄自尊大、为善最乐、盗不入五女之家。(并见《汉书》。)姊夫、妹夫、晚生、不成人、竹头木屑。(《晋书》。)岂有此理、名士风流。(《齐书》。)酒令、一身两役。(《梁书》。)名下无虚。(《陈书》。)有始无终。(《魏书》。)润笔。(《隋书》。)良辰美景。(《北齐书》。)前辈、后辈。(《唐书》,又《论语注》。)关节、笑杀、斩草除根。(《唐书》。)快活、子细、脚色、十字街、风流罪过。(《北史》。)大房、小房、脱空、相骂、不快活、做手势、利上生利、酒有别肠、前功尽弃。(《五代史》。)宗师、生熟、偏枯、风波、开口笑、不近人情。(《庄子》。)官长。(《墨子》。)放生。(《列子》。)深根固柢、金玉满堂。(《老子》。)吹毛求疵。(《韩非子》。)四通八达。(《子华子》。)烦难、请详、算计、不见天日。(《淮南子》。)告示、本分。(《荀子》。)脚着实地。(《宋史》。)过桥拆桥。(《续通鉴》。)容情。(《搜神记》。)鲫溜。(郊、祁《笔记》。)打草惊蛇。(《续常谈》。)读书种子。(《鹤林玉露》。)福至心灵。(《幕府燕闲录》。)人杰地灵、老当益壮。(王勃文。)飞黄腾踏。(韩昌黎诗。)丈人、丈母。(《柳柳州集》。)相公。(王粲赋。)令弟。(《谢灵运集》。)令妹。(《陶渊明集》。)夫君。(孟浩然、李义山诗。)老家人。(孟郊有《吊老家人春梅》诗。)手段。(元遗山诗。)处分。(《焦仲卿妻诗》。)蛇无头不行。(宋云庵真净禅师语录。)天高皇帝远。(《闲中今古录》云元末谚语。)高谈阔步。(魏文帝《太宗论》。)一客不烦二主。(《山谷集·题跋》。)

又有土语。圆曰团圆。(《说文》、梵书。)浮曰氽。(吞上声，《字林撮要》。)盖曰赣。(《增韵》。)藏曰炕。(《集韵》。)积物曰顿。(《隋书·炀帝纪》："每之一所，辄数道置顿。")关门曰闩。(《字汇补》。)完全曰囫囵。(《俗书刊误》。)六畜曰畜生。(《左传》僖十九年注疏："养之曰畜，用之曰牲。"吾乡误呼畜为中。)断港曰浜。(李翊《俗呼小录》。)忍耐曰熬。(《汉书·陈汤传》："众庶熬熬苦之。")其未知所本者，如孔曰窟窿。看曰望。扶曰当。(去声。)按曰揿。转曰跋。捧曰掇。稠密曰猛。布帛薄者曰浇。非常事曰咤异。喜事曰利事。忧事曰钝事。此处曰该面。彼处曰个面。事之相值曰偶凑；数钱五文曰一花。执物曰炖。热酒曰烫。泻酒曰筛。物事曰夥勸。疟疾曰瘅子。得利曰赚钱。首饰曰头面。鞋袜曰脚手。器用曰家生，亦曰家伙。①

(三十四) 清光绪《常昭合志稿》

郑钟祥等修，庞鸿文等纂。常，指常熟县；昭，指昭文县。常昭，即今江苏省苏州市常熟市。"风俗"见卷六。录文据光绪三十年活字本《常昭合志稿》。

乡俗呼父曰爹。(或曰爸爸，音如伯伯，或称为老子。)母曰娘。(或曰姥姥，或曰姆姆。)称子曰倪子。(《孟子》："反其旄倪。"注："小儿也。")女曰囡。(《柳南随笔》："囡者，吴人呼女之辞。")称人之子，贵之则曰官人(沿自唐人)。贱之则曰囝(字见白香山《乐府》)。曰猴子。(子读入声。)女曰细娘。呼夫父母曰公公、婆婆，妇称舅姑亦如之。舅姑呼妇及妇自称皆曰新妇。(沿自六朝。)至女子称谓，多从男子，如称姑母为伯伯、叔叔，母姨为舅舅。(盖缘称人之妾曰姑娘，曰姨娘，呼人家女仆为娘姨，故易称以避之。)至称姊妹亦或为哥哥、弟弟，则乡俗之异也。乡人谓妻曰娘子(子读入声)。谓夫为小官人。(乡里人泛称年长者曰爷叔、犹常州人之

---

① 曹小云、曹嫄辑校：《历代方志方言文献集成》(第3册，上海市江苏省)，北京：中华书局2021年版，第2188—2192页。

称为表叔,苏州人之称为娘舅也。)右称谓,相沿之风俗。附方言(言志方言剿袭《府志》多致与乡音不合,非今昔方言有异也。兹别加审订,略举大凡,以昭核实)。

邑方言多用古义,而转其音。如谓游嬉曰婆娑。(《诗》:"市也婆娑。")呼为白相。(与嫛珊、勃窣诸音同,为婆娑之转音,白相与勃窣音尤相近。《晋书》:"张凭勃窣理窟。")谓不解事曰笼东。(《北史》:"笼东军士。")呼为落汩。(汩,《集韵》当各切。)谓心中不了了曰糊涂。(《宋史》:"吕端小事糊涂。")呼为惑突。诸如此类,皆双声转也。又宁馨二字为六朝人常语,吾邑转宁为能(狞奴,谩骂,宁、奴为双声,奴、能亦双声,可证宁,能亦双声之转也)。转馨为梗。(叠韵转也。如"何物老妪生宁馨儿",土语若云"啥等样婆娘养能梗个倪子"是也。"冷如鬼手馨",土语若云"像鬼手梗冷"是也。馨亦或转呼如哼,那哼,即那馨也。)又许字亦南朝常语,乡音则读同浒音,近虾字之上声。

有二字合为一字音者,如弗曾(音如分)。弗要(弗要切音无此字)。皆并二字为一音。又传授为胄,什么为啥(音近奢)。奈何为那(音近奶)之类皆是也。又有一字分为二字者,如谓孔为窟笼(窟笼即孔字切音)。团为突栾(突栾即团字切音)之类皆是也。又二字合为一音,轻重呼之仍为二字者,如谓蛮横音如牤盲,蛮横切哆口呼之音如牤,敛口呼之音如盲之类是也。

邑人言语多按字义不相混淆。兹就手部之字考之。谓舁物曰扛。(《说文》:"横关对举也。")高举物曰掀。(音轩。《左传》:"乃掀公以出于淖。"或亦呼如欣、如亨。)拘执人物曰捉。(杜诗:"村吏夜捉人。"邑人取染物亦曰捉。)牵引人曰拉。(本卢合切,今读平声。《正韵》:"谚言邀人同行曰拉。")以箕帚埽物曰扱。(《礼记》:"以箕自向而扱之。"本读如吸,邑人则读如《唐韵》音楚洽切,云扱垃圾。)去尘曰拂。(《礼记》:"进几杖者拂之。")以巾拭物曰揩。(梅尧臣诗:"尘埃镜已揩。")重揩曰擦。(《字汇》:"摩之急也。")擦卧席曰挼。(《集韵》:"研也。")使物向外曰推,向里曰扳。(《孟子》:"推而纳之沟中。"《公羊传》:"扳隐而立之。"方言推扳二字相对,如行船者云推艄、扳艄舱是也。亦为活动之词,如购物论价曰要推扳些。)以肩承物曰搜。(《通雅》:"《汉书》矫虔吏即挢搜。赵氏曰:吴言以身肩物曰搜,借相讦告亦曰搜。"《集韵》渠言切,音健,平声。今俗别造为掮字。)以手握物曰搦。(《广韵》:"捉,搦也。")提物曰拎。(《玉篇》:"手悬捻物也。")转物曰捰。(王安石诗:"东西捰柂万舟回。")散物曰撒。(《集韵》:"散之也。")历取物曰捋。(《诗》:"薄言捋之。")两手揉物曰搓。(苏轼诗:"手香新喜绿橙搓。")以手称物轻重曰掇。(即戥戤之戥,俗字。)指择物曰拣。(《三国志·袁绍传》:"无所拣择。")指挤物曰捘。(《左传》:"涉佗捘卫侯之手。")两指轻取物曰拈。(周邦彦词:"针线慵拈午梦长。")重取曰捻。(《青琐高议》:"牡丹名一捻红。")三指取物曰撮。(《礼记》:"一撮土之多。")俗谓买药为撮药。摘花曰采。(陶潜诗:"采菊东篱下。")折花曰拗。(《增韵》:"折也。")举碗曰捷。(《南史·何远传》:"捷水还之。")两手举器曰掇。(凡可掇之器即名焉掇。如锡掇、甏掇之类是也。或转为平声,则音近端。)傅粉曰搽。(即涂抹之涂俗字,邑人直读如茶。)强取曰抢。(《韵会》:"争取也。")强与曰抴。(《字汇》:"强以物与人也。")以掌索物曰摸。(《集韵》:"摸,索也,扪也。")宛转抚之曰摩。(《易》:"刚柔相靡。")重摩之曰挼。(奴禾切,如沐谓之挼头。)向下抚之曰按。(《史记》:"按剑历阶而上。"注:"抚也。")重按之曰揿。(《集韵》:"按也。"揿去声。)掌击物曰拍。(郭璞诗:"右拍洪厓肩。")手捉物曰掼。(《类篇》:"吴俗谓手持物曰,音蛙。")指甲取物曰掐。(《玉篇》:"爪按曰掐。")爬物曰搔。(《礼记》:"敬抑搔之。")以指勾物曰挖。(音如《孟子》揠苗之揠。)以器挖物曰掘。(《孟子》:"掘井。")以器掘物曰撬。(牵幺切。)水中取物曰捞。去草曰拔。(《易》:"拔茅茹。")拔毛曰挦。(《集韵》徐廉切。)言各有当,未易悉举。惟北人恒言如扔掼拴摔诸字,则罕闻其音。又如目部字,北人用瞧看二字,吾邑不用瞧字。而于寻人觅物别曰睃(音梭)。看视产妇别曰瞟。若五月十三日雨,俗谓白龙瞟娘,亦此义也。

凡于事物用形容之词,皆以双声辗转分别之,其源盖出于秦汉间辞赋家,譬如零星二字,其义为琐碎,而方言谓毛羽之散者曰襱褷,布帛敝者曰络索,米谷之碎者曰粒屑,尘土之杂者曰垃圾,风之尖者曰料峭,雨之细者曰廉纤,言语之烦者曰噜苏,意兴之散者曰阑珊,丝线之垂须者曰流苏,亦曰苏头。惟幕之重叠者曰㽵緊,竹笼之细密者曰笒箵,虽取意各殊,其为义则一,皆零星二字双声之转也。诸如此类别用二字双声转相形容之语,不可胜数。

凡语意当加甚字者,率用蛮字或奇字。如谓甚好为蛮好或奇好,犹苏州人谓之怪好,常州人谓之恶好也。谓走曰跑,犹苏州人曰奔,昆山人曰跌,吴江人曰跳也。

谓日曰太阳,亦曰日头。谓月曰亮月。谓露曰露水。呼虹曰鲎(呼候切)。亦曰绛。(音绛。)呼雹曰冰雹。谓电曰霍闪。(音如显。)

邑人读书,于平声、入声字均极准。惟上声字间有因曳长其音,与去声相类者。至俗语字音,亦或偶与北人相似。如蛋黄之黄呼如荒,滴水之滴呼如帝之类是也。又钟几记,记字实亦击字之北音。(近人每谓几句钟,因嘉兴人读句如记,故借用之耳。)吾邑乡音非特与郡城异,即东西乡亦多不同。如船、传等字,东乡人读之似与支韵之追、随等音相叶,西乡人读之似与元韵之园,垣等音相叶,此类不能遍举。又五渠人读门如瞒,读魂如垣,与元韵之字多叶,至读渠如球,读拘如纠,则虞、尤韵本通,合于古音也。又邑人姓氏,称季作踞,是西乡人沿江阴土音。称吴作红,是南乡人沿苏州土音。(苏人读是音从鼻出。)称王作巷平声,是东乡人沿太仓土音。城市中与彼乡人语,不得不改而从之。旧志谓是吾邑方言,非也。至呼归如居,呼龟如车(鱼韵)。呼鬼如举,呼物价贵贱之贵如踞,则诚土音耳。①

(三十五) 清宣统《太仓州志》

王祖畬等纂。太仓州,辖境包括镇洋、嘉定、宝山、崇明四县,即今

---

① 曹小云、曹嫄辑校:《历代方志方言文献集成》(第3册,上海市江苏省),北京:中华书局2021年版,第2039—2034页。

江苏省苏州市和上海市苏州河以北地区；州治在今江苏省苏州市太仓市。"方言"见卷三《风土》中。录文据民国八年刻本《太仓州志》。

天时人事之征应，人情风俗之同异，下至农夫野老春秋祈报，所谓百日之蜡，一日之泽，弛张之义，文武之道，喜怒哀乐之发，无一不本乎性，率乎情。顾自汉唐来杂以二氏之教，乱以愚夫愚妇之说，吾州胜国末陆、陈诸先生，昌明正学，蔚为巨儒。然一傅众咻，迄今二百余年，益凌夷衰微，卒无以革敝俗而反之正，是可忧也。州地割自三邑，而土音亦因之微异。大抵出声重而舌不圆，近昆山者十之六，近常熟、嘉定者十之三四。而今昔稍殊，雅俗亦判。如：

语了曰哉。（见经传。）语余曰那。（《后汉书》："公是韩伯休那？"）指人曰其、曰伊。（见经传。）以肩举物曰掮。（音乾，见《史记》。）以手挤人曰搡。（音尊，见《左传》。）以手摘高曰扳。（见《公羊传》。）以手搬物曰捷。（见《南史》。）横关对举曰扛。（见《史记》。）两手取物曰掇。（见《易》《诗》。）以手按物曰擎。（见《南史》。）满足曰彀。（见《孟子》，俗又作够。）粗蠢曰笨。（见《宋书》。）不慧曰呆。（《唐韵》：小呆大痴。）舌取物曰舔。（见《孟子》。）躲避曰畔。（王隐《晋书》："邓伯道避石勒难，以车马负妻子以叛。"按叛与畔通。）得财曰利市。（见《易·系辞》。）责人曰数说。（《左传》："乃执子南而数之。"）预期曰指望。（见《梁书》。）众多曰多许。（见《隋唐》。）语不经曰荒唐。（见《庄子》。）葺理齐整曰修娖。（见《唐书》。）不管事曰落度。（音铎，见《宋书》。）腹胀曰彭亨。（见唐韩愈诗。）体肥曰胖。（见《大学》。）贪纵为非曰放手。（见《后汉书》。）体短步涩曰勃窣。（见《汉书》。）犹豫曰墨尿。（音如冰痴，见《列子》。）漂流在外曰流落。（见《明皇杂录》。）事了曰罢休。（见《史记》。）不粗疏曰子细。（见唐杜甫诗。）平稳曰妥帖。（见唐韩愈诗。）退后曰缩朒。（见《汉书》。）疾速曰飞风。（唐制，马入上乘局者印以三花，其余杂马于左髆印飞，于右髆印风。俗语盖本此。）性急曰卒暴。（见《汉书》。）语不明曰含胡。（见《唐书》。）习气曰毛病。（黄山谷《刀笔》曰："此荆南人毛病。"）以手做事曰生活。（见《孟子》。）人死曰过世。（见《晋书》。）有亲曰瓜葛。（晋王导与子围棋,争道,导笑曰:"相与有瓜葛,那得为尔邪?")午餐曰中饭。(见唐诗。)呆劣曰襁褓。(古乐府:"今世襁褓子。")人众相随曰蜘伴。(蜘,蝗属,飞则群聚,故云。)宁可曰耐可。(见唐李白诗。)作揖曰唱喏。(《崔炜传》:"使者唱喏。"宋以前揖必唱喏。)微暖曰温暾。(见唐王建诗。)鄙人营生曰经纪。(见《唐书》。)人物作闹声曰击毂。(见《国策》。)聆言不省曰耳边风。(见唐杜荀鹤诗。)见物生羡曰眼孔浅。(《书言故事》云:"桑维翰爱钱,上曰:'措大,眼孔浅。'")以事订人曰丁一确二。(取着实不爽之意,见《朱子语类》。)责人而姑警之曰受记,亦曰摩顶受记。(盖袭用释氏语,或讹记为句。)练事曰习惯。(见《贾子》。)进退不果曰伱拟。(音如滋腻。司马相如赋:"佁以伱拟。")不委曲曰直笼统。(见《唐书》。)奴婢所生曰家生子。(《汉书》:"免骊山徒、人奴产子。"师古注:"即家生儿。")骂小儿之桀猾者曰杂种。(《晋·前燕记》:"蠢兹杂种。")行步欲倾跌曰打滑溚。(唐皮日休诗:"苏地滑溚足。")喉曰胡咙。(《诗》:"狼跋其胡。"亦作咙胡。《汉·五行志》:"请为诸君鼓咙胡。")指环曰手记。(《诗》郑笺:"后妃群妾当御者,授之以环,着于左手。既御,着于右手。事无大小,记以成法。今男子所著曰戒指,女子曰手记,本于此。")涤器之布曰幡布。(晋人云:"不见酒家幡布乎?"亦曰抹布。船家曰展布,忌与翻、没同音也。)松炭曰麸炭。(见陆游《老学庵笔记》。)衣贮棉花曰棉絮。(见《晋书》。)柜之有板匣者曰抽替。(见《宋书》。)藻井曰天花板。(《山房随笔》:"元好问妹手自补天花板。")此皆方言之有本者。

而儿音同倪,又音同异,死音同洗,大音同惰,作音同做,鬼音同举,龟音同居,此音之与古近者。

其看曰张、曰望、曰睃。执曰当。(去声。)卧曰困。藏曰囥。移曰捅。忍曰熬。转曰跋。贮物曰坐。置物曰安。积物曰顿。指物曰那。(拿去声。)提物曰拎。妄语曰赵。谎言曰捣鬼。得利曰赚。失利曰折本。(折,读若入。)富曰从容。巧曰搂搜、曰尖钻。苛细曰合搭。呆曰犺。呆曰铎。昏愚曰懵懂。拙于逢时曰秋。不循理曰蛮门。机变曰乖、曰唧噜。有能曰本事。戏谑曰搂、曰取笑。闲游曰白相。自夸曰卖弄、曰说嘴。不豪爽曰敕是。（音练筒。）纠缠曰噜唆、曰累堆、曰兜搭。悔心曰懊惱。犯上曰冲撞。能干事曰在行，亦曰在调事。幸相值曰偶凑。侥幸曰造化。事已了曰过头。事完曰连牵。决裂曰索哉。不利曰倒运、曰晦气。不满人意曰促恰。物完全曰囫囵。物不中用曰殢殢。不鲜洁曰干瘪。下垂曰离提。（提，读若如。）些微曰粒屑。不收拾曰邋遢。秽杂曰垃圾。骗人曰串局。受骗曰上当。强出尖曰行霸。太甚曰忒煞。热物曰顿。火干曰煠。浮曰氽。（吞上声。）流曰淌。盖曰匭。以杓取水曰舀。（遥上声。）掷物曰㧒，又曰扚。（当入声。）手扳曰㧜。（音岩入声。）爪掐曰扚。（音的。）去涕曰擤。（音狠。）袖笼手曰相笼松。物秽杂曰鏖糟，心烦懑亦曰鏖糟。安身处曰窠坐。门之关横曰闩，竖曰閂。首饰曰头面。鞋曰脚手。器曰家生，布帛薄曰浇，稠密曰猛。疏曰稀。腻曰䴗䴙、货低曰邱，亦曰邹。事难处曰尴尬，不清楚曰夹腻。做事无据曰无影子。沮坏事体曰打破句。夸张曰摆架子。有意逢迎曰凑奉。女子拜曰屈。（读上声。）眼作细缝曰买斜。（音汏妻。）目脂曰眼眵。乳曰奶。体瘦曰清减。卖买曰生意。子女曰大细。男曰囝。（暖平声。）女曰囡。（暖去声。）仆曰鼻头。（吴音主同嘴，豪仆声势出主人上，犹鼻头之居嘴上也。）从嫁相礼者曰伴娘，亦曰卖婆。收生者曰老娘。女巫曰师娘。昏丧赞礼者曰司务。乐工曰鼓手。庖人曰厨子。日曰日头。（呼日如蹶。）月曰月亮。（呼月如兀。）雾曰迷露。雹曰冰牌。霞曰华。虹曰堂。天黎明曰乌胧胧。自晨至午曰上昼。未申时至下昼。田边高地曰畎（读若旱）头。港不通者曰浜兜。犁曰铁赖。锄曰耙头。锄地曰倒。插秧曰莳。积柴曰柴际。针曰引线。髻曰篡。盘曰反供。（读若龚。）舂米曰碓。蟋蟀曰赚绩。萤曰油火郎。蛤蟆曰癞团。蛙曰田鸡、曰水鸡。熨斗曰云斗。豕曰猪猡猡。羊曰羊乖乖。（俗转如妈。）呼鸭曰奚奚。呼鸡曰朅朅。（音昼，俗转如促。）呼狗曰獹獹。此方言之通行者。

他若因忌而变称，如：讳散，呼伞曰竖笠；讳极，呼屐曰木套；讳死，呼洗曰净；讳滞，呼箸曰快；讳挫，呼醋曰秀才之头。

借喻为取义,如:媚人者曰篦片,软弱曰衣皮,托他人名以取物曰顶反供(读若龚)。物一卖再卖曰楼上楼,伺隙加害曰踏沈船,武断曰横撑船,插人事中曰夹篙撑,无用曰水通蟹,酿钱饮食曰扛柜,许物不偿曰拔短梯,轻易举事曰捷木梢,借端讹诈曰敲竹竿之类。

其以翻切成字,如:囤为夺栾,孔为窟笼,盘为跋栾,精为即零,村为秋根,呼为唔涂之类。

至名称之淆乱不正者,如:呼母曰妈妈、曰阿妈,呼从母曰大姨、曰娘姨,呼伯叔母曰大妈、曰婶娘,呼女佣亦曰阿妈、曰妈妈、曰婶婶、曰娘姨,近且统呼姑母、从母曰伯伯,呼神为佛、为菩萨,呼典伙曰朝奉,医生曰郎中之类。

又如:烹庚更彭朋盲撑争羹行横耕坑莺樱橙等并作阳韵,硬梗盛并作漾韵,石白百宅尺赤拆客射额拍麦吓双碛责并作药韵。

又如:税为世。授为胄。诏为召。江为冈。戊为武。人壬为迎。认赁为佞。赊为沙。蛇为茶。伤为丧。忘为忙。寒为杭。旺为巷。耳为你。二为腻。贵为句。孝为耗。让为酿。鼻为弼。肉为恶。觉为阁。日为蹑。月为额。热为业。物为末。疟为愕。吹为痴。吕为李。围为圩。愈为越。太为忒。吴鱼无并为鼻音,读并三字为一音。亩母五午并作鼻音,读并四字为一音。读三如山,而声生甥笙牲亦如山。读宏如红。看如康。忌讳之讳为觊。小儿毁齿之毁为煦。吃亏之亏为区。支韵与微灰齐相乱,庚青侵与烝真相乱,皆语音之不正者。

夫声音之道与政通,虽俚俗人之语,而人情之真伪,事物之繁赜,胥于是乎。在官斯土者,苟言语之不通,何以听辞而折狱哉?①

---

① 曹小云、曹嫄辑校:《历代方志方言文献集成》(第3册,上海市江苏省),北京:中华书局2021年版,第2084—2089页。

第六章　走向现代　多元演进：
近现代时期的吴方言

近现代是古代语言学向现代语言学转型的关键时期。近代语言学在中国现代语言学研究史上具有崇高的地位,上承古代语言学研究,奠定了后世语言学研究的基础;下启现代语言学科学,引领20世纪中国语言学研究新方向。

赵元任《现代吴语的研究》是第一部科学记录汉语一个方言区的语言学著作,为中国语言学的研究开辟了新的路径;《苏州同音常用字汇》记载了一百年前苏州方言声韵调的特点,可以据此观察百年间苏州方言的演变。此外,高本汉采用历史比较法写成的《中国音韵学研究》、近代报刊所记苏州方言以及近代地方志所录吴方言,不仅记录了这一时期吴方言语音和词汇的特点,还呈现了当时语言学研究的水平,梳理这些吴方言材料和学术观点,有助于构建近现代吴方言的发展史。

第一节　《现代吴语的研究》

赵元任(1892—1982),字宣仲,又字宜重,号一敬,江苏武进(今常州市)人,生于天津紫竹林一个书香门第、官宦之家,其六世祖为赵翼,以诗句"江山代有才人出,各领风骚数百年"闻名,是清代的考据学大师。赵元任本人承袭了精益求精的治学之道,且精通多种语言和中国方言,在各个领域都有不小的贡献,是中国现代语言学先驱,被誉为"中国现代语言学之父",也是国际著名的结构派语言学家,同时还是中国现代音乐学的先驱。从1915年发表在《科学》上的《心理学与物质科学之区别》开始,至1982年发表在《清华学报》(中国台湾)上的《常州话里两种变调的方言性》,共计发表文章、专著、译著等近200种。《赵元任全集》于2007年10月由商务印书馆出版。

《现代吴语的研究》是赵元任语言学领域的代表作之一。在成书前,赵元任与助教杨时逢前往江浙一带对吴方言展开实地调查,省略来回路程所用的一个月时间,实际调查时间为一个多月。调查期间,赵元任亲自调查了苏南地区和浙江的33个吴方言区,并用国际音标详细记录了语音系统,这是首次对现代吴方言进行的大规模科学调查研究。

为了获得最为地道的方言说法,赵元任严格要求发音人用本地自然的语音读字、说话,从而保证吴方言语料的真实可靠。《现代吴语的研究》真实系统地展现了20世纪初吴方言的整体面貌,在吴方言学史乃至中国语言学史上具有重要的地位。实地调查记录时,有以下五点需要注意:一是单字声调音值是通过一个渐变的音高管来模仿发音人声调的,用五线谱记录音高管模仿时发出声音的变化,然后粗略估计发音的时间比例并用乐谱的音符记录。二是用最严式的国际音标给声母、韵母的音值注音。三是当声调、声母或韵母三要素当中有某个难以分辨的时候,就用异同法来解决。四是词汇的调查格式,依据国语罗马字排列,以国语为纲,每词下又注已知的吴方言。五是语助词,用苏州话做例子进行调查。

在严谨的实地调研基础之上,《现代吴语的研究》于1928年作为清华学校国学研究院丛书第四种出版,1935年影印再版,原版附有"勘误表"两页,再版时多已改正。1956年,科学出版社将其重新刊印发行,调整了原版本中的六种调查表格,删去了第六种"读文吟诗乐调",重新编排了前五种的次序。

《现代吴语的研究》一书分为《吴音》和《吴语》两部分,第一部分《吴音》共四章,约占全书篇幅的75%,包含吴语声母、吴语韵母、吴语声调以及声韵调总讨论,第二部分《吴语》共两章,约占全书篇幅的25%,包含词汇和语助词。由此可见,赵元任在《现代吴语的研究》这本书中,整体布局上更侧重吴方言的音韵,词汇、语法只各占一章,词汇选取了75个常用的词以及吴语不同于别地的特殊词,至于吴方言语法,赵元任认为"讲中国方言的文法差不多就是讲语助词",于是语法部分只是列出语助词表。

第一部《吴音》的前三章,均以凡例,制作声母、韵母、声调表格并讨论形成框架,第四章则按照方言点讨论各地的特点并总结吴语全部的共通点,展现吴语的整体面貌;第二部《吴语》,第一章分为凡例、30处74词的词汇表以及特别词三部分,主要内容是30个方言点中75个词的词汇对照表和22个方言点中56种用法的语助词对照表,词汇对照表之后列举各地的特别用词。第二章,分为凡例和举例以及22处56用的语助词表两部分,语助词对照表之后有成篇的记音材料,此外,书后还附有作者调查时所用的各种表格。附录是苏州话"北风跟太阳"的故事。下文根据《现代吴语的研究》简述20世纪初吴方言的声母、韵母、声调、词汇及语助词。

一、吴方言语音

《现代吴语的研究》关于吴方言语音的讨论包含声母、韵母、声调以及声韵调总讨论四部分。与普通话不同的是,吴方言声母保留了古全浊声母的发音,韵母则具有"高化"特点,且复合元音大多变成了单元音。声调可分为两类,一类有阴平、阳平、阴上、阳上、阴去、阳去、阴入、阳入八个调类,另一类将阳上归入阳去,只有七个调类。江苏各地吴方言声韵调总讨论反映了吴方言内部的多样性,《现代吴语的研究》为汉语方言声调的科学研究奠定了基础。

(一)吴方言声母

声母主要与发音部位和发音方法有关。《现代吴语的研究》用罗马字母记录了吴方言的声母,按发音部位主要分为"b"系、"d"系、"g"系、"h"系、"j"系和"tz"系。

表 6-1 吴方言声母分类表

"b"系	[b]	[p]	[bh]	[m]	[f]	[v]	
"d"系	[d]	[t]	[dh]	[n]		[l']	
"g"系	[g]	[k]	[gh]	[ng]			
"h"系			[h]	[hh]			□
"j"系	[j]	[ch]	([dj])		[sh]	[zh]	
"tz"系	[tz]	[ts]	([dz])		[s]	[z]	

资料来源　赵元任：《现代吴语的研究》，北京：商务印书馆2011年版，第39页。

《现代吴语的研究》在分析吴方言的声母时重视共时（跟北京音）和历时（跟中古音）的比较。赵元任指出吴方言的声母与古音或北京音有着相似之处，如"并、定、群、澄、床、从"等浊音平（上）去入都和清音有区别，这一特点便是古音所具有的；部分声母与古音和北京音的分类标准都不符合，是吴方言声母中比较特殊的一个部分，如"澄、床、禅、从、邪"读破裂摩擦还是纯摩擦，内部是不一致的，这与古音不合，与北京音也不合。吴方言的声母是近古音还是近北京音，有时跟语体或文白等因素有关，如"见、晓、系"齐撮腭化，这些声母的发音便与北京音相近，但是山、庚、江等韵的白话读音并不腭化，这样的发音便与古音贴近；再如"微、日"两母白话用鼻音，与古音发音相近，文言则用口音，与北京音发音相似。

《现代吴语的研究》注重吴方言声母具体音值的描写，有很多见解都是首创。关于带音跟吐气问题，赵元任指出吴方言全清次清的声母基本不带音，特殊情况有松江（位于今上海市），浦东（位于今上海市），永康等地中的"b"，"d"用真[b, d]，少部分地区将影母中的一部分读 v；吴方言的帮、端、见等破裂音读法跟北京的读法比起来显得紧而脆，是一种法文派的硬音；吴方言浊类声母发音特别之处在于，大多数地方的吴方言都用一个带音的气流表示浊的音类地位，就是[ɦ]（弯头 h），比如吴方言的并母、定母就可以记成[pɦ]、[tɦ]，摩擦音[z]在吴方言中的实际音值接近[sz]或[sɦ]，[v]的实际音值是[fv]（丹阳等地除外）。关于浊的破裂摩擦音，赵元任描写得更细致，它在关闭的时候不带音，到摩擦的时候恐怕起初也不带音,到后半才带音,而且总是带一点[ɦ],如[dz]具体音值是[dzɦ]或[tszɦ]。以上是单字音的情况,如果是遇到去声而前头有字的时候,就都念成普通不吐气的纯带音的[b d dz v]等音了。赵元任对吴方言的摩擦音、鼻音等也作了详细的描写,可谓细致入微,对吴方言乃至汉语语言学的研究也是史无前例的。

为了更清晰地呈现吴方言声母与音类、音值,发音方法和发音部位的关系,赵元任制定了一张声母表。表格第一行为吴语音韵罗马字的声母,共计26类;第二行是第一行的细目,细目的存在是为了区别于不同方言点对于同一个音的不同读法,因此细分直至不能再分为止;第三行是《切韵》《广韵》所代表的古声纽;第四行则标注着分合条件,即一个声母变化的条件,大致可以归为古一二三四等、古开合、今开齐合撮、古平仄、文言白话音、韵类共六条;第五行则是每一类下面的例字;第六行列出《切韵》时代的古音作为参考,它的一些音值是根据高本汉的工作译成国际音标写出来的;第七行也就是最后一行则列出国音作为参考,其音值是按照民国17年(1928)的修正《国音字典》定的,这本字典以北京音系统为原则。不过,《现代吴语的研究》所用的音标因为要跟吴方言的音值作严密的比较,所以跟《国音字典》里所用的音标略有出入。表格本身所用的声母音标都是最严式的国际音标。下表节选部分江苏吴方言"帮"系字声母示例如下:

表6-2 江苏吴方言"帮"系字声母

声母 地点	帮		滂	并			明
			全	平		仄	全
	口韵尾	鼻韵尾		文	白		
	巴	兵	怕	旁	旁	伴	门
北京	[b̥]		[pʻ]			[b̥]	[m]
宜兴	[p]		[pʻ]	[bʻ]			[m]
溧阳	[p]		[pʻ]	[bʻ]			[m]
金坛	[p]		[pʻ]	[bʻ]			[m]
丹阳(城内)	[p]		[pʻ]			[b̥]	[m]

续表

声母 地点		帮 口韵尾 巴	鼻韵尾 兵	滂 全 怕	并 平 文 旁	白 旁	仄 伴	明 全 门
靖江		[p]	[p]	[pʻ]	[bʻ]			[m]
江阴		[p]	[p]	[pʻ]	[bʻ]			[m]
武进	绅谈 街谈	[pʻ]		[bʻ]	[bʻ]			[m]
无锡		[p]	[p]	[pʻ]	[bʻ]			[m]
吴县	旧派 新派	[pʻ]		[bʻ]	[bʻ]			[m]
常熟		[p]	[p]	[pʻ]	[bʻ]			[m]
昆山		[p]		[pʻ]	[bʻ]			[m]

资料来源　赵元任：《现代吴语的研究》，北京：商务印书馆2011年版，第50页。

（二）吴方言韵母

韵母基本由韵头、韵腹和韵尾三部分组成，韵母可以没有韵头，也可以没有韵尾，但不能没有韵腹。广义上韵头可分为开合齐撮四类，u，i，iu（国际音标[u，i，y]）大略代表合齐撮，其余的都算开口。吴方言开口韵大致与古开口相当，合口韵大都与古合口撮口相当，撮口韵也大致是古撮口，但这并不代表吴方言与古音完全一致，其中也存在着小部分不同，如"蛇"的古音便是齐齿，但现在除了在丹阳、靖江、温州等地读"蛇"时，都不发表示齐齿的"i"音了。《现代吴语的研究》对古今韵母进行了详细的比较。除此之外，吴方言有些被归纳在开口的韵字实则与韵母并没有关系，只是因为它们的声母变化近乎开口韵字的变化而叫作开口，其本身已是近乎声化（辅音化）的性质。

吴方言的鼻音韵尾较为特殊，大略可以分为[-n]，[-ng]，跟形容性的半鼻音三种，没有[-m]韵尾，形容性的半鼻音的存在其实只是为了便于和别的音作比较，并不能算作真正的韵尾。

将吴方言韵母整体与北京音和古音对比,可以发现:一是吴方言韵母比国音"高化",例如麻韵古前[a],在国音变后[a],在吴方言变[o];歌韵古后[a],在中部官话为[o],在吴音则为[u]或不圆唇的[ɯ]。二是复合元音大半变为单元音,例如[ai],[ei],[au],[ou]往往变成[a],[e],[o],[ɤ],这与古音不同。

赵元任也用表格的形式呈现吴方言的韵母,平上去韵母表共计13页,入声韵母表共计8页。这两类表格与声母表排法相当,第一排是韵总目,第二排是细目,第三行是《广韵》韵目,平上去韵母表中多通过平声的例子来概括上声和去声,入声与入声韵母相配。第四行是分合条件,韵母的分合条件大多根据声母的发音部位而定,所以最多见的就是注某系某系声母的字样。第五行是例字,第六行是古音,第七行是北京音,以作参考。下表以"麻"韵为例。

表 6-3 平上去韵母表中"麻"韵示例表

地点	韵母						
	[o]						[a]
	[o₁]	[o₂]	[o₃]	[o₄]	[o₅]	[o₆]	[a₁]
	麻						
	"j"系	"ng"母	"b"系	"tz"系	"h"系	"g"系	
	舍文	舍白	瓦白	巴	沙	哑白	家白
古音	[ia]		[ʷa]	[a]			
北京音	[ɤʌ]		[uA]	[A]			[iA]
宜兴	[A];[oᴛ少]		[oᴛ]				
溧阳	[ʌ],[ɔᴛ]		[ɔᴛ]				
金坛	—		[ɔᴛ]				
丹阳(城内)	[ie]	[a]	[ua]	[o白],[a文]		[o]	
丹阳	[ɒ]						
靖江	[iæ]	[iA],[ɒ]	[ɒ]				
江阴	[a]		[o]				[a]
武进	[a]		[ɔ]				
无锡	[ɑ]		[ʷu]				[a]

续表

韵母	[o]						[a]
	[o₁]	[o₂]	[o₃]	[o₄]	[o₅]	[o₆]	[a₁]
地点	麻						
	"j"系	"ng"母	"b"系	"tz"系	"h"系	"g"系	
	舍文	舍白	瓦白	巴	沙	哑白	家白
吴县	[ɸɣ]	[o];[ɒ]少	[o]				[ɒ]
常熟	[E],[ɣ]	[u]	[a]				
昆山	[E]	[b]	[a]				

资料来源　赵元任:《现代吴语的研究》,北京:商务印书馆2011年版,第74页。

(三) 吴方言声调

《现代吴语的研究》科学地记录了吴方言的声调。赵元任是一位音乐家,这为记录声调提供了绝好的条件。赵先生通过乐谱方式记录了吴方言的声调,并折合成了相对音高。这是一个创举。

> 图的画法是这末样的:先取某处的五线谱的记录,(例如苏州)取它的最低音(小 f♯)跟最高音(中 c♯)的中点(a 或 a♯),于是乎把这个中点一律叫它做 do 或是 mi 或是 sol。从许多例统计起来,最便利的叫法是管这个中点叫作 me(3ᵇ)或是 ri(2♯)。假如从最低音到最高音当中的半音数是双数的(例如苏州 f♯ 到 c♯ 是一共八个半音(bageh bann-in)),那就看大部分的音偏向于哪部分多,就取两个中音的偏向于那一边的为中点(例如苏州取 a 而不取 a♯)。取定中点为 3ᵇ 之后,那其余的 1,2,3,4 简谱就都可以定了。例如苏州的阳平是 f♯b,前音略长,后音略短,那末 a 既然是 3ᵇ,当然 f♯ 就是 1,b 就是 4,所以得相对声调 1<u>4</u>。①

声调大致有两派:一派根据声母清浊分为阴阳两类,再结合平上去入进行分类,一共八个声调,即阴平、阳平、阴上、阳上、阴去、阳去、阴

---

① 赵元任:《现代吴语的研究》,北京:商务印书馆2011年版,第129页。

入、阳入；一派把阳上归入阳去，只有七声。音调上，阴调较阳调略高，阴调曲线形状也比阳调更简单一些，这可能与发声母时的浊音影响声带状态有关，所以音高的变化阳调比阴调更复杂。

其中，阴阳平两类的分法最整齐，除了丹阳等地只有一种平声外，其余都分阴平和阳平两类。阴平的音值降的多，升的少。阴平跟下字相连起来，在江苏是先高后低的多，在浙江是先低后高的多，阳平的音值大多数是低升，或低高低。

上声的清音字都是阴上。但各地也有一些特殊情况，如吴江盛泽（位于今江苏省苏州市）和嘉兴两地根据次清字又分出一类，即有两种阴上。上声次浊字文言音，在江苏读成阴平或阴上，上声次浊，在江苏靖江、常州（街谈）等地的吴方言并入阴上，在浙江大都归入阳上。上声全浊为阳上，主要表现在宜兴、溧阳、无锡、常熟、浦东、吴江黎里（位于今江苏省苏州市）、吴江盛泽、嘉兴、绍兴、诸暨等地，其余地区则变阳去。需要注意的是，全浊字的阳上和阳去与古上去的区别并不完全相同，甚至有三分之一的字与古上去完全相反，所以通常倾向于把这些字叫作阳上或者阳去，这就导致各地对于某字属于阳上，某字属于阳去的看法并不一致。

去声清音字都成阴去，浊音字都成阳去。但是吴江黎里、吴江盛泽两地又把清音按照全清次清的区别分为两类。这两个地方的喻匣母又有一部分归入全清去。

入声清音字都成阴入，浊音字都成阳入。其中特殊情况的有，溧阳的次清字归阳入，丹阳不分阴阳入，吴江黎里次清另成一种阴入，嘉兴、吴兴双林镇（约为今浙江省湖州市）次浊归阳入，温州的阳入和阳去一样，又因为它的音很长，所以把它算作阳去。

（四）吴方言声韵调总讨论

《现代吴语的研究》归纳了江苏各地吴方言声韵调的特点。如下：

表6-4 江苏各地方言声韵调特点汇总表

溧阳	"n"母中有字读l。"on$_{3,5}$"（酸，蚕）读撮口shiuo,zhiuo。入声次清字（铁，策）归阳入。

金坛西岗（位于今江苏省常州市）	"n"母全归"l"。"on$_{3,5}$"（酸,蚕）读撮口。"iang"（凉,张）读[ie],[ä]（lie,tzä）。	
丹阳	並定群等全浊母平声字有文白两种音，文言近官话，白话近其余的吴音。"h（[u]）"不变[f]，但"w"变[v]（影母合口也用[v]）。"on"韵（看,南,安）用[ung]，有辅音性韵尾。"iang"韵（良,张）读[ie],[ä]（如坛_西_）。"iuon"跟"iou"混（捐＝鸠,远＝有）。平声似不分阴阳，入声不分阴阳。	
丹阳永丰乡（治今江苏省镇江市）	"zh,z"母读音几乎全不带音（纯用[s]），后略加[弯头 h]。"o,a,ai"（沙,败,海）只分两类，分法与国语 a,ai 分法相近。前者的音值是（倒写草体 a）。"on$_{3,5}$"（酸,蚕）读撮口。平声不分阴阳。	
靖江	"v$_{4,6}$"微母文言上声（尾,武）读[f]，"zh$_{3,6}$"日母文言上声（忍,乳）读[s],[sh][平钩 c]。"iang$_{1-2}$"与"ien"同音（央＝烟,良＝连），上声分类仿国语辨法。	
江阴	"v$_{4,6}$"微母文言上声（尾,武）读[f]，"zh$_{3,6}$"日母文言上声（忍,乳）读[s],[sh][平钩 c]。"a$_{3,5}$"（街_白_,败_白_,泰_白_）不读[a]而读[ä]。"uon"多数人读开口[ö]（官＝千）。上声分类仿国语辨法。阳去字跟下字相连时（被头,电话）有一种特别的"江阴腔"。	
常州	有些开齐字（猜,寻,苍_绳_）读合撮。声调分绅谈、乡谈截然不同的两派。绅谈阳上白话变阳平（我_[白]_＝鹅），文言变高平的阴上。街谈上声一律读中升的阴上（近江阴），其余声调单读时虽一样，连起来也不同；两字相连，第一字是阳平（黄佬）的时候，绅谈第一字低平，街谈第一字往往变中升。第一字阴去（困来）的时候，绅谈第一字往往高平，街谈第一字降，跟去声单字读法一样。	
无锡	"y"母（有,摇）读法摩擦极多，前半也不全带音。"z"母（寻,遂）差不多全读[dz]。"o$_{3-6}$,a$_1$,uo,u$_{4-6}$"都不分（家_白_＝瓜＝姑）。"u,ú"韵大部分字读一种不圆唇的 ou 音[倒 v 加 8 字上口开]，所以有的无锡人读注音字母ㄅㄆㄇㄈ为ㄅㄡ,ㄆㄡ,ㄇㄡ,ㄈㄡ。但"f,v"母"u"韵仍读（唇齿性的）[u]音，外人学无锡人读无作[vöu]是不对的。阴上字（好,走）声调特别。阴平字单读时不特别，两字相连上字是阴平时（香山,标标），两字的全调类似一个上声字，也成平常所谓无锡腔。	
苏州	"j"系字（张,穿,船）老年人大都能跟"tz"系字辨。讲究唱曲的也辨得很清。年轻人只有少数能辨。"au"韵字（好,俏）女人多数用[ä]，男人用近似[ä]略偏后的音。这是一个外头人特别注意的音。"a"韵几乎成开[o]，与南京一样。"ai,ei,an"全同韵（来＝雷＝兰）。"u,ú"韵"b"系字大半念[u]，其余的[u]音前加一个ə，也是苏州味儿的音。阴去是特别苏州调。	

常熟	"j"系读舌尖后[北京派]音,它的"zh"母里又有破裂摩擦音,别的地方不是缺那样就是缺这样,所以只有常熟一处兼有两点而成一种[dj]音[d加竖钩 z吐气](成,传)。"o,uo,u"一部分合并(暇=花=呼)。"on$_{6-8}$"并入"en"(南=能,庵=恩)。"oq$_{2-4}$"(谷),"eq$_{1-5}$"(渴)读一种[uq]音。阴平声调有一点特别。声调分类极整齐,阴阳平上去入八类差不多恰恰是古清浊母的平上去入。(就是上声次浊文言读阴上)。
昆山	"iou"并入"ien"(刘=连,九=简)。

资料来源 赵元任:《现代吴语的研究》,北京:商务印书馆2011年版,第138—140页。

二、吴方言词汇

《现代吴语的研究》所选取的吴方言词汇主要是生活中的常用词汇以及当地较为典型的方言词汇,共总结列举出30个调查点中的75个词汇,这些词汇按照通用程度排序,以普通话为纲形成表格,表格的第一行为词序和北京音,从"我"开始,分别呈现了每个词在各地的读音。表格中的普通话用国语罗马字注音,吴方言则用注音罗马字注音。在标注词的汉字写法时,如若不清楚为何字,就在字旁写一个"音"字,如若一连几个字都是根据读音表字,就在末了写"皆音",假如有几个词式(用撇隔开的)都是音就写"全皆音"。下面列举"你""小孩儿""打闪""没有(无)""没有(未)"5个词语在江苏吴方言里的说法。

表6-5 吴方言词汇"你""小孩儿""打闪""没有(无)""没有(未)"示例表

	nii 你	sheauharl 小孩儿	daa shaan 打闪	meiyeou 没有(无)	meiyeou 没有(未)
宜兴	gnii 你				
溧阳				m-m'eq 呒没(阴入皆音)	
金坛西岗(位于今江苏省常州市)		小把戏		mbeq 呒不,mdeq 呒得(全皆音)	veqzhing 物(音)□(曾[字])

续表

	nii 你	sheauharl 小孩儿	daa shaan 打闪	meiyeou 没有(无)	meiyeou 没有(未)
丹阳	nng 五(白音)	小五(白轻音)	daa huaqshienn 打(文) 谿(音)扇(音)	ntzeq 唔则 mtzeq 呒则(少,全皆音)	feqdzeng 勿曾
靖江	gn'ii 你	小五(白轻音)		meqdeq 没得	beng 奔(不)曾(切)
江阴	gn'ii 你	小瓦(白音)儿	daa hoqshienn 打(文) 谿(音)献(音)	mbeq 呒不(皆音)	feng 分(音)
常州(乡绅谈)	gni 你(白)(伲[音])	小佬(轻)	daang huoqshienn 打(白) 霍(音)献(音)	mbeq 呒不,mdeq 呒得(人少,全皆音)	venq 份(音)
常州(街谈)	gn'ii 你(文)	小佬(轻)	daang huoqshienn 打(白) 霍(音)献(音)	mbeq 呒不,mdeq 呒得(人少,全皆音)	venq 份(音)
无锡	gnii 你	老小	dáang hoqshienn 打(白) 霍(音)献(音),打||	mbeq 呒不(皆音)	feqdzin 勿秦(音)
苏州	néh "倷", nh "唔"(止格,少)	小干(音),||五(白轻音)	hoq hoqshieen 霍霍险(皆音),打||	mbeq 呒不(皆音)	fen 分(音)
常熟	neeng 能(上音)	小干(音),小人(白)	dáang huoqshienn 打(白) 霍(音)献(音)	mbeq 呒不(皆音)	feng 分(音)

续表

	nii 你	sheauharl 小孩儿	daa shaan 打闪	meiyeou 没有(无)	meiyeou 没有(未)
昆山	nenn 能(去音)	小干(音)	hoqshieen lä tzä 霍(音)献(音)来哉(音)	mbeq 呒不(曾音), ndeq 呒得(少,全曾音)	feng 分(音)
宝山(位于今上海市)	nong 侬(音)	小"囝"	dáang hoqshienn 打(白)霍(音)献(音)	mbeq 呒不(曾音)	feqzeng 勿曾, v'eqzeng 物(阴入音)曾
周浦(位于今上海市)	nong 侬(音)	小"囝",小干(音)		m-meq 呒没(音)	v'eqzeng 物(阴入)曾
上海	nong 侬(音)	小"囝"	dáang hoqshienn 打霍(音)献(音)	m-meq 呒没(音)	(同左),又 v'eqzeng 物(阴入)曾
松江(位于今上海市)	zeqnong 杂侬(曾音)	小"囝"		m'-meq 呒没(阴平)	v'eqzeng 物(阴入)曾
吴江黎里	n'a 那(阴平音)			mbeq 呒不(曾音)	
吴江盛泽	n-neq 唔(音)纳(音), n'a 那(阴平)	小人,小把(入)戏	dáang hoqshienn 打霍(音)献(音)	mbeq 呒不, mdeq 呒得(全曾音)	feqgnin 勿宁(音)

资料来源　赵元任:《现代吴语的研究》,北京:商务印书馆2011年版,第155—156,169—170,183—184页。

三、吴方言语助词

《现代吴语的研究》调查的"语助词"主要包括结构助词、体助词、语气词等。赵元任认为中国不同方言区之间,在句子结构上并没有太大的差异,中国方言语法的不同可看作是语助词的不同。赵元任从所考察的22处地区中,用表格的形式总结并细分出语助词56种语法特点,较早地开展了汉语方言比较语法的调查研究。《现代吴语的研究》调查的苏州话语助词如下：

表6-6 苏州话语助词汇总表①

de 的	领格；前置形	苏：我葛书；好看葛花。
de 的	后置形	苏：要一朵红葛。宜：要一朵红佬。
le 了	过去	苏：我昨日去看戏葛。
de 的	事类	苏：是葛，我鞋要去葛。溧：是佬，我也要去葛。
de 的	副	苏：好好叫走
de 的	连	苏：四胡葛六胡末，十胡感；三尺葛六尺末，九尺感。
de 得	动结果，性	苏：俚走得慢。宜：他（to）走则慢。文：其言也善。
de 得	可能	苏：吃得落。宜：他走得动勿煞？
de 得	动结果，量	苏：倦得（来）眼睛鞋张勿开葛哉。
hao……！ 好……！	赞叹	苏：该格水清得拉（或得来）！
le 了	起事	苏：勿好哉，要死(sii)哉！阴：勿好留。雨来留！（还未来）
le 了	设想结果	苏：再勿去就晏哉！阴：再勿去就晏留！
le 了	叙述过去	苏：后来我就去困哉。常：到后来他（dha）又来祭。
le 了	完事	苏：饭开好哉。上：饭开好才。
le 了	完事，重	苏：饭开好葛哉，上：饭开好赖才。
le 了	时间附誋	苏：吃仔饭再去
le 了	假设附誋	苏：我死(sii)仔俫那亨！
le 了	设想正句	苏：晏歇弄坏脱仔！锡：晏歇弄坏了（或则）！
le 了	命令	苏：走好仔啊！

---

① 其中"苏"为苏州，"锡"为无锡，"溧"为溧阳，"宜"为宜兴，"常"为常州，"上"为上海。

续表

j'着	分词	苏:坐仔比立仔适意。
j'着	方法分词	苏:骑仔马寻马。
ne 呢	假设附詶	苏:万一勿成功呢,格末只好就算哉。
ne 呢	特指问	苏:俚会唱,俫(会啥)呢?
ne 呢	起头问	苏:葛是何必再去呢?
ne 呢	特指问	苏:陈先生家(文)?陈先生来葛哉。
ne 呢	起头问微重	苏:葛末俫为啥去家(文)? 锡:葛末你为啥去呐?
ar 阿	问事问微重	苏:啥人家(文)? 做啥家(文)? 锡:啥人啥? 做啥啥?
ma 吗	是非问(中性)	苏:俫何去家(文)?
ne 呢	申明有	苏:十葛笃,阔得野笃。
ne 呢	延长动	苏:还勤完嘞。
ma 吗	反诘是非	苏:俫想骗我阿? 宜:你想骗我得罢?
a 阿	设问	苏:俫勿肯阿? 溧:你勿肯慼?
a 阿	称呼	苏:阿三阿! 溧:老三乁(ei)!
a 阿	感叹	苏:俫葛葛人啊!
a 阿	暂顿	苏:阿三啊,我告诉俫阿,我想阿,昨日阿,归格人阿,俚说葛葛句闲话阿,俫勿必相信得俚葛。
a 阿	重假设顿	苏:倘使俚嫁拨仔俚俫啊,葛是"也好"哉!
a 阿	警告	苏:我并勤答应阿!
a 阿	提醒	苏:本生应该是俚葛阿。上:本来是夷辩拉。
a 阿	劝听	苏:勤哭,阿! 乖点,阿!
a 阿阳平	试定问意见	苏:该葛倒吪啥,鞋? 俫想那亨?
a 阿	提醒	苏:本生是俚葛呀。常:本来是他(dha)葛辣。
南京 ei乁	反对	苏:勿是,勿是,勿是葛呀! 常:勿对,勿对,勿对慼!
me 嚜	你应知特指	苏:该葛要拿滚水冲葛呀。
me 嚜	你应知泛指	苏:我晓得勿对慼。

lo 咾	公认	苏:总算勿差哉嚡。
me 嚒	你应知泛指	苏:我晓得勿对末。锡:我晓得勿对诺。
me 嚒	暂顿	苏:先末吃饭,吃完仔末揩面;唔笃末先去,倪末慢慢叫末哉。
me 嚒	假设暂顿	苏:倘使落雨末,我就勿去哉。
ba 罢	劝令	苏:来罢(bhah),吃点罢。宜:来罢(bhah)。
ba 罢	试定	苏:勿见得罢(bhah)。宜:勿见得罢(bhoh)。
ba 罢	假设诨,指行为	苏:勿对俚说罢,鞋勿大好。上:勿对夷话呢,鞋勿大好。
a 阿	命令(微重)	苏:来娘! 勥怕娘! 常:来三! 来 sueq(色惑切)!
ne 呢	感叹带赞叹	苏:葛倒危险葛娘!
ne 呢	"还没有"	苏:勥完勒。
bale 罢了,就是了	限制	苏:必过说说罢哉。
同上,derle 得了	任听	苏:让俚去希末哉。
bale 罢了	催劝	苏:答应仔俚哉嚡!

资料来源 赵元任:《现代吴语的研究》,北京:商务印书馆2011年版,第197—200页。

四、《苏州话"北风跟太阳的故事"》

《现代吴语的研究》的附录中保存着一则《苏州话"北风跟太阳的故事"》,有汉字文、国际音标、方音罗马字、吴方言音韵罗马字4个版本。之后汉语方言调查报告的语篇材料,常常以《北风跟太阳的故事》为蓝本,这应该是受到了《现代吴语的研究》的影响。下面将《苏州话"北风跟太阳的故事"》转录如下:

有一转北风搭太阳恰(白)恰(白)勒浪争(白)论啥人(白)葛本事大(白);讲勒讲来仔一葛走路葛人(白),身浪着仔一件厚襟。俚笃两家(白)头就商量好好说,啥人(白)能先叫葛葛走路葛人(白)脱脱俚葛襟啊,就算啥人(白)葛本事大(白)。好,北风就用起仔劲来尽管吹(白)尽管吹(白)。落(去声)哩晓得俚吹(白)得越利害,归葛人(白)就拿襕裹得越紧;到后来北风吭不法子,只好就算哉,一歇歇太阳就出来刮喇喇一晒,葛葛走路葛人(白)妈上(文)就拿襕脱仔下(白)来。所以北风勿能勿承认(白)到底还是太阳比俚本事大(白)。①

五、《现代吴语的研究》的学术价值

《现代吴语的研究》是中国学者借鉴、吸取西方现代语言学理论,结合汉语实际,运用现代科学方法调查研究汉语方言取得的一项卓越成果,它不仅是现代吴方言研究的奠基之作,更为现代汉语方言学的建立奠定了坚厚的基石。其贡献可以分为以下几点:

一,《现代吴语的研究》是一部开创性的大规模科学调查并系统研究吴方言的专著。以往对吴方言的研究,大概以方志和方言韵书为主。这些方言文献,均以文字记录为主,虽然也有一定的成就,但都缺乏系统性,无法反映方言语音的整体面貌。而且当时的中国学者并不重视方言的调查与描写,因而所记录的内容不够全面、详细。因为当时国内国际的实际情况导致方言调查没办法全国性地大范围展开,赵元任提议先小规模在一个比较安定的区域作简略的研究,之后再向周边城市扩大,为此,他制定了详细严谨科学的表格,利用以《广韵》音系为框架设计的《方言调查表格》系统地研究调查收集到的吴方言各方言点的材料,并且采用先进的设备和仪器,以历时、共时为视角,从语音、词汇、语法等方面对33个吴方言进行记录和整理归纳研究,由此才有了中国20世纪首次大规模的方言调查,也才有了这一部典范的方言调查著作。

二是《现代吴语的研究》是中国第一部采用国际音标记录、用现代语言学方法科学研究方言的著作,是中国现代方言学的开创性著作,也是用现代的科学方法研究吴方言的起点。②《现代吴语的研究》在方言学理论、调查和研究方法、记录方式等各个方面都是现代汉语方言学的典范。③ 该书遵循了结构主义描写语言学的理论原则,认为语言是一个

---

① 赵元任:《现代吴语的研究》,北京:商务印书馆2011年版,第213页。
② 刘民钢:《赵元任〈现代吴语的研究〉所记声调的转写》,第五届国际吴方言学术研讨会,2013年。
③ 王力:《汉语描写语言学的兴起及其发展》,《语文研究》1981年第2期,第8—11页。

体系,研究语言应该从口语入手。这一观点符合现代语言学的研究范式,与我国传统语言学的研究方法有明显的区别。到了现在,汉语语言学尤其是方言学的研究还受到《现代吴语的研究》的影响。将这部著作称为现代中国语言学的经典是恰如其分的。

三是《现代吴语的研究》是第一部开创性地用中国传统音韵学来观照、调查、研究汉语方言的经典之作。吴宗济在纪念赵元任百年诞辰的讲话中指出,赵元任利用音韵学知识,设计了声母、韵母和声调三种方言调查表格,开创了用中国传统音韵学控制方言调查的方法。[①]《现代吴语的研究》以《广韵》音系为框架设计了现代吴方言调查表格,关注韵母音值、韵尾与下字的关系、单字声调(分阴阳两类)、喻母等阴阳上问题、全浊上去的问题等,这些论题跟音韵学有密切的关系。

四是《现代吴语的研究》是第一部提出用音乐的方法记录汉字声调及调值的著作。20世纪前,由于人们对物理知识的缺乏,对言语声的认识比较模糊。虽然我国自齐梁时代便有了"四声"的说法,关于调值的描写,千百年来只有在宋代释处忠的四句口诀及明代释真空的《玉钥匙歌诀》中有所描述,但记调值的高低、声调、以何处方言为主都无法确定。赵元任在《现代吴语的研究》一书中用音乐乐谱的方法去记录声调,他在介绍详细的调查记录方法时,说记单字声调音值是用一个渐变的音高管去模仿发音人的声调,用五线谱记录音高管模仿时发出声音的变化,然后粗略估计发音的时间比例并用乐谱的音符记录。这种方法尽管有一定的限制和弊端,但对比国内传统语言学研究中对声调概念及调值模糊的、无法确定的描述,这种用简谱记录声调来表示相对音高的方法的确是一个重大的突破,开创了汉语声调记调方法的先河。后来,赵元任还创制出了更为准确的能记录语言声调绝对值的五度标记法,简单明了且形象化,叫人一看便知,并且看着图就能读出跟原音很像的音。

五是《现代吴语的研究》是第一部对吴方言作整体研究并确定了吴方言的科学定义的著作。许宝华曾说"赵元任首先从语言学上为吴语下

[①] 袁毓林:《纪念赵元任先生百年诞辰》,《语言文字应用》1993年第1期,第1页。

了科学定义"①。以往没有人对吴方言进行过全面而系统的研究,也没有人对"吴语"下过定义,从《现代吴语的研究》开始,"吴语"的定义才有了科学的定义。书中写道"吴语为江苏、浙江当中并、定、群等母带音,或不带音而有带音气流的语言",②这一定义为语言学界所认可并一直沿用至今。

六是《现代吴语的研究》中的《北风和太阳》成为诸多汉语方言语篇调查的范本。《北风和太阳》出自《伊索寓言》,故事通俗易懂,其内容是人们日常生活中常见的现象,调查合作人能够很好地用自己所熟悉的语言表达出它,调查者也可以从中观察该方言表达的面貌。

另外,《现代吴语的研究》在吴方言学乃至整个汉语语言学领域中的地位崇高,具有无可争辩的语言学理论研究价值和语言学史价值。今人钱乃荣在20世纪80年代重新调查了《现代吴语的研究》中33个吴方言点,完成了约170万字的《当代吴语研究》,大大拓展了吴方言研究的深度和广度。③

第二节 《苏州同音常用字汇》

《苏州同音常用字汇》成书于1935年3月,作者是苏州人陆基。据丁邦新考证,陆基生于清同治元年(1862)左右,于73岁时写成《苏州同音常用字汇》。陆基编写《苏州同音常用字汇》的目的一是让说苏州话的人能够借助注音符号识字记账、学写句子和文章,提高书面语的水平;二是作为外地人学苏州话的工具书。

《苏州同音常用字汇》根据民国教育部国语统一筹备委员会制定的苏州方音注音符号,分析出苏州方言有33个声母、51个韵母。陆基认为苏州方言的12个入声韵对应的是入声调,但是"其余平、上、去,三

---

① 许宝华:《一部为现代汉语方言学奠基的经典著作——纪念赵元任〈现代吴语的研究〉出版80周年》,第五届国际吴方言学术研讨会,2008年3月,第2页。
② 赵元任:《现代吴语的研究》,北京:清华大学研究院1935年版,第88页。
③ 钱乃荣:《当代吴语研究》,上海:上海教育出版社1992年版,第1页。

声,在苏州人嘴里,是不大分别格"。这应该是苏州方言连读变调特别复杂所致。《苏州同音常用字汇》大约选取了四千个常用字,依次以声母为经,韵母为纬的次序排列。先是通过字例说明注音符号的分类和读法,后分析声母特点,再分析韵母特点,最后结合韵母进行整体分析。

丁邦新对陆基的《苏州同音常用字汇》进行了整理与研究,于2003年在上海教育出版社出版了《一百年前的苏州话》一书。丁邦新(1936—2023),江苏如皋人。治学主要范围为汉语史与方言学,在语法、非汉语等方面亦有重要著作。共计出版专著9种,编译13种,发表论文80余篇,在汉语史、方言学、音韵学、南岛语研究及汉藏语历史比较等领域均有突出贡献。丁邦新一直致力于汉语方言学的研究,早年曾发表《如皋方言的音韵》,《一百年前的苏州话》则是他晚年的重要学术成果。在该书的自序里,丁邦新说:"我想为一百年前的苏州话留下一点相当完整的记录,也是有意义的事,把材料提供给同行,一定可以发挥更大的用途。同时可以观察这一百年来苏州方言的演变,语言如何演变一直是我关注的一个题目。"①大约在1962年到1963年之间,董同龢交给丁邦新一份陆基编著的《苏州同音常用字汇》的抄本,该手抄本为赵元任的二女儿赵新娜所抄写,并作为附录附在《一百年前的苏州话》一书中。另外,《一百年前的苏州话》还影印了一份陆基、方宾观编写的《苏州注音符号》,由上海商务印书馆于1931年发行,比《苏州同音常用字汇》的成书时间早4年,对系统认识《苏州同音常用字汇》及当时的苏州方言有重要的学术价值。《苏州注音符号》共32页,除例言外,共分5章,主题分别是概说、符号读音、拼音、声调和总复习。

丁邦新在整理手抄本《苏州同音常用字汇》时对其进行重排编写,并作了以下调整:一是将《苏州同音常用字汇》中的注音符号改为国际音标;二是将手抄本中的简体字还原为繁体;三是把手抄本中个别文字之后小字说明中的符号还原成文字本身;四是把《苏州同音常用字汇》注释里的注音符号也标出了国际音标,并加以说明;五是对一些显著的校勘问题进行修改并加注说明。下文主要根据丁邦新的《一百年前的

---

① 丁邦新:《一百年前的苏州话·自序》,上海:上海教育出版社2003年版,第1页。

苏州话》的研究来介绍《苏州同音常用字汇》的主要内容。

《一百年前的苏州话》全书共两百多页,共分为四个章节,之外还有开头的自序,篇末的附录、索引、引用书目、后记以及影印版的《苏州注音符号》。第一个章节为绪论,主要是介绍《苏州同音常用字汇》的作者和体例,以及国语统一筹备委员会所订苏州方音注音符号表的内容。第二章是讲一百年前苏州方言的音韵,即以《苏州同音常用字汇》所显示的声母、韵母、声调、声韵配合的情形,以及文白异读,以上共五小节,最后还有作者重新编排的《苏州同音常用字汇》作为第六节。第三章是一百年前苏州方言的词汇,包括《苏州同音常用字汇》中的构词法、词类、复合词、新编词汇表,共四个小节。第四章则是结语,总结了一百年前的苏州话和今音之间的差异。

一、《苏州同音常用字汇》所记苏州方言音韵

(一)《苏州同音常用字汇》所记声母

《苏州同音常用字汇》将声母分为6类34母,如下表所示:

表6-7 《苏州同音常用字汇》的声母表

唇音	[p]	[pʻ]	[b]	[m]	[f]	[v]
舌尖音	[t]	[tʻ]	[d]	[n]		[l]
舌根音与喉音	[k]	[kʻ]	[g]	[ŋ]	[h]	[ɦ]
舌面音	[tɕ]	[tɕʻ]	[dʑ]	[ȵ]	[ɕ]	
卷舌音	[tʂ]	[tʂʻ]			[ʂ]	[ʐ]
舌尖前音	[ts]	[tsʻ]			[s]	[z]
	[j]	[w]	[y]			
	[ɸ]					

资料来源 丁邦新:《一百年前的苏州话》,上海:上海教育出版社2003年版,第9页。

《苏州同音常用字汇》反映的苏州方言声母系统有以下四个特点:一是该书有整套的卷舌声母,即上表所示的[tʂ]、[tʂʻ]、[ʂ]、[ʐ],这就意味着《苏州同音常用字汇》梳理的内容所代表的是苏州旧派。以往有关

苏州旧派发音记载相对较少,《苏州同音常用字汇》为旧派方言提供了详尽且宝贵的材料。二是该书有整套的介音声母[j]、[w]、[ɥ],它们与元音[i]、[u]、[ü]有区别。三是苏州方言分尖和团音,即从中古见系声母发展而来的字现在读作[tɕ]、[tɕʻ]、[dʑ]、[ɕ],从中古精系声母发展而来的字现在读作[ts]、[tsʻ]、[s]、[z]。四是《苏州同音常用字汇》没有零声母的观念,由于在注音符号的系统里元音起头的音节都可以单用,所以在上面的声母表里把零声母放在括号里。

(二)《苏州同音常用字汇》所记韵母

《苏州同音常用字汇》所记苏州方言韵母如下表所示:

表6-8 《苏州同音常用字汇》的韵母表

[ɿ],[ʮ]	[ɑ]	[æ]	[ɛ]	[E]	[o]	[ø]	[ɤ]
[i]	[iɑ]	[iæ]		[iE]			[iɤ]
[u]	[uɑ]		[uɛ]	[uE]	[uo]	[uø]	
[ü]					[üo]	[üø]	
[ən]	[ã]	[ã]	[oŋ]				
[in]		[iã]					
[un]	[uã]	[uã]					
[ün]	[üã]		[üoŋ]				
[ɑʔ]		[aʔ]	[əʔ]	[oʔ]			
[iɑʔ]		[iaʔ]	[iəʔ]				
[uɑʔ]		[uaʔ]	[uəʔ]	[uoʔ]			
		[üaʔ]	[üəʔ]	[üoʔ]			
[əɹ]		[m̩]	[ŋ̍]				

资料来源 丁邦新:《一百年前的苏州话》,上海:上海教育出版社2003年版,第11页。

韵母表分成四栏,第一栏是元音韵母,第二栏是鼻音韵母,第三栏是塞音韵母,第四栏是成音节的鼻音韵母及[əɹ],因为另有声母[ɥ],所以这里的元音写作[ü]。

(三)《苏州同音常用字汇》所记声调

《现代吴语的研究》和《苏州同音常用字汇》成书时间仅相差七年,

因此丁邦新根据《现代吴语的研究》推测一百年前的苏州方言声调为七个。其中除阳上归入阳去外,其他平、去、入三声各分阴阳。二是陆基将十二个入声韵分为阴入和阳入两组,其中阴入的字往往和清声母结合,阳入的字通常和浊声母结合。三是《苏州同音常用字汇》中可被划分为零声母的字里基本都是阴调字,仅有少数例外。四是《苏州同音常用字汇》中记载了次浊声母的上声字归入阴调类的记载。五是根据同时期的《现代吴语的研究》可推断出吴语去声分阴阳去以及阳上归入阳去的结论。

(四)《苏州同音常用字汇》所记声韵拼合关系

语音系统方面的表现之一就是并不是所有的声母和韵母都可以拼合,丁邦新根据《苏州同音常用字汇》提供的语料分析出了一百年前苏州方言的声韵拼合关系。一百年前苏州方言的声韵拼合表共 34 行 52 列,横行为声母,竖行为韵母,依照声母、韵母各类各自的顺序依次排序,表上并无声调标注,其简化表格如下:

表 6-9 《苏州同音常用字汇》的声韵拼合关系表

声母 \ 韵母	开	齐	合	撮
[p][pʻ][b][m][f][v]	√	√	√	
[t][tʻ][d][n][l]	√	√	√	
[k][kʻ][g][ŋ][h]	√		√	
[tɕ][tɕʻ][dʑ][nʑ][ɕ]		√		√
[tʂ][tʂʻ][ʂ][ʐ]	√		√	
[ts][tsʻ][s][z]	√	√	√	
[ɦ]	√			
[j]		√		
[w]			√	
[y]				√
[ɸ]	√	√	√	√

资料来源 丁邦新:《一百年前的苏州话》,上海:上海教育出版社 2003 年版,第 22 页。

从上表可以看出,舌根音和喉音只出现在开口及合口韵之前,舌面音只出现在齐齿及撮口韵母之前,形成了一种互补关系,由此可以推测苏州方言的舌面音是从舌根音演变而来的。

(五)《苏州同音常用字汇》所记文白异读

文白异读可以显示方言层次问题。下面列举了十条一百年前苏州方言文白异读现象,其中十条文言音中,"微母字读[v-]""梗摄二等阳声字韵母读[-ən]"和"梗摄二等入声字韵母读[-əʔ]"这三种都是13世纪以后才可能出现的语音现象,可以推测这些语音现象在发展中可能会被北方官话吸收,并于十六七世纪影响到吴方言。如果这种推测成立,那么苏州方言里早期的层次是《切韵》以后形成的。十种白话音中,七种白话音保留了早期的读音,占总体的70%,三种白话音经历了变化或对其他方言的移借,占总体的30%。据此可以推断,白话音可代表苏州方言的早期读音。

表6-10 《苏州同音常用字汇》的文白异读规律表

文言音现象	解释	白话音现象	解释
照三字读卷舌音	保留早期读音	照三字读舌尖音	晚期方言移借
日母字读[ʐ]	17世纪以后从北方官话借来	日母字读[n̠]	保留早期读音
止摄合口三等字韵母读[uE]	保留早期读音	止摄合口三等字韵母读[ü]	晚期方言移借
微母字读[v-]	13世纪以后从北方官话借来	微母字读[m-]	保留早期读音
见系二等字读舌面音	16世纪以后从北方官话借来	见系二等字读舌根音	保留早期读音
蟹摄一二等字韵母读-E	保留早期读音	蟹摄一二等字韵母读[-ɑ]	13世纪以后的变化
梗摄二等阳声字韵母读[-ən]	13世纪以后从北方官话借来	梗摄二等阳声字韵母读[-ã]	保留早期读音

续表

文言音现象	解释	白话音现象	解释
梗摄二等入声字韵母读[-əʔ]	13世纪以后从北方官话借来	a. 梗摄二等入声字韵母读[ɑʔ]	保留早期读音
		b. 梗摄二等入声字韵母读[aʔ]	保留更早期的零星读法
止摄合口三等字"吹水"韵母读[E]	晚期方言移借	止摄合口三等字「吹水」韵母读[-ʯ]	保留早期读音
部分明母疑母字韵母读元音	代表晚期的文言音	部分明母疑母字韵母读成音节鼻音	保留早期读音

资料来源　丁邦新:《一百年前的苏州话》,上海:上海教育出版社2003年版,第35—36页。

二、《苏州同音常用字汇》所记词汇

《苏州同音常用字汇》搜集的一百年前苏州方言词语有丰富的重叠式,重叠形式共有六种,分别是:XX、XYXY、XXYY、XXY、XYY、XLiXY,其中 XYY 和 XXYY 是最为常见的两种,XLiXY 较为特殊,只有"滑里滑涾"一例。

表6-11　《苏州同音常用字汇》所记重叠式词语表

XX	妈妈、姐姐、猩猩、宝宝
XYXY	轰隆轰隆
XXYY	安安稳稳、鬼鬼祟祟、噜噜嘛嘛、闪闪烁烁
XXY	碧碧绿
XYY	煖烘烘、干涸涸、高耸耸、醉醺醺
XLiXY	滑里滑涾

资料来源　丁邦新:《一百年前的苏州话》,上海:上海教育出版社2003年版,第88页。

从上表可以看出,重叠式可以用来表示名词,如表示称呼的"婆婆""姐姐"等,或表示其他名词如"猩猩""宝宝"等,再如指很短时间的时间名词"一歇歇"等。也可以表示动词,如"搀搀手""跺跺脚"等,或表示尝试的动词,如"估估价钿""试试看"等。还可以用来模拟自然界声响,如"轰隆轰隆""咿咿呀呀"等。而生动重叠式既可以做形容词如"肮肮脏脏""静悄悄""白落落"等。也可以做副词用,如"匆匆忙忙"等。

《苏州同音常用字汇》所记苏州方言词语有词头的并不多,只有两个:阿和老。阿多见于称呼,如"阿爹""阿哥",老则见于"老虫""老虎""老师"等对于人或事物的称呼当中。

《苏州同音常用字汇》所记苏州方言词语的词尾共有六个,其中名词词尾有三种,分别为:子、头和儿[ŋ],子、头的用法相当普遍,如橙子、垫子、耦头、屌头等。儿[ŋ]的用法较少,只有两例,即筷儿[ŋ]、小干儿[ŋ]。动词词尾也有三个,分别为仔(或写作"子",或用注音符号"ㄗ"[tsɿ]表示)、脱、辣。词尾"仔"的例子较多,如"且得先做仔再说;搦紧子弗放;变ㄗ卦哉"。词尾用"脱"的例子较少,如"删脱、夺脱、丢脱哉、粜脱米、啃脱一块"等。词尾"辣"的例子只有一例,即"氽辣水面上"。《苏州同音常用字汇》中插词的例子只有一例,就是"里[li]",用于"滑里滑涎"一词。

《苏州同音常用字汇》所记一百年前苏州方言复合词的构造,如下:

表 6-12 《苏州同音常用字汇》所记复合词表

结构类型	词类	例词
主谓式复合词	名词	山崩 头眩 气喘 霜降①
	动词	气闷 口渴 头晕
	形容词	心焦 胆怯 风凉
并列式复合词	名词	鞍辔 疤痕 笔墨 兵卒 钵盂 巢窟
	动词	供给 缠绕 制造 称赞 储蓄 叮嘱
	形容词	奥妙 惭愧 繁盛 恐慌 腐朽 忠厚
	副词	赶紧 刚才 交互 唯独 预先

---

① 原文说苏州话的这些词语可以"用作名词",其他词类类此,详见丁邦新:《一百年前的苏州话》,上海:上海教育出版社 2003 年版,第 93—95 页。

续表

结构类型	词类		例词
偏正式复合词	名词	名+名	茶几　板凳　草鞋　丁靴　荷花　酒盅
		形+名	烂泥　短衫　青蒿　私心　香菌　硬煤
		动+名	抽屉　覆辙　抹布　织机　熏鱼　熨斗
	动词	名+动	谎骗　贿赂
		形+动	妄想　酣卧　寡居　少见
		副+动	相恳　就是　瞎说　瞎搅
	形容词		蛮好　不肖　不堪　凑巧（此类数量较少）
动宾式复合词	动词		变卦　插秧　车水　闯祸　打椿　镀金　打磕铳　刮地皮
	名词		董事　司务　保镖　引线　吐沫　摘要
	形容词		得意　讨厌　得宠
动补式复合词	动词		吃醉　拉倒　掾定　遣散　瞄准
	形容词		拆蚀
复杂复合词	形+名名		爆眼睛
	形名+名		黄疸病　蜡梅花　千层饼　杂货店
	动宾+名		箍桶匠　泡饭粥　向日葵　绣花针　阅报室
	名名+名		芭蕉扇　牛皮胶　山涧水　砧墩板
	动动+名		裱褙店
	形形+名		温暾水　幼稚园

资料来源　丁邦新：《一百年前的苏州话》，上海：上海教育出版社2003年版，第93—95页。

三、《苏州注音符号》"谈话"一则

《苏州注音符号》的总复习部分中有一则"谈话"，有苏州语音的文字形式和注音符号拼写形式两个部分，对于了解苏州方言及苏州注音符号具有一定帮助。下面将"谈话"转录如下：

姆姆！俫看倪个娘姨笨得勒！勍说教俚言话经勿清爽，就是我教俚数铜钿,亦弄勿明白。我算得教俚一五、一十、十五、一念、二五……总归吭不用场。

小姐!阿是真个嘎!阿要笨啊!

姆妈!娘姨笨末笨,凶是凶得野咵。有一日子搭,勿晓得姑爷说仔俚一句啥个,俚倒对姑爷说:"娘姨说多句把言话,吭啥要紧。阿有啥个姑爷扳起我娘姨个差头来哉,倷做姑爷亦犯勿着啘!"

喔唷!阿要吭清头啊!那哼牢故歇变得实梗样式,一点吭不规矩个介!

姆妈!倷个娘姨真是变个哉!时常一干仔,装得妖形怪状格走出去白相。俚转来仔,我说仔俚两声,俚就翘起仔嘴对我说:"哪!到隔壁姆妈搭去白相子一歇,拨俚拉牢仔我讲张我末心里急煞,姆妈还要拖牢仔我吃沙角菱。算算我只去仔一歇歇,小姐到说我去仔半日天。"姆妈!倷想听子个种言话,阿要惹气!

喔唷!真是无大无小,越弄越弗是个哉!①

第三节　近现代吴方言的其他相关研究

一、《中国音韵学研究》所记吴方言

《中国音韵学研究》的作者高本汉(1889—1978),1889 年 10 月 5 日出生于瑞典南部的延雪平,本名 Berhard Karlgren,其中 Karlgren 是姓。高本汉从小便具有非凡的语言学才能,15 岁时就开始做描写方言的工作。高氏于 1910 年 2 月来华研究汉语方言,在中国逗留了两年。在这两年时间里,他首先花费了数月时间学会汉语口语,然后掌握了书面语。随后,他亲自走访了 24 个地点,通过口头询问和书面记录,调查了当地的汉语方言,共计收集了 10 万多个字音,获得了大量第一手资

---

① 丁邦新:《一百年前的苏州话》,上海:上海教育出版社 2003 年版,第 281—282 页。

料。回到欧洲后,高氏开始整理这些调查资料。他的参考依据是《广韵》的反切和宋代的韵图。通过对 24 个地区方言的整理,他归纳出了中古汉语的声纽和韵部系统。接着,高氏通过比较各方言的读音,以及日语的吴音、汉音、朝鲜译音和越南译音,推测出了中古汉语各声纽、韵部的音值,并追溯了它们从古至今的演变过程。这项中古汉语语音史研究工程最终在 1926 年的《中国音韵学研究》一书中宣告完成。

高本汉的研究思路是:采用语文学为基础,历史比较法作补充的方法,先研究古代声母、声调和韵类的演变,全面地构拟出了中古的声母、韵母系统,再从现在方言中追溯它们在古代的根源,以此给现代的方言分出类来。最后按照韵摄排列起来一个包括全部材料的方言字汇,形成第四卷《方言字汇》,来查找每一个字在古代音韵分类上的位置,即在方言里的读音。

《中国音韵学研究》发表于 1915 年至 1926 年,由赵元任、罗常培、李方桂三位翻译为中文,商务印书馆 1930 年 9 月初版,1948 年再版,1994 年又缩印出第 1 版。① 该书除"原序""绪论"和附说"所调查方言地图"外,大体上分为四卷:第一卷为古音的讨论,第二卷为现代方言的语音学,第三卷为历史的研究,第四卷为方言字汇。

高本汉在调查的过程中采用选取"代表人"一个字一个字地读的调查方法,这在汉语方言研究里叫字音调查法。字音调查法可以快速掌握一个方言的音系,在民国时期中央研究院历史语言研究所组织的几次大规模方言调查的影响下,这一方法在汉语方言学界成为主流方法。不过这种方法遭到了贺登崧的批评,被批评为"旧词源学"的方法,当今学术界也开始反思字音调查法,并探索新的调查方法。但字音调查法在汉语方言调查中仍然较为常用。

除了较为科学的调查方法,高本汉还运用了现代语音学仪器,即音浪计和假颚,以记录方言里"细微的音质"。高本汉在音质的分析上一直追求精益求精,公平公正,他多次指出学者 Parker 的错误记法,如把开音节里从来不变成复合元音的[o]写作[ou]等。他在改正前人的错

---

① 李维琦:《中国音韵学研究述评》,长沙:岳麓书社 1995 年版,第 1 页。

误或不足的同时,也对有价值的内容充分吸收,比如在拟测温州古声母端时,接受了 Parker 标[t-]和[d-]的读法。

高本汉治学严谨,细致入微,观测到了语流中音值的细微变化。例如,果摄元音是开尾而长的,深[ɑ]大部分只是变成了[o],但上海话一等深[ɑ]甚至可以一直变到[u]。因此,书中介绍、记录的吴方言,是研究吴方言语音史的重要佐证,对考察当时吴方言的语音面貌、构建吴方言的语音演变史具有重要价值。

最早将《中国音韵学研究》引入中国的人是曾任北京大学教授和中国科学院考古所研究员的徐炳昶。在巴黎大学留学的经历使他得以与欧洲汉学界保持联系,从而较早地接触到高本汉的著作。徐炳昶的译作名为《对于"死"、"时"、"主"、"书"诸字内韵母之研究》,于 1923 年 7 月发表于北京大学《国学季刊》上。这篇文章翻译的是《中国音韵学研究》第六章《定性语音学》中关于"元音"的部分。

1919 年,高本汉《中国音韵学研究》的前三册出版,此后不久高本汉便赠送了一套给丁文江,后来丁文江将该赠本转送给了赵元任。1924 年至 1925 年,赵元任游历欧洲,其间他初次与高本汉在哥德堡见面,并讨论了翻译《中国音韵学研究》的可能性。自 1928 年起,赵元任多次与高本汉通信,商讨对该书进行修订,以便进行翻译。然而,由于高本汉一直没有时间着手修订工作,该事宜未有进一步进展。1931 年,翻译工作正式开始,同年,罗常培加入翻译工作。后因沈阳事变及赵元任个人原因而暂停翻译工作。1932 年,由于胡适主持的中华教育文化基金董事会编译委员会提供资金赞助,史语所和编译委员会决定完成这本书的翻译,李方桂于此时加入翻译工作。1936 年,翻译工作完成。由丁声树反复细校后,交由商务印书馆排版。不久,"八一三"事变爆发,沪宁一带陷入战乱,商务印书馆的书版也毁于战火。1939 年,该书又于昆明重新排版。1940 年,《中国音韵学研究》中译本作为中华教育文化基金董事会编译委员会特刊由商务印书馆发行,1948 年再版,稍有补遗,1994 年商务印书馆据 1948 年版出版了缩印本。

中文译本不仅仅是简单纯粹地对原作进行翻译,更是作了以下修正：

一是高本汉《中国音韵学研究》出版以后其观点发生变化的方面。例如，高本汉最初主张二等有介音，后来他放弃了这一说法。同时，他最初认为四等和三等是同样的韵，只是声母不同，但后来他认为除声母不同外，韵母也不同。这些观点的变化主要见于他1922年发表的《中古汉语构拟》。

二是高本汉引据韵书、韵图材料有误的方面。高本汉引用的反切大多来自《康熙字典》中所引的《广韵》反切，其中有一些反切有错误。他所参考的韵图主要是《切韵指掌图》和《康熙字典》卷首的《等韵切音指南》(以下简称《切音指南》)，这两种韵图距离《切韵》时代的语音有一定差距，特别是后者，高本汉误以为即刘鉴的《经史正音切韵指南》(以下简称《切韵指南》)，实际上两种韵图有一些差别。

三是高本汉引用的或者自己调查的方言材料有错误的地方。例如高本汉研究"知彻澄"等声母音值时引用了庄延龄关于汉口(约为今湖北省武汉市)、扬州的材料，错误太多，译文将其略去；又如高本汉讨论声调的时候引用了艾约瑟和何美龄关于南京话的调值，引用了杜嘉德关于厦门话的调值，都错误甚多，译文都略去不译。不过，更多材料方面的错误译文是以另外出注的办法予以指出的。可以说，赵元任、罗常培、李方桂翻译《中国音韵学研究》，已经是对原著的一种再创造，既基本忠实于原文，又能让读者看到高本汉观点的全貌，还给读者以正确的材料。因此，这部书的中译本较原著更具有学术价值，同时通过它也反映了当时汉语音韵学界的水平。

《中国音韵学研究》中与吴方言研究相关的是描写了上海(松江府)、温州(温州府)和宁波(宁波府)的方言状况，还涉及零星无锡、苏州等地区的吴方言。其中上海方言是"了解的程度够得上用严式音标来标记的""审核过的方言"。温州话属于吴方言这个归类方法，实际上是高本汉接受了穆麟德(P. G. Von Möllendorff)的汉语方言分类的结果。下文主要根据赵元任、罗常培、李方桂翻译，2003年商务印书馆出版的《中国音韵学研究》讨论20世纪初期吴方言的情况。

(一)《中国音韵学研究》所记吴方言声母

声母的描写主要集中在第二卷第六章"定性语音学"中,用严式国际音标记音。按发音部位和发音方法介绍汉语方言辅音的类型:A 外口部主要是唇音,包括双唇音[b],[p],[m],[w],唇齿音[f],[v]及结合音[pʻ],[ps],[p],[f],[p],[fʻ],[m],[b];B 内口部主要是前部硬辅音,包括齿音[d],[t],[n],[l],[z],[s]及结合音[tʻ],[d],[z],[ts],[tsʻ],[n],[d],[ḍ],[ṭ],[ṇ],[r],[ṣ],[ẓ],[tʻ]和舌尖齿龈音[ḍ],[ṭ],[ṇ],[r],[ṣ],[ẓ]及结合音[tʻ],[dẓ],[tṣ],[tṣʻ];C 内口部主要是软辅音,包括舌面齿龈音[d̑],[t̑],[n̑],[ɕ],[ʑ]及结合音[dʑ],[tɕ],[tɕʻ],[j],[č]和舌面前硬腭音[g],[k],[ɲ];D 内口部主要是后硬音,包括舌面中颚音[g],[k],[ŋ],[ɣ],[x]及结合音[kʻ],[ng];E 音的下部发源,主要是喉音,包括[h],[ɦ],[ʔ]。关于吴方言声母音值,高本汉有很多富有创见的见解。比如他认为"吴语的 b,像这些方言里别的浊塞音,——包括爆发音跟塞擦音——一样,在除阻的时候随着一个浊的送气([ɦ])……吴语的送气照我的意见,是很弱的,不够认为送气的"①。

《中国音韵学研究》的"第三卷 历史上的研究"是从古音看现代方言,共十一章,前九章讨论声母,后两章分别讨论声调和韵母。中古见母在上海、宁波、温州等吴方言里通常读[k]和[tɕ],溪母通常读作[kʻ]和[tɕʻ],吴方言区郡(群)母通常读作[g]和[dʑ]。高本汉又补充道,上海[gʻ]读作[gʻ],[dʑ]读作[dʑ₂]。② 李维琦对此评价道:"上海[gʻ]读作[gʻ],此话疑有误,但不知误在何处。"③核对法文原本,这里是"上海[g]读作[g]",没有送气符号。实际上依据原文,应当是"上海[g]读作[g]",前一个[g]是宽式标音,指示大的类别为舌根浊塞音,后一个[g]则是严式标音。④ 高本汉最后总结道,只有吴方言(上海、宁波、温州、苏

---

① [瑞典]高本汉:《中国音韵学研究》,赵元任、李方桂、罗常培译,北京:商务印书馆 2003 年版,第 168 页。
② [瑞典]高本汉:《中国音韵学研究》,赵元任、李方桂、罗常培译,北京:商务印书馆 2003 年版,第 244 页。
③ 李维琦:《中国音韵学研究述评》,长沙:岳麓书社 1995 年版,第 7 页。
④ 宫辰:《论高本汉的中古音研究》,南京大学汉语言文字学 2011 年博士学位论文,第 21 页。

州、金华)里头它是读作浊音的。①

吴方言区疑母通常读[ŋ],[n̠],[n],或者失去,变为零声母。疑母在近古汉语的时代是舌根鼻音[ŋ]。这个音在吴方言中有着发音部位前移的特征:吴方言在三四等里存在颚化的情况,宁波完全在闭口,温州也是完全在闭口,而且只在止摄字前头,即声母从[n̠]变到[n],例如宜兴[n]。上海总是在开口,在有几韵的前头合口也有。

吴方言区古声母晓普遍是拿[h],[ɕ],[f]这些音来读的。[ɕ]分为三类,上海话其中一类[ɕ]作声母。吴方言里的晓母发音部位发生了变化,在所有[i],[y]前面都颚化([ɕ])了,如温州和宁波。与此同时,高本汉在注解中说明了例外。比如:况,许访切,晓母。苏州文读[h],这种擦音的读法是符合规律的,但苏州白读[kʽ],这种现象就难以解释了,高本汉推测这是一种不见于反切的古读。另外,晓母中有后面[u]音的圆唇前移作用而导致的唇齿音[f]的发生,在温州话里常见,这种演变是一种未完成趋向的表现。

古声母匣通常是拿[h],[ɦ],[ɕ],[f],[k]这些音来读的,或者失去,变为零声母。吴方言匣母均发浊音ɦ,这个音的浊音性也仅仅存在于吴方言中,[ɦ]在复合元音第一个音素的[i],[y],[u]前头是很弱的,例如上海"皇"[ɦuoŋ],匣母也有念[j]的情况,又如苏州"形"[jin],苏州"县"[jiø]。

古声母影多用[ŋ],[n],[ng],[nd],[g],[ɣ]作声母,或没有声母,即零声母。吴方言影母[j]的分布存在于苏州合口二等里。高本汉首倡用"ʔ"表示影母,或者音节的喉塞音。这个音有点像韵尾的闭音如[p],[t],[k],实际上是一个发音的停顿,代表一个真正的独立的发音,但是有些人只把它当作"元音的突止"或"元音的促顿",把带着喉部的闭音[aʔ]认作开音节,而写成[ā]。

音节前头的[ʔ]一般可以不标写,即方言中的零声母可以是零符号。但是也有例外:在说明吴方言两套次浊声母时,带紧喉的一套常常写成[ʔm],[ʔn],[ʔŋ],[ʔn̠],[ʔl]。至于音节末尾的[ʔ],是一定要写出

---

① [瑞典]高本汉:《中国音韵学研究》,赵元任、李方桂、罗常培译,北京:商务印书馆 2003 年版,第 251 页。

的,因为它是表示不同于以[-p],[-t],[-k]结尾的入声。在同一种方言里,[-ʔ]是有音位价值的,不写出会造成音位混乱。上海话"李"[li⁶]和"立"[liʔ⁸]不同音不同义。在第四卷《方言字汇》中,高本汉并没有写出韵尾[ʔ],例如上海话"杰"[dzi]。这可能是因为当时方言界和音韵学界对吴方言入声带喉塞音的问题认识尚未深入。赵元任在《现代吴语的标记》中也没有使用音标[ʔ],在韵母表上,入声尾韵无标记。这样某些有[-ʔ]和无[-ʔ]的吴方言入声字便无法区分,例如在昆山话和温州话中,"甲"分别读作[kaʔ⁷]和[ka⁷]。

但喻应该分为喻三和喻四,两者是不同的,高本汉在这里将喻拟定为零声母,其实是忽视了喻三和喻四的细微差别。李维琦拟定喻三为[j],喻四为[ɹ],同时就该问题作出详细探讨:吴方言中保留了喻三的本读[j],有较多的喉塞音和舌根擦音乃至唇齿擦音的念法,例如"为",苏州[ɦuɛ],温州[vu]。"王"苏州[ɦuɑ](圆唇)[ŋ]。喻三来源于匣,读[ɦ]是匣母读音的残留。①

喻四有[j]、[w]、[v]、[z]等念法,像"维"字,在苏州、温州均以[v]为声母,至于"锐"字,在两地方言中则以[z]起头。喻四在苏州、温州基本上念[j],比如"云"和"远"。

喻四成为零声母经过了[ɹ]>[j]>[ɸ]的演变过程。由于经常与[i],[y]一类的音结合,向舌面靠拢,慢慢与喻三合流,成为[j],发音时的"驰放",又使[j]弱化,最终消失。只有一小部分方言保留了半元音[j],吴方言正是其中之一,即还处于从喻四到零声母的中间阶段。

高本汉最终将晓、匣、影、喻四个音分别定为[x],[ɣ],[ʔ],[ɸ]。虽然晓和匣在吴方言里的情况是[h]和[ɦ],但高本汉认为这和他拟定的[x],[ɣ]并不冲突。他指出[x]和[ɣ]也许本就是最初的音,只是南方方言在一个或者几个方言中[x]、[ɣ]>[h]、[ɦ]的演变在切韵时代以前就已经完成了。李维琦对此看法持怀疑态度,他认为南方方言更多地保留了古音的痕迹,[x]、[ɣ]来源于[h]、[ɦ],所以晓、匣应该是[h]和[ɦ]。②

---

① 李维琦:《中国音韵学研究述评》,长沙:岳麓书社1995年版,第23页。
② 李维琦:《中国音韵学研究述评》,长沙:岳麓书社1995年版,第21页。

吴方言古声母知通常用[č]和[ts]来读。[č]处可以填上[tɕ]。因为赵元任《现代吴语的研究》指出温州古知母的现代读法是：二等"[ts]"，三等"[ts],[tɕ]"，所以早期的吴方言是[ts],[tɕ]两读的，但追溯到更早，也就是高本汉时期的材料，现在念[tɕ]的知组音，在当时可能有[tʃ],[tɕ]两读。这也是吴方言某些点的[tɕ]还有记作[tʃ]的原因。

吴方言古声母彻通常用[č]和[ts·]来读。吴方言澄母普遍用[j]和[dz]来读。由于大部分方言没有保存爆发音知彻澄和塞擦音，因此照穿在古代汉语里所有的分别，吴方言里只有塞擦音，在上海方言里，高本汉发现一种近代的趋向，就是把塞擦音[dz]变成摩擦音[z]，如"泽"(澄母)[dzəʔ]，又读[zəʔ]。钱乃荣《上海语音发展史》指出，在19世纪的上海话中，澄声母部分仍保持[dz]声母，但已逐渐消失，到了《中国音韵学研究》译者的年代，上海已完全不用[dz]音。不过现在上海周边及江苏吴江地区、常熟，浙江嘉兴、杭州、绍兴仍保留[dz]声母。李维琦补充，温州话澄母平声三等开口的情况应是[dʑ]，其余情况下是[dz]。①

吴方言照母通常用[č]和[ts]来读；穿母通常用[č]和[ts·]来读；壮(床)母通常用[dʑ],[j],[dz],[z]来读；禅母通常是用[dʑ],[j],[z],[ʐ]来读。

壮(床)、禅两母在吴方言里读作浊塞擦音或摩擦音，缺乏条理，读音混乱："查"(状母)吴方言[dzo]；柴(壮母)吴方言[za]；成(禅母)上海[dzən]，宁波[dziŋ]，温州[ziŋ]；蝉(禅母)上海[zɛ̃]，温州[zie]，宁波[zœ]。再如：早期上海方言"材"和"财"也是同音字，Davis和Silsby却把前者记[dze]一音，后者记[dze],[ze]两音。无独有偶，早期温州方言"会"和"屠"，声母、韵母、读音均相同，但Parker却将它们一个写作[dzaŋ]，一个写作[zaŋ]。

吴方言审母通常是以[ɕ],[ʂ],[s]来读。

舌尖齿音在各地吴方言的表现中有细微的差别。上海方言只有齿

---

① 李维琦：《中国音韵学研究述评》，长沙：岳麓书社1995年版，第29页。

音,例如"手"[sæo],"惩"[dzən]。根据Parker的注音,高本汉发现温州话里似乎有齿音,但只有少数字,在有复合元音[iu]的韵母,有[ü(y)]的复合元音跟宕摄入声[ia]这些音之前声不读齿音。宁波话里也有很多齿音,但限制更大,在[i],[œ],[iu]的元音面前好像可以看见一种齿龈音,①如"周"[tsiu]。②

高本汉似乎还无法分辨吴方言里的塞擦音性质是软的还是硬的,③但清音的塞擦音中可以看出软硬的分别,例如"束",温州[ɕyœ],宁波[ʂəʔ]。据此分析,[ɕ]可能见于[iy]前头,[ʂ]见于别的元音前头。所以高本汉时期硬的辅音,既相当于古代的齿上音,又相当于古代的颚音。即发生了从颚音到齿上音,从软音到硬音的变化。软音类即除了用硬辅音发声的语音外,有些辅音发声时,因为舌面上抬,出现颚化音。例如温州、宁波方言里[i]或[y]保存了(在三等)或产生了(在二等)颚音。值得一提的是,虽然古代的软音变成了硬音,在这些方言里,又添了些从舌根音变来的颚音,以及从齿音变来的颚音:[ki]>[tɕi],[tsi]>[tɕi],这是一个不断变化的过程,也是语言演变规律的生动体现。

吴方言日母通常用[ŋ],[ȵ],[ʑ],[dʑ],[z],[n]这些音来读,或者失落,变成零声母,或者完全生出一个新音[œr]。高氏拟定日母为[*nʑ],在演变过程中,[ȵ]逐渐失去,[ʑ]变成主要的成分。在上海话不读[ȵ]或[dʑ]的时候,还会有变成齿音[z]的普通转变,例如"仁"[zən],"如"[zʮ]。高本汉还拟测了部分吴方言"儿"化的演变:[ʐ]在自成音节时,前头产生一个寄生的元音,这个元音的力量增强,[ʐ]减少,一直减少到仅仅很快触碰上颚顶便结束了,就成了一个只卷舌的动作。这个情况在宁波、上海方言(上海俗话在这些字里读[ȵi])里均存在。

吴方言泥母、娘母通常使用[n],[ŋ],[ȵ],[ŋ],[l],[nd],[ȵd],[d],[dz]来读。

---

① 此处为译者修改的部分,齿龈音这个概念包括齿上音和颚音,替换高本汉原本使用的颚音一词。
② 译者补充,旧宁波府属外县,如慈溪、奉化(位于今宁波市)有用齿音的,鄞县(位于今宁波市)用颚音。
③ 译者补充,温州、宁波今开合用齿音,今齐撮用颚音,也就是软音。

泥、娘二母有颚化现象，上海话泥娘在[i]，[y]前头，或者说三四等字里常发生颚化，读作[ȵ]；在所有别的元音前头，或者说是在一二等字里，读作齿音[n]。温州话在非[i]，[y]前头，在所有元音以前（一等跟二等）读作齿音[n]；在[i]，[y]的前头时，发音比颚音的部位更靠后，这个声母就差不多变成[ŋ]，不过这个[ŋ]并不十分靠近软腭，所以在温州能读[naŋ]，但"泥"读[ŋi]，"年"作[ŋie]。这是过分颚化以致后移的结果（[n]＞[ȵ]＞[ŋ]）。宁波话在[i]，[y]前头均不颚化，Parker的记载是只有一个未完全颚化的倾向，所有受到这个倾向影响的字，有时属于[ȵ]的阶段，有时属于[ŋ]的阶段，[ȵ]和[ŋ]之间并没有清晰的界线。温州、宁波在[i]，[y]前都是[ȵ]的读音，最多偏后一些，与[tɕ]的部位相当。但是在没有元音的时候，有[ŋ]的读法。

吴方言来母通常读作[l]；透母读作[tʻ]；定母读作[d]；从母读作[dz]，[z]，[ẓ]，[j]；心母读作[s]，[ɕ]，[ʂ]；邪母读作[dz]，[z]，[ẓ]，[j]，或者失落，变成零声母。结合分析，高本汉拟定这几个声母为：端[t]，透[tʻ]，定[dʻ]，精[ts]，清[tsʻ]，从[dzʻ]，心[s]，邪[z]。定、从、邪三母在吴方言里仍然保持浊音，这和前面讨论的[gʻ]等情况是相似的。

宁波、温州很有可能存在一套由颚化作用（[s]＞[ɕ]＞[ʂ]）产生的齿上音。温州方言塞擦音和摩擦音的颚化只是在有限的几个韵母前头发生，并不是在一切[i]，[y]前头都颚化。宁波方言的颚化，高本汉发现它们只出现在四等，即常用[i]（[y]）起头的韵母，所以他参照Parker的说法，即[ch]，[chʻ]，[dj]，[j]这几个音是由颚化作用产生的齿上音，而非颚音。①

吴方言非母读作[p]，[f]。Parker在列举温州方言时，多数例子里写[p-]，[b-]两读，温州的[p]也许是一个很接近[b]的[p]，这和前头在端母里讨论的温州[t-]，[d-]两读情况是相似的。吴方言敷母读作[pʻ]和[f]；并母读作[b]和[v]。

综上，高本汉拟定非，敷，并三母的古代音值分别为：清弱音[p]，清

---

① 译者补充，旧宁波府鄞县全是颚音。

送气音[pʻ],浊送气音[bʻ]。到了唐初,三母又分化成[p],[pʻ],[bʻ]和[f],[fʻ],[v]两组。最终演化成[f],[fʻ],[b]。

吴方言明母通常读作[m]和[z]。古代明母拟定为[m],但其中涉及吴方言演变的地方需要我们关注。唐初,中古关于[m-]的字也分化成了[m-]和齿唇音[ɱ]两类,近古吴方言[ɱ]有变成口部 v 的情况,但[m]也经常出现。如中古跟近古[m]母的"米"[mi];中古[m]母,近古[ɱ]母的"无"[vu];中古[m]母,近古[ɱ]母的"蚊"上海[vəŋ],[məŋ],宁波[məŋ],温州[vaŋ],[maŋ]。但是综合高本汉的论述,我们发现这个[ɱ]在任何方言中都没有得到反映,也许三等合口状态下的[m]有失去的、有变成[v]的,有仍然保留的,不一定非要经过[ɱ]这个阶段。

《中国音韵学研究》从古今比较及演变的视角考察了包括吴方言在内的汉语方言的声母,接下来又从共时层面讨论了吴方言声母的音值。根据高本汉描写,上海方言存在[b]、[d]、[z]、[dʑ]、[g]等全浊声母,如"平"[biŋ],"大"[da],"人"[zən],"集"[dziʔ],"柜"[guɛ]。其中像吴方言的 b 这类浊塞音,和爆发音、塞擦音一样,在除阻时随着一个浊的送气,然而吴方言的送气是很弱的,是"不够认为送气的"。① 高本汉将中古全浊声母拟为送气音,对此,马伯乐持相反观点,认为当为不送气音。赵元任的《现代吴语的研究》提出吴方言全浊声母的读音乃是清音浊流,而非送气浊音。

在《中国音韵学研究》之前还没有在中国任何方言里记录过[dʐ]这个音,但高本汉认为在吴方言里可能存在,后来赵元任《现代吴语的研究》第一表5中就表示常熟存在[dʐʻ]音。[dʐ]在上海话中作声母,如"旗"[dʐi]。

[ŋ]有时候当作自成音节的[n]音,如上海、温州。

[h]摩擦很弱,对于空气的呼出也没有什么阻碍,它后面的元音口势常常预先作成,因此[h]也染上[a],[e],[i],[o]等色彩。

[ɦ]在吴方言里可以作声母,例如上海"河"[ɦu]。[ɦ]只出现在元

---

① [瑞典]高本汉:《中国音韵学研究》,赵元任、李方桂、罗常培译,北京:商务印书馆2003年版,第168页。

音的前头,所以有人把它当作一种用元音起头的重音,用"·"表示。不过,高本汉并没有明确ɦ是浊辅音还是元音的成分。对此,赵元任是这样论述的:"吴语里的[ɦ]音位其特征是气流比通常的发音更强,至于在口腔和鼻腔方面,它并无发音特征,发音人可以自由地在发任何音的同时带上[ɦ],[e]型的[ɦ]等等。甚至还有[m]型的[ɦ],如[ɦm](口+无)和[m-ma](妈妈)中的[m]对立。然而所有这一切都不妨碍我们在理论上把[ɦɑ]中的[ɦ]和[ɑ]看作两个不同的音位。"①

高本汉对吴方言零声母的标法较为混乱。对于开合的零声母,他用[ɦ]标写。但对于齐撮,有时候用[ɦ]标写,如上海话中的"贤"[ɦie],"县"[ɦiœ];有时候是零标记,如温州话"夜"[i],上海话"夜"则是[ia⁵],零声母都是零标记。而温州话和上海话的"移"都是[i],为零标记。[ɦ]在语音学上的性质和用法,还需要我们进一步研究。

赵元任和李荣用语音实验证明,[ɦ]不是元音前的声母,但是他们用的实验材料是开口呼韵母,无法说明[ɦ]和合口呼、齐齿呼和撮口呼结合时的情况也相同。吴方言里的[w]和[j]是两个不同的声母,"河"[wu²]≠"移"[ji²],两个词的词首辅音明显不同,互相不能替换。温州方言里[ɦ-]和[j-]是两个独立的声母音位,互相也不能替换,"猴"[ɦau³¹]≠"游"[jau³¹];"狭"[ɦa²¹²]≠"药"[ja²¹²]。温州方言的[i]介音很短,我们在归纳音位的时候忽略[i]介音,就会发现这两个字不同音明显是声母不同所致。②

(二)《中国音韵学研究》所记吴方言韵母

第三卷《历史上的研究》,实际上是讲"中古汉语历史语音学研究"。依据第一卷第三章所列古代汉语的声母表以及韵母表,采取的是排列字汇的方式。通过字汇能够查出每个字拟定的古音,以及它们的现代音。下面是吴方言上海话山摄字读音情况。

---

① Yuen-ren Chao, The Non-uniqueness of Phonemic Solutions of Phonetic Systems, *Bulletin of the Institute of History and Philology Academia Sinica*, Vol. 4(1934), pp. 363 – 39。
② 游汝杰:《高本汉对汉语方言学的贡献及相关问题探讨》,《语言研究集刊》2016 年第 2 期,第 41 页。

表 6-13 上海方言山摄例字表

山摄	一等开口①			一等合口			二等开口		二等合口	
例字	干	单	达	官	端	般	艰,奸	山	关	班
上海	[kø̃]	[tæ̃]	[daʔ]	[kuE]	[tø̃]	[pE]	[tɕ₂iẼ],[kæ̃]	[sæ̃]	[kuæ̃]	[pæ̃]

山摄	三四等开口					三四等合口				
例字	虔	言	肩	仙,先	煽	权	元	玄	宣	专	烦
上海	[dz₂iẼ]	[iẼ]	[tɕ₂iẼ]	[siE]	[sE]	[dz₂ø̃]	[ŋø̃],[iø̃]	[iø̃]	[siE]	[tsE]	[væ̃]

资料来源 高本汉:《中国音韵学研究》,北京:商务印书馆 2003 年版,第 455—459 页。

受鼻音影响,山摄一等字的元音里或多或少存在前移的情况,如"干""单"②。端系和泥系声母的山摄字会因古韵的不同产生音值的差异③:

表 6-14 上海方言端系和泥系声母例字表

a韵(覃等)	男,南	贪,探	潭	参	蚕
上海	[nẽ]	[tʻẽ]	[dẽ]	[ts'ẽ]	[zẽ]
b韵(谈等)	蓝	担	谈,痰	惭	三
上海	[læ̃]	[tæ̃]	[dæ̃]	[dzæ̃]	[sæ̃]

资料来源 高本汉:《中国音韵学研究》,北京:商务印书馆 2003 年版,第 481 页。

高本汉在谈到上海方言鼻音韵尾问题时曾说:"上海的'半鼻音'跟有些官话里很明显很强的半鼻音比起来差得很远(往往全无鼻音),我觉得在这宽式音标里写作口部元音就行了:例如上海'三'[sɛ],'先'

---

① 山摄一等-an 在见系声母后往往另有读法:如上海[ø]。
② 译者补充,现在上海、宁波两地的干和单并无半鼻音。
③ 译者补充,现在上海、宁波 a 韵其实是[e],b 韵其实是[ɛ]。

[sie]。"①结合后面《方言字汇》的记录可以看出,上海方言山咸摄的鼻音韵尾基本完全消失,如上海:蓝[lɛ]、咸[ɦɛ]、尖[tsie]、点[tie]、干[kœ]、山[sɛ]、件[dzie]、先[sie]、官[kue]、关[kue]、专[tsɛ]、玄[ɦye]。赵元任等译者调查并补充,现上海市已全部失去鼻音,只有浦东还残留一些半鼻音。钱乃荣也指出,上中古山咸摄大部分字在19世纪的上海话中韵母还带有轻微的鼻化音,这种失落大约是在19世纪末期完成的。

下面看上海方言的果摄字。

表6-15 上海方言果摄例字表

果摄	一等开口		二等开口		三四等开口
例字	哥	多	家	纱	遮
上海	[ku]	[tu],[ta]	[tɕia]	[so]	[tso]

资料来源 高本汉:《中国音韵学研究》,北京:商务印书馆2003年版,第494—496页。

果摄合口上海念[-u],如"果"[ku]。从古今演变看,深[ɑ]大部分只是变成了[o],但上海话一等深[ɑ]甚至可以一直变到[u]。二等浅[a]的变化在吴方言里就更为普遍了:在上海某些声母后边有变成[o],无锡和常熟话里变到[u],宁波则干脆把[a]和[ɑ]一律读作[o],区别只是将ɑ读作关[o](o),[a]读作开[o](ɔ)。

效摄一等韵吴方言温州话读[ə],如袄[ə];二等读[o],如交[ko];三四等读[ieɯ],如夭[ieɯ]。

蟹摄开口一等韵吴方言读[e],如哀[e](未说明地点);二等"皆"宁波[tɕie](跟[ka]),"齐"上海[tsa](跟[tse]);三等跟四等读[i],如"鸡"吴方言[tɕi]。蟹摄合口一等韵,"盔"上海读[kʻuɛ];二等韵"怪"上海[kuɛ](又读[kua]),"怪"温州也读[kua]。三等和四等韵,"圭"上海[kuɛ]。

止摄开口上海方言读[ɿ],[ɯ],[a],[y],[u],例如"咨"上海[tsɿ];有丢掉韵母的情况,例如"儿"温州[ŋ],[n]。止摄合口,例如"非"吴方言[fi](未说明地点);"龟""归"上海[kue],温州[tɕy],"亏"上海[kʻuɛ],

---

① [瑞典]高本汉:《中国音韵学研究》,赵元任、李方桂、罗常培译,北京:商务印书馆2003年版,第545页。

温州[tɕ‘y]。

《中国音韵学研究》吴方言上海话宕摄例字如下：

表6-16　上海方言宕摄例字表

宕摄	一等开口	三四等开口	一等合口	三四等合口
例字	刚	羊	光	狂
上海	[kɔ]	[ia]	[kuɔ]	[guɔ]

资料来源　高本汉：《中国音韵学研究》，北京：商务印书馆2003年版，第496—500页。

接下来是臻摄的讨论：

表6-17　上海方言臻摄例字表

臻摄	一等开口	三四等开口	一等合口	三四等合口	
例字	根	身	坤	春	均，君
上海	[kə]	[sə]	[kuə]	[ts‘ə]	[tɕyin]

资料来源　高本汉：《中国音韵学研究》，北京：商务印书馆2003年版，第501—502页。

早期上海方言是分前后鼻音韵尾的，这个区分一直到19世纪中叶依然存在，这也是上海话比其他吴方言发展滞后的体现，但前鼻音韵尾[n]的分布非常有限，只有臻摄的撮口呼韵母，如：上海均[tɕyin]、允[yin]、君[tɕyin]、群[dʑyin]、训[ɕyin]、云[yin]、[tɕyin]、陨[yin]。其余前鼻音韵的字全部记[iŋ][iʌŋ]([iəŋ])，高本汉非常敏锐地捕捉到了上海方言正处于前后鼻音韵尾融合的最后阶段。现代上海方言里已经没有前后鼻音韵尾的区别了。

译者补充，这里有一个高氏没有注意到的重要特点，就是在臻摄里（深梗亦同），韵尾并不像山（咸宕）摄里的不全鼻音[ṽ]，而是有一个很强的鼻辅音，上海方言是[-ŋ]。这个特点可以证明臻（深梗）摄的元音短而韵尾强，山（咸宕）摄的元音强而韵尾弱。

深摄几乎和臻摄完全平行，这两摄的元音在古代是一样的，只是尾音不同，臻摄收[-n]，深摄收[-m]。我们看吴方言中深摄的三四等韵例子就知道了："深"上海[səṽ]，温州[saŋ]，宁波[siŋ]；"今"温州[tɕiaŋ]，宁波[tɕiŋ]。

梗摄是组合成的,一等韵和三四等的 d 韵成一组,《切韵指南》称曾摄,其余的韵组成的另外一组就是梗摄。

表 6-18 上海方言梗摄例字表

梗摄	一等	三四等,d 韵	
例字	登	应	胜
上海	[tə]	[sə]	—

资料来源 高本汉:《中国音韵学研究》,北京:商务印书馆2003年版,第508—509页。

流摄一等字,"钩"上海[kəɐ];①二三四等韵字,"优"上海[ieu]。②

遇摄在吴方言中例子较少,一等韵的如"都"温州[ty];二等 a(鱼)韵"疏"温州[so],二等 b(虞)韵"雏"[zo];三四等 a(鱼)韵"居"吴方言[tɕy],"书"温州[sy],宁波[šī],三四等 b(虞)韵如"输"温州[sy],宁波[šī]。a 韵和 b 韵存在混同现象,大多数方言里古代元音彻底简化了,有的声母使[i]失掉了,生出一个[-u]韵母,别的声母把[i]保全了,就变出一个[-y]韵母,温州话[tɕy],[sy]是[-y],[fu]是[-u]。

通摄一等韵在切韵里分成 a(东)、b(冬)两韵,这两种韵在方言里可以说是没有一点分别,如"东、冬"温州、宁波[tuŋ],上海[toŋ]。

二三四等韵在切韵里同样分为 a(东)、b(钟)两种韵,高本汉将温州方言中 a 韵和 b 韵的情况列了出来:a 韵中的"弓、躬、宫"[tɕiuŋ],"中"[tɕiuŋ],"风"([fuŋ]);b 韵中的"恭、供"[tɕyo],"钟"[tɕyo],"封"([fuŋ])。

(三)《中国音韵学研究》所记吴方言声调

中古汉语的声调一般都采用陈寅恪《四声答问》的观点,高本汉指出:"中国声调,除掉平上去入四大类分法之外,它的分合大半是系于声母的。"他的证据就是古四声因清浊分阴阳,有八个声调,即阴平、阳平、阴上、阳上、阴去、阳去、阴入和阳入。

---

① 译者补充,现在上海这一韵是单元音[ɤ]。
② 李维琦修正,"优"在上海话里读[iɤ]。

在声调的讨论中,高本汉指出上海、温州保存的古调类是比较完整的,和古音分配方法也基本符合。古爆发塞擦摩擦浊声母在吴方言里很少变阳去,还是读阳上,这就是古音的保留。但译者补充,该现象在不同地区存在差异,在无锡的分法自然近古,苏州就不分一切阳上去。另外,在上海音里大有混阳上去,甚至阳平上去的倾向。这是高本汉没有注意到的。

古阴阳平保存得最好,在吴方言中自然也有。古阴阳上保存得较差,在吴方言中仅有零星少数的字,古阳上一部分字变为去声了,剩下来的就自成阳上一类,不和阴上或者别的声调相混。上海的阴阳入是促收,温州的阴阳入是舒收的。

还有好些个例:武进次浊上声白话单字音比如"我","有"存在古阳上变阳平的情况。m母字在上海有时读阴上阴去而不读阳上阳去。

(四)《中国音韵学研究》所记吴方言字汇

《中国音韵学研究》第四卷《方言字汇》采用的是宽式音标,包含3125个字的读音,其中1328个字作为代表字置于表头,1797个字是列于表头汉字的同音字,只注出它们的例外读音。高本汉原定的是记录三十三种方言,但为节省篇幅,差别不大的方言只选一种录入,最终只有二十六种方言的读音记录。由于宁波方言近似上海方言,所以并没有列出宁波方言的发音。

表格以中古音为序进行排列,即果、止、蟹、咸、深、山、臻、梗、宕、效、流、遇、通(以上列平上去)、咸入、深入、山入、臻入、梗入、宕入、通入,和一般所说的中古音16摄相比少了假(并入了果摄)、曾(并入了梗摄)、江(并入了宕摄)三摄。每摄下汉字按照中古音声母见系(含晓影喻)、知系(含照组和日母)、泥系(含娘来)端系(含精组)非系(帮组、非组不分)的顺序排列。①

准确地说,这个字表应该叫作"方言音汇",它实际上是中古韵母拟测"各摄分论"分等呼作文字说明的音表的具体化,以一个个代表字而

---

① 宫辰:《论高本汉的中古音研究》,南京大学汉语言文字学2011年博士学位论文,第29页。

不是以等呼为参照,作"各摄各韵分论"。既标注古音,又各点方音,从对照中可以清晰地看出古今韵母的演变规则和条理。

表 6-19 上海方言歌韵例字表

例字	歌	可	蛾	何	挪	罗	多	拖	驼
古音	[kɑ]	[k'ɑ]	[ŋɑ]	[ɣɑ]	[nɑ]	[lɑ]	[tɑ]	[t'ɑ]	[d'ɑ]
上海	[ku]	[k'u]	[ŋu]	[ɦu]	—	[lu]	[tu]	[t'u]	[du]

资料来源 高本汉:《中国音韵学研究》,北京:商务印书馆2003年版,第547页。

二、近代报刊所记苏州方言

近代以来,报刊业迅速发展。报刊中记载着丰富的苏州方言语料。这部分的记录实用性要强于专业性。各篇文章的记录者可能不是专业的语言学家,但是仍能体现当时苏州方言的风貌。

(一)《苏州方言:此处曰盖搭……》

《苏州方言:此处曰盖搭……》1915年刊载于《滑稽时报》第一期。《滑稽时报》1915年4月正式创刊,由上海有正书局负责印刷并发行。作为通俗类文学刊物,栏目大多富有趣味性。该刊一共出版过四期,每一期的栏目大致相同,但又略有增减。总体分为插画、谐著、小说、译著、说林、拾遗、艳史、诗选、说史、文苑、丛谈、史乘、绝史、神话、院本、剧谈、方言、谜语、格言、游记、词林、诗话、笑林、补白。第三、四期没有方言栏目,第二期方言栏目中未提到苏州,只第一期刊载有苏州方言。《苏州方言:此处曰盖搭……》作者是老苏州,具体信息不可考,共记录了二十三个苏州方言词语,内容以日常生活用语为主,涉及的人称较多。现在按照原文的顺序抄录如下。

此处曰盖搭。何处曰落哩。彼处曰革搭。如何曰捺亨。约暑曰触哇。吾辈曰呢。他人曰哩笃。好曰硬王。不好曰闸底。货不美曰搭搭底。妄语曰哇空。游玩曰白相。问人何事曰啥。怒人非礼曰捉啥。吃曰促祭。主人之女曰小姐。婢女曰大姐。母之姐妹曰娘姨。佣妇亦曰娘姨。和尚曰光头俗家人,不曰毛头。道士曰扁头。家人曰圆头方头。①

(二)《苏州方言:你曰耐……》

《苏州方言:你曰耐……》1920年刊载于《少年》第十卷第四期。《少年》于1911年3月正式创刊,由上海商务印书馆负责发行并印刷。作为青年类刊物,并没有设立专门固定的栏目,灵活性较强,与青少年的生机活力相辅相成。该刊存续了二十余年,具体的停刊时间和原因不可考证,目前可见的最晚一期为1931年12月的第21卷第12期。该刊的大致内容可分为三类:常识类文章、各类时事新闻、青年人的时代作为。有关苏州方言的记录,作者是江苏苏州桃坞中学学生胡文铨,这一部分同样刊载了二十三个苏州方言词语,与《苏州方言:此处曰盖搭……》有相同的字词,发音却略显不同。由作者和内容可见,当时人在报刊上对苏州方言的记录,专业性并不强,更多的是起到娱乐和普及的作用。现在按照原文的顺序抄录如下:

你曰耐。你们曰唔笃。他曰俚。他们曰俚笃。此处曰爱搭。彼处曰关搭。何处曰诺搭。如何曰哪哼。何人曰啥人。流氓曰瘪三,又曰蹩脚。遇事不顺曰勿识别头,又曰悔气,又曰倒霉,又曰触霉头。烦恼曰讨厌。安适曰写意。羞曰难为情。有趣曰好白相。小儿曰小干件。好曰无啥。生病曰勿适意。游玩曰白相。②

(三)《星期谈话会:苏州话》

《星期谈话会:苏州话》,1922年刊载于《星期》第25期。《星期》于1922年3月正式创刊,由上海大东书局印刷并发行。作为文学类刊物,该刊有固定的栏目,如星期谈话会、社会百问题、交易所现形记、腻友霄谈录、读者之声等。内容多为社会问题和各种小说等。《星期谈话会:苏州话》的作者是二小姐,文章围绕非苏州人喜欢说苏州话而展开。首

---

① 老苏州:《苏州方言:此处曰盖搭……》,《滑稽时报》1915年第1期,第125页。
② 胡文铨:《苏州方言:你曰耐……》,《少年》第10卷第4期,1920年4月,第14页。

先讲到了学习苏州方言需要掌握的三处精髓——软、俏、刁,以此谈到苏州人"我"的说法,十分之九的苏州人都称"我",只有十分之一的人称"奴",而学习苏州话的人称"伲",但事实上,苏州方言的"伲"代表的则是"我们"。作者在这里还一并列出了苏州方言中的人称代词,单数为"我""倷""俚",多数为"伲""唔笃""俚笃"。接下来又谈到了一种"上海化"的苏州方言,即把上海话中的一些词条当成苏州话。由此便提到苏州方言小说中存在的诸多不合理现象,比如密渡桥根本没有大商店、元和县衙门离阊门极远、民国8年元和县衙门早已裁撤、夜里从上海坐火车明早就到苏州等。文章除了论述以上问题,整体的叙述部分也都是用苏州方言写的,现在将部分原文抄录如下。

  我常常看见一班非苏州人欢喜打苏白,也有几个人说得蛮好。也有几个人,却有点弄差哉。还有几位做小说格先生,喜欢讲苏州格事体,只怕俚倷弗曾到过歇苏州,所以有点弗对。我今朝倒要说一说。苏州人格说话,第一是软,第二是俏,第三是刁,就是苏州人自家也公认格。但是学说苏州话格人,至多学全子一格软字,俏字就只好学一半,刁就学弗来哉,格种才是苏州话格坏处,据我说,何必去学俚呢。[①]

(四)《苏州方言拾零》和《苏州的方言》

《苏州方言拾零》和《苏州的方言》1931年分别刊载于《青年界》第一卷第二期和第三期。《青年界》1931年3月正式创刊,由上海北新书局负责印刷并发行。作为现代文艺期刊,内容有绘画欣赏、文坛消息、作家介绍、时事评论、科学杂谈、海外通信等几十种类型。该刊1937年停刊,1946年复刊后另起卷期,直至1949年终刊,为青年人带来了许多精神食粮,产生了较大影响。该刊中有关苏州方言的记录集中在发刊初期,主要由犹聊郁写作。在内容上有了一些创新点,不再是单纯的方音记录,而是对苏州方言字词和俗语短句进行了释义。文章一共涉及21个词语和18个俗语短句,现在选取部分内容,按照原文的顺序抄录

[①] 二小姐:《星期谈话会:苏州话》,《星期》1922年第25期,第1—11页。

如下。

拖油瓶,母改嫁时所带之子。马后炮,待事过而出主张。放野火,事前说大话。听京调,被骂而不敢置词。打官话,"欺人外行"之话。夹嘴舌,搬弄是非。蚂蚁官儿,官小之意。猢狲君子,伪善。借花献佛,不诚心之意。①

同船合命,"合"作"葛",谓须合作共济。望天讨价,货价尽可高抬之意。坐地分赃,不劳而获不义之财。上床夫妻,寓夫妇之不睦。天高皇帝远,意谓"呼救无应"。千佛一炉香,不敷分配之意。礼轻情义重,重友道而不重钱。穷汉饕刁女,"刁"意谓"妈",寓穷汉之受累也。②

(五)《说话:苏州话问题……》

《说话:苏州话问题……》1933年刊载于《珊瑚》第3卷第10期。《珊瑚》1932年7月在苏州创刊,除了国内发行外,还曾输出到日本、朝鲜、缅甸等国家,算得上走出国门的刊物,也契合了"文化救国"的主张。在该刊上登载苏州方言的文学作品,使中国的方言文化也能为国外学者所关注。该刊为文艺刊物,有小说、散文、诗歌、笔记、小品、日记等栏目。

有关苏州方言的部分,作者是说话人。文章围绕"说话"二字展开,通过作者的朋友丁君所写的一篇关于作者别音问题的文章,来引入对苏州话问题的讨论。首先讨论了苏州话当中的"我"字,有"俉"和"奴"两种发音。作者在这里讨论得非常详细,做出了男女之分、蛰居本地和游处他乡之分、城乡之分。《星期谈话会:苏州话》中也提到过这个问题,两文的观点大致相同。然后讨论了陆顾两姓的转变,其实是吴语中喜欢将"那"读作"落",因此"那个"变成了"落个",也就是"陆顾",为了证明这一点,作者还用"妇女"一词来举例,苏州人称女客,北方人称堂客,而堂客在苏州人看来就变成了骂人之词。由南北不同方言在理解

---

① 犹聊郁:《苏州方言拾零》,《青年界》第1卷第2期,1931年2月,第60页。
② 犹聊郁:《苏州的方言》,《青年界》第1卷第3期,1931年3月,第12页。

上存在较大差异的问题,作者又谈到了方言小说的问题。新体小说非常注重对话,对读者的要求也比较高。作者借此呼吁写新体小说的人一定要走在时代的前面。整篇文章架构循序渐进,讨论的问题也比较多,由此可见作者的写作功底。该篇不仅能够用作研究民国苏州方言的史料,也是很好的写作资料。现在将原文讨论的第一个问题抄录如下:

> "苏州话中之我字,阊门人读作俉,葑门人读作奴"云云。其实细考之,亦不如此。余亲戚家兄弟五人,俱住阊门,而其中有三人说话作俉音者,二人说话作奴音者,未识何故。故俉之与奴,以阊门葑作泾渭之分,殊不确切。若勉强分之,似乎女子作奴音,比较男子为多。但仅亦为多寡之分,非女子概作奴,男子尽作俉也。再强分之,则蛰居本乡者,每多奴音,游处他方者,作奴音较少。乡下人奴音较多,城里人奴音较少也。①

(六)《苏州方言考》

《苏州方言考》1937年刊载于《校风》第523期。《校风》1915年8月正式创刊,是由南开中学学生创办的校刊,青年周恩来是该刊的总经理。刊物致力于文明传播、知识交换、求书外学问等任务,深受读者欢迎。有关苏州方言的部分,作者是尤敦谊。这篇文章以中国历史上的语言文字学要籍为主体,附以当时苏州方言的发音及释义,相较于前面的几篇,篇幅和内容上都有了较大的突破。文中在谈到"今人"时有两种说法,一种"今吴人",一种"今苏人",由于作者和文章的相关信息现在均不可考证,而文章又以《苏州方言考》为题,所以将整篇文章都划分在苏州方言史料研究之下,并不区分"吴人"和"苏人"。文章大致分为7个板块,共记录了63个词条,其中说文和广韵板块词条最多,《说文》20个、《广韵》23个、《方言》7个、《尔雅》2个、《广雅》4个、《集韵》2个,其他部分分别是《诗小雅》《诗陈风》《论语》《庄子·达生篇》《汉书·五行志》各1个。现在从每个部分选取一个内容,按照原文的顺序抄录如下。

---

① 说话人:《说话:苏州话问题……》,《珊瑚》第3卷第10期,1933年10月,第1—3页。

《说文》：蘸，以物没水也。斩陷切。今吴人谓以物沾水曰蘸。

《广韵》：掑，著取物也。今吴人谓著取物曰掑。掑本居宜切，今转如坚。

《方言》：杪，小也。江淮陈楚之内谓之蔑。今谓极少极小皆曰一蔑蔑。

《尔雅》：潬，沙出。沙出即水少沙见之谓。今俗谓河旁曰河滩，滩即潬之转语。

《广雅》：翘，举也。《庄子·马蹄篇》：翘足而陆。今俗谓举足曰翘足。

《集韵》：麨，物不精也。今苏州有此语。

《论语》：管仲之器小哉。注：言其器量小也。今吴人谓度量小曰小器。①

三、近现代时期地方志所录吴方言

民国时期记载吴方言的地方志主要包括《垂虹识小录》《江阴县续志》《昆新两县续补合志》《相城小志》《重修常昭合志》《吴县志》六部，在前代基础上加以补充，揭示吴方言音韵与词汇方面的特点。

表6-20 民国时期录吴方言的地方志

书名	朝代	成书年份	修纂人	版本
垂虹识小录	民国	1912	费善庆纂	抄本
江阴县续志	民国	1921	陈思修，缪荃孙纂	刻本
昆新两县续补合志	民国	1923	连德英修，李传元纂	刻本
相城小志	民国	1930	陶惟坻修，施兆麟等纂	活字本
重修常昭合志	民国	1949	丁祖荫等重纂	铅印本
吴县志	民国	1933	吴秀之等修，曹允源等纂	铅印本

资料来源　曹小云、曹嫄辑校：《历代方志方言文献集成》（第3册，上海市江苏省），北京：中华书局2021年版。

---

① 尤敦谊：《苏州方言考》，《校风》1937年第523期，第2091—2092页。

(一)《垂虹识小录》(1912年)

费善庆纂。垂虹,旧指吴江、震泽,即今江苏省苏州市吴江区。"方言"见卷三。录文据民国元年钞本《垂虹识小录》。

方言土语,不但有远近之别,且有今夕之殊,此理殊不可解。相传河南地居九州之中,其音较正,吴越两境大不相同。前贤有《吴谚集》《越言释》之刻,读之可以概见。今以吾邑江、震两县论之,其方言语音有足述者。凡字之属在九泰者,或开口呼从二十一箇韵,如大者如惰之类;又有呼字母之切者,如囝为突乐之类。

然恒谈亦颇有所本而不关臆造者,如电谓之霍闪,见顾云诗中,蟪蛄谓之堂,见《田家杂占》。纳舟者谓之浜集。嬉游谓之字相,见黄山谷《与范长老书》称:"韩十逐日上学,且护其薄相耳。"擘橙橘曰扒,见《广雅》。隐迹曰畔,见陈时谣。田畔曰田头,见《后汉书》。不正曰差路,见唐诗。小名冠以阿,见《晋书》及《三国志》。太甚为忒煞,见朱子《答敬夫书》。指目曰个般、曰这个,类省作个,见《朱子语类》。应词曰嘎,见《庞居士集》。事烦无条理曰磊碡,见赵宦光《长笺》。石声曰髻礏,见《通志》。浣衣曰汰,见《说文》。滴水曰渧,见《广韵》。浮水曰佘,见《桂海虞衡志》。乳曰奶,见《直语类录》。问语曰那,见《世说》。不曰弗,不慧曰呆,见《唐韵》。粗蠢曰笨,见《宋书·王微传》。指人曰伊,见《诗经》。称我曰侬,见《湘山野录》。满足曰觳。弓满也,见《论语》。以肩举曰捷,出《史记》。种苗曰莳,热酒曰汤,见韵书。以醯腌物曰盐,出《礼记·内则》,去声。两手取物曰掇,见《易经》。盖物曰礹,亦曰匦,见《汉书》。十五日曰月半,见《礼记》。饭粒曰米糁,见《庄子》。整理曰修娓,见《唐书》。众多曰多许,见《隋书》。热不透曰温暾,见《楚辞》。物相类曰一样,见《汉书》。畏惧曰寒毛卓卓竖,见《晋书·夏统传》。人死曰遇世,见《晋书·秦符登传》。

又有异古异他方而义稍通者。看曰望。藏曰圹。(取深穴意。)忍曰熬。(取煎迫意。)置物曰安。(平稳意。)指物曰那。(犹言那个。)儿戏曰蛮皮。(顽声之转,鄙俗之意。)相谑曰吵,(取调笑意。)又曰搂、曰取笑。门之关曰闩。睡曰困。(取偃伏意。)睡声曰愍涂。天明曰天亮。能干事曰在行,亦曰在道。骗人曰串局。受骗曰上当。帮话曰插嘴,亦曰搭嘴。可怪事曰诧异事。可喜曰利市。物完全曰囫囵。晦气曰不色骰,亦曰倒运。得利曰赚钱。聚小成大曰殢当。些微曰粒屑。安身处曰窠坐。此处曰该边。彼处曰箇边。日曰日头。月曰月亮。男人揖曰唱喏。首饰曰头面。家伙曰家生。数钱五文曰一花。(取五瓣意。)不清楚曰腻夹夹。天微明曰黑胧胧。诮人夸张曰摆架子。

又有异他方而义难通者。执物曰当。按物曰擎。掷物曰豁。稠密曰猛。妄语曰造。痴曰铎。怒曰动气。货之低曰邱,亦曰邹。刚才曰姜才。纠缠曰累堆。不洁曰喇塔。有能曰本事。事难曰尴尬。沮事曰打破句。多事曰掀格喇。

若名不正者。呼曾孙为元孙。呼父为阿伯。呼神道为佛、为菩萨。呼医生为郎中。

有讳言而变其名者。讳散呼伞曰竖笠。讳极呼屐曰木套。讳死呼洗曰净。讳滞呼箸曰筷。

有借喻者。帮闲曰篾片。伺隙加害曰踏沈船。武断曰横撑船。插入事中曰夹篙撑。附和曰一窝蜂。无用曰水统蟹。醵钱共饮曰扛柜。许物不偿曰拔短梯。轻易举事曰捐木梢。外貌好曰金漆马桶。无知曰黑漆皮灯笼。

有音异他方而非古者。税为世。人为迎。赊为沙。蛇为茶。伤为丧。二为腻。忘为忙。孝为好,让为酿。觉为阁。热为业。物为末。铁犁为铁搭。枇杷为弼杷。疟为愕。吹为痴。

又有音异而字亦讹者。围为圩。都为保。鄙为啬。愈为越。太为忒。

此外尚有音不同而义无可考者。则鬼如举。归如居。跪如巨。亏如驱。椅或读为于据切。小儿毁齿之毁读为许声。皆以相近而致悮者也。其余字音为合郡之所从同者,姑不备录。①

---

① 曹小云、曹嫄辑校:《历代方志方言文献集成》(第3册,上海市江苏省),北京:中华书局2021年版,第2194—2197页。

(二)《江阴县续志》(1921年)

陈思修,缪荃孙纂。江阴县,今江苏省无锡市江阴市。"方言"见卷九《风俗》。录文据民国十年刻本《江阴县续志》。

三代以上因语言而造文字,故语言与文字不分。至汉魏之时,略存古意。六朝以降,则几绝然不通矣。故读后世书易,读古时书难。读古书而能深究其声音训诂之原因,以悟语言文字所以离合之故,唐以下,十不获一,此俗字之所以孳多也。盖不明古语,不能明古义;不通今音,亦无以明今语。方言虽多俗音,其辗转递变皆有所本。兹就吾邑言之。

如何曰那行。那行者,奈何之声转也。如何,本奈何之声转。那何不见经籍。(《世说·排调》篇:"刘真长见王丞相,时盛暑,丞相以腹熨弹棋局,曰:'何乃渹?'刘知作吴语。"《癸辛杂识》:"徐渊子《一剪梅》词:'他年青史总无名,我也能亨,你也能亨。'")案,乃渹、能亨,皆行那。行音随俗变,各以意书,而说者不解,竟谓吴人以冷为渹矣。(《世说注》。)

何事曰到只。到只者,犹靖江人言底皋也。皋为语助声,则只亦为语助声。到与底声相转,亦曰到交易,武阳人谓之底东西,即底事也。古诗多有此语。颜师古《匡谬正俗》以为底非本字,实是等字,实即何等事之省文耳。

游戏曰勃相。勃相者,勃窣也。《晋书》:"张凭勃窣为理窟。"亦曰婆娑。皆双声之转。实则皆《诗》婆娑之变。(宋玉《神女赋》:"又婆娑乎人间。"李善注:"婆娑,犹盘姗是也。")凡双声叠韵语多有如此类者。

水之不冷不热者曰揾忒,亦曰温吞。两音当以温吞为正,而吞亦非本字。《说文》㵄字注云:"读若水温䙰。"是古有是语,其字作䙰。

事之不经见者曰杂豔。初不解其何意,及考《说文》:"丵,丛生草也。象丵岳相并出也。"段玉裁注以为"吴语不经见者谓丵岳",然则当作此二字矣。此皆由音变既远,几不知有本字者也。

亦有因声音既变，别造俗字或沿用借字，一时难得其本字者。释例如下：

投物曰丢。经典中夙有此义。《诗》："王事敦我。"郑笺："敦，犹投掷也。"依郑义，则敦我者即丢与我也。但敦亦借字，其正字作捯。

悬物曰吊。据汤临川《牡丹亭》曲"高吊起文章钜公"，则明人已作此字。然考《方言》："佻，县也。赵魏之间曰佻，燕赵之郊县物于台上谓之佻。"郭璞注："了佻，悬物貌。"字亦作𠄌。然则此义当作佻、作𠄌。

拭物曰担，所以拭物之帛曰担帛。担字于义无取。经典亦作胆。《礼记》："桃曰胆之。"

胆谓拭去其毛也。然经之胆、俗之担，皆非本字。《说文》："㩪，拭也。"此正字也。

换物曰兑，于义无取。《说文》："𧵖，市也。"朱骏声以为即今俗兑换之正字也。

儿慧谓之乖。案，《方言》："慧，晋谓之㦇。"郭璞注"音悝"。卢文弨云："今以小儿慧者曰乖，当即㦇之转音。"据此则乖当作㦇。

貌美谓之俏。案，《方言》："鉊、嫽，好也。青齐海岱之间曰鉊，或谓之嫽。"卢文弨云："鉊，即今所谓俏也。"据此则俏当作鉊。

亦有文字虽多孳乳，历代相传，其音义至今不变者。释例如下：

热烔烔，即《广韵》引《字林》"热气烔烔"之义也。冷清清，此即宋玉赋"清清冷冷"，李注"清凉貌"之义也。慢啍啍，此即《诗》"大车啍啍"，毛传"啍啍，重迟貌"之义。密斟斟，此即《说文》"斟斟，盛也"之义。干膰膰，此即《说文》"干鱼尾膰膰"之义。壮朕朕，此即《广雅》"朕朕，肥也"之义。短豉豉，此即《玉篇》"豉，吴人呼短"之义。白皪皪，此即《玉篇》"面白皪皪"之义。笑唏唏，此即《广雅》"唏唏，笑也"之义。

声之急曰懥朴。见《方言》云："懥朴，猝也。"痛之甚曰懞剌。亦见《方言》云："懞、剌，痛也。"物之长曰璙璚。《广韵》："璙璚，长貌。"事不谨曰僵偃。《广韵》："僵偃，不谨貌。"二字毛西河文曾用之。（其序吾邑《翁霁堂诗集》云"方洋摆落，截去拘管，而身入僵偃而不自知"是也。）擦米之声曰糕糅。《说文》："糕糅，散之也。"今语仍同。落雨之声曰滴沰。（音矻。）崔实《四民月令》："上火不落，下火滴沰。"今语亦同。分物曰八。《说文》："八，别也。"今犹云八。与人舁物曰扛。《史记》项羽"力能扛鼎"。《匡谬正俗》云："吴楚之俗谓对举物曰刚。今正，俗讹作扛。"抒物曰舀。（音杳。）《说文》："舀，抒臼也。"今俗云舀水。《生民》诗以揄为之。濯物曰汰。《楚辞》："齐吴榜以击汰。"今俗云汰衣。色败谓之霉。（音梅。）《淮南子·修务训》"舜霉黑"，即此义。器裂谓之璺。（音问。）《方言》："秦晋器破而未离谓之璺。"即此义。去汁谓之滗。《众经音义》五引《通俗文》"去汁曰滗"，江南言逼，义同。煨肉谓之爊。（音鏖。）《广雅》："爊，煴也。"《齐民要术》作鲤鱼脯法曰："草裹泥封，煻灰中爊之。"凡在此类与前条所言，虽吾邑语，亦江南通语也。

亦有用字之引申义，与本义不甚相涉者。例如下：

问人曰张取。张，望义也，与无锡人言䁖、常熟人言睃（音梭）意同。（俞樾《春在堂随笔》云："吴仲英大令家居时，有李君觉仙馆其家。一日晨起，有客来访，觉仙卧未起，乃去。已而又至窗外观之。仲英笑曰：'觉仙还未觉。'客应声曰：'张子又来张。'仲英大惊，延入，问姓名，乃张君日熙，亦武林名下士也。"据此，则杭人语亦同。）

候人谓之等。盖取齐等之义。范石湖《州桥》诗："州桥南北是天街，父老年年等驾回。"

则此字亦入诗文。

代谓之替。《北史·李德林传》："文帝令自选一好宅作替。"《匡谬正俗》云："替，废也。前人既废，后人代之，故谓代为替。"此说近之。

能谓之会。祝允明《载记》："姚广孝始见文皇。上问：'能卜乎？'姚以吴语对曰：'会。'"盖会合与成就义亦近，故谓能为会。此皆非字之本义也。

若夫父曰爹,母曰娘,亦有本。《南史·始兴王憺传》:"憺为荆州刺史,民歌曰:'始兴王,民之爹。'"荆土方言谓父为爹,故云。《古文苑·木兰词》:"不闻爷娘唤女声。"事皆在唐前也。

兄曰哥,姊曰姐,亦有本。(《日知录》引唐元宗与宁王宪书称大哥。《集韵》:"今俗弟呼女兄曰姐。")则又皆唐以后语。

夫谓之官人。(考《昌黎集·王适墓志铭》:"一女怜之,必嫁官人。")妻谓之娘子。(考《唐书·平阳公主传》:"高祖女柴绍妻军号娘子军。")据此则二语皆本于唐人。

妇称姑曰娘娘。(案,《铁围丛谈》载宋宫禁中帝后称姑皆曰娘娘。)侄称叔母曰婶婶。(案,《野客丛书》载《富郑公帖》皆书"弼百拜几叔、几婶"。)据此则二语又皆本于宋人。

至妻父称曰伯伯,乡俗继父亦称曰伯伯,以妻母称曰娘娘例之,则伯非伯叔之伯,当是爸爸之声误。(《集韵》:"爸,吴人呼父也。"《常熟县志》载:"乡俗称父或曰爸爸,音如伯伯。"与《集韵》说合,又与吾邑音同。吾邑虽无以之称父者,窃谓其字其义,妻父与继父亦依此例。尊长之人,无论其年与己之父大小,动称之曰老伯。以靖江人称老爹例之,亦非伯叔之伯矣。)此又称谓之语不可不知者也。

又古人言语有急言、缓言之别。急言之,则二字可合为一字,如蒺藜为茨之类。缓言之,则一字可引为二字,如乘为寿梦之类。俗语亦然。(言什么则曰啥,言弗曾则曰朆,言不要则曰覅,覅读去声,此沙洲语,言传授曰胄。)皆急言之例也。(言盘则曰勃栾,言孔则曰窟笼,言团则曰突栾,言恶则曰渥沰,言浑则曰囫囵,言了则曰拉倒。)皆缓言之例也。

至于城厢四境,口音又互有不同。东南乡平声多读为上声,西北乡曳长其声,又多近乎去声,而沙洲一域水土重浊,则多重唇之音。此其大较也。(鱼读为兀回切,渠读如其回切。)此东南乡音也,(而许读为吼,去读为扣,锯读为彀,煦读为鲎,伛读为讴去声)。则又通邑皆然。(鬼读为举,贵读如踞,柜读如惧,亏读如祛,龟读如车,归读如居,跪读如具。)此东乡沿常熟土音也。(而纬纱之纬读为裕,围岸、围瀺之围并读为余,喂儿、喂畜之喂并读为饫。)则又通邑皆然。

谓月曰亮月,通语也,而俗或呼为亮兀。(考《说文》朤或作兓,《易》云:"毾兓。"《长笛赋》作槷刖,是月、兀古音同。)此合乎古者也。

谓田曰某区,通语也。而俗或呼为某丘。(考《素问》"鬼臾区",《亢仓子》作"鬼容丘"。又晋《宫阁铭》某舍若干区者,列为丘字,以为区、丘不别之证。今江淮田野之人犹谓区为丘,则是区、丘古音亦同。)此又合乎古者也。至姓氏异读,(盛姓字读如常去声,王姓字读如巷平声,季读如据,而椅或读如与。)此又流俗喉舌轻重之变。

又有语意当加甚字,率用蛮字狠字者。(如云甚好则云蛮好、狠好,盖犹武阳人之言恶好,常熟人之言猛好也。)

又有名物之字率加子字以足之者。(如椅子、机子、轿子、车子、帽子、鞋子之类皆是。考《诗》言"妻子好合,如鼓瑟琴",下文孥字始言子好合,但言妻耳,而云妻子。)岂古语已有是耶?(案,王建《宫词》云:"未戴柘枝花帽子,两行宫监在帘前。"帽子之称,唐以前已见矣。)

方言又有因忌讳者。陆容《菽园杂记》云:"民间俗讳,各处有之,而吴中为甚。(如舟行讳住、讳翻,以箸为快儿,幡为抹布,讳离散以梨为圆果,伞为竖笠等,通俗皆然。"吾邑忌讳亦有一事宜知者,东乡杨厍、马嘶等镇读死如洗,故与彼处晤言宜避洗字。)此又采风问俗之宜知者也。①

(三)《昆新两县续补合志》(1923年)

连德英修,李传元纂。昆新,指昆山、新阳。昆山,今江苏省苏州市昆山市。新阳,雍正时从昆山析置,民国初又并入昆山县。"方言"见卷

---

① 曹小云、曹嫄辑校:《历代方志方言文献集成》(第3册,上海市江苏省),北京:中华书局2021年版,第2203—2209页。

一《风俗》。录文据民国12年刻本《昆新两县续补合志》。

虹见曰挂雩。《尔雅·释天》:"螮蝀谓之雩。螮蝀,虹也。"音义雩,于句切。俗呼若吼。有"东吼日头西吼雨"之谚。《丹铅录》作𧐨,《湖壖杂记》作𧑐。

暂时曰一䬂。《说文》:"䬂,不久也。"段注:"今人语曰向年、向时,向即䬂字。俗作晌。"

瞬息曰霅时。《说文》:"霅,雷电貌。"段注:"音素洽反。俗作霎。"

日未午曰上昼,过午曰下昼。《说文》:"昼,日之出入,与夜为介。"俗以上下分别之。

十月朔曰十月朝。《程子遗书》:"十月一日拜坟,感霜露也。俗例于是月祭其先人,曰过十月朝。间有于是月展墓者。"

甚凉曰洞凉。《说文》:"洞,沧也。""沧,寒也。"音户聚洞二切。读若映。

谈鬼神事曰阴风飂飂。《集韵》飂音搜。俗读若惨。

败兴曰杀风景。李义山《杂纂》品目数十,其一曰杀风景,如清泉濯足、烧琴煮鹤之类。

田一行曰一稜。《说文》:"稜,柧也。"鲁登切。俗作楞。

粪田曰恶田,又曰恶壅。恶与污同。《说文》:"污,薉也。""薉,芜也。"今作秽。《说文》:"恶,过也。"《汉书·昌邑王传》注:"恶,矢也。越王勾践为吴王尝恶。"是二字亦不妨通用。二字并乌故切。今俗音变为开口呼,读如丫去声。

熟悉道路曰地理鬼。《元曲选》马致远《青衫泪》曲有"地头鬼语"。

微湿曰潮溚溚,又曰湿滋滋。《集韵》:"溚,湿也。"音答。又音札。滋,液也。

水清曰滗清。《集韵》音笔。《博雅》:"盝也。"曰去汁也。盝,《玉篇》:"沥也。"《周礼·考工记·巟氏》:"清其灰而盝之。"《集韵》通作漉。俗谓水之清者曰滗清,以水之清无过于滗。又讹作秘音。不可因泌有秘音而赴会之也。

漉物使干曰沥干。《说文》："沥，浚也。一曰水下滴沥。"《玉篇》："灖，滴也。"渧，《说文》作渧，都历切。《埤苍》有渧字，读去声，即滴字也。又云灖、渧，漉也。乾音干。

湛没于水曰搵。《说文》："搵，没也。"《集韵》引《字林》："搵、抐，没也。"搵，乌因切，又乌没切。抐，奴困切。

徒涉曰溯水、荙水。《说文》："溯，无舟渡河也。"皮冰切。《集韵》音砯。荙，《广韵》："白衔切，小儿覆行也。"《集韵》皮咸切，音溯，步渡水也。《越语肯綮录》以匍匐为荙，以不能行走为荙蹑。蹑，他衔切。《篇海》音炭。

游涌曰泅水。《说文》："汓，浮行水上也。"或作泅，从囚声。《列子》："习于水，勇于泅。"游，《说文》从放汓声。汓，似由切。

投水声曰扑通。《元曲选》马致远《青衫泪》曲："扑通的瓶坠井。"今人跳入河中，或以物投水，均曰扑通，状其声也。

击柝声曰腷膊。《韵会》："击声。"音逼博。《古两头纤纤》诗："腷腷膊膊春冰裂。"今人称击柝声曰腷腷膊。

水至清曰澈底清。冰至坚曰连底冻。《厚德录》："应山二连，伯氏君锡为人清修孤洁，人号为连底清。仲氏元礼加以骏肃，人号为连底冻。"今俗谓清理事件曰澈底清，冰厚不解曰连底冻。

火声曰烨爆，又曰必力八剌。《说文》："烨，烨燚，火皃。""爆，灼也。"蒲木切。《集韵》音必剥。《通俗编》："《元曲选》孙仲章《勘头巾》剧：'必律八剌。'又李行道《灰阑记》作'必力八剌'。剌，音瘌。"

扫灰曰叁灰。《说文》："叁，扫除也。"方问切。《少仪》作拚，《曲礼》作粪。今读若奔。

积灰曰灰自。《说文》："自，小𨸏也。"段注："都回切。"《广韵》《集韵》并云堆本字。

物不鲜明曰灰毛勃六秃。《通俗编》："俚语集对'灰勃六秃，泥拌千鳅'。昆俗多毛字。勃，读若博。"

空洞无物曰直角儱侗。《集韵》音龙通。《五灯会元》有"瓠子曲弯弯，冬瓜直儱侗"。

屋之四隅曰壁角落头。《通俗编》:"壁角落头,见《东坡集·大慧真赞》。"

久屈得伸曰瓦甀翻身。《说文》:"甀,败瓦也。"布绾切。今人语如办之平声。

不洁曰䐈跛。《广韵》䐈,音腊。跛,都盍切。今读如腊榻。

讥人无能曰大老官。《南史·沈庆之传》:"吾处世无才能,图作大老子耳。"《通俗编》:"按即流俗所谓大老官是也。"

老而自夸者曰倚老卖老。见《元曲选·谢金吾》剧。

年老不健曰龙钟。《广韵》:"龙钟,竹名。"年老如竹枝摇曳,不自禁持。俗以老人不豺健者,谓之龙钟。

年老曰风中之烛。《古乐府》:"百年未几时,奄若风中烛。"

入殓曰黄金入柜。《明一统志》:"金柜山在扬州府南七里,山多葬地。谚曰:葬此地者,如黄金入柜。故名。"今以人死而就木者谓之黄金入柜,非也。

称人趋时曰时髦,又曰漂亮。《后汉书·顺帝纪》赞:"孝顺初立,时髦允集。"《南史·齐高帝纪》:"正情与皦日同亮。"

称人才能曰能干,又曰有才情。《后汉书·循吏传》:"孟尝清行出俗,能干绝群。"《世说新语》,林公谓孙兴公、许元度曰:"二贤故自有才情。"

举止安详曰文绉绉,又曰书卷气。见《元曲选》关汉卿公《谢天香》曲。绉,音绉。

作事无根据曰脱空祖师。《云笈七签》:"脱空王老,时人莫知其年岁。"《通俗编》:"按俚俗有脱空祖师之说,岂即指其人欤?"见《谷梁传》文六年:"诡辞而出。"

诳语曰黄六。见《艺林汇考》:京师句栏中诨语以绐人者曰黄六。盖黄巢兄弟六人,巢为第六,而多诈骗,故诈骗人者则詈之曰黄六。

又曰说鬼话。《避暑录》:"子瞻在黄州及岭表,所与游者,各随其人高下,谈谐放荡,不为畛畦。有不能谈者,则强之说鬼。"此即说鬼话也。

称人谨慎曰把稳,又曰把细。《晋书》诸将谓姚苌曰:"陛下将牢太过。"注云:"将牢,犹言把稳。"犹言子细也。

谓人明白曰明辅。《元曲选》张国宾《薛仁贵》剧有"做个明辅"语,犹云作证见也。今俗称人明辅,并非指作证见,犹言最明白。

中有主曰定盘星。朱子诗:"记取渊冰语,莫错定盘星。"今俗以凝神不语者谓之打定盘星。

现本相曰露马脚,又曰叉袋里钉自蠹出。谚云:"云端里放纸鹞头,露出马脚来。"

以赝乱真曰鬼画符。元好问诗:"真书不入时人眼,儿辈从教鬼画符。"

心惊曰踄踄跳。《五灯会元》,杨大年与石霜圆参证,杨曰:"三脚虾蟆跳上天。"圆曰:"一任踄跳。"即俗所谓急得踄踄跳也。踄,音勃,俗读如薄。

危惧不安曰惺心悼胆。《说文》:"悼,惧也。"徒到切。《集韵》惺音提,怯也。悼当读若吊。

假寐曰打磕䐇。《新方言》:"《庄子·外物》篇:'䑳䗐不得成。'案淮南谓假寐为䑳䗐,上音如冲,下音如惇。"今俗谓之打磕䐇,读若冲去声。

寐而寤曰一瘄。《说文》:"瘄,卧惊也。"火滑切。音忽。俗云:"一瘄困到大天明。"

管闲事曰多觜多舌。《元曲选·潇湘雨》剧有"多觜多舌"语。

闲话曰嚼蛆。《北梦琐言》:伪蜀亲骑军人,各有名号,如姜癞子、李嗑蛆等。今俗云嚼蛆。有"嚼蛆"诗。

事之接连者曰富贵不断头。《博古图》:"《汉千秋万岁铁鉴铭》曰:'千秋万岁,富贵不断。'"

积钱不散曰看财童子、守钱奴。见《后汉书·马援传》。又元人有《看钱奴》杂剧。

自谦作事曰穷忙。《老学庵笔记》:"元丰时,评尚书省曹语云:户度金仓,日夜穷忙。"

褴褛不堪曰穷鬼。韩愈《送穷文》:"三揖穷鬼而告之。"

且图目前曰得过且过。《辍耕录》:"五台山有鸟名号寒虫,当夏仪采绚烂,自鸣曰'凤凰不如我'。比至深冬,毛羽脱落,遂自鸣曰'得过且过'。"今穷人亦有"得过且过"之语。

物价相悬曰皴颁。《集韵》皴,推去声。今买物者少与人钱,卖者必云"价钱皴颁"。

颟若画一曰三眼一板,又曰板板六十四。《通俗编》:"板板六十四,见《豹隐纪谈》。按凡鼓制钱,每一板六十四文,乃定例也。"

惊其事曰夏,亦曰芋。见徐铉《说文》芋字注。俗读如吽。

美好曰俏。当作钊。见扬子《方言》。

相尊让曰抬举。见白居易诗。

难得曰希罕。见《尔雅》。

浣衣曰汏。见《说文》。

酒充饥曰䬧饱。见《冷斋夜话》。

失便宜曰吃亏。见宋人诗。

信然曰真正。见《后汉书》。

总言之曰通共。见《汉书·原涉传》。

妇谓夫曰仪。《诗》:"实维我仪。"

问多少曰几许。《汉书·疏广传》:"问其家金尚有几所。"师古曰:"犹言几许。""读如'伐木浒浒'之浒"盖双声字也。

羊豕肉一肩曰一脚。见《元典章》。

创溃曰虹。《诗》"实虹小子"笺:"虹,溃也。"

不洁净曰鏖糟。见晋灼《汉书·霍去病传》注:"杀人为鏖糟,盖血肉狼藉意。"

人死曰不在。《左》哀二十七年。

手爪毁物曰擸。《方言》:"坏也。"《集韵》:"洛骇切。"

悬物曰鸼。《玉篇》:"丁了切。悬物也。"

地湿难行曰打滑溚。见朱子《楚辞注》。

待曰等。见宋人诗。

藏物曰抗。见《周礼·服不氏》郑注。字亦作伉。

物丑曰邹。扬子《方言》。

病容曰面白皧皧。力小反,见《广雅》。

门之关,横者曰闩,竖者曰閂。字当作枨,亦作撑。

伶俐曰即零。见卢仝诗。

装束曰打扮。见黄公绍《竞渡》曲。

手析物曰斯。《尔雅》:"斯,离也。"又:"斧以斯之。"

书分曰华。见《曲礼》:"为国君削瓜者华之。"郑注:"华,中裂之。"又四析也。

作事曰做事体。作工曰做生活。见《后汉书·胡广传》。

暖酒器曰急须。音如酥。见《三余赘笔》。

马曰生口。见《魏志·王昶传》注、《晋书·武帝纪》。

感激曰顶戴。见王冷然《与高昌宇书》、颜真卿《争坐位帖》。

混同曰笼统。见《三国志·钟会传》注。

呼犬曰阿六六。《演繁露》有呼犬作卢卢之语。案卢、六双声字。盖本《齐风·卢令》。

已甚曰杀。如《晋书·卫玠传》:"京师人士闻其姿容,观者如堵。时人谓,'看杀卫玠'",李白诗"武陵桃花笑杀人"之类。

行资曰盘缠。见《元典章》。

秽杂曰擸搋,又曰齷齪。见《史记·司马相如传》:"委琐握龊。"《汉书·郦生传》:"握龊,好苛礼。"

衣破曰擸䙌。见《类篇》。

不谨曰没僄僵。见《广雅》《广韵》。

翻悔曰懊憹。都到切,见《集韵》。

事物烦积曰累堆。《说文》:"磥㙀,重聚也。"赵宧光《长笺》云:"今吴中方言有之。凡事物烦积而无条理曰磥㙀。"《通雅》:"今方言作累堆。"

馈送礼物曰人情。醵钱赠人曰分子。人情见杜甫诗"粔籹作人情",分子见耐得翁《都城纪胜》。

出言自谦曰乱道。见《汉书·张禹传》、欧阳修文。

琐屑曰虀糟。见沈周《客座新闻》。

人众相随曰俦伴。《集韵》:"俦有陶音。"

伞曰雨具。见《论衡》。

灯盏曰灯台。釜借。

失意曰倒灶。《太玄》:"灶灭其火,惟家之祸。"

喜人奉承曰戴高帽子。见《北史·熊安生传》,喻妄自尊大。

无才曰无出头。见《三国志·吕布传》注。

不事生业曰游手好闲。见《后汉书》章帝诏、《唐书·窦轨传》。

有恙曰毛病。见《韩非·五蠹》篇。

爱之至者呼曰心肝。见《刘曜载记》《陇上歌》。①

(四)《相城小志》(1930 年)

陶惟坻修,施兆麟等纂。相城,在今江苏省苏州市吴中区。"方言"见卷三《风俗》。录文据民国 19 年活字本《相城小志》。

啥人。啥落。啥场化。拉格笃。格笃化。多笃化。洛里去。拉笃洛里。格笃场化。唔。吶。倷伲。陆顾。(问人也,吴中陆、顾为大姓,非陆即顾。)布代。(称女之夫。)阿伯。(称父。)阿妈。(称母。)大娘。(称伯母。)囡。(称女。)伲子。(称男。)女眷。阿爹。(称祖父。)伆拟。(言人胸次耿耿。)奊叓。(言人逞独见而多忮。)墨状。(言人无所可否而多笑貌。)㪍。(谓戏扰不已也。)不睬。(不礼人也。)兜。(覆也,盛物也。)不中用。耳边风。不耐烦。不知丁董。毛病。(有习气也。)撺掇。(唆使也。)东西。(谓物件也。)飞风。(迅捷也。)扯淡。(言不答题也。)麞獐马鹿。(举止仓皇。)尴尬。(或出或进之意。)牢曹。(物事也。)愕子。(疟疾也。)一顿。(吃饭也,打小儿亦曰一顿。)刺谓之触。相连曰连牵。折花摘叶皆曰采。折物曰拗。忍耐曰熬。已足曰够。移谓之动。蒸物曰炖。斟酒曰筛。请托曰钻。断港曰浜。窍谓之眼眼,亦谓之洞。概曰荡。某人与某人、某物与某物曰搭。锡枪头。(言何底人外虽凶横内实无用。)赊仇记。(喻空记仇恨也。)折倒。(人送礼物尽受

---

① 曹小云、曹嫄辑校:《历代方志方言文献集成》(第 3 册,上海市江苏省),北京:中华书局 2021 年版,第 2126—2137 页。

曰折倒。《南唐书·浮屠传》："后主大起兰若,广聚生徒,日设斋供,有不尽食者明日再供,名曰折倒。")

垦荒田。(喻初入学之小儿。)捐木梢。(受人哄骗。)撑跳板。披湿布衫。(言受人之贾祸。)上氅。(骂人,喻火烧检骨入氅也。)①

(五)《重修常昭合志》(1949 年)

丁祖荫等重纂。民国 6 年始修,民国 24 年告成。常,指常熟县;昭,指昭文县。常昭,即今江苏省苏州市常熟市。"方言"见卷十四《风俗志》中。录文据民国 38 年铅印本《重修常昭合志》。

方言郡邑有异,乡城有异,界于他邑边鄙又有异。或袭古义,或讹土音,其所由来久矣。如谓人不慧曰呆。(《唐韵》："小呆大痴,不解事者。")不任事曰缩朒。(《汉书·五行志》："王侯缩朒。")人无用曰不中用。(《史记·秦始皇本纪》："吾前收天下书,不中用者尽去之。")人愚昧曰不知,蕭董。(《尔雅》："顡,蕭董。")不便利曰笨,亦曰不即溜。不能干曰无主张。语不明了曰含糊。(《唐书·颜杲卿传》："含糊而绝。")自夸大曰卖弄。习气曰毛病。(黄山谷《刀笔》云："此荆南人毛病。")泼悍凶恶曰泼赖。(《余冬序录》云："云南夷俗牒言诬陷人曰皆赖之事。"今人犹有泼赖之语。)缠扰不已曰㝹。(音如褭,去声。嵇叔夜书："㝹之不已。")戏弄曰打颗。(《吕氏童蒙训》引《诗话总龟》："颗即诨,今打诨是也。"《唐书·元结传》："谐臣颗官,怡愉天颜。")称量人曰敁敠。(《庄子》："捶钩者。"注:"敁捶钩之轻重。"敁音点,捶音朵。澹园曰:"以手称量物之轻重曰敁敠。敠音颠掇。")憎人不交接曰不睬。(《北齐书》："后不采轻霄。")问辞曰能(读若捺)亨。(见《癸辛杂识》,《世说新语》真长见上导曰:"何乃渹?"渹当作亨康切。吴人意以为何如则曰那行。行亦音亨康切。乃渹犹云那行也。《老学庵笔记》曰:"阁门促人曰那行。")馈人曰作(读若做)人情。(杜甫诗:"粔籹作人情。")

---

① 曹小云、曹嫄辑校:《历代方志方言文献集成》(第 3 册,上海市江苏省),北京:中华书局 2021 年版,第 2182—2183 页。

诱人为恶曰撺(平声)掇。(见《韵会小补》。)诈骗曰黄六。(黄巢行六而多诈,故诈骗人者曰黄六。见《艺林汇考》。《疑耀》曰:"今京师勾栏中,诨以绐人者曰黄六。")欣羡曰眼热。鄙吝曰小气。礼貌曰客气。羞愧曰摊充。(去声。)忍耐曰熬。持重曰把稳。(《晋书·载记》:"后秦诸将谓姚苌曰:不令苻登至,陛下将牢太过耳。"将牢,犹俗言把稳也。)慎密曰子细。(《北史·源思礼传》:"为政当举大纲,何必太子细也。"杜甫诗:"野桥分子细。")料事曰打算。暗中营求曰钻。约而不践曰赖。(《晋语》:"已赖其地,而又爱其实。")闻言不省曰耳边风。(杜荀鹤诗:"一万般无染耳边风。")心厌动作曰不耐烦。(《宋书·庾炳之传》:"为人强急而不耐烦。")争讼曰打官司。补不足曰找。更换财物曰孂(音窔)换。正事曰正经。(见桓谭《新论》篇目。)事之繁杂累坠曰磊堆。(《说文长笺》:"埻,磊埻,重聚也,丁罪切,今吴方言有之。凡事物烦积而无条理曰磊埻。"今方语皆作累堆。)事不恰好曰尴尬。(《说文》:"尴尬,不正也。"尴,古咸切。尬,古拜切。段注云:"苏州俗语谓事乖剌者曰尴尬。")非常事曰咤异。喜事曰利市。忧事曰钝事。事之相值曰凑巧。共事曰火。(《唐书·兵志》:"十人为火。")铺设曰铺排。(《方言》:"东齐曰铺颁,犹秦晋言抖数也。今谓治办铺设亦有铺扮、铺排之语。")纵逸曰放手。(《后汉书》:"残吏放手。")扶持曰抬举。(白居易诗:"亭亭自抬举。")藏避曰眽。侦视曰张。看曰望,亦曰瞟。寻觅曰梭。呼痛曰安伟。(《北史·儒林传》:"道晖徐呼安伟安伟。")睡声曰唔涂。(北人曰打呼,唔涂,疑即呼字反切。)懔惧曰寒毛卓卓竖。(《晋书·夏统传》:"不觉寒毛尽戴。")物曰物事。(《隋书·张衡传》:"我为人作何物事。")亦曰牢曹,又曰东西。(《齐书·豫章王嶷传》上曰:"百年亦何可得,止得东西一百,于事亦济。")藏物曰囤。稠密曰猛。阔者曰扁。(刘禹锡诗:"压扁佳人缠臂金。")浮曰吞。(上声。)流曰淌。盖曰匦。足曰毂。移曰捅。(《集韵》:"他總切,进前也,引也。")溅水衣上曰瀵。洗濯曰汰。(《说文》:"浙瀹也,徒盖切。")倚曰靠。(范致明《岳阳风土记》:"虽无风涛之患而常靠阁。")打亦曰敲。(《左传》:"执其戈以敲之。")

刺亦曰擉。(《庄子》:"冬则擉鳖于江湖。")热物曰炖。(去声。)热酒曰汤。(去声。)斟酒曰筛。(似酾之转音。)去渣曰滗。(音泌。)以韰腌物曰盐。(去声。《内则》:"屑姜与桂,以洒诸上而盐之。")茸理整齐曰修娖。(音捉。《唐书》:"中和二年,修娖部伍。")相连曰连牵。(《晋书·五行志》:符坚初童谣曰"阿坚连牵三十年"。)疾速曰飞风。(唐制:凡杂马送上乘局者,以风字印右髀,以飞字印左髀。)物完全者曰囵囵。(《俗书刊误》:"物完曰囵囵。"与浑仑同义。)浑统曰儱侗。(直行曰儱侗,未成器曰儱侗,身不端正曰雠侗,衣宽曰襱裥。)凑合无隙曰吻缝。(吻,美韵切,合唇也。缝,去声。唇合无间。)半暖曰温暾。(王建诗:"新晴草色绿温暾。"《说文》:"㬉,读若水温虺。"乃昆切。即温暾也。)物不洁曰鏖糟,(《汉书·霍去病传》:杀人为鏖糟,盖血肉狼藉意。)亦曰媠赃。匠斫木而复平之曰刨。(元微之诗:"方橡郑匠鲍。")撑屋使不欹斜曰笐。(音箭。)石声曰踶髻。(见《通志·六书略》。)人物闹声曰击毂。(《国策》:"车击毂。")阶级曰疆磼。所居曰窠坐。此处曰俚边。彼处曰个边。婢曰丫头。(刘禹锡诗:"花面丫头十三四。")六畜总曰众生。器用曰家生,亦曰家伙。几下函曰替。(宋武帝为殷淑仪作通替棺。)首饰曰头面。指环曰手记。(《诗》郑笺:"后妃群妾以礼御于君所,女史书其日月,授之以环,当御者著左,既御者著右。"今俗亦呼曰戒指。)绦蜕之蕊曰苏头。(晋挚虞云:"流苏者,缉鸟尾,垂之若流然,以其蕊下垂,故曰苏。")计簿曰帐目。(《宋史·孙何传》:"总知帐目。")饭粒曰米糁。(《庄子》:"藜羹不糁。")小食曰点心。(《能改斋漫录》:唐郑傪夫人云:"我未及餐,尔且可点心。")助语词曰子、曰哉,若音之转而讹者,呼儿曰倪之类,皆方音也。(钱《志》《府志》,参《吴门补乘》及《通雅》。)

邑方言多有所本。就《肯綮录》所引俚俗字义,属于身体者曰髼松。(音蓬松,发乱也。)曰胮肛。(音庞缸,肥大也。)曰痠。(身体痛曰痠,音酸。)头凹曰䫂。(于交反。)目深曰窅。(同上音。)面不平曰眑。(同上音。)声杂曰唧嘈。(音即糟,按今读若足。)面色紫曰糖。(音唐。)脚细曰跉跰。(音零丁。)粗而不媚曰儱儶。(上武当切,下音讲。)瘦曰瘦瘠。(音省。)行不正曰躘踵。(上良用切,下丑用切。)不伸曰趑趄。(上居六反,下音缩。)属于事物者曰菱斜。(物之不正曰菱斜。菱音喎,按喎即夭字,俗作歪。)举物曰健。(音虔。)以肩负物曰䭾。(音陀。)铁臭曰銈。鱼臭曰鮏。(音星。)饭不中曰馊。(音搜。)不洁曰腌臜。(庵匝,上声。)汤中瀹肉曰㷒。(音燖。)不正曰尷尬。(间介。)尘土曰埲塕。(上蒲○切、下乌孔切。)物垂下曰陮隗。(上音蕾,下都罪切。)鱼败曰鮾。(音绥。)圆曰顐。(音混。)火烧物曰燎。(音了。)物软而不断曰韧。(音刃。)染蓝曰驟,亦作淀。(音殿。)米不佳曰䵣。(与糙同。)蛇退皮曰蜕。(音唾。)挑灯杖曰挢。(添去声。)支物不平曰㩻。(音奠。)农具曰碌碡。(音六轴。)舟不稳曰劓。(音兀。)去水曰斛。(音豁。)今时所通用,皆原本于陆法言《唐韵》也。

古今音义相同之字,其可考之载籍者,尚不胜枚举。其属于状貌者,热气曰热烔烔。(《广韵》引《字林》:"热气烔烔。")冷静曰冷清清。(宋玉赋:"清清冷冷。"李注:"清凉貌。")迟缓曰慢啍啍。(《诗》:"大车啍啍。"毛传:"重迟貌。")繁密曰密尌尌。(《说文》:"尌尌,盛也。")物乾曰乾膴膴。(《说文》:"乾鱼尾膴膴也。")体肥曰壮腜腜。(《广雅》:"腜腜,肥也。")面白曰白醲醲。(《玉篇》:"面白醲醲也。")微笑曰笑唏唏。(《广雅》:"唏唏,笑也。")属于声音者,声之急曰懠朴。(《方言》:"猝也。")擦米之声曰糤糳。(《说文》:"散之也。")雨声断续曰滴沰。(崔实《四民月令》:"上火不落,下火滴沰。")约举其例,与古悉相合也。

方言多用古义而转其音。如谓游嬉曰婆娑。(《诗》:"市也婆娑。")呼为勃相。(与嬰姗、勃窣诸音同,为婆娑之转音。白相与勃窣音尤近。《晋书》:"张凭勃窣理窟。")谓不解事曰笼东,(《北史》:"笼东军士。")呼为落沰。(《集韵》当各切。)谓心中不了了曰糊涂,(《宋史》:"吕端小事糊涂。")呼为惑突。诸如此类,皆双声转也。又宁馨二字为六朝人常语,吾邑转宁为能。(狞奴,谩骂,宁,奴为双声,奴、能亦双声,可证宁,能亦双声之转也。)转馨为梗。(叠韵转也。馨亦或转呼如哼,那哼即那馨也。)又许字,亦南朝常语,乡音则读同浒，几许曰几浒，音近虾字之上声。

有二字合为一字音者。如弗曾(音如分)，弗要(弗要切音，无此字)皆并二字为一音。又传授为胄，什么为啥(音近奢)，奈何为那(音近奶)之类皆是也。

又有一字分为二字者。如谓孔为窟笼(窟笼即孔字切音)，团为突栾(突栾，即团字切音；转为勃峦，为盘类)之类皆是也。

又二字合为一音，轻重呼之仍为二字者，如谓蛮横音如牤盲，蛮横切哆口呼之音如牤、敛口呼之音如盲之类，是也。

邑人言语，多按字义，不相混淆。兹就手部之字考之。谓异物曰扛。(《说文》："横关对举也。")高举物曰掀。(音轩。《左传》："乃掀公以出于淖。"或亦呼如欣、如亨。)拘执人物曰捉。(杜诗："村吏夜捉人。"邑人取染物亦曰捉。)牵引人曰拉。(本卢合切，今读平声。《正韵》："谚言邀人同行曰拉。")以箕帚扫物曰扱。(《礼记》："以箕自向而扱之。"本读如吸，邑人则读如《唐韵》音楚洽切，云扱垃圾。)去尘曰拂。(《礼记》："进几杖者拂之。")以巾拭物曰揩。(梅尧臣诗："尘埃镜已揩。")重揩曰擦。(《字汇》："摩之急也。")擦卧席曰抳。(《集韵》音尼，研也。)使物向外曰推，向里曰扳。(《孟子》："推而纳之沟中。"《公羊传》："扳隐而立之。"方言推扳二字相对，如行船者云推艄、扳艄是也。亦为活动之词，如购物论价曰要推扳些。)以肩承物曰掖。(《通雅》："《汉书》矫虔吏，应作挢掖。吴言以身肩物曰掖，借相评告亦曰掖。"《集韵》渠言切，音健，平声。今俗字为掮。)以手握物曰搦。(音踏。《广韵》："捉，搦也。")提物曰拎。(《玉篇》："手悬捻物也。"邑人读如领之平声。)转物曰捩。(戾，入声。王安石诗："东西捩舵万舟回。")散物曰撒。(《集韵》音萨，散之也。邑人读如速。)历取物曰捋。(鸾，入声。《诗》："薄言捋之。")两手揉物曰搓。(苏轼诗："手香新喜绿橙搓。")以手称物轻重曰掂。(即戥敠之戥，俗字。)指择物曰拣。(《三国志·袁绍传》："无所拣择。")指挤物曰捘。(尊，去声。《左传》："涉佗捘卫侯之手及捥。")两指轻取物曰拈。(周邦彦词："针线慵拈午梦长。")重取曰捻。(念，入声。《青琐高议》："牡丹名一拈红。")三指取物曰撮。(《礼记》："一撮土之多。"俗谓买药为撮药。)以指按物曰捺。(《集韵》难入声,手重按也。)摘花曰采。(陶潜诗："采菊东篱下。")折花曰拗。(《增韵》："折也。"元微之诗："今朝谁是拗花人。")举碗曰挦。(力展切。《南史·何远传》："以钱买井水,不受钱者,挦水还之。")两手举器曰掇。(读若朵,入声。凡可掇之器即名为掇。如锡掇、瓷掇、瓦掇之类。或转为平声,则音近端。)传粉曰搽。(即涂抹之涂俗字,邑人直读如茶。)强取曰抢。(《韵会》："争取也。")强与曰挜。(音哑。《字汇》："强以物与人也。")以掌索物曰摸。(《集韵》《韵会》并音莫,索也,扪也。)宛转抚之曰摩。(《易》："刚柔相摩。")重摩之曰挼。(奴禾切。《礼》："共饭不泽手。"注："泽谓挼莎也。"今沐首谓之挼头。)向下抚之曰按。(《史记》："按剑历阶而上。"注："抚也。")重按之曰撳。(《集韵》："按也。"钦去声。)掌击物曰拍。(《释名》："以手搏其上也。")手捉物曰搲。(《类篇》："吴俗谓手持物曰搲,音蛙。")指甲取物曰掐。(《玉篇》："爪按曰掐。")爬物曰搔。(《礼记》："敬仰搔之。")以指勾物曰挖。(音如《孟子》揠苗之揠。)以器挖物曰掘。(《说文》："搰也。"《孟子》："譬若掘井。")以器掘物曰撬。(《集韵》牵幺切,音髐,举也。)水中取物曰捞。(《集韵》音劳,沈取曰捞。)去草曰拔。(《易》："拔茅茹。")拔毛曰挦。(《集韵》徐廉切,摘也。)言各有当,举此可见一斑。(以上三则参《志稿》。)

凡于事物用形容之词,皆以双声辗转分别之,其源盖出于秦汉间辞赋家。譬如零星二字,其义为琐碎,而方言谓毛羽之散者曰褵褷,布帛之散者曰络索,米之碎者曰粒屑,尘土之杂者曰垃圾,风之尖者曰料峭,雨之细者曰廉纤,言语之烦者曰噜苏,意兴之散者曰阑珊,丝线之垂须者曰流苏(亦曰苏头),帷幕之重叠者曰景毿,竹笼之细密者曰笭箵,虽取意各殊,其为义则一,皆零星二字双声之转也。诸如此类别用二字双声转相形容之语,不可胜数。

凡语意当加甚字者,率用蛮字或奇字。如谓甚好为蛮好或奇好,犹苏州人谓之怪好,常州人谓之恶好也。谓走曰跑,犹苏州人曰奔,昆山人曰跌,吴江人曰跳也。(并《志稿》。)

谓日曰太阳，亦曰日头。月曰亮月。露曰露水。虹曰蟹，(呼候切。)亦曰蜂。(音绛。)雹曰冰牌。电曰霍闪。(音如显。见顾云诗。)雾曰迷露。(《志稿》，参《府志》。)

邑人读书，于平声、入声字均极准。惟上声字间有因曳长其音，与去声相类者。至俗语字音，亦或偶与北人相似。如蛋黄之黄呼如荒，滴水之滴呼如帝之类是也。又敲钟之数曰几记，记字亦击字之北音。(近人又讹记为句矣。)

吾邑乡音非特与郡城异，即东西乡亦多不同。如船、传等字，东乡人读之似与支韵之追、随等音相叶，西乡人读之似与元韵之园、垣等音相叶，此类不能遍举。又五渠人读门如瞒，读魂如垣，与元韵之字多叶，至读渠如球，读拘如纠，则虞、尤韵本通，合于古音也。又邑人姓氏，称季作踞，是西乡人沿江阴土音。称吴作红，是南乡人沿苏州土音。(苏人读吴音从鼻出。)称王作巷平声，是东乡人沿太仓土音。邑境毗连，乡音相习，久而从之，旧志谓是吾邑方言，非也。至呼归如居，呼龟如车，呼鬼如举，呼物价贵贱之贵为踞，则纯粹土音矣。(许读为吼，去读为扣，锯读为穀，柜读如柜，亏读如祛，跪读如具，围读为余，喂读为饫，鱼为兀回切，渠为兀勾切，皆本归、车音类推之，亦土音之特异者。并参《志稿》。)①

(六)《吴县志》(1933 年)

吴秀之等修，曹允源等纂。吴县，今江苏省苏州市吴中区。"风俗"见卷五二《舆地》。录文据民国 22 年铅印本《吴县志》。

吴音轻清而柔缓，故音韵之学独盛于南方。虽土音各限方隅，不若中州之正，而流利明晰，纤悉必分，舒齐婉转，则其所长。故吴音自古独重，其作为歌咏，始见于《帝王世纪》。禹省南土，涂山氏之女令其妾候禹于涂山之阳，女作歌，为南音之始。今见于《乐府》诸录者如《江南曲》《子夜歌》之类，皆踵是而作，后有拟者，又祖其

---

① 曹小云、曹嫄辑校：《历代方志方言文献集成》(第 3 册，上海市江苏省)，北京：中华书局 2021 年版，第 2043—2051 页。

声而和之。自汉以来入诸清商乐,即相和三调是也。(《唐乐志》云"平调、清调、瑟调,皆周房中曲之遗音,《汉书》谓之三调"。)东晋播迁,乐皆散失,宋武得于关中,故其声亦入清商。隋平陈获之,为置清商署以管之,谓之清乐。唐贞观中,用十部乐,清乐亦列焉。以后渐次失传,与吴音转远,议者于是取吴人之能歌者,使之传习焉。宋以后,声音之学尽失其传,而民俗歌谣,庙堂亦不采以入乐。今民间所作之歌谓之山歌,其上者辞语音节,尤为独擅,其唱法则高揭其音,而以悠缓收之,清而不靡,其声近商,不失清商本调。其体皆赠答之辞,或自问自答,不失相和本调。其词多男女燕私离别之事,不失房中本义。其旁引曲喻假物借声之法,淳朴纤巧,无所不全,不失古乐府之本体,实能令听者移情。惜无采风者为之撷拾,而整理其词,布之管弦,以备乐官散曲之一格也。(沈彤《声歌说》。)

吴谓善伊为稻缓。(《春秋谷梁传》襄公五年文。)

谓来为厘。(《吴郡志》:"本陆德明'贻我来牟''弃甲复来'皆音厘。德明吴人,岂遂以乡音释注?或自古本有厘音邪?"案:《诗》,"贻我来牟",《汉书·刘向传》作"饴我厘趓",《匡衡传》:"无说《诗》,匡鼎来。"来,注亦音离。)

谓罢必缀一休字,曰罢休。(《史记》:"吴王阖闾语孙武曰:'将军罢休。'")

相谓曰侬。(自称我侬,称人你侬、渠侬。隔户问人曰"谁侬"。《湘山野录》记钱武肃王歌云:"你辈见侬的欢喜,在我侬心子里。")

谓中州人曰伧。(《晋书·周玘传》:"害我者,诸伧子也。"案:陆玩曰:"几作伧鬼。"顾辟疆曰:"不足齿之伧。"宋孝武目王玄谟为老伧。)

谓不慧曰呆。(音如僙。《唐韵》:"小呆大痴,不解事者。"案:范成大有《卖痴呆》词。)

谓虹曰蝀。(蝀,许候切。案《说文》:"虹,蝃蝀也。"朱骏声《说文通训定声》:"苏俗有'东吼日头西吼雨'之谚。")

谓嬉戏曰薄相。(薄音教。案赵闲闲《游华山寄元裕之》诗:

"山神戏人亦薄相。"苏轼诗:"天公戏人亦薄相。"黄庭坚《与范长老书》:"韩十逐日上邻学,且护其薄相耳。")

谓不任事曰缩朒。(《汉书·五行志》:"王侯缩朒不任事。"注:"朒,音忸怩之忸。不任事之貌也。")

谓佣工曰客作。(《三国志》:"焦先饥则出为人客作。")

谓贪纵曰放手。(《后汉书·明帝纪》:"残吏放手。"注:"谓贪纵为非也。")

谓钱之美者曰黄撰。(撰与选同。《史记·平准书》:"白金三品,其一曰重八两,圜之,其文龙,名曰白选,值三千。"钱乃铜造,故云黄撰。)

谓绦帨之蕊曰苏头。(晋挚虞《决疑要录》曰:"流苏者,缉鸟尾,垂之若流然。以其蕊下垂。故曰苏。"按吴音苏、胥同呼,故姑苏一作姑胥。)

谓葺理整齐曰修娖。(娖音捉。《唐书》:"修娖部伍。")

谓当筵犒赏曰喝赐。(唐时娼妓有缠头喝赐。)

谓责人而姑警之曰受记。(见《夷坚志》。)

责人曰数说。(《左传》:"乃执子南而数之。"《史记》汉王之数项羽。)

谓语不明曰含胡。(《唐书·颜杲卿传》:"含胡而绝。")

谓机巧曰儇利。(乡音讹还赖。)

谓指镮曰手记。(《诗》郑笺:"后妃群妾以礼御于群所。女史书其日月,授之以镮。当御者著于左手,既御者著于右手。"今俗亦称戒指。)

谓以醝腌物曰盐。(去声。《内则》:"屑姜与桂,以洒诸上而盐之。")

谓般运曰捷。(力展切。《南史》:"何远为武昌太守,以钱买井水,不受钱者,捷水还之。")

谓不倜傥为眠娗。(《列子》:"眠娗諈诿。"注:眠,莫典切。娗,徒典切。瑟缩不正之貌。)

谓凑合无罅隙曰吻缝。(吻,美韵切,合唇也。缝,去声。唇合无间。)

谓苇席曰芦薐。(宋瑯邪王敬胤遗命,以一芦薐籍下。)

谓众多曰多许。(许字音若黑可切。谓所在亦曰场许。)

语尾每曰那。(那乃贺切。《后汉书》:"公是韩伯休那?"注:"那,语余声。")

嘲笑人曰阿儃儃。(按阿儃儃声三义。一嘲笑声。《朝野佥载》:"皮县丞郭胜静因奸民妇被鞭,羞讳其事,曰:胜静不被打,阿儃儃是也。"一军士呐喊声。《辍耕录》:"淮人寇江南,临阵之际,齐声大喊阿儃儃以助军威是也。"一呼痛声。其字或作俙。《仓颉篇》俙字训诂云:痛而謼也。音羽罪反,今北人痛则呼之。《声类》音于来反,今南人痛或呼之。)

谓冷热适中曰温暾。(《辍耕录》:"南人方言曰温暾者,言怀暖也。"唐王建《宫词》:"新晴草色暖温暾。"白居易诗:"池水暖温暾。")

谓发黏曰腪。(腪音织。《周礼·考工记·弓人》注:"樴,脂膏腪。败之腪。腪亦黏也。"疏云:"若今人头发有脂膏者,则谓之腪。")

谓睡声曰惛涂。(北人曰打呼,惛涂疑即呼字反切。)

孔曰窟笼。(《宋景文笔记》:"孔曰窟笼,语本反切。"《集韵》别有宠字,训云孔。宠,穴也。)

团曰突栾。(《宋景文笔记》:"孙炎本俚俗所作反切,谓团曰突栾。")

侦视曰张。(今人《新方言》引扬子《方言》:"凡相窃视谓之䁙,或谓之貼,今音转如张。")

看曰望。(望,视也。《广雅·释诂》:"望,远视也。")

羞曰钝。(刀锈曰钝,锈与羞音相类,假借以为用,故以羞为钝。)

扶曰当。(去声。案埠头之扶栏,今曰当木。)

按曰钦。(去声。案一作搇。《集韵》:"搇,邱禁切,按物也。"又作撳,见《南史》。)

转曰跋。(扬雄《羽猎赋》:"跋犀犂。"《汉书》师古注:"跋,反戾也。"转即反戾之意。)

浮曰㲺。(㲺亦作氽,上声。水推物也。《桂海虞衡志》载粤中俗字有氽,云"人在水上也"。今俗云水氽。《允都山水志》有水氽塔。又人浮水面上亦曰氽。)

流曰淌。(水貌。见《淮南子·本经训》。)

盖曰匼。(匼本作㪣,音感。扬子《方言》箱类。《增韵》器㪣。《广韵》又作憾,箧类。)

藏物曰囥。(《广韵》:"囥,藏也。")

积物曰𡱈。(《字汇补》:"𡱈,敦上声。俗字。零𡱈也。")

布帛薄者曰浇。(《说文》:"浇,薄也。"《言鲭》:"浇薄者,酒不杂为淳,以水浇之,则味漓。")

门之关者曰𨷖。(《字汇补》:"数还切,音臞,门横关也。")

见陵于人曰欺负。(《史记·高祖本纪》:"乃绐为谒。"索隐:"刘氏云:绐,欺负也。")

喜事曰利市。(《易·说卦传》:"利市三倍。"又《戒庵漫笔》:"唐子畏有一巨册,自录所作杂文,簿面题曰利市。")

忧事曰钝事。(《广韵》:"钝,不利也。"吴人藉以为不利市也。)

物完全曰囵囵。(朱子《语录》:"道是箇有条理底,不是囵囵一物。"字亦作鹘囵。《朱子文集·答杨至之》曰:"圣人之言自有条理,非如今人鹘囵儱侗,无分别也。")

揖曰唱喏。(《宋书·恩幸传》:"前废帝言奚显度刻虐,比当除之,左右因唱诺,即日宣制杀焉。"喏,本古诺字。唱喏,似即唱诺也。)

阶级曰僵磲。(《谈征》:"寺院阶级曰僵磲。")

所居曰窠坐。(窠当作薖。《诗》:"硕人之薖。"《广雅》《集韵》薖,并苦禾切,读若科。《俗呼小录》:"俗谓所居曰科坐。"实当为薖坐也。)

作事无据曰没雕当。(当,去声。案:朱彧《可谈》,"都下市井谓作事无据曰没雕当。不知名义所起。"方以智《通雅》:"今语不的当,即此声也。汉有雕捍之语,唐以来有勾当之语,故合之。"《玉篇》有伋儅二字,总训不常。《集韵》平上去三声皆收,训义略同,则雕当应作伋儅,朱氏不得其字,故滋惑也。)

谓人不便利曰笨。(音朋去声。案《宋书·王微传》:"王乐小儿时尤粗笨。")

自夸大曰卖弄。(《后汉书·朱浮传》:"浮代窦融为大司空,坐卖弄国恩免。")

事之相值曰偶凑。(本作豆凑。田汝成《游览志》:"杭人以事相邂逅曰豆凑,盖关凑之讹也。")

数钱五文曰一花。(《俗呼小录》:"数钱以五文为一花。"《通俗编》:"凡花五出者为多,故谚云尔。")

觅利曰赚钱。(吴谚云:"摸摸春牛脚,赚钱赚得着。")

首饰曰头面。(《乾淳起居注》:"太上太后幸聚景园,皇后先到宫中起居,入幕次,换头面。"《通俗编》:"俗呼妇人首饰曰头面。"据此,则宋已然矣。)

鞋袜曰脚手。(《笔谈》:"乐府双行缠,盖妇人衬中者。"今俗谓裹脚也。)

器用曰家生,亦曰家伙。(《梦粱录》载:"家生动事如桌凳、凉床、交椅、兀子之类。"隆《府志》。)

吴下方言已详旧志,然尚有当记者如下:

打谓之敲。(《左传》:"执其戈以敲之。")

刺谓之擉。(擉古作簎。《通俗篇》:"《周礼·天官》:'以时簎鱼鳖龟蜃。'《庄子·则阳》篇:'冬则擉鳖江湖。'《集韵》簎、擉二字俱敕角切,刺取也。")

折花曰拗花。(《说文》:"拗,手拉也。"《增韵》:"拗,折也。"《尉缭子》:"拗矢折矛。"此拗之始见载籍也。其用拗花者,《辍耕录》:"南方谓折花曰拗花。"元微之诗:"今朝谁是拗花人。")

言人逞独见而多忤者曰戾虘。(音如"列的"。《汉书·贾谊传》注:"戾虘而无志节。")

言人无所可否而多笑貌者曰墨屎。(今音如"迷痴"。《列子·

力命篇》："墨屎、单至。"张湛注："墨音墨。屎音眉，勒夷反。"案扬雄《方言》："江淮间凡小儿多诈而狯，或谓之墨。"丁度《集韵》："墨，黠诈貌。"皮日休《反招魂》："上暧昧而下墨屎。"）

言人胸次耿耿曰佁拟。（音如炽腻。《汉书》司马相如《大人赋》："仡以佁拟。"）

言人无用曰不中用。（《史记·秦始皇本纪》："始皇怒，曰：吾前收天下书不中用者尽去之。"）

言人聆言不省曰耳边风。（杜荀鹤《唐风集》："百岁有涯头上雪，万般无染耳边风。"）

人有病曰不耐烦。（《宋书·庾登之传》："弟炳为人强急而不耐烦。"）

谓人之愚者曰不知蕭董。（《尔雅·释草》："蘈，蕭董。"不知蘈董，即不辨菽麦意。）

习气曰毛病。（黄山谷《刀笔》云："此荆南人毛病。"）

物不洁曰鏖糟。（《汉书·霍去病传》："合短兵，鏖皋兰下。"晋灼注："世俗尽死杀人为鏖糟。"《辍耕录》："今以不洁为鏖糟。"《通俗编》谓："如晋灼所云，固血肉狼藉矣。不洁净义，亦略相通云。"）

言戏扰不已曰嬲。（音如裊去声。嵇康《与山巨源书》："足下若嬲之不置。"）

小食曰点心。（《唐书》："郑傪为江淮留后，家人备夫人晨馔，夫人顾其弟曰：'治妆未竟，我未及餐，尔且可点心。'"）

憎人而不与接曰不睬。（《北齐书》："后主皇后穆氏母名轻霄，本穆子伦婢也，后既立，以陆大姑为母，更不睬轻霄。"）

以网兜物曰揞兜。（揞，呼孩切，音海，见《类聚·音韵》。）

诱人为恶曰撺（平声）掇。（《韵会小补》："诱人为恶曰窜。"俗曰撺掇。）

疾速曰飞风。（《唐六典》："凡马入尚乘局，左右闲印以三花，其余杂马以风字印右膊，以飞字印左膊。"案：今言速为飞风本此。）

问何人曰陆顾。（吴中陆、顾两姓最多，故以此为问。）

言人举止仓皇曰麞獐马鹿。（盖四物善骇，见人则跳跃自窜，故以为喻。见《游览志余》。)

忍谓之熬。(扬子《方言》:"熬、㸈、煎、傷、鞏,火干也。"今人于事之忍耐不下曰火冒实逼处,此曰动火,正与以忍为熬之意相印证。)

足谓之彀。(彀当作彀,弓满也。《孟子》曰:"变其彀率。"《汉书·匈奴传》:"平城之下亦诚苦。七日不食,不能彀弩。"凡不胜任、不满意,俱借此以为辞,故俗以满足为彀,未足为不彀。《云间志·方言》作不够。)

移谓之捅。(《集韵》捅,他总切,进前也,引也。)

热物谓之顿。(顿当作𦕅。《新方言》引《说文》:"𦕅,孰也。读如纯。"孰亦从𦕅。凡孰曰𦕅,孰之亦曰𦕅。今人谓以火温肉使极孰为𦕅,音顿。)

热酒谓之锡。(锡当作炀。《新方言》引扬子《方言》:"炀,暴也。"又云:"炀,炙也。"今俗以火炙物为炀,读他浪切。)

泻酒谓之筛。(此为出物意,非筛酒之义也。考其字义当作酾。《诗·小雅》:"酾酒有衍。")

干求请托谓之钻。(班固《答宾戏》:"商鞅挟三术以钻孝公。"注:"钻,取必入之义。"《宋史》:"王安石秉政,邓绾、李定之徒俱以趋媚擢用,士论有十钻之目。"《古杭杂记》:"史弥远用事,士夫多以钻刺得官。")

断港谓之浜。(《集韵》,"沟纳舟者谓之浜。")

谓物事曰牢曹。(牢曹当作𣨼𣨼。《集韵》:"𣨼𣨼,物不精也。")

疟疾曰愕子。

指某人至某人、某物至某物皆曰打。(俗作入声,读如笪。张晋公诗:"赤洪崖打白洪崖。")

事在两难曰尴尬。(《说文》:"尴尬,行不正也。"此字段氏补一行注云:"尴尬,双声字也,今吴俗谓事乖剌者曰尴尬。")

谓积秽物曰垃圾,音腊闸。(《梦粱录》:"诸河有载垃圾粪土之船。"又:"每日扫街搬垃圾者,支钱犒之。"道光《府志》。)

电曰霍闪。(顾云诗,"金蛇飞状霍闪过。")

滴水曰渧。(《广韵》:"滴音帝,瀟瀝也。"《集韵》:"一曰滴水。")

饭粒曰米糁。(《庄子》:"藜羹不糁。")

吃食曰嚃。(《曲礼》:"毋嚃羹。"他答反。疏云:"含而歠吞之也。")

附近曰左近。(《南史·夷貊传》:"自燃洲有树,生火中,左近人剥树皮绩布,即火浣布。")

婢曰丫头。(刘禹锡《寄小樊》诗:"花面丫头十三四。")

共事曰火。(元魏时军人同食者称火伴。)

呼痛曰安伟。(《北史·儒林传》:"宗道晖好着高翅帽、大屐,州将初临辄服以谒。后齐任城王谐鞭之,道晖徐呼'安伟!安伟!'")

馈人曰作人情。(杜甫诗:"粔籹作人情。")

问辞曰能亨。(周密《癸辛杂识》:"天台徐子渊词云:'他年青史总无名,你也能亨?我也能亨?'"自注:"能亨,乡音也。")

事烦无条理曰磊㟪。(《说文长笺》:"今吴中方言,凡事物烦积而无条理曰磊㟪。"案《通雅》:"今方言皆作累堆,累字平声。")

谓事曰正经。(桓谭《新论》篇目。)

谓物曰物事。(《隋书·张衡传》:"我为人作何物事。")

浣衣曰汏。(《说文》:"汏,徒盖切,淅瀝也。"《玉篇》:"汏,洗也。")

几下函谓之替。(《南史·殷淑仪传》:"既薨,帝常思见之,遂为通替棺,欲见辄引替睹尸。")

谓诈骗曰黄六。(李氏《疑耀》:"京师勾栏中诨语以绐人者曰黄六,盖黄巢兄弟六人,巢为弟六,而多诈骗,故以为詈也。")

扶持曰抬举。(白居易诗:"亭亭自抬举。")

物之阔者曰扁。(刘禹锡诗:"压扁佳人缠臂金。")

有所倚曰靠。(唐曹松诗:"靠月坐看山。"宋范致明《岳阳风土记》:"虽无风涛之患,而常靠阁。"《朱子文集·答吴伯起札》:"不可只靠一言半句便以为足。")

料事曰打算。(《钱唐遗事》:"贾似道忌害一时任事阃臣,行打算法以污之。")

畏惧曰寒毛卓卓竖。(《晋书·夏统传》:"闻君之言,不觉寒毛尽戴。"又案《唐书·郑从谠传》:"捕反贼,诛其首恶,皆寒毛惕伏。")

负而不偿、许而不予皆曰赖。(《左传》:"今郑人贪赖其田,而不我与。"又《外传·晋语》:"已赖其地,而犹爱其实。")

计簿曰账目。(《周礼·遗人》疏:"当年所税多少,总送帐于上。"《后汉书·光武纪》注:"郡国计,若今之诸州计账也。"《北史·高恭之传》:"秘书图籍多致零落,诏令道穆总集账目。")

擘橙橘之属曰朳。(《广雅》:"朳,擘也。")

匠斫木而复平之曰刨。(《玉篇》:"刨,平木器。"唐元稹诗:"方橡郢匠刨。")

石声曰踭整。(《通志·六书略》:"整,蒲孟切。踭整,蹋地声。")

人物作闹声曰击毂。(《国策》:"车击毂。"同治《府志》。)

吴下方言自冯修《府志》外,续得如干条,汇录如下:雾曰迷路。(吴谚云:"三朝迷路发西风。"《清嘉录》:"案陶谷《清异录》谓雾曰迷空步障,《表异录》作迷天步障。吾乡以雾为迷路,谓雾重迷,不辨路径也。")

疾风曰风暴。读若报。(《尔雅》:"日出而风为暴。"《诗·邶风》云:"终风且暴。"《毛传》:"暴,疾也。")

当时曰登时。(《魏志·管辂传》注:"注《易》之急,急于水火。水火之难,登时之验。")

清晨曰侵早。(《传灯录》:"行者曰:五更侵早起,更有夜行人。"杜甫诗:"天子朝侵早。"《通俗编》:"侵早,即凌晨之谓。作清早者非。")

午后曰下昼。(《新方言》:"《玉篇》:'餔,日加申时食也。'字变作晡。"按俗又称下晚头,晚读迈,即晡字之音转。)

十五日曰月半。(顾炎武《日知录》:"今人谓十五为月半,古经已有之。《仪礼》:'月半不设奠。'《礼·祭义》:'朔日月半,君巡牲。'而亦有以上下弦为月半者。《释名》云:'弦,月半之名也。望,月满之名也。'弦曰半,以月体言之。望曰半,以日数言之。")

事隔已久曰长远。(《晋书·明帝纪》:"若如公言,晋祚复安得长远?")

物之旧者曰古老。(《书·无逸》传:"小人之子,轻侮其父母,曰:'古老之人,无所闻知。'")

土阜曰高敦。(《新方言》:"《说文》:'𨸏,小阜也。'此即今堆字。《大雅》:'敦彼行苇。'传:'敦,聚貌。'《广雅》:'敦,聚也。'古敦、屯皆可读𨸏。《尔雅》郭注:'今江东呼地高堆者为敦。'是敦借为堆也。"按晋有谢公墩,敦加土为墩,后起字也。今俗谓之高墩,墩当作敦。)

田陌曰畊岸。(杭世骏《续方言》:"《说文》:'赵魏谓陌为畊。'"《新方言》:"《说文》:'畊,一曰陌也。古郎切。'今人谓田上陌曰田畊,音古杏切,亦作埂。")

村居曰庄子。(《尔雅》:"六达谓之庄。"郭璞引《左传》曰:"得庆氏之木百车于庄。"今人通名田家村落谓之庄,山居园囿亦谓之庄。)

河埠曰马头。(《通鉴》:"史宪诚据魏博,于黎阳筑马头,为渡河之势。"注云:"附岸筑土,植木夹之,以便兵马入船,谓之马头。"《晋书·地理志》:"武昌郡鄂县有新兴马头。")

灰尘曰蓬尘。(《汉书·贾山传》:"蓬颗蔽冢。"晋灼曰:"东北人名土块为蓬颗。"今浙西谓尘为蓬尘与墣坌𡏜,皆声之转。蓬又作塸。《广韵》:"塸塳,尘起。"蒲蒙切。吴俗谓尘垢飞起为塳起。)

物之真实者曰道地。(《汉书·田延年传》:"霍将军召问延年,欲为道地。"师古曰:"为之开通道路,使之有安全之地。")

事之困难者曰鳌屋。(《汉书·地理志》:"右扶风有鳌屋县。"《太平寰宇记》:"山曲曰鳌,水曲曰屋。"按二字音若輆𨊫。今以事费曲折者为鳌屋。)

入冬河胶曰连底冻。(《厚德录》:"仲氏元礼,加以骏肃,人号为连底冻。")

庭心曰天井。(《通俗编》:"《孙子·行军篇》:'凡地有天井、天牢。'按今江以南,人多称庭墀际曰天井,或云即本《孙子》,以其四周檐宇高而此独下也。")

灶突曰烟囱。(读作匆。《广雅》:"窑谓之灶,其窗谓之堗。"《说文通训》:"今苏俗谓之烟囱。")

苇篱曰抢篱。(《新方言》:"《说文》:'抢,距也。'《汉书·扬雄传》:'木雍枪累,以为储胥。'注:'雍作拥。'今浙西谓篱为抢篱。")

碎瓦曰瓦甌。(《说文》:"甌,败瓦也。"段注:"今俗所谓瓦甌,是此字也。今人语如办之平声耳。")

私蓄财物曰私房。(《北史·崔昂传》:"孝芬兄弟孝义慈厚,一钱尺帛不入私房。")

言人失意谓之倒灶。(《通俗编》:"《太玄经》:'灶灭其火,惟家之祸。'此即俗人语所本。")

语女曰媆唔。(扬子《方言》:"吴人谓女曰唔。"《集韵》:"牛居切,音鱼。")

谓女婿曰补代。(《猗觉寮杂记》:"谓之补代。人家有女无子,恐世代从此而绝,不肯出嫁,招婿而补其世代耳。")

言人应得罪愆曰自作自受。(《五灯会元》:"僧问金山颖:一百二十斤铁枷,教阿谁担?颖曰:自作自受。")

言人不务正业曰流宕。(《蜀志·许靖传》:"袁徽与荀彧书曰:'许文休自流宕以来,与群士相随。'"《乐府·艳歌行》:"兄弟两三人,流宕在他县。")

当面羞人曰剥面皮。(裴氏《语林》:"贾充谓孙皓曰:何以剥人面皮?皓曰:憎其颜之厚也。")

事已误而不服输曰错到底。(《周礼·太史》疏:"恐事有失错。"按此错字转去声,音如挫。《老学庵笔记》:"宣和间,妇人鞋底尖,以二色帛合而成之,名错到底。"此错字本读入声。今俗有错到底之语,则以事言之错,音亦如挫。)

高自位置曰作声价。(《后汉书·袁绍传》:"赵忠曰:袁本初坐作声价,好养死士。")

言人不明是非曰无皂白。(《毛诗·桑柔》笺:"贤者见此事之是是非非,不能分别皂白,言之于王也。"又《三国志·钟繇传》注:"李膺谓钟觐曰:弟于人何太无皂白耶?")

事之劳苦者曰戠力。(邵子《击壤集》:"未吃力时犹有说。"《通俗编》:"按《广韵》戠音同吃,勤苦用力曰戠。")

事之妥适者曰妥帖。(《说文》:"帖,帛书署也。"段注:"今人所谓笺也,引申为帖服,为帖妥。俗作贴。"王逸《楚辞序》:"事不妥帖。"《通俗编》:"帖字从心,不当从巾从贝。"又《说文》:"耴。安也。"段注:"凡帖妥当作此字,帖,其假字也。")

作事敏捷曰僻脱。(《文选·景福殿赋》:"僻脱承便,盖象戎兵。"注云:"蹴鞠之徒,便僻轻脱。")

规避曰躲闪。(《元典章》:"出使人员,每将站官人等非理拷打,站官人等避怕躲闪,转至违误。")

絮烦曰唠叨。(《通俗编》:"《说文》:'唠呶,欢也。'按俚俗有云唠叨,即此。元曲云絮絮叨叨。"叨字从刀,故吴俗读唠叨若劳刀,以一人多言为唠叨。)

诟谇声曰齌糟。(《集韵》哜嘈音剂曹。按今俗读若祭遭,当作齌糟。沈周《座客新闻》载顾成章俚语诗云:"姑姑嫂嫂会齐糟。"《通俗编》:"喻琐屑也。")

厖杂声曰嘈囋。(《抱朴子》:"管弦嘈杂。"《新方言》:"吴语谓多声为嘈囋,音才曷反。")

然其言,不然其言皆曰欸。(按此字之音有二,一音哀,一音袄。声低而和柔者,然其言而应之也。声高而厉者,不然其言而斥之也。仰首张口而声长者,叹恨之声也。《唐韵》:"欸,乌开切,音哀。按吴俗言欸亦作袄音。")

凡发语之辞曰阿。(《吴志·吕蒙传》注:"鲁肃抚蒙背曰:非复吴下阿蒙。"《世说注》:"阮籍谓王浑曰:与卿语,不如与阿戎语。")

谓事物果实之类,其助字曰子。(《通俗编》:"俗呼服器之类,以子字为助词。"《旧唐书》:"裴冕自创巾子,其状新奇。"《中华古今注》:"始皇元年诏近侍宫人,皆服衫子,三妃九嫔,当暑戴芙蓉冠子,手把云母扇子,宫人戴蝉冠子,手把五色罗扇子,又有钗子、帽子、鞋子等。"称果之称子,如梅子、杏子、桃子、松子、瓜子等是。或曰头。《通俗编》:"世言里头、外头之属。如李白诗:'素面倚栏钩,娇声出外头。'项斯诗:'愿随仙女董双成,王母前头作伴行。'曹松诗:'下头应有茯苓神。'头,亦助辞也。即人体言,眉曰眉头。骆宾王诗:'眉头画月新。'鼻曰鼻头。白居易诗:'聚作鼻头辛。'舌曰舌头。杜荀鹤诗:'唤客舌头犹未稳。'指曰指头。薛涛诗:'言语殷勤一指头。'器用之属,如钵头,见张佑诗。杷头,见苏轼诗。至江头、渡头、田头、市头、桥头、步头。用之尤多。")

谓甚么曰舍。(俗作啥,本余字也。《说文》:"余,语之舒也,从八,舍省声。"通借作舍。《孟子·滕文公》篇:"舍皆取诸其宫中而用之。"犹言何物皆取诸其宫中而用之也。今通言曰甚么,舍之切音也。)

待曰等。(《说文》:"待,俟也。"今人易其语曰等。)

太曰忒。(《月令》注:"不贷,不得过差也。"贷,本作忒。今人谓过曰忒,如过长曰忒长,过短曰忒短。)

乡曰享。(乡,所也。《左传》曰:"毁于而乡。"《匡谬正俗》曰:"俗呼某人处曰某享。"是乡音之转。今吴俗方言谓内曰里享,音如向,本乡字也。)

思曰仑。(《说文》:"仑,思也。力屯切。"字通作论。《大雅》:"于论鼓钟。"毛传:"论,思也。"今吴俗令人自反省曰肚里仑一仑,即此意。)

汝曰耐。(《大雅》:"予岂不知而作。"笺云:"而,犹汝也。"音转为乃。今吴俗言汝为而,音如耐,本此。盖耐从而声,而,古音耐。)

增益曰铙。(《说文》:"铙,益也。"市间买物欲其增益曰铙。)

捧物曰掇物。

变色曰蔫。(《广韵》:"蔫,物不鲜也。")

压酒曰醡。(《广雅疏证》:"醡,压酒具也。")

淅米曰洮。(一作淘。)

以肩举物曰捷。(《正韵》:"捷,以肩举物也。")

以手去汁曰滗。(《通俗编》:"滗,音笔。《博雅》训盝,《集韵》训去滓。")

以指取物曰乎。(《说文》:"乎,五指乎也。"段注《说文》:"捋,取易也。乎,五指乎也。凡今俗用五指持物引取之曰乎。《诗·芣苢》:'薄言捋之',当作乎。")

以身度物曰偃。(《新方言》:"《尔雅》:'隐,占也。'《广雅》:'隐,度也。'以身及手比挈物之高下长短为偃。偃、隐古通。")

一十五之一读若束。(扬子《方言》:"一,蜀也。"《广雅》:"蜀,弌也。"《管子·形势》:"曰抱蜀,不言谓抱一也。蜀音市玉切,音小变则如束。今吴下一十之名,皆无更改,独谓十五为蜀五,音亦如束。")

二十并写之廿读为念。(《说文》:"廿,二十并也。人汁切。"徐铉曰:"自古以来,二十字从省,并为廿字。"《金石文字记》:"开业碑阴多宋人题名,有曰'元祐辛未阳月念五日题',以廿为念始此。"杨慎谓廿字韵皆音入,惟市井商贾音念,而学士大夫亦从其误者也。)

此皆吴俗方言,三县旧志所未载者也。(采访稿。以上声歌方言之属。①)

---

① 曹小云、曹嫄辑校:《历代方志方言文献集成》(第 3 册,上海市江苏省),北京:中华书局 2021 年版,第 2154—2172 页。

主要参考文献

一、古代著作

(春秋)孔子撰,杨伯峻译注:《论语译注》,北京:中华书局 2009 年版。

王秀梅译注:《诗经》,北京:中华书局 2023 年版。

(春秋)左丘明著,杜预注:《左传》,上海:上海古籍出版社 2016 年版。

(春秋)左丘明著,陈桐生译注:《国语》,北京:中华书局 2023 年版。

(西汉)刘向撰,赵善诒疏证:《说苑疏证》,上海:华东师范大学出版社 1985 年版。

(西汉)刘向编,林家骊译注:《楚辞》,北京:中华书局 2023 年版。

(西汉)司马迁:《史记》,北京:中华书局 2006 年版。

(东汉)班固撰,(唐)颜师古注:《汉书》,北京:中华书局 2023 年版。

(东汉)刘熙撰,愚若点校:《释名》,北京:中华书局 2023 年版。

(东汉)许慎撰,徐铉校:《说文解字》,北京:中华书局 2022 年版。

(东汉)应劭著,王利器校注:《风俗通义校注》,北京:中华书局 2010 年版。

(东汉)赵晔著,崔冶译注:《吴越春秋》,北京:中华书局 2019 年版。

(晋)陈寿:《三国志》,北京:中华书局 2006 年版。

(晋)葛洪著,张松辉译注:《抱朴子内篇》,北京:中华书局 2011 年版。

(晋)郭璞:《尔雅注疏》,北京:北京大学出版社 2000 年版。

(晋)郭璞注,王贻梁、陈建敏校释:《穆天子传注》,北京:中华书局 2019 年版。

（南北朝）刘义庆撰,刘孝标注,余嘉锡笺疏:《世说新语笺疏》,北京:中华书局2007年版。

（南北朝）沈约:《宋书》,北京:中华书局1974年版。

（南北朝）萧子显:《南齐书》,上海:汉语大词典出版社2004年版。

（南北朝）颜之推著,檀作文译注:《颜氏家训》,北京:中华书局2022年版。

（南北朝）杨衒之:《洛阳伽蓝记》,北京:中华书局2012年版。

（南北朝）杨衒之著,杨勇校笺:《洛阳伽蓝记校笺》,北京:中华书局2021年版。

（唐）范摅:《云溪友议》,吴兴刘氏嘉业堂1928年影印本。

（唐）房玄龄等:《晋书》,北京:中华书局2023年版。

（唐）李百药:《北齐书》,上海:汉语大词典出版社2004年版。

（唐）李涪:《刊误二卷》,吴慈培1912年影印本。

（唐）李延寿等:《南史》,上海:汉语大词典出版社2004年版。

（唐）魏征等:《隋书》,北京:中华书局1973年版。

（唐）颜师古撰,严旭疏证:《匡谬正俗疏证》,北京:中华书局2019年版。

（唐）姚察、姚思廉等:《梁书》,上海:汉语大词典出版社2004年版。

（后晋）刘昫:《旧唐书》,北京:中华书局2023年版。

（后汉）赵晔撰,周生春辑校:《吴越春秋》,北京:中华书局2022年版。

（北宋）郭茂倩:《乐府诗集》,北京:中华书局1979年版。

（北宋）黄庭坚:《山谷题跋》,杭州:浙江人民出版社2016年版。

（北宋）乐史撰,王文楚点校:《太平寰宇记》,北京:中华书局2022年版。

（北宋）陆佃:《埤雅》,杭州:浙江大学出版社2008年版。

（北宋）沈括撰,张富祥译注:《梦溪笔谈》,北京:中华书局2023年版。

（北宋）司马光等编:《类篇》,北京:中华书局2012年版。

（北宋）苏辙著,曾枣庄、马德富校点:《栾城集》,上海:上海古籍出版社2009年版。

（北宋）陶谷撰,李益民等注释:《清异录》,北京:中国商业出版社1985年版。

（北宋）吴处厚撰,李裕民点校:《青箱杂记》,北京:中华书局2013年版。

（北宋）杨彦龄:《杨公笔录》,北京:中华书局1991年版。

（北宋）曾巩撰,王瑞来校证:《隆平集校证》,北京:中华书局2021年版。

（北宋）赵令畤撰,孔凡礼点校:《侯鲭录 墨客挥犀 续墨客挥犀》,北京:中华书局2015年版。

(北宋)郑樵编撰:《通志》,北京:中华书局2023年版。

(南宋)范成大:《吴郡志》,南京:江苏古籍出版社1999年版。

(南宋)龚明之撰,孙菊圆校点:《中吴纪闻》,上海:上海古籍出版社1986年版。

(南宋)陆游撰,李剑雄、刘德权点校:《老学庵笔记》,北京:中华书局2019年版。

(南宋)陆游著,钱仲联校注:《剑南诗稿校注》,上海:上海古籍出版社2015年版。

(南宋)马令、陆游:《南唐书》,南京:南京出版社2010年版。

(南宋)王观国撰,田瑞娟点校:《学林》,北京:中华书局2007年版。

(南宋)王楙撰,王文锦点校:《野客丛书》,北京:中华书局2013年版。

(南宋)王象之:《舆地纪胜》,北京:中华书局1992年版。

(南宋)吴仁杰:《离骚草木疏》,北京:文物出版社2020年版。

(南宋)吴棫:《韵补》,北京:中华书局1985年版。

(南宋)吴曾:《能改斋漫录》,北京:中华书局1985年版。

(南宋)张邦基等:《墨庄漫录　过庭录　可书》,北京:中华书局2016年版。

(南宋)张敦颐撰,张忱石点校:《六朝事迹编类》,北京:中华书局2012年版。

(南宋)赵彦卫撰,傅根清点校:《云麓漫钞》,北京:中华书局1996年版。

(南宋)周密撰,吴企明点校:《癸辛杂识》,北京:中华书局2016年版。

(南宋)祝穆撰,祝洙增订,施和金点校:《方舆胜览》,北京:中华书局2023年版。

(元)陈高华等点校:《元典章》,天津:天津古籍出版社2011年版。

(元)娄元礼:《田家五行》,北京:中华书局1976年版。

(元)陶宗仪:《南村辍耕录》,北京:中华书局2015年版。

(元)周德清:《中原音韵》,台北:艺文印书馆2011年版。

(明)晁瑮、孙蕴:《百川书志:晁氏宝文堂书目》,上海:上海古籍出版社2021年版。

(明)范濂:《云间据目抄》,扬州:江苏广陵古籍刻印社1995年版。

(明)冯梦龙著,张明高校注:《三言》,北京:中华书局2014年版。

(明)冯梦龙著,俞为民校点:《墨憨斋定本传奇》,南京:江苏古籍出版社

1993年版。

（明）何良俊撰,李剑雄校点:《历代笔记小说大观 四友斋丛说》,上海:上海古籍出版社2012年版。

（明）胡应麟:《诗薮》,上海:上海古籍出版社1979年版。

（明）焦竑撰:《国史经籍志》,北京:清华大学出版社2014年版。

（明）李实:《蜀语》,成都:巴蜀书社2019年版。

（明）李玉:《清忠谱》,北京:中华书局1959年版。

（明）梁辰鱼:《浣纱记》,北京:中华书局1959年版。

（明）陆人龙:《型世言》,北京:中华书局1993年版。

（明）瞿凤起、潘景郑、黄虞稷:《千顷堂书目》,上海:上海古籍出版社2001年版。

（明）赵用贤:《赵定宇书目》,上海:上海古籍出版社2005年版。

（清）《重刊荆溪县志》,嘉庆二年刊本。

（清）褚人获:《坚瓠集》,上海:上海古籍出版社2012年版。

（清）段玉裁:《说文解字注》,上海:上海古籍出版社1988年版。

（清）费善庆:《垂虹识小录》,扬州:广陵书社2014年版。

（清）傅增湘:《藏园群书经眼录》,北京:中华书局2009年版。

（清）顾名:《重刊续纂宜荆县志》,道光二十年刊本。

（清）顾炎武撰,黄汝成集释,栾保群校点:《日知录集释》,北京:中华书局2023年版。

（清）韩邦庆:《海上花列传》,北京:人民文学出版社2014年版。

（清）郝懿行撰,王其和、吴庆峰、张金霞点校:《尔雅义疏》,北京:中华书局2021年版。

（清）胡文英:《屈骚指掌》,北京:北京古籍出版社1979年版。

（清）陆士谔:《十尾龟》,济南:齐鲁书社2010年版。

（清）钱德苍编写,汪协如校点:《缀白裘》,北京:中华书局2005年版。

（清）邵懿辰撰,邵章续录:《增订四库简明目录标注》,上海:上海古籍出版社2000年版。

（明）孙楼撰,（明）陆镒补遗:《吴音奇字》,清抄本。

（清）王念孙撰,钟宇讯点校:《广雅疏证》,北京:中华书局2013年版。

（清）翟灏撰,颜春峰点校:《通俗编》,北京:中华书局2022年版。

（清）张春帆:《九尾龟》,上海:上海古籍出版社1994年版。

(清)张岱著,淮茗评注:《陶庵梦忆》,北京:中华书局2008年版。
(清)张南庄撰,刘半农校点,田青松注:《何典》,上海:上海文艺出版社2010年版。
(清)张之洞撰,范希曾补正:《书目答问补正》,北京:中华书局2018年版。
《康熙字典》,北京:中华书局2010年版。
(清)周中孚:《郑堂读书记》,上海:上海古籍出版社2009年版。
(清)朱骏声:《说文通训定声》,北京:中华书局2022年版。

二、现代著作

曹小云、曹嬿辑校:《历代方志方言文献集成》,北京:中华书局2021年版。
陈寅恪:《金明馆丛稿二编》,北京:生活·读书·新知三联书店2001年版。
陈寅恪:《陈寅恪集》,北京:生活·读书·新知三联书店2009年版。
辞海编辑委员会:《辞海语言文学分册》,上海:上海辞书出版社1987年版。
丁邦新:《一百年前的苏州话》,上海:上海教育出版社2003年版。
丁启阵:《秦汉方言》,北京:东方出版社1991年版。
董楚平:《吴越文化新探》,杭州:浙江人民出版社1988年版。
董楚平、金永平等:《吴越文化志》,上海:上海人民出版社1998年版。
冯国超主编:《礼记》,长春:吉林人民出版社2005年版。
[瑞典]高本汉:《中国音韵学研究》,赵元任、李方桂、罗常培译,北京:商务印书馆2003年版。
高燮初主编:《吴地文化通史》,北京:中国文史出版社2006年版。
葛剑雄:《简明中国移民史》,福州:福建人民出版社1993年版。
郭锡良:《汉语古音手册》,北京:商务印书馆2010年版。
顾颉刚:《吴歌甲集》,上海:上海文艺出版社1990年版。
顾颉刚:《吴歌·吴歌小史》,南京:江苏古籍出版社1999年版。
何耿镛:《汉语方言研究小史》,太原:山西人民出版社1984年版。
何九盈:《中国古代语言学史》,北京:商务印书馆2017年版。
洪诚选注:《中国历代语言文字学文选》,南京:凤凰出版社2000年版。
侯精一主编:《现代汉语方言概论》,上海:上海教育出版社2002年版。
胡阿祥编著:《宋书州郡志汇释》,合肥:安徽教育出版社2006年版。
胡奇光:《中国小学史》,上海:上海人民出版社1987年版。

胡问涛、罗琴校注:《王昌龄集编年校注》,成都:巴蜀书社2000年版。

胡文英著,徐复校议:《吴下方言考校议》,南京:凤凰出版社2012年版。

华学诚:《周秦汉晋方言研究史》,上海:复旦大学出版社2007年版。

华学诚编:《古代方言文献丛刊》,北京:中华书局2021年版。

华学诚、游帅译注:《方言》,北京:中华书局2022年。

黄河编著,邢娟主编:《荆音韵汇》,上海:中西书局2016年版。

江庆柏:《江苏地方文献目录》,扬州:广陵书社2013年版。

江苏省地方志编纂委员会:《江苏省志·方言志》,南京:南京大学出版社1998年版。

江苏省地方志编纂委员会:《江苏建置志》,南京:江苏人民出版社2013年版。

李葆嘉:《理论语言学:人文与科学的双重精神》,南京:江苏古籍出版社2001年版。

李步嘉:《越绝书校释》,武汉:武汉大学出版社1992年版。

李鸿简:《中国大百科全书·语言文字》,北京:中国大百科全书出版社1988年版。

李开:《汉语语言研究史》,南京:江苏教育出版社1993年版。

李清桓:《郭璞〈方言注〉研究》,武汉:崇文书局2006年版。

李如龙、张双庆主编:《代词》,广州:暨南大学出版社1999年版。

李如龙:《汉语方言学》,北京:高等教育出版社2001年版。

李恕豪:《中国古代语言学简史》,成都:巴蜀书社2003年版。

李维琦:《中国音韵学研究述评》,长沙:岳麓书社1995年版。

李小凡、项梦冰:《汉语方言学基础教程》,北京:北京大学出版社2009年版。

李学勤:《东周与秦代文明》,上海:上海人民出版社2016年版。

李宇明主编:《当代中国语言学研究》,北京:中国社会科学出版社2019年版。

刘君惠等:《扬雄方言研究》,成都:巴蜀书社1992年版。

刘俐李、侯超等:《江阴方言新探》,北京:世界图书出版公司北京公司2013年版。

刘徐昌点校:《嘉靖江阴县志》,上海:上海古籍出版社2011年版。

刘叶秋:《中国字典史略》,北京:中华书局1992年版。

卢德平:《中华文明大辞典》,北京:海洋出版社1992年版。

鲁国尧:《鲁国尧语言学论文集》,南京:江苏教育出版社2003年版。

鲁迅校录,王中立译注:《唐宋传奇集》,天津:天津古籍出版社2001年版。

鲁迅:《鲁迅全集》,北京:人民文学出版社2005年版。

罗常培:《语言与文化》,长春:吉林出版集团股份有限公司2017年版。

蒙文通:《越史丛考》,北京:人民出版社1983年版。

宁忌浮:《汉语韵书史》,上海:上海人民出版社2009年版。

彭定求等编:《全唐诗》,北京:人民出版社2004年版。

濮之珍:《中国语言学史》,上海:上海古籍出版社2017年版。

钱乃荣:《当代吴语研究》,上海:上海教育出版社1992年版。

钱乃荣:《北部吴语研究》,上海:上海大学出版社2003年版。

钱乃荣:《上海语音发展史》,上海:上海人民出版社2003年版。

上海辞书学会、辞书研究编辑部:《辞书编纂经验荟萃》,上海:上海辞书出版社1992年版。

盛济民:《软侬吴语松江好》,上海:上海辞书出版社2019年版。

侍建国:《历史语言学:方音比较与层次》,北京:中国社会科学出版社2011年版。

石汝杰、[日]宫田一郎主编:《明清吴语词典》,上海:上海辞书出版社2005年版。

石汝杰:《明清吴语和现代方言研究》,上海:上海辞书出版社2006年版。

舒岳祥:《阆风集》,北京:文物出版社1982年版。

宋玉昆:《西汉方言区的分化》,扬州:广陵书社2007年版。

宋玉昆:《汉语方言区的划分》,扬州:广陵书社2007年版。

孙毕:《章太炎〈新方言〉研究》,上海:华东师范大学出版社2006年版。

孙殿起:《贩书偶记续编》,上海:上海古籍出版社1999年版。

孙光宪:《北梦琐言》,北京:中华书局2002年版。

孙文光编:《中国历代笔记选粹》,上海:华东师范大学出版社1998年版。

谭其骧:《长水粹编》,石家庄:河北教育出版社2000年版。

唐作藩编著:《上古音手册》,北京:中华书局2013年版。

田余庆:《东晋门阀政治》,北京:北京大学出版社2005年版。

王长俊:《江苏文化史论》,南京:南京师范大学出版社1999年版。

王范之选注:《吕氏春秋选注》,北京:中华书局1981年版。

王国维:《观堂集林》(外二种),石家庄:河北教育出版社 2001 年版。
汪平:《苏州方言研究》,武汉:华中理工大学出版社 1996 年版。
王耀东:《南北朝隋唐宋方言学史料考论》,北京:科学出版社 2022 年版。
王友三主编:《吴文化史丛》,南京:江苏人民出版社 1993 年版。
王仲荦:《魏晋南北朝史》,上海:上海人民出版社 1979 年版。
肖瑜、李少兵:《吴侬软语:苏州方言与非物质文化遗产》,北京:人民出版社 2020 年版。
徐通锵:《历史语言学》,北京:商务印书馆 1996 年版。
颜逸明:《吴语概说》,上海:华东师范大学出版社 1994 年版。
游汝杰:《汉语方言学导论》,上海:上海教育出版社 1992 年版。
游汝杰:《西洋传教士汉语方言学著作书目考述》,哈尔滨:黑龙江教育出版社 2003 年版。
游汝杰:《吴语方言学》,上海:上海教育出版社 2018 年版。
袁家骅等:《汉语方言概要》,北京:语文出版社 2011 年版。
章太炎:《新方言、岭外三州语、文始、小学答问、说文部首均语、新出三体石经考》,上海:上海人民出版社 2014 年版。
赵少咸:《增修互注礼部韵略校记》,北京:中华书局 2016 年版。
赵生群:《春秋左传新注》,西安:陕西人民出版社 2005 年版。
赵元任:《现代吴语的研究》,北京:商务印书馆 2011 年版。
赵元任:《赵元任全集》,北京:商务印书馆 2007 年版。
赵振铎:《训诂学史略》,郑州:中州古籍出版社 1988 年版。
中国古籍善本书目编辑委员会:《中国古籍善本书目》,上海:上海古籍出版社 1989 年版。
中国社会科学院语言研究所等编:《中国语言地图集·汉语方言卷》,北京:商务印书馆 2012 年版。
周斌武选注:《中国古代语言学文选》,上海:上海古籍出版社 1988 年版。
周生春:《吴越春秋辑校汇考》,上海:上海古籍出版社 1997 年版。
周振鹤、游汝杰:《方言与中国文化》,上海:上海人民出版社 2019 年版。
周祖谟:《问学集》,北京:中华书局 1966 年版。
周祖谟校:《广韵校本》,北京:中华书局 2023 年版。
朱德熙:《朱德熙文集》,北京:商务印书馆 1999 年版。
祝鸿熹、洪湛侯:《文史工具书辞典》,杭州:浙江古籍出版社 1990 年版。

后 记

《江苏吴方言史》作为"江苏文脉"之江苏文化史研究的一种,以历代江苏吴方言调查研究成果为主要脉络,兼顾了今人对江苏吴方言本身历史的构拟与探索,试图系统呈现江苏吴方言的研究史与发展史。吴文化发端于江苏,而作为吴文化载体的吴方言也起源于江苏。从商周时期的"泰伯奔吴"开始,历经后世一代又一代北方话(即华夏语或北方汉语)不断与吴地土著方言的接触与融合,今天的吴方言终于成形,而同时,这种接触融合还在不断推动吴方言向未来演进。今天的吴方言主要分布在江苏、浙江、上海及安徽、江西等地。先秦时期的吴方言,则主要分布在吴国和越国。以汉语研究史为对象的著作有岑麒祥《语言学史概要》(1958)、王力《中国语言学史》(1981)、何九盈《中国古代语言学史》(1985)、濮之珍《中国语言学史》(1987)、赵振铎《中国语言学史》(2000)等,以汉语本身的历史发展为研究对象、影响最大的著作是王力的《汉语史稿》(1957)。鲁国尧曾倡导,汉语史的研究不仅要关注通语或标准语的研究,同时也要加强对汉语方言史的研究。我国历史上长期"重雅轻俗""重文轻语"的现象,导致了汉语方言史的研究不及通语史。汉语由通语和各地方言构成,通语是在方言的基础上产生的,因而汉语方言史、汉语方言学史的研究对于汉语史的整体研究十分必要,如刘晓南《宋代闽音考》(1999)、《宋代四川语音研究》(2012)、华学诚《周秦汉晋方言研究史》

(2014)等就是这方面的力作。不过,某省或某大类方言通史或研究史的考察还不多见,《江苏吴方言史》试图在该领域做些抛砖引玉的工作。

自《江苏吴方言史》立项之后,课题组就研究框架与思路、撰写原则与规范等多次展开讨论,参与相关工作的先后有赵铭敏、叶青、韩新玉、许雪丽、刘颖、侯佳琪、黄丽丹、蔡凤宇、李陈媛、肖若溪、章可、马草原、易秋红、王璇、郝嘉怡、戈佳玉、李梦晗、王睿、郭婕琳、巩珂歆、钱亚妮、叶佳宁、赵柯瑞等,他们或参加资料搜集,或参与文稿校对,其中韩新玉着力组织了文稿学术规范校对及相关结项等诸多事务工作。具体而言,韩新玉参编第一章第一节"先秦吴方言",并发表《融合与演化:先秦古吴语的语言系属嬗变》(《江苏海洋大学学报(人文社会科学版)》2024年第2期),肖若溪参编第二章第一节"魏晋南北朝吴方言形成的移民因素",刘颖参编第二章第三节"南朝吴歌里的'侬'",李陈媛参编第四章第一节"《吴音奇字》",并发表《明末吴方言字书〈吴音奇字〉述论》(《汉字文化》2023年第15期),侯佳琪参编第四章第四节"《明清吴语词典》";李陈媛、黄丽丹、刘颖、侯佳琪还参编了第五章第三节"明清时期地方志所录吴方言"等。

《江苏吴方言史》的研究还得到了国家社科重大项目"苏皖鄂赣江淮官话与周边方言的接触演变及数据库建设"(19ZDA307)、江苏高校社科重大项目"江苏方言体标记的共时分布及历时演变研究"(2020SJZDA010)的进一步支持。审稿专家南京大学顾黔教授、东南大学王华宝教授、宁波大学肖萍教授给本书提出了中肯的修改意见和建议,使本书趋于完善。广西师范大学肖瑜教授惠赠大作《吴侬软语:苏州方言与非物质文化遗产》(人民出版社,2020年),笔者获益良多。江苏省社科院孙钦香博士在项目立项、中检、结项各个阶段给予了耐心周到的指导,从而使该项目得以顺利完成。江南大学人文学院潘凌云教授也一直关心本项目的进展,谢坤副教授、韩宇瑄副教授通读了文稿,为改进文稿增色不少。《江苏吴方言史》作为一部偏重语言学史的成果,参考了大量前辈时贤的论著,在此一并向各位师友、同道表达由衷的谢意！当然，由于笔者能力和精力所限，书中定有诸多不妥，甚至疏漏之处，恳请专家、读者多多批评，以期日后改进完善。

蔡华祥

江南大学人文学院

2024 年 4 月